馬克思主義表面上是馬克思個人的思想、理念、實踐的組織化、體系化、意識形態化之綜合。實質上卻有恩格斯大力的鼓吹和發揚。恩氏縝密的數理頭腦、企業經營本事、強盛的革命戰力,加上朴列哈諾夫、考茨基等人的精心營構才有馬克思主義這一改變和震撼近兩百年世局的新思潮之澎湃激盪,至今由歐美亞而泛濫全球。恩格斯之功不可沒,與馬克思並列,而非他謙稱的「第二把琴手」而已。

馬克思於1818年5月5日凌晨2點鐘誕生在德法盧邊界擁有兩千年歷史的羅馬城特里爾市（Trier）橋巷664號（今改爲橋街10號）三層樓住宅（今改爲Karl-Marx-Haus）中，可謂爲資産階級的子弟。但終生卻爲無産階級打拼，雖疾病纏身、貧困落魄、累及妻女，卻爲追求理想無怨無悔。他著作等身、歷練豐富、志節高尚非常人可比。左圖爲德國社民黨擁有財産權的馬克思出生屋之外觀、右圖爲屋内天庭描繪。

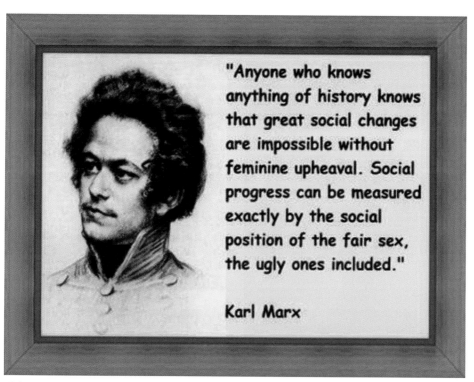

"Anyone who knows anything of history knows that great social changes are impossible without feminine upheaval. Social progress can be measured exactly by the social position of the fair sex, the ugly ones included."

Karl Marx

馬克思作爲溫柔體貼的好丈夫和疼愛女兒的好父親可以視爲19世紀女權主義的先驅,但比起恩格斯對女性的尊重則略嫌遜色。

馬克思一生著作豐富，計有《哲學的貧困》；《法國階級鬥爭》；《霧月十八日》；《政經批判獻言》；《價值、價格和利潤》；《資本論》（卷1、卷2與卷3由恩格斯編印；卷4討論剩餘價值論由考茨基出版）；《法國內戰》；《哥達綱領批判》等。與恩格斯合寫出版的有《神聖家族》和《共產黨宣言》。至於兩人合撰的《德意志意識形態》此一長稿卻在其有生之年未付梓。著名的《經濟哲學手稿》和《黑格爾法哲學批判》以及《資本論》前身的《政治經濟學批判綱要》手稿也都在馬克思逝世後才陸續問世。其他文章。信件、演詞、談話則散見於《馬恩全集》中。

恩格斯的著作有《英國勞動階級的處境》；《共產主義的原則》；《革命與反革命》；《反杜林論》；《社會主義：空想的和科學的》；《自然辯證法》；《家庭、私產和國家的起源》；《費爾巴哈與經典德國哲學的終結》以及其他文章、評論散見於《馬恩全集》中。

這是位於倫敦北郊海格特（Highgate）公園中的馬克思墳墓的人頭石雕，1970年遭人破壞重修的樣貌。當1818年3月17日馬氏入土之日，參加葬禮的來賓不超過20人。馬氏夫人與長女都在一兩年前相繼逝世，只有么女與兩女婿參加。恩格斯的祭拜文提及馬克思對理論界的兩大貢獻：歷史唯物主義和剩餘價值論。

這是位於東柏林宮廷廣場上兩尊馬克思和恩格斯的大型石雕,後頭還有柏林大教堂圓型拱頂的十字架。在夕陽照射下塔尖會發出閃光,讓當年東德共黨暴政下的信徒獲得希望和鼓勵。馬克思主義固然是恩格斯命名的,但細察其人本主義的眞義:是把人抬升到與神同格,讓人變成神,把地土化爲天堂,在靈魂獲救之餘,讓全人類得到解放。馬克思主義表面上是無神論,實質上蘊涵濃厚的宗教仁民愛物和淑世更生的精神。

恩格斯不但是馬克思終身的革命伙伴、遺囑執行者,還是濟助貧困多病的馬家之「恩人」。他把馬氏深奧的唯物辯證哲學轉化爲平常易懂的革命宣傳品,對馬克思學說的普及化有功,但也引發西馬和新馬理論家的批評,特別是把辯證法應用到自然界之上。此外,馬克思主義的庸俗化、實證主義化、科學化也被後世所爭議。

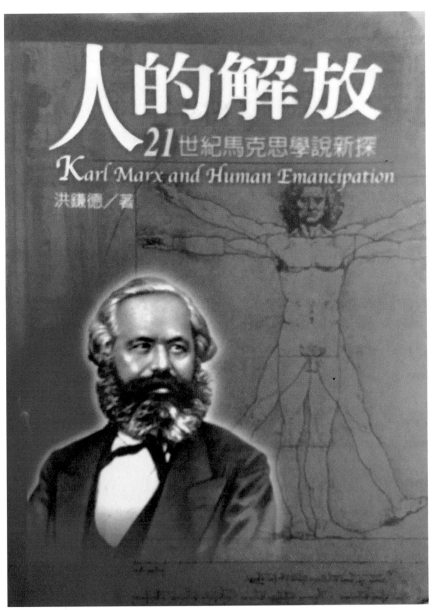

本書的前身：《人的解放》（2000年揚智版）討論的主題是馬克思的人本主義、人文思想、人道精神；也涉及到他對人的個體性和社群性的檢討和關懷。此書已絕版，是故本書在前書的基礎上增刪三章。並注入新文獻、增添人像、圖片，完全以新內容與新面貌與讀者見面，和搏感情。

個人與社會

Man and Society
Marx's Robust Vision and Its Evaluation

——馬克思人性論與社群觀的析評

交大講座教授　洪鎌德·著

序

　　馬克思的學說主張生產財貨、生產資料不當由私人所占有，而應爲大眾所使用；人們的收入應力求均等與公平；工作場所無分白領藍領，凡是勞動者一概參與事物的生產與流通之決定，達成工廠的民主；經濟的剝削與宰制一律取消；社會階級的鴻溝要填平、階級的對立與界線要消弭，從而使人類不再爲著生存與繁衍受制於大自然的侷限，也打破人爲制度的束縛。這一切主張都離不開人，以及其所處時（歷史）空（社群）的境遇——社會。只有上述目的能夠達成才算是人掙脫自然和人爲阻礙與設限的開始，也是人眞正成爲自由、自主、快樂的「種類之物」（*Gattungswesen*; species being）的起步。

　　是故，整個馬克思的學說是圍繞著人的解放爲軸心的理論，是一部人類爭自由、爭自主的悲壯史詩。撇開人類早期的歷史不談，當今人類正處於資本主義最發達的時刻。資本主義雖爲人類帶來物質上富裕與享受，也使人類的思想、文化、科技、資訊獲得充實與提升，更使寰球的經貿、交通、訊息融爲一體。但資本主義卻爲世上少數的資本家帶來龐大的財富與榮寵，而爲絕大多數的勞動者帶來束縛、迫害與壓榨，貧富的懸殊和差距和階級的對立與敵峙，造成世人的分化、衝突與鬥爭。馬克思毅然決然站在勞工階級的立場，支持工人對資本家和資產階級展開抗爭，這是他鼓吹無產階級革命的因由。只有當資產階級消失之後，直接生產者的勞動群眾才有出頭天的機會，而眞正的共產主義社會之誕生，將是馬克思夢寐以求理想社群的出現。

　　本書便是圍繞著人性與人的解放這一主題，以及人群賴以存活的社會之剖析，來檢討馬克思學說的精華。首先論述他對人性作爲社會關係總和的理解，以及人渴望獲得自由與解放的意義，接著評述他的自由觀，分析他由早年、中年到晚年對自由所持不同的看法。爲了達成人的解放，馬克思不惜獨尊勞動階級、也就是獨尊直接生產者，而排斥享受他人勞力成果的有產者（在今日資本主義盛行的時代中之資產階級成員）。他給予工人或勞動階級太沉重的歷史責任，要它承擔改造社會、卻除不公、創造歷史的責任，這固然是由於無產階級在資本主義社會裡人數最多，受害最深，而亟求變天與解放，但其革命意識之

有待喚起，鬥爭行動之付諸實行，卻是引發後人爭議的。馬克思人的解放之道德意涵是什麼呢？這也是本書要加以析評的重點之一。

與馬克思人的解放相關聯的問題，為他對道德、對倫理、對正義、對平等、對民主諸事項的看法。是故本書下半部集中在這些子題的考察之上。馬克思要實現人的解放，當然除了主張無產階級的革命之外，也要為革命、為新社會定性與定位，於是馬克思的社會觀和社群觀也引起我們的注意。從而由他在青年、中年至晚年時期所討論的社群——共產主義社會——成為我們解析與批判的焦點。而馬克思心目中的共產主義之社群乃是他早期心目中「真正的民主」之體現。最後，個人經由社區、社會、社群邁入國家的境域。對馬克思而言，在資本主義的社會裡，國家不過是資產階級的統治機器和剝削工具。隨著資本主義的最終崩潰，國家終究要從人間消失，這是他的思想最富玄思與神秘之處，本書也予以詳述和析評。

本書援例獻給我的愛妻蘇淑玉女士，感謝她無微不至的照顧，使我身心康泰，在高齡期間尚能在交大（及其遠距視訊姊妹大學，如中央、陽明、台北、淡江等大學）、體大與輔大教學不輟，不知老之已至。此外，我早年指導學生胡正光教授、曾志隆博士、廖育信博士和台大國發所博士生張書榜等人都對此書的完成直接或間接地作出貢獻。尤其是廖博士的加註、校對與整理功夫十分高超，令人萬分欽佩，我過去出版的書絕大部分的稿件都是由他打字、插畫、製作引得，兼進行校對，可謂勞苦功高，叫我感恩不已。五南副總編輯劉靜芬小姐對本書的設計排版，也花費不少心力，還有編輯部的宋肇昌先生貢獻不少心血與時間，使本書能夠盡善盡美，尤其令我無比感激，再申謝忱。

中國當代對馬克思主義哲學最全面、最深入而又研究成果最豐碩的北大黃楠森教授（1921-2013）不幸於去年1月24日逝世，享年92歲，可謂福壽全歸。1987年春時任北大哲學系系主任的黃教授聘我首次前往中國講學，其後我連續多次到北大、人民大學、復旦、上海大學、南開、陝西師大、廣西師大、廈大、中山（廣州）、南京、浙江等大學上課與演講，都是黃教授熱心的安排所賜。我除了敬佩他對學術的認真與執著之外，尤其感念他對後進的獎掖與提攜。在悼念他仙逝之餘，藉由本書的出版以安慰黃師在天之靈，是為序。

國立交通大學通識教育中心講座教授 洪鎌德

2014年4月30日於新竹市交大綜合一館640研究室

KARL MARX

目　錄

馬克思和恩格斯是所謂科學社會主義的創造者，也是無產階級革命的倡導者。恩格斯創立「馬克思主義」一詞，卻把一切功勞推給馬克思一人，自謙為共產主義運動的第二把琴手。

共產主義和人性

「從純粹哲學意義上說，共產主義的失敗是人性的勝利：不完美的人性戰勝了完美的主義。換言之，不是共產主義太壞而被人類拋棄，是人類配不上共產主義。它的失敗不是因為它的邪惡，而是因為它的崇高；不是因為它不道德，而是因為它不可能。也許，共產主義運動是世界的劫數，人類在劫難逃。悲劇的根源是人類的無知、愚昧和狂妄：它企圖挑戰上帝，創造新人類。幸運的是，瘋狂之後人類終於恢復了理性，認識到一個理想無論多麼美好，也不能用活人去做實驗。」（中國留美學者胜平從Princeton，2014年4月30日致中共總書記習近平的公開信）是故本書強調馬克思和恩格斯思想中的人本主義、人文思想和人道精神的首要性，這是何等的適時與急迫！

第一章

馬克思論人與人性

第一章　馬克思論人與人性

一、前言

二、黑格爾、費爾巴哈和馬克思人性論的同異

三、人與自然

四、人與人類

五、人與社會

六、人與歷史

七、結語

一、前言

　　塑造馬克思對人與人性的觀點，前有古希臘哲學家亞理士多德把人當成住在城邦的居民（*zoon politikon* 群居的或政治的動物）看待，近則受黑格爾把人當作「勞動動物」（*animal laborans*）的看法所影響，也受到同時代費爾巴哈強調人具有「種類本質」（*Gattungswesen*）的說法之衝擊。

Aristotle

G. W. F. Hegel

Feuerbach

　　另一方面馬克思重視人的經濟活動則是吸收亞丹・斯密所主張的「經濟人」（*homo oeconomicus*）的翻版。有異於經典的政治經濟學諸大家（司徒亞、李嘉圖、詹姆士・穆勒和約翰・穆勒等）、或社會契約論的思想家（霍布士、洛克、盧梭等）主張人類文明社會之前身為自然狀態，斯密卻從人的本性（properties）、性向（disposition）來解釋人類社會關係的緣起。在《國富論》第一卷第二章中，他指出人類交易的性向、癖好（trucking disposition）是人有異於其他動物之所在，它是建立人際乃至國際商貿的基石，也是人所以會分工的理由，甚至是法律與政治契約締定的動力。這種交易的癖好、性向之原始固然可以在人類懂得使用語文、人類具有理性等理由中找到，但真正的源頭是自愛、自私、自利。其原因為磋商、議價、交易的過程之動機並非在利他、或彼此共利互益，而首先在追求本身的利益。是故經濟上的好處（economic beneficence）是源之於自利自愛。在其早期的著作《道德情操的理論》（1759）中，斯密認為一個人懂得謹言慎行（prudence），懂得自尊自

愛,乃是人諸種道德中主要的德目。在《國富論》中,他進一步說明人群對公共福利的關心基於謀取眾人公共利益的成分少,基於純屬個人的好處之成分多。儘管個人追求自利,但在上天那一隻看不見的手之指揮操縱之下,大家的互換、交易之結果卻使社會全體獲得了公益、眾利。斯密政經學說的特色,就是他有關人性作為他的理論中明顯的哲學基礎(洪鎌德1999b:8-9, 30-31)。

斯密這種追求自我利益的「經濟人」之概念,成為他勞動價值說的起點。在《國富論》第一卷第六章中,他指出在漁獵社會中,人們殺死一隻海狸比殺死一隻鹿要多花一倍的勞力(力氣),是故一隻海狸可換取兩隻鹿。這段說詞成為其後李嘉圖以及其他政經學者的複述與引申。斯密有關資本主義中交換關係立基於人性的自利之解釋,卻受到馬克思的批駁。馬克思指摘18世紀的思想家對人性的看法之偏頗,在於只從生物學的特徵引申而出,卻忘記人性是社會關係的總和,是歷史變遷中的產品。

Adam Smith的畫像、雕像和代表作《國富論》

正如馬克思在〈費爾巴哈提綱〉(1845)第六條所言:

費爾巴哈把宗教的本質化約爲人的本質。但人的本質並非內在於每個人身內的抽象物。在其實際上它〔人性〕乃是社會關係的總和(*das Ensemble der gesellschaftlichen Verhältnisse*)。費爾巴哈不肯就〔人〕實在的本質深入探討,反而被迫〔做出下列兩項結論〕:
其一、從歷史的過程中抽象化〔抽離出來〕,而把宗教情操單獨確定,而預設一個抽象的——也是孤立的——人類整體;

其二、〔人的〕本質只能看成是「種類」的〔事物〕，當成身內的、沉默的，對諸多個人具有「自然上」〔生物學上〕拘束的普遍東西來理解。（*FS* II: 2-3; *CW* 5: 4, 7）

從這段話看出青年馬克思反對以生物學、自然界中的人的種類特質來界定人性。

在《經濟學與哲學手稿》（1844）中，馬克思對人原始的本性之概念，更顯示他與其他經濟學者與哲學家看法的不同。他顯然受到黑格爾對斯密批評的影響，不贊成把自利與自私等量齊觀。他反對自利不但於己也沒有好處，於公更有問題。這並非由於青年馬克思是一位道德理想主義者之緣故，而是他受到亞理士多德以來古希臘人追求自我實現理念的洗禮。在批評17與18世紀社會契約論者的經濟人概念與自由派的個人主義之後，馬克思強調人的自私自利之觀念（egoism），含有自我異化的性質。他認為人之異於禽獸，在於人轉化獸性與物質上的需要為整體發展的社會性——人為住在市邦的動物（*zoon politikon*）[1]。也就是透過說話、語文、自我意識、理性等等人類合作的經驗與文化，提升人性——人之異於禽獸的特質。這回歸他視人性不但是社會關係，也是社會合作、社會成就（social accomplishments）之總和的說法。

馬克思也就此觀點總結地說，對別人的愛護、關心是自我實現的條件，其目的不只追求個人的自由，也是促成人類的解放，以及無異化、無階級、無剝削的社群之建立（洪鎌德2000: 419-451）。

馬克思認為建立在人的自利動機上之行動理論，將會導致人群為了滿足本身的需要，而展開稀少性、匱乏性物資的爭奪，造成人際、群際之間不斷地、慘烈地鬥爭和好戰貪婪的惡性循環。作為個人自私自利活動的寫照之「經濟人」概念不免要陷身於自我矛盾、自我擊敗的窘境中。自我利益的追求，必然導致以人為手段、為墊腳石的惡性競爭，這是與康德以人為目的，強調人的主體性之倫理學說相違背的。這會造成社會個體的私人與公共領域之彼此排斥。但基本上，人的私自面與公共（社會）面是一體的兩面，蓋社會離不開諸具體的個人之集合和累積。私有財產便與公共財富相反，也與人必須同他人連繫、

---

[1]　按照他的說法，除了與世隔絕、漂流荒島的人之外，個體的人難以獨自生活。即使像魯賓遜，也還有野人禮拜五作為他的陪伴，人必須過著群體的生活，因此稱人是住在城邦、市邦的動物。

共享的想法相違逆。是故未來共產主義的社會是充分發展的社會。在該社會中有必要消除私產，才會落實眞正的人性──平等、自由、創思、開發的人性。這也是在一個直接生產者組合裡實現個體性（individuality）的眞正人性。現存的社會係站在諸種個人的頭上，不把諸個人看做社會存在的要件，這點與馬克思強調的個體性不同。只是馬克思卻認爲只有未來的社會主義和共產主義社會才會內含強大轉變的力量，企圖把現存社會的典章制度作一個徹底的轉變，俾迎合人性之所需（Hodges 1974: 7-10）。

二、黑格爾、費爾巴哈和馬克思人性論的同異

早期影響馬克思人性論最主要的思想家除了亞丹・斯密之外，還包括古希臘亞理士多德所強調的「人是住在城邦（社群）的動物」。此外，黑格爾所主張的人是勞動動物，以及費爾巴哈所使用的「人是種類動物」之看法。這些人性的描繪都是青年馬克思拳拳服膺的（洪鎌德2007a: 252-257）。

首先，馬克思讚美黑格爾超越前賢之所在，爲有關人類基本的性質以及相關的事實之體認。其一爲人的自我創造；其二爲人存有的異化。當作勞動動物的人類，是懂得操勞、使用工具的生物。在早期的著作裡馬克思說：「黑格爾瞭解勞動，視勞動爲人的本質」，這就是「他〔黑格爾〕理解人的勞動本質，理解客體〔人把勞動落實爲身外產品的客體〕的人──眞實的人、實在的人──當成是人自己勞動的結果」（*FS* I: 645; *CW* 3: 333）。

其次，馬克思也承認黑格爾對異化一概念倡用的貢獻。前者在其1844年《經濟學與哲學手稿》中提到：「黑格爾認爲人的自我創造是一個過程，認爲客體的喪失是一種客體化，而客體化無異是異化，以及異化的排除〔揚棄〕」（*FS* I: 645; *CW* 3: 332-333）。

在讚美黑格爾對勞動的基本人性論和異化概念之後，馬克思對黑格爾也有所批評。馬克思指出：「黑格爾只發現歷史過程中一個抽象的、邏輯的和思辨的表達〔方法、名詞〕，而非人眞實的歷史」（*FS* I: 640; *CW* 3: 329），原因是黑格爾在其《精神現象學》中把人當成精神的出現、或「自我意識」的出現（*FS* I: 644; *CW* 3: 332）。馬克思認爲把人用這種抽象的方式加以表述，是對人的誤解，人乃爲「實在的、有軀體的人，是把其雙腳站立在堅實的土地上，

能夠呼吸自然各種勢力〔的人〕」（*FS* I: 649; *CW* 3: 536）。

| G. W. F. Hegel | Feuerbach | Bruno Bauer (1809-1882) |

有別於黑格爾的哲學充滿宗教的味道，費爾巴哈則將神從哲學論述的場域中抽離出去，而將人的地位抬升。他把哲學視爲宗教，又把這兩者建立在同一的、人本學（Anthropology或譯爲人類學）的基礎之上，凸顯了宗教的旨趣在其本質上乃是「爲了人」的（潘德榮2013：145）。

費爾巴哈也談人性、談人的異化。只是他的人性論早期多少反映黑格爾精神說，後來轉化成以人的身體、軀幹，甚至人的「食品」、人的「我與你的共同體」等物質面向的看法。有關人的異化，費爾巴哈卻偏重宗教方面，強調人是上帝的異化，上帝是人的異化，而無視於人的經濟生活、社會生活、政治生活的異化現象。是故馬克思說：「一旦人的自我異化底神性的形式〔涉及宗教、神學、哲學方面〕被揭破之後，便要揭開異化非神聖的形式。是故對天堂的批判要轉入對塵土的批判」（*FS* I: 489; *CW* 3: 176）。

青年時代的馬克思曾經與左翼青年黑格爾門徒（其領袖爲布魯諾‧鮑爾）的學問研討，大力鑽研黑格爾的哲學，同意整部人類的歷史便是人類自由史，也是人的解放史。人的特質爲勞動，是勞動的動物（*animal laborans*；*homo laborans*）。不過與黑格爾不同的是，馬克思認爲所有歷史的起點、社會的起點是人，而非黑格爾所強調的精神、國家之類，更不是普遍的、寰宇的體系。黑格爾喜談普遍性、寰宇性（*Gemeinheit*），彷彿把那個龐大的體系當作宇宙的重心。但對馬克思而言，整個宇宙的重心就是人——具體的、眞實的、個別的人。他早期思考的對象便是人、整全的人、人的現實，亦即正面的人本主義。

　　那麼人究竟是個什麼樣的動物？只稱人是理性的動物、合群的動物、勞動的動物夠嗎？對此，馬克思顯然受到費爾巴哈的影響。後者視人為寰宇的動物（*Universalwesen*）、為種類的動物（*Gattungswesen*）、為社群的動物（*Gemeinwesen*）、為客體的動物（*gegenständliches Wesen*）（Hung 1984: 12-18）。不只人性的討論受到費爾巴哈的影響，馬克思後來放棄哲學，改為崇尚科學也是由於費氏批判哲學和基督教的結果（Brudney 1998, chap 1 and 2）。

　　然則，在探討人究竟是什麼樣的動物時，一個更重要的前提疑問便是：人性是什麼？馬克思在後期並不像青年時代以哲學的觀點奢談人性，而改以政治經濟學的方法來剖析人性之常，亦即一般性，以及人性之變，也就是特殊性。因之，他說：

> 要知道什麼對狗有用，就要研究狗性。這種性質並非由功利的原則上抽繹出來。應用到人之上，凡藉功利原則來批評人的各種行動、運動、關係等等的人，都必須討論一般的人性和歷史上各時期經過修改過的人性。（*Capital* I: 57n.）

　　儘管馬克思並沒有對人性之常與人性之變做過系統性的分析，我們不妨稱人性之常為其生物學上的人性論，而人性之變則為其社會有別和歷史變遷的人性論。

　　在生物學上，青年馬克思視人為自然的、客體有關的、異化的、種類的動物。這是時不分古今、地不分東西的所有人類所擁有的通性。在歷史模型中，成年的馬克思視人為社會的、歷史的、被剝削的、或被貪婪所制約的生物。換言之，人是在不同的社會和不同的時期，受其本身自我創造（self-creation）之產品。

　　馬克思對人性之常和人性之變的說法同黑格爾和費爾巴哈有異，都是建立在「真實前提」之上，這正是他與恩格斯合著的《德意志意識形態》（1845-46）一稿件上所指出的：「我們出發的前提絕非任意隨便的，也不是教條，而是真實的前提。在此前提中，任何的抽象只存在於想像裡……我們的這個前提是可以在經驗裡得到證實〔那麼這個真實前提是什麼呢？〕它們乃是真實的諸個人、他們的活動、以及他們生活的物質條件……」（*FS* II: 16；*CW* 5: 31）。

　　因之，我們在討論馬克思的人性論時，不妨先考察他怎樣看待人與自然、

人與人類（種類）、人與社會、人與歷史等幾個主題（Hung 1984: 20-38）。

三、人與自然

　　人是自然的動物（*Naturwesen*; natural being），自然是人「無機的身體」（*unorganischer Körper*; *unorganischer Leib*; inorganic being），原因是自然提供人生存所不可或缺的直接資料或手段。自然也是人活動的物質、對象和工具，也是人展現其才能的舞台。人與自然的交往，無論是形體上或是精神上的接觸，都是「自然與其本身的聯繫，因爲人也是自然的一部分」（*FS* I: 566; *CW* 3: 275-276）。

　　作爲自然一部分的人，亦即自然的動物之人，是擁有自然的力量、生命力。因之，人乃爲能動之物。這種力量存在人身上，成爲他本性本能的一部分。由於人擁有軀體和感覺，他必須靠外物來滿足他本身新陳代謝的需要。因之，人也是一個有限的、受苦受難的生物。這是說滿足人類本身欲求所需的客體物存在於他身體之外，而他又需要靠這些客體物的滿足才能存活。因之，這些客體物成爲他基本的、必需的對象，對這些對象與客體物的攝取，成爲人基本能力的展現與證實（*FS* I: 650; *CW* 3: 336）。

　　凡是不靠外頭的對象或客體而存在的事物，對馬克思而言，是爲沒有客體關連之物，亦即非物，亦即幻想的、不實之物、抽象之物。換言之，一個事物的存在必是人的感官可以感受其存在的事物。不僅靠感官感受外頭世界的存在，人還經由勞動而改變，亦即改變自然界與社會界周遭的事物，進一步塑造他本身，可以說人改變環境，同時環境也改變他。有異於黑格爾把人當成精神的事物，馬克思（如同費爾巴哈）視人爲具體的、能感受外界事物的存在，乃爲感覺的動物（*sinnliches Wesen*; sensuous being）（洪鎌德1997b: 120; 2010:117-125, 132-141）。但感受也是能接受、能忍受，被動的意思，故人類除了是主動的、能動的動物之外，也是一個被動的、受動的、受苦受難的動物（*FS* I: 651; *CW* 3:337）。

　　黑格爾把自然看作精神之外的事物，是一種徹頭徹尾抽象之物。反之，馬克思是認爲人在自然當中，是自然的中心，與自然應當合一。人在生存方式、意識樣態中可以表現的事物，也可以透過人類全體或透過別人而應用到自然之

上。這種說法表示意識和心靈都隸屬於物質，心物的互依，也顯示人與自然的契合。

馬克思認為黑格爾把思想從自然的人那裡割開是不對的。須知思想是作為自然主體的人心靈的活動，而人是具有五官，活在社會、活在現世、活在自然裡頭的動物。在此吾人可知青年馬克思浸淫在德國浪漫主義的思潮裡，視自然主義與人本主義是一而二、二而一的東西。

馬克思對自然的理解，依據法蘭克福學派第二代重要思想家舒密特（Alfred Schmidt 1931-2012）之說法，並非單純是主觀主義的，或是絕然客觀主義的，也非採取物質的、或觀念的化約之理解方式。他在其主要的著作《馬克思的自然觀》（1971）中，強調馬克思理論中自然與社會的相互穿透，還特別指出：人是自然的一部分，不能置身在自然之外來反對自然，而且這種部分同自然的分開，並非人類本性的成分之一（Eagleton 2012:233,248）。舒氏對正統馬克思主義者與新馬克思主義者有關馬克思對自然的理解都有所批評與辨證。他指出正統馬克思者視馬克思早年的著作為受到黑格爾觀念論影響下的執迷不悟，強調成年後重視經濟的馬克思之自然觀才是正確。反之，新馬的理論家卻強調早期馬克思的哲學著作才是馬學可以傳承、可以發揮的基礎。舒密特卻認為馬克思重大的貢獻在於中年與後期有關政治經濟學的批判，以及資本主義的商品生產之批評上。不過他在強調馬克思《資本論》的結構性與科學性之餘，卻提醒讀者認識該一重要著作的包含歷史與哲學的意涵（Schmidt 1971; 洪鎌德2010b：233-235）。

舒密特 Alfred Schmidt

Alfred Schmidt's contribution to the ecological interpretation of Marx is reassessed from the standpoint of Marx's value-form analysis of capitalism and Marx's historical and materialist approach to nature under communism.

《資本論》的副標題為「政治經濟學批判」

馬克思後期代表作《資本論》

《資本論・第一卷》
分析「資本的生產過程」。
《資本論・第二卷》
分析「資本的流通過程」。
《資本論・第三卷》
總論「資本主義生產的總過程」。
《資本論・第四卷》
分析「剩餘價值」的形成與剝削。

　　自然是人在求取生存和社會實踐中的產品。這也就是說，自然不僅僅是山水，草木、蟲鳥，禽獸，更包括人類在內。其中尤其是人對自然的認識和改變、自然對人的供養和限制，都成為兩者辯證的互動。這可以說是「人與自然合為一體」（unity of man and nature）（Smith 1984: 11），也可以說透過人的勞動和實踐，使自然中的萬事萬物之分歧復歸統一，達到分歧性合一（differentiated unity）（Loftus 2009: 157, 158）。

　　其實這種看法早便為盧卡奇所倡說。盧氏指出：「自然是一種社會的範疇。這是指社會發展任何的階段上，凡被指為自然的〔事物〕，自然與人及其活動涉及自然的形式，都是自然的形式、自然的內容、自然的範圍、自然的客體化。這些涉及自然所有的事項都受到社會所制約〔規定〕」（Lukács 1971: 234）。

中壯年時代的盧卡奇

1919年青年的戶卡奇盧
Lukács in 1919

　　近年來由於生態危機爆發，遂有生態馬克思主義的出現。馬克思視自然爲人的社會生產與人發展之條件。人類的發展基本上受到生產變動性的社會形式與歷史演變的型塑，是故自然與唯物史觀關係密切。生產既是社會（人際）的，也是物質（自然）的。勞動生產力和剩餘價值都建立在自然基礎之上，自然也提供給未來共產主義組合的生產之舞台與倉庫（Burkett 1999:36,235 *ff.*）

　　從上面舒密特與盧卡奇的說法，可以看出馬克思心目的自然是脫離不了人的需要及其滿足，也是人發展其本身才華，透過社會的生產、交換、消費，而成爲人化的自然，或稱自然的人化。因此，我們接著討論馬克思怎樣看待人與人類的關係。

四、人與人類

　　馬克思早期的著作中一再出現費爾巴哈哲學人類學（philosophical anthropology）的用語，特別是種類本質（*Gattungswesen*; species-being）、種類生活（*Gattungsleben*; species-life）、種類活動（*Gattungstätigkeit*; species-activity）等等名詞。藉著這些名詞，青年馬克思企圖界定人社會的性格和社群的（*gemeinschaftlich*; communal）性格，也界定人生產的活動。其最終目的旨在說明未來理想社會是社群的集合體，其中人如何重獲失去的自由，達到眞正解放的願望。使用人類本質一詞來作爲人自由而有意識的活動之寫照，其目的除了反對把人單單看成追求快樂的動物之外，最主要的原因在強調：人有能力透過自由的活動（自主性和創作性的勞動）來開創人生和成就自己（Wartenburg 1982: 82）。

　　在《經濟學與哲學手稿》中，馬克思指出：

> 人是種類的動物，不僅是因爲在實踐與理論中，他採用人類（他自己和其他人）當成他的客體物……並且還因爲他看待自己是眞實的、活生生的種類〔人類〕，也是因爲他看待自己是一個普遍的〔寰宇的〕動物，亦即自由的動物之緣故。（*FS* I:566; *CW* 3:275）
> 就像其他動物一樣，人要靠無機的自然存活、要靠自然的產品維持其生存。不過與動物相異的是：動物和動物的活動是合一的，動物無法

從其生活中分別出來。動物就是其生存活動的全體。人卻把其生活當
成他意志和意識之標的物，他擁有充滿意識的生命活動。有意識的生
命活動把人從其餘動物的生命活動中直接分辨出來。就因爲如此，他
才是一個人類的本質，或者說由於他是人類的本質，他才是有意識的
動物……他的生命成爲他的客體物。（*FS* I: 567; *CW* 3: 276）

　　換言之，有異於其他動物，人類是一種特別的生物種類——靈長類，不但
擁有理性、能夠思想，並藉語言和符號彼此溝通。人還能根據事先的想像，畫
出藍圖，而造就其生存所必需的條件。人是唯一懂得勞動，把勞動當成展示個
人才華特質的第一需要，是一個生產創造的動物。正因爲人無所不知、無所不
能，其活動不限於某一特定範圍，而是展示他樣樣都能精通、行行都能出狀元
的寰宇性動物。只有人類不受本性本能的束縛，可以自由進行各種活動，這是
人有異於禽獸之處，也是人爲自由的動物的意思。

　　人的生產活動是人類營生、也是繁衍之道，亦即一個生命生產另一個生
命的活動。這種活動的特質是作爲人類的人自由與有意識的活動。生產勞動首
要的目的在滿足人的需要，俾維持其生存。因之，勞動被視爲「一種人與自然
共同參與的過程，在此過程中人本身發動、調節和控制人與自然之間的物質反
應」（*Capital* I: 173）。

　　藉由他的運作，人開天闢地、開物成務，既改變自然又利用自然，以
達厚生的目的。人改變了自然，也改變了本身，改變了人的天性。「他發展
那隱晦沉睡的〔生命〕力量，強迫這些力量聽從他的方式〔意志〕去發揮」
（*ibid.*）。

　　人透過實踐的、生產的活動，透過對無機的自然之型塑，創造了一大堆文
明與文化的典章制度。這種創造正顯示人是有意識的，也是自由發揮的種類之
物。人之創造世界，改變世界，根據的就是美的原則、美的律例。人在尚未創
造發明之前，早就在其腦海中便構思各種圖案、程式、藍圖。他「不僅對他使
用的材料之形式有所改變，他還實現其本身的目的，使其操作方式符合規律，
甚至他的意志也要配合這種規律的要求」（*Capital* I:174）。

　　事實上，人有異於禽獸之處爲人自由的、有意識的、開創的、生產的
勞動，這些特質的勞動合在一起就叫做實踐（*Praxis*）。實踐使人與動物分
開。實踐是人改變環境，跟著人本身也起變化的人類活動（Petrovic 1967: 78-
79）。1960年代前南斯拉夫實踐學派強調青年馬克思的作品之重要性和對東西

陣營的國家和社會採用馬克思嚴厲的社會批判，才能彰顯實踐的眞義。

Gajo Petrovic (1927-1993)
前南斯拉夫實踐派大師

　　儘管早期經常使用費爾巴哈「種類本質」、「種類生活」等詞彙，可是到了1845年，馬克思終於揚棄費氏哲學人類學的玄思。他在〈費爾巴哈提綱〉第8條不僅批判費爾巴哈把感性（*Sinnlichkeit*）只看成爲省思的褊狹，而不知感性含有「實踐的人類感覺的活動」之意。此爲馬克思指摘費氏把人的本質看做存在於個別人內心的抽象物，「當成內在的、靜默的，把諸個人自然聯繫在一起的普遍性」，亦即看作人的「種類」（*Gattung*）。同時在這裡馬克思宣布「究其實際它〔人性〕乃是社會關係之總和」（*FS* II: 2-3; *CW* 5: 4）。

　　這一改變，使馬克思放棄以本質論（essentialism）方式討論人的本質、人的本性。取代這種看法是研究人在「社會關係」、「生產關係」、「階級關係」的作爲。換言之，在〈費爾巴哈提綱〉之前，馬克思大談人的自然的種類本質和社群本質。由於人的本質與人的生存發生重大矛盾，再談本質，而忽略其生存的方式──勞動、社會關係、階級關係──是違反現實，也是與積極尋覓科學（政治經濟學）來理解人與社會的成年馬克思之心願相左。

五、人與社會

　　在《德意志意識形態》長篇手稿中，馬克思與恩格斯強調生產了生存所需的資料是人異於動物之所在。生產是人活命的手段，可是生產不能排除社會的影響，蓋爲了生產人人必須來往，這便發生社會的互動。馬、恩這樣寫著：

為生活而進行的生產含有兩層意思，其一為靠勞動去幹活；其二人的生殖後代之新生命的製造。這種生產活動〔營生與生殖〕以兩重的關係展示出來：一方面是自然的〔開物成務、利用厚生〕，他方面是社會的──所謂的社會是它指涉勞動必然是數位個人的合作，不管是處於何種條件下，以何種的方式，或為何種的目的進行合作。（*FS* II：30；*CW* 5：43）

顯然，在此馬克思強調物質連繫作為社群從事生產活動的基礎之重要性，而不再像早前論述人種類的自然結合。因為他接著說：「很清楚明白的是一開始人與人之間存有物質的連繫，這種連繫是受到他們的需要和生產方式所規定的。這種連繫幾乎是與人類出現在地球之日一樣古老。這種連繫卻不斷改變，而經常披上新的形式，而自具『歷史』。不管政治上或宗教上無聊的話題之存在，後者認為人的成群結黨是靠政治或宗教的力量」（*ibid.*）。

換句話說，並非宗教的信仰體系、教義、教規，或政治上的典章制度、意識形態，使人類過群居集體的生活，而是人的物質連繫把人群緊緊綁在一起。所謂的物質連繫並非一成不變，它本身也受到人的需要與生產方式的規定。談到生產時馬克思說：「生產是個人透過或在特定的社會型態下對自然的占有（*Aneignung*）」（*Grundrisse* 9; *G* 87）。至於什麼是社會呢？馬克思在《政治經濟學批判綱要》（簡稱《綱要》，1857-58）中指出：「社會不是由諸個人所組成，而是表述了諸個人相互之間形成的關係、關連之綜合」（*Grundrisse* 176；*G* 265）。

換言之，只有在社會裡頭人方才能夠發展，也方才能夠表現他的能力與需要。是故馬克思說：「人所以是一個嚴格定義下的『城邦動物』（*zoon politikon*）[2]，並不因為他是一個群居的動物，而是一個只有在社會中使自己個體化的動物……自外於社會孤獨的個人進行生產……是荒謬的，其荒謬的情形何異於個人們不住在一起、不相互交談而能夠發展出一套語言來」（*Grundrisse* 6；*G* 84）。

要之，自古以來，人人必須經營集體生活，成為社群的動物，這並非如費爾巴哈所說是由於「種類」在發生作用，人擁有種類的本質，這種種族的本質

---

[2]　*Zoon politikon* 是亞理士多德對人類的稱呼。過去譯為政治動物或社會動物都不甚嚴謹，應該譯為住在城邦（*polis*）的動物，或簡稱城邦動物。

自然地把個人們連繫在一起。反之，此時的馬克思則認為是由於人類為追求生存、追求繁衍，不能不從事生產活動，而生產活動及其關係——生產關係——把人推向社會或社群裡，使他們過著集體、群體的生活。

但社會的關係、社群的關係卻非固定不變，而是隨著社會經濟形構（socio-economic formation）和歷史階段的變遷而變化。因之，社會關係乃取決於社會型態與歷史遞嬗，在《政治經濟學批判綱要》（以下簡稱《綱要》）中馬克思指出：

> 這是愚昧的觀點，去把僅僅是外觀的連繫看成為內存於諸個人之間自動自發、自然的特徵，而無法與自然分開……這個連繫是諸個人的產品，它也是歷史的產品……普遍〔向各方〕發展的諸個人，他們之間的社會關係，正如同他們社群的關係，是隸屬於他們社群的控制，〔因之〕這些關係並非自然的產品，而是歷史的結果。（*Grundrisse* 79; *G* 162）

假使人性是在社會關係中呈現，而看作人物質條件的產品，那麼再談人性之常或一般的人性便非妥善。因之，馬克思不再言經常不變的人性、一般的人性，而改談在歷史過程中人性的變化與修正。這也就是成年馬克思在具體的、實際的歷史情況下討論具體的、真實的人群及其關係。換言之，他討論了人性的歷史變遷的兩個面向：人怎樣發展需要，以及發展滿足這些需要的能力（LeoGrande 1977: 144）。

至今為止的人類歷史顯示，人的需要在量的方面不斷擴張，在質的方面不斷提高。為了滿足這種持續增大的人類需要，人也不斷改善其生產能力，從而生產能力也水漲船高、節節跟進，一部人類史可說是人的需要與能力的交互競爭和辯證發展。是故馬克思說：

> 正像野蠻人必須與自然搏鬥，俾滿足其需要，保持其生命與繁衍其後代，同樣文明人必須在各種社會形構中與各種可能的生產方式下進行同樣〔謀生〕的活動。在他發展中，人的能力的必然擴大，這是他需要擴大的結果，可是在此同時滿足這些〔擴大的〕需要的生產力也增長。（*Capital* Ⅲ: 144）

　　利用人的需要與勞動生產力這兩種概念，馬克思在其後期的作品中，描述資本主義時代市民社會真實的人（工人）的實際性格。在資本主義體制下，人的本性是被異化、被扭曲。資本主義的關係阻卻人發展他真正的能力，同時也損害人從歷史演進以來的真正需要。這何異說資本主義社會的基本矛盾爲生產力與生產關係的衝突，而表現在資產階級與普勞階級[3]之間的階級鬥爭。

　　資本主義社會的矛盾表現在資本家對工人的剝削、壓榨。剝削的出現乃由於社會分工與私產制度，它允許資本家在交易過程中搾取勞工剩餘的價值，這也是成年馬克思多談剝削而少談異化的緣由。當成一項社會事實，根植於特定的社會經濟形構，亦即資本主義的體制，要克服剝削，只有透過取消私產與化除社會分工一途，亦即訴諸普勞階級的革命來推翻資本主義。一旦私產制度和社會分工消失，那麼人將重獲自由，也真正得到解放（洪鎌德2000: 388, 413-417; 2010:276-285）

六、人與歷史

　　馬克思對社會的看法是動態，而非靜態，因之，他的社會觀同他的歷史觀是分不開的。德國著名的馬克思學專家費徹爾（Iring Fetscher 1922-）就指出在討論馬克思的人性論時，一個不容忽視、而事實上十分重要的面向，便是馬克思講究人的「歷史性」（historicity）（Fetscher 1976: 454）。事實上，馬克思就說過：「歷史〔人文史〕本身是自然史真實的部分──有關自然〔人〕發展爲〔文明〕人的史實」（*FS* I: 604; *CW* 3: 303-304）。那麼人怎樣由自然人變成文明人呢？那莫非人開物成務、利用厚生，藉由勞動與生產，把無機的自然轉化成有機的組合──社會、社群。因之，馬克思接著說：「對信仰社會主義的人而言，所謂世界的整部歷史，莫非是透過人的勞動由人所創造之歷史。也莫非自然爲人類演變的歷史，人終於擁有可資目擊與確證，亦即透過他本身

3　*Das Proletariat*過去譯爲普羅階級、無產階級、工人階級。由於台北街頭的招牌多的是普羅汽車、普羅牙科、普羅飲水機之廣告。這是由英文professional（專業）翻譯而成。是故本書作者主張以普勞階級來翻譯*das Proletariat*，含有普遍勞動（尤其是勞力重於勞心）的意思。普羅則讓給專業者去使用。

而生成的紀錄，這就是他的崛起（湧現）過程（*Entstehungsprozes*s）的紀錄」
（*FS* I: 607; *CW* 3: 305）。

Iring Fetscher（1922-）德國法蘭克福大學退休教授，曾講授
政治學、社會哲學與馬克思主義

　　同樣馬克思便視近世文明發展史，特別是一部實業史，是人類展示其「本
質能力」（*Wesenskräfte*）翻開的書，也是一部可以感受得到存在的人類心理
學著作（*FS* I: 607; *CW* 3: 302），論述實業對人類帶來的外表功利與內心創傷
的實況。

　　顯然對馬克思而言，人所以成為人的歷史過程，是透過逆反、否定、異
化，經由痛苦錘鍊的歷程而回歸到人的本質。換言之，在歷史過程中，人的本
質與存在由早期的合一，變成其後的分開，而展望未來的再度合一。只有當未
來共產主義實現之後，本質與存在的矛盾、客體化與自我確認之矛盾、自由與
必然的矛盾才可以解開，屆時歷史之謎也才可以破解（*FS* I: 593-594；*CW* 3:
296-297；洪鎌德2009: 184-185）。

　　這種把人類的生成變化當成歷史來看待，是青年馬克思仍受到黑格爾觀念
哲學與費爾巴哈哲學人類學影響下之觀點，當他進入成年時期後，已揚棄哲學
的思辨方式，而宣稱至今為止的人類歷史都不是人類有意識、按照人的理想所
創造的歷史。因之，只能當成人類的「前史」（*Vorgeschichte*）來看待。根據
《政治經濟學批判》（1859）的〈前言〉，在「前史」中由於「經濟的社會形
構」（*ökonomische Gesellschaftsformation*）有所不同，人類的歷史可分為亞細
亞、原始公社、古代奴隸、中古封建主義、目前資本主義等不同的社會發展階
段。馬克思認為資產階級的社會之形構，將為人類社會的前史譜上句號，而宣
告前史的終結（*SW* I: 504；洪鎌德 2007a: 403）。

　　的確，歷史是人類所創造的，但馬克思卻指出：「人類創造歷史，並
非按照其喜歡來創造，也非按照其選擇的情況來創造，而是在直接面對的情
況、給予的情況，以及過去所傳承下來的情況下，從事歷史的創造」（*CW* 11:

103）。換言之，在前史中人類無法按照其心願、理想而創造一個富有人性、人道的歷史。要創造這種理想的歷史——有意識、有計畫、符合理性，爲人們所開拓、所原創、所營構的活動及其紀錄——只有在資本主義體制被推翻，而代以社會主義以及更高階的共產主義之落實後才有可能。

　　不過，共產主義理想一旦落實，會不會是人類歷史的登峰造極，而不再向前向上發展？不再變遷，眞正造成「歷史的終結」呢？對這點，馬克思所持的看法是非常特別的。他不認爲共產主義是人類的最終目的，事物最後的狀態。原因是共產主義並不是一個靜態的社會、不是一種理想狀態，而是變動不居的對現存狀態的取消之眞實的運動（*FS* II: 37; *CW* 5: 49）。

　　馬克思固然承認黑格爾之功勞在發現歷史運動與產生的原則是「否定的辯證法」（*Dialektik der Negation*），但卻指摘後者用心靈、精神之生成變化來解釋歷史的遞嬗。馬克思說：

> 黑格爾的歷史觀……莫非是把精神和物質的對立、上帝和現世的對立之基督教與日耳曼教條，加以玄學的表述。這種對立之出現於歷史意味少數知識菁英對抗著廣大的人群，亦即對抗著當成物質的沒有精神〔無知〕的群眾。黑格爾的歷史觀預設一個「抽象的精神」，或稱「絕對精神」。這個精神的發展使人類成爲或多或少意識的群眾跟著跑、跟著變化。黑格爾把經驗上可被認知、外觀上可以闡明的歷史，轉化成玄思的、內蘊秘義的歷史。於是人類的歷史變成人類「絕對精神」之歷史，因之，這種精神也就變成與眞實的人群遠離渺不可測的彼岸精神。（*FS* I: 766-767; *CW* 4: 85）

黑格爾認爲人類史乃爲精神從主觀階段，發展到客觀階段，最終進入絕對階段裡。

　　把黑格爾頭腳上下顛倒的辯證法重加扶正，馬克思不以精神為歷史探索的出發點。反之，他以活跳跳、生機活潑的真實個人及其社會與經濟的條件為人類歷史的前提與基礎，而追蹤人所生活的場域──階級社會以及造成階級社會的條件，亦即生產方式──之變遷，其結果得出「至今為止存在的社會之歷史乃為階級鬥爭史」的結論（*FS* II: 817; *CW* 6: 482）。從而強調至今為止的人類「前史」，都是社會必須分裂為兩個相分離、相敵峙、相對抗的階級（奴隸主階級對抗奴隸階級；地主階級對抗農奴階級；資產階級對抗無產階級）。人一旦隸屬任何一個階級，便無法同時為另一對立階級之成員，其結果就是人的割裂。在今日資本主義盛行的時代，資產階級與無產階級的對抗不啻為資本家與勞動者的對抗，都標誌著人類的分裂、不統一（洪鎌德2010b：293 *ff*）。

　　號稱「歷史唯物主義」的馬克思之歷史觀，是指出引發社會改變和歷史變遷的動力來自社會的經濟基礎的變化。作為經濟基礎的生產力突破了生產關係，造成經濟力量的湧現（透過科技應用，以及管理技術突破，資本的累積、擴大、流通，使經濟力量膨脹），從而導致社會上層建築的典章制度、社會風氣、時代精神（亦即所謂的意識形態）跟著變化。換言之，社會所以轉型和歷史所以變遷都是拜受生產方式的物質因素變化之賜。不僅經濟、生產、勞動、人的營生勞動是物質力量，就是人群形成群眾，形成階級，尋求改變現實的活動，亦即改革或革命的實踐，也被視為是物質的力量。是故，推動歷史變遷不是精神力量，而是物質力量（洪鎌德2007a: 403-422;2010: 273 *ff*）。

　　依當代一位著名的馬克思主義者柯亨（Gerald A. Cohen 1941-2009）的解釋，一部人類的歷史就是人怎樣改善生產力來克服匱乏（scarcity）的歷史。馬克思的唯物史觀討論歷史上幾個主要階段中，人類生產方式的起落，由原始、而古代、而中古、而現代，每一個取代前一階段的生產方式都代表了人類生產力的節節上升。透過生產力的提升來對付匱乏，才是人類自我實現（self-realization）之途。但匱乏的存在卻經常挫敗人自我實現的努力。歷史進展的動力乃是克服挫敗的勇氣與堅持，亦即不斷尋找有利於人自我實現更有效的方法、更佳的環境、更好的世界。在充滿匱乏的世界中，人只要存心達成自我實現，不能不使盡各種手段方法來改善生產力。當有朝一日富裕取代了匱乏（即馬克思憧憬的共產主義社會實現之日），人對改善環境、改造社會的生產力之抬高的興趣，會轉向本身的發展，清除阻卻個人發展的障礙。為何普勞階級最終要推翻資本主義制度，就是由於資本家到達後期的發展階段，只關心其公司、行號、集團、階級的利益，而無視於個人求取自我發展、自我實現的壯志之故（Cohen 1978: 302-307）。

出生於加拿大，曾執教於牛津大學
的政治哲學家，也爲解（分）析派
馬克思主義奠基者之柯亨教授

　　此外，柯亨還指出，馬克思所理解的整部人類歷史，乃是「辯證的過程」。他把馬克思的歷史觀作出簡單的三分法：前資本主義時代、資本主義時代和後資本主義時代。在前資本主義社會中，人處於「無分別的團結（合一）」（undifferentiated unity）之階段；在現時資本主義社會中，人處於「分別的不團結」（differentiated disunity）之階段；在未來共產主義社會中，則將處於「分別的團結」（differentiated unity）之階段。換言之，人類的勞動就經歷了「無分別的合一」、「分別的不合一」和「分別的合一」的三個階段（Cohen 1974-75: 26-27, 29, 235-261）。這三階段辯證的發展過程與黑格爾歷史哲學三階段之變化生成完全一致（洪鎌德1995：72）。

　　要之，馬克思相信人的發展史是愈來愈使個人形成他的個性，是個人化的過程（individuating process），也是人解放的過程。所以他有關人的個人化演變的三個階段爲「無異化－異化－異化的克服」，也是「無剝削－剝削－剝削的揚棄」，人的「倚賴－獨立－自主」。這就是說明馬克思的人性論與歷史觀息息相關，無法分開的道理（洪鎌德 1996：79; 2010:250-251）。

七、結語

　　影響馬克思對人與人性的看法最主要的思想淵源，無疑地是黑格爾的觀念論，或稱唯心主義，也是費爾巴哈以人爲中心的人本主義。這由馬克思的反覆使用「勞動」、「異化」、「種類」、「社群本質」、「需要」、「力量」等名詞可知，可是馬克思雖受到兩位前輩哲學家學說的衝擊，卻不是盲目接受，

誠如法國哲學家波提傑利（Emile Bottigelli）所說：「馬克思從黑格爾那裡得到人在歷史演化中的理念，從費爾巴哈那裡取得唯物主義，具體的人和『人本主義就是自然主義』等等概念。可是他並非把兩位前輩的說法揉合，而有他特定的看法。他是用原創性的方法把這些思想的元素貫穿揚棄，儘管他使用了激發他思想的前輩哲人之語言字彙」（Bottigelli 1962: lxix）。

事實上，馬克思以哲學家身分首次接觸經濟問題時，大部分是受到費爾巴哈的唯物論對黑格爾哲學之批判的影響，但其後他又回歸黑格爾，利用黑格爾的歷史和社會觀來批評費爾巴哈空洞的哲學人類學（Mandel 1978: 154n.）。儘管歐美馬克思學（Marxology，不含共黨意識形態的教條性、權威性之馬克思思想之研究）中傾向於指出馬克思早期與晚期的思想並無斷裂的現象，但我們仍可參酌阿圖舍的說法，就馬克思理論結構的變化對他思想加以分析（Althusser 1977: 31 *ff*., 35）。

涉及到馬克思的人性論方面，我們可以說：他早期偏重於把人當作種類特質、異化的動物看待，後期則視人為社會經濟動物，為一個歷史性的、被剝削的勞動者。早期著作中的人之異化的理論，強調的是人的本質與人的存在這兩者互相悖離。這一異化概念稍後為馬克思棄置不用（或說少用），那是由於他開始批評費爾巴哈「種類」一名詞的抽象、含糊，牽連更多的自然屬性，缺少關鍵性的社會關連。要之，此時馬克思已擺脫「本質主義」（essentialism），不再奢談人的「本質」，社會的「本質」，國家的「本質」等等，這些涉及本質的推論是一種靜態的理解世界之方式，須知哲學本身也是變動不居的文化與歷史之一環。因之，無法為瞬息萬變的實在提供不變的基礎（West 1991: 2）。

後期的馬克思少談異化，多談剝削、物化、「商品拜物教」。他這種改變表示他與費爾巴哈的人類學決裂，而回歸到黑格爾的歷史哲學。更重要的是成年馬克思的人性論是由於他掌握了政治經濟學的知識，深切瞭解人在階級社會裡的無助境況，而思考怎樣來幫忙人獲得解放（洪鎌德2010b：254）。

馬克思人論和和人性論有幾點缺陷，值得吾人加以檢討。首先馬克思雖然批判了黑格爾「糟粕」的純觀念論，卻保留後者「精華」的辯證法，亦即對辯證法毫無批評地全盤接受。當然黑格爾的辯證法早經費爾巴哈利用主體與客體的「翻轉」（inversion），由精神的辯證變成人的辯證。費爾巴哈把基督教的上帝和黑格爾的絕對精神轉化為人異化的意識。有了費氏這個「轉型批判法」，馬克思便可以把「翻轉」、「顛倒」、「扶正」的方法之應用，從宗

教、哲學推擴到政治、社會、經濟等方面，由是精神的辯證法變成了物質的辯證法。於是人的意識，人的心靈遂與自然、與社會、與歷史統合起來。換言之，人與自然、心靈與物質、本質與存在都合而為一。人的歷史變成自然歷史的一部分，這是由於自然終於發展為人類的緣故。至此馬克思企圖對物理客體（自然）進行哲學的思考，把隨機變化、條件變化（*Kontingent*; contingent）的現象附屬於哲學辯證法之必然範圍中（後來導致恩格斯索性演繹一套《自然的辯證法》），把哲學附屬於科學，把實然同應然統一。這一切造成其跟隨者和批評者之困惑，這是馬克思人學引起的第一個困擾。

其次，由於馬克思對黑格爾辯證法深信不疑，使他在考慮人和人性時，視人的生成變化為整個變動不居的過程中的一部分，不斷地產生矛盾、否定、綜合（正、反、合），而沒有一點正面、肯定、積極（positive）的性質可言。這麼一來必定會把外頭的自然和內心的天性看做是人類的社會產品，有朝一日可被人類徹底掌握、完全吸納。其結果是成年的馬克思對人性的特殊性質加以忽視，而把人只當作社會關係的反映，或社會關係的結果。因為馬克思後期思索探究的現象，其潛伏的實在不再是人，而是社會之緣故（Kamenka 1972: 131）。

再其次，馬克思人性論的瑕疵，表現在從人的種類自我異化，轉變到工人階級受到資產階級的剝削之上。把個人的自我異化轉變為人受到他人的剝削，是由於馬克思理論結構從注視個人轉到形成階級的眾人之故。早期談到異化的人去除異化的努力，含有個人爭自由、爭解放的道德意涵，可是後期談到被剝削的工人要掙脫身上的枷鎖時，強調的是推翻現存的資本主義體制，亦即改變人的處境，以為環境的改變自然會影響人的改變。於是後期中馬克思有意無意間解除了無產階級工人的道德職責。這種說法是基於他後來的主張，主張人內心的自由與統一可以擴張到未來社會與自然的重歸合一，在未來理想的共同體中人類將由必然的領域躍進自由的領域。但個人的自由與社群的自由卻是兩碼事，前者在強調人本身的一致（能力與表現一致，本質和存在一致），後者卻要求分歧（人人按其本性本能來發揮，社會充滿多才多藝的個人，也形成多彩多姿的蓬勃氣象）。因此，像馬克思那樣存心藉「革命性的實踐」，由人本身的自我實現轉變為社會整體的劇變，不但會使社會遭到損害，也可能造成個人的解體（Chamberlain 1963: 316-320；洪鎌德 2010b: 255-256）。

儘管有上述的瑕疵與問題，馬克思涉及人的哲學、人的概念仍舊是相當博厚與精深。他視人在與自然接觸、在與人群來往中為一個自我活動、自我

意識、自我創造和自我解放的動物的觀點，標誌著西方人本主義傳統中最富創意、最能引人遐思的理論。此外，他對人類經由主動、自由的勞動，以及經由批判、革命的實踐來揚棄異化與剝削的說法至今仍舊撼動人心。在此評價之下，馬克思的人本主義仍舊有其研發開拓的價值（Hung 1984: 38-41）。

　　要之，馬克思的人性論對他闡述唯物史觀、批判資本主義和追求未來的共產主義具有關鍵意涵的重要性。他常以「種類本質」來取代傳統哲學家使用人性一詞，在於說明人的特殊本質，如求生、勞動、繁殖和生老病死等生理現象，基本上與其他生物無太大的分別，可謂為人性之常。但人有異於其他生物之處，乃是人性之變：開物成務、利用厚生。人不但開拓與利用外在的大自然（Nature），也改變與發展內在的小自然（nature天性、本能）。其中人的需求（needs）和驅力（drives）與人的能力（ability）和本事（capacity）進行辯證的互動。在雙方不斷競爭提升之下，一部人類史乃為勞動史、生產史、實業史，也是階級鬥爭史。而人類如何有意識地、有計畫地建立一個公平合理的共產主義的社會，端賴人性回歸、能力全面發展的新人類，在推翻資本主義制度後，把這個人的解放之美夢加以落實。

第二章

馬克思論人的解放

第二章　馬克思論人的解放

一、解放與自由爲馬克思思想的核心

二、對經典自由主義的批判

三、解放與自由的落實──未來新社會的偉景（Vision）

四、普勞階級的解放者角色

五、新社會與新人類──偉景的實現

一、解放與自由爲馬克思思想的核心

　　馬克思的學說是圍繞著人的解放而展開的，因此，人的解放成爲馬克思思想的核心。解放似乎成爲馬克思青年時代掛在嘴邊、津津樂道的口號，這顯然是受到西歐工業革命與法國大革命的影響，因爲這兩大革命把人類從貧窮落後和封建主義的舊政權束縛中解脫出來。

　　在〈論猶太人的問題〉（1844）一文中，青年馬克思指出：

> 每一解放是人的世界與人際關係對個別人的回復。當每一真實的個人把抽象的公民〔身分〕吸入他身內；當每一個人在其日常生活中、在其勞動中、在其〔各方面的〕關係裡，都能化歸種類本質之時；以及當他承認了與組織了他的本身力量（*forces propers*）爲社會力量之時，亦即不再把他的社會力量從他那裡分裂出政治力量之時，人類的解放才告完成。（*Reader*, 46）

　　馬克思何以主張人類需要解放呢？這是因爲他受到黑格爾與費爾巴哈對人的看法所影響，而他又不滿意這兩位德國古典哲學家對人的詮釋。黑格爾把人視爲生活在民間社會擁有法權的人身（person），也是各種欲求與需要的主體（subject of needs）。但這部分的人對黑格爾而言，只是人在現代資產階級社會中的「表現」（representation）。把布爾喬亞社會獲取政治權力、得到政治解放視爲歷史發展的終境，這是黑格爾銳眼中的盲點。至於人的本質則應是生活在政治國家裡頭的公民，因爲只有擁有公民身分的人才會把他的精神顯露出來，是故真正的人乃是一個群居之物（*zoon politikon*）、自由之物、解放之人，而不單單是精神之物（spiritual being）。

　　費爾巴哈不滿意黑格爾這種把人只當成精神、靈性之物的思辨哲學，企圖把黑格爾人的哲學轉變爲人類學，亦即哲學人類學，以人爲本位，而將精神當成人的屬性。不過費氏的人卻是抽象的集體的人類，亦即他口口聲聲稱呼的「種類本質」（*Gattungswesen* 種屬本質）。馬克思同意費爾巴哈對黑格爾的批評，也就是認爲黑格爾只見到現代人片面的特殊的部分（法權、需要等等），而忘記在這片面與特殊的背後潛藏人的整體。於是馬克思決定要揭發黑

格爾對現代人所發現的秘密，指摘黑格爾把資產階級的人之表象當成現代人本質的錯誤。換言之，黑格爾所發現的現代人是片面的、主觀的、特殊的資產階級之人，而非眞實的、活生生的人。爲了使人從這個主觀的特殊性解放出來，也是爲了使人不再受制於現代資產階級社會的分工、私產、交易、市場、資本、剝削等等異化現象，馬克思遂高喊人的解放。

換言之，馬克思不同意黑格爾把人的概念特別化、偏頗化（particularizing），把人看作特殊的單元（particularized entity）。他企圖追究黑格爾何以有這種偏差的人學，結果發現這種偏差乃種因於資本主義下布爾喬亞社會的分工，人的專業化、固定化（fixation），以及人人之間的表面獨立自主（autonomy），而實質上卻是分崩離析各自爲政之零星化現象。易言之，黑格爾偏差的理論來自於現代世界扭曲的實在，亦即現代人與其本質之悖逆、疏離，也就是人之自我異化。是故馬克思心路歷程的起站，就是要發現：資產階級社會中人徹底的、主觀的特殊化（particulalization）之因由，指出資產階級的布爾喬亞怎樣以其特殊的、偏頗的觀點強加在全社會，而誤認他們的人生觀就是全人類的人生觀。爲了將人類從這種偏頗的、主觀的、特殊的人觀中解放出來，也爲了使陷身於專業化、分工、支離破碎的現代人從自我異化下拯救出來，馬克思才大聲疾呼「人的解放」。他要求的不只是宗教的解放，也不只是政治、經濟的解放，是「人類的」解放、全面的解放、徹底的解放。

馬克思稱呼這是人的解放，不只是從宗教、社會、政治和經濟的異化裡解放出來，也要從布爾喬亞的實在（reality）徹底解放出來（姜新立1997：33, 36）。這牽涉的不只是費爾巴哈要建立的「你我的共同體」，更是要恢復人對其「世界」、人的「社會界」發生的關連，使人眞正做到「社會人」、或亞理士多德所稱的「城邦之人」（*zoon politikon*）。是故馬克思從對布爾喬亞社會中人之存在的批判，發展到對布爾喬亞社會與經濟之批判。因此，人的解放乃是布爾喬亞之社會與經濟，以及人在此一社會中各種面向、各個方面徹底的解放（Löwith 1993: 95）。

要之，效法費爾巴哈把世界演展的目標重新界定，馬克思視歷史爲人類開物成務、利用厚生的勞動史和生產史。歷史發展的終境爲人的解放，也是人本主義、人道觀念、人文精神的落實和發揮。人最終的目標在達成自我實現，成就「眞人」（*eigentlicher Mensch*）和「完人」（*totaler Mensch*），這也符合了費氏所主張的「種類本質」（*Gattungswesen*）之本意（洪鎌德2010b：151）。

在早期致其父親的一封信中，馬克思稱，他從唯心主義出發，想要在現

實中找到理念。過去眾神明生活在天堂上，如今化爲人類的神明卻成爲世界的中心人物（*CW* 1: 18；洪鎌德1986：43）。黑格爾曾說，眞理只有在主體的活動中展露，而非外在於主體。究其實，眞理存在本體論的領域中。馬克思也採取同樣的看法，強調眞理是內在的（immanent），也是湧現的（emergent）。它是內在於人的勞動中，也湧現於人的勞動裡。一言以蔽之，亦即在人的生成變化之歷史中出現的。當黑格爾強調歷史的主體是精神，因之，歷史演變的目的（*telos*）爲精神的變化，由無意識而有意識，由有意識而自我意識（洪鎌德2007b: 177-192），馬克思的歷史目的觀卻是人由不自由而自由，由桎梏而解放。是故眞理的標準乃爲解放，解放是隨著人類生產方式的變遷而逐步落實，其高峰爲建立共產主義的社會，這也就是馬克思所認爲的人的眞正解放。

　　換言之，強調人的解放，特別是透過普勞階級的革命來完成解放大業，成爲馬克思最高的價值、最終的關懷。他認爲，解放目的底歷史變遷之必然性就是眞理；只要能夠協助人們達到解放的社會變動之知識，就是有效的知識。歷史唯物論者不只在尋求歷史的解釋知識，最主要在參與歷史之改變，亦即根據解放的目標，理性地引導歷史向前邁進。

　　馬克思把解放當成物質進步和社會演變的目標，因此，他要求對歷史總體現象要能夠徹底瞭解。對生產方式的分析，不只在於把知識善予整理組織，最重要在掌握歷史勢力的決定性因素。由於解放是內在於（immanent）歷史裡頭，是故事實與價值的區分沒有必要，實在與理想的對立可以打破，科學與政治的不同也可掃除。正如黑格爾的精神可以克服主體與客體的分歧，馬克思的共產主義也可以揚棄個人與社會之對立，最終所有的矛盾、對立、衝突都可以化解，這是馬克思解放觀的大要（Antonio 1985: 26-27）。

　　然則解放是一種過程，而非一種結果；是一種手段，而非一種目的。人類解放的結果是「自由領域」（realm of freedom）的獲致，這也就是說解放的目的在於自由的實現。由是可知馬克思的解放觀又與他的自由觀緊密連繫在一起。談馬克思的解放觀，而忽視他的自由觀，是一種本末倒置、輕重不分的作法，爲從事客觀研究馬克思學說的馬克思學（Marxology）所不取。是故，本章在討論馬克思解放學說之前，首先析述他對自由的看法（Brenkert 1983）。

　　馬克思對自由的看法，散見於他卷帙浩繁的著作、談話、演講、通信當中。他雖然沒有系統性地論述自由這一理念，但從他龐雜的作品中仍可以獲窺他有關自由的概念（洪鎌德1993：75-89）。一般而言，在馬克思的哲學著作中，自由觀占著中心的地位，但在其政經法律思想中，自由觀卻敬陪末座，這

是他有關人的自由之看法的第一個特色（Walicki 1995: 11）。換言之，馬克思所崇奉、所頌揚的自由是以哲學人類學的觀點來使人性得以回歸，也使人能夠自主地、意識地、理性地發揮自我的本領，貫徹自我的實現，這也是一種接近玄想、思辨的自由觀（趙常林1987：179-180）。

　　要之，馬克思的自由觀有其特色。首先，他反對資產階級的自由與法權的觀念。易言之，他所輕視的、或批判的自由觀，則是資產階級社會中，經典自由主義者所關懷的個人之自由，以及憑藉國家機制、依賴法律制度所保障的資產階級之法權，包括資本主義社會中所謂的天賦民權。這種近代西方主流派的自由觀為馬克思所不取，甚至為他所攻訐、所批判。不過，在骨子裡，馬克思的自由觀卻是傳統自由主義自由觀的極端化、激進化（Heller and Feher1991: 195-208），這一點是相當弔詭的。

Agnes Heller（1929-）為匈牙利馬克思主義哲學家，也研究存在主義

　　其次，馬克思的自由觀與歷史的生成變化關連密切。自由既不出現在過去，也不出現在現在，只有在未來共產主義的社會或社群中才會湧現。因為未來的共產主義社會是一個無階級對立、無階級衝突的社群（*Gemeinschaft*）。在社群中，國家已告消亡，未來的新人類組成直接生產者的組合（*Assoziation*），經營既合理性、又有意識、有計畫的和諧生活。屆時人的自我實踐、自我實現（self-realization）才告完成（Archard 1987: 33-34）。

　　第三，馬克思以唯物史觀來解釋自由。自由的理念是隨著社會經濟形構（socio-economic formation）的變遷而不斷變化。在奴隸社會中奴隸為奴隸主的私產，在封建社會中農奴也隸屬於地主，這都是人身的倚賴，都是人的不自由。但在資本主義社會中，表面上人身享有僱傭、就業的自由，實質上則為勞動受資本的奴役，人役於物、人倚賴物，人更不自由。只有在未來普勞階級的革命成功之後，人獲得解放，人才能由「必然的領域」邁入「自由的領域」。

二、對經典自由主義的批判

　　那麼馬克思的自由觀與經典自由主義者的自由觀有何不同呢？事實上，馬克思對經典自由主義者（包括洛克、盧梭、亞丹‧斯密、李嘉圖）和功利主義者（包括邊沁、穆勒父子）如果還存有一絲的敬意與好感，無非是由於他的出身與家庭的教養（包括受其岳父自由主義的薰陶）底緣故（洪鎌德 1997c: 6-8，13-16，19-20）。基本上，經典自由主義與他共產主義的自由觀是不相牟的（Walicki1995: 24）。馬克思對經典自由主義之批判，在於後者倡說契約簽訂之自由，讓權力與聲勢截然有別的資本家與勞動者簽訂「自由的」僱傭契約。自由主義者還提倡「天賦民權」、「自然權利」，大談「形式的」與「消極的」自由，倡言「資產階級的民主」。其實資產階級的這種法權觀、自由觀與民主觀只是保障其階級利益的護身符，這些都是無產階級所無法真正享有的權利、自由和民主。

　　顯然，資產階級自由派主張政府採取自由放任、不加干涉（放任無為）的政策，而使個人的自由最大化、最適化（optimum），這是新興中產階級崛起時普遍的要求。這種要求隨著資產階級的積極參政，而落實在政治改革與法律建制之上。但其本質為消極地防阻政府對個人活動的干預，排除政府對個人活動的限制，也是在法律（憲法、法條）上形式地保障個人及其階級的權益。是故，這種資產階級自由派的自由觀，仍不免為形式的自由、消極的自由。對此加以批評的人並不限於馬克思等左翼的共產主義宣傳者，也包括馬克思之前、之後，以及同一時代的社會主義者、無政府主義者，特別是虛無主義者。

Locke　　Rousseau　　Adam Smith　　Ricardo　　Bentham

James Mill（父）　　John Stuart Mill（子）

　　這些經典自由主義之批判者、攻擊者認爲，自由不限於負面的、消極的對政府之干涉的制止，還應該倡導「正面的」、「積極的」自由觀，亦即讓個人得以發揮其潛能、本事，實現其抱負，達致其目標的「自我實現」。馬克思的自由觀可說是這種強而有力的哲學傳統之一部分。這也就是柏林（Isaiah Berlin 1909-1997）所稱的「作爲自己之主人的自由」（Berlin 1969: 131）。

　　經典自由主義這種把個人從其傳統上屬人的、身分的束縛加以解放的自由與平等，到頭來使得資產階級的社會關係由對人身分的剝削轉化爲非人身（impersonal）的剝削（Archibald 1989: 50-53）。

　　資產階級社會講究分工、交易、競爭、市場和私產制度，這些都被馬克思視爲對個人主體性和完整性的傷害，是使個人原子化、分裂爲片斷（雞零狗碎化）的主因。而亞丹・斯密所倡說的「看不見的手」之供需律，在市場上控制與操縱人的行爲（洪鎌德1997b：250-251），更是一種「盲目的力量」，這種幾近自然的、必然的盲目力量之存在，使個人的自由與自主遭受侷限，是造成人人相爭、社會失掉和諧、人的社會關係異化的禍首罪魁（洪鎌德1996b：11-13, 34, 53-56, 79-85）。

　　不錯，在資本主義的體制下，資產階級享有某種程度的自由。馬克思認爲，「資產階級的自由」意謂在民間社會中私自的個人（private individual）享有的自由。但如同黑格爾一樣，他認爲市民社會是每個人在既存法律秩序下你爭我奪、追求私利、相互廝殺的戰場。這時規範人們經濟活動的法律不過是反映了商業交易的規矩，於是馬克思遂指出：

　　　　首先出現了商業，然後法律秩序從商業中發展出來……在一個已發展
　　　的商務中，交易者承認彼此爲交易的貨物之擁有者……這種透過交

易而興起的實際關係，其後便達成契約法律形式。（Marx 1975: 210; *CW* 24: 553）

因之，資產階級的自由不過是化約爲買賣的自由，而經典自由主義者卻將這種自由美化爲民權與個人的自由，究其實馬克思斥爲「資本的自由，〔其目的在〕可自由地壓迫工人們」。這種經濟上的壓迫與強制，怎樣可以稱得上是自由？在1848年初，對工人們發表〈自由的商務之問題〉一演講中，馬克思說：「各位，不要輕易地受著『自由』這個抽象的字眼所眩惑、所欺騙。各位首先問一下究竟是誰的自由？並不是我們諸個人彼此之間交往的自由，而是資本壓垮工人的自由。你們何必想要使用自由的理念來同意這種無限制的競爭，特別是當這種自由的理念係建立在『自由競爭』的基礎上之社會條件的產品之時？」（*CW* 6: 463-464）。

他還說：

> 資產階級社會中個人的自由其實是不受掣肘、不受限制的自私自利，
> 是一種「彼此發生衝突，而便利交易的自由」。（*G* 163-164; *G* 81）

作爲一個曾經是偏激或極端民主派人士的青年馬克思，他的民主觀也與自由派的民主觀（liberal democracy）有相當的不同。馬克思的民主觀是建立在古希臘「人類的自信、自由、感覺」之上，這些自信、自由、感覺一度隨古希臘人的失蹤，而消失於中古時代基督教的蒼穹煙霧裡。但馬克思相信這些價值可以「轉變人類的社會（*Gesellschaft*）爲社群（*Gemeinschaft*），亦即人們爲了最高的目標而團結合作，進而轉變爲一個民主的國家」（*CW* 3：157；洪鎌德1995b：102；2000：10）。

詳言之，自由主義者的民主只在關心公權力正當性的大小，亦即防阻國家或政府對私自的個人之法權與自由的傷害，而非促進人民當家作主的人民主權，也不鼓勵個人融化爲社群的一份子，爲了整體社群的利益而貢獻一己的能力。馬克思因此攻擊資產階級的民間社會，不符合人的理性，也就是說民間社會的存在與其成員的人性之間存有重大的鴻溝。只有社群，而非社會，才會採用有意識、有計畫的理性來規範和調控生產與消費，從而取代了「盲目力量」控制下的市場機制（McCarthy 1990: 179-185）。

三、解放與自由的落實 ── 未來新社會的偉景（Vision）

在批評黑格爾法哲學中，馬克思認爲黑格爾的法政思想裡只把布爾喬亞社會個人法權的申張看成歷史發展的最高階段，而無視廣大新興階級的普勞大眾之受苦受難。爲此馬克思在研讀政治經濟學的當下，便詳細分析布爾喬亞社會的起源、結構和本質，從而發現這個以資產階級爲主的社會，不但受主流派思想家對人性解釋的左右，更由諸個人的社會實踐塑造起來。要改變社會實踐單靠人性的改變、異化的克復還不足夠，還應從政治解放入手，擴大到思想的解放、經濟的解放、社會的解放（Schmied-Kowarzik 1990：353 ff.）

就像黑格爾一樣，馬克思認爲整部人類的歷史是人類追求自由的歷史，亦即人類的解放史。在向來的人類之「前史」（Vorgeschichte）階段，人類生活在階級社會中，分裂成彼此敵對的、相互競爭的兩大陣營 ── 擁有生產資料的有產階級，以及不擁有生產資料、只擁有勞力的無產階級（洪鎌德1997c：261-263，269-274）。在政治上則分裂爲統治階級與被統治階級。這兩大陣營的對抗，意味人類的分裂，也意味人無法成爲「眞人」[1]，無法成爲「完人」。這是人類與其種類本質（Gattungswesen），與其種類生活（Gattungsleben）的分歧，亦即人從其種類本性中異化出來，是人的「自我異化」。

那麼，到底什麼是人的種類本質呢？馬克思說：「整個種類的特徵 ── 也就是種類特質 ── 是包含在它生命活動裡頭，那就是說，自由、有意識的活動是人種類的特質」（CW 3: 276）。是故人類的本質完全在人類的活動中體現出來。他進一步說明：「自由、有意識的活動乃爲生活自由的展現和生活的享樂」（CW 3: 227-228）。

作爲異化的個人、或人群，不但不能自主，更喪失自由。不要以爲資本主義社會中資產階級的成員享有自由、享有人權，他們的自由與權利不過是以剝

---

[1] 馬克思所言的「眞人」、或者說「完人」爲一個不受分工與私產所宰制，而能夠將天生的潛能（potentiality）轉化爲現能（actuality），自由、自主、創造、發明的人，也是回歸到人的本性、本能、自我的人。參考洪鎌德1997c: 211-231.

削無產階級的自由與權利而形成的，它是形式上的自由與權利，而非實質上的自由與權利。換言之，資產階級所享有的自由只是其階級地位與經濟利益短時期的反映，最後必然要隨資本主義的終必崩潰而消失。

既然資產階級的自由與人權不過是社會形構裡上層建築的一環，亦即階級性的國家、政治、法律所保障的一部分，本身並非獨立自主的事物，而是社會的意識形態之一，是受著社會下層建築的生產方式所制約的。社會的經濟基礎，亦即生產方式，必因生產力的躍進而突破了生產關係，而造成生產方式的變化，最終導致整個上層建築跟著發生改變。因之，不只在同時性方面，社會的理念成分（包括典章制度、理想的生活方式、自由與民主的理念等等），要隨著上下層建築的變化而變化，就是在異時性（歷史）方面，每個時代都有其特殊的生產方式，從而制約與決定其意識形態，亦即導致這些自由的理念之變化。在這一意義下，馬克思心目中的自由不是靜態的、絕對的，而是不斷生成變化，相對的概念（洪鎌德1997d，第三章至第六章）。

顯然，馬克思是採取歷史變化的觀點來看待自由，他的自由觀與其唯物史觀是環環相扣無從切開。人類至今為止的歷史都是受到自然、或半自然的必然、必需的勢力所左右、所控制的歷史。因之，為一受羈絆、受束縛、不自由的發展歷程。如何擺脫桎梏，如何去掉鐐銬，成為人有異於其他動物之特徵。是故整部人類的歷史是爭取解放、追求自由的歷史。簡單、素樸的自由可能曾經曇花一現，出現在初民原始的社會，但隨著階級社會的崛起、人類的分裂、自我的異化，自由便告消失。經歷漫長、痛苦與奮鬥的歷程之後，人類終必贏回自由，但真正的自由不會在當前湧現，只有在未來共產主義的社會中才有落實之望。

人類邁向自由之域的路途儘管是崎嶇不平、荊棘滿佈，但這種歷史的發展卻是必然的、無可避免的，這就像資本主義的出現與崩潰是必然的。在《資本論》中，他說：「資本主義的生產〔是受制於〕自然的律則，並以鐵的必然性之趨勢走向無可避免的結果」（C 1: 29）。這些說法，使正統馬克思主義者振振有詞地主張馬克思對自由的降臨是抱持必然的、樂觀的態度，從而把馬克思的自由觀看作為歷史發展必然論，乃至決定論（determinism）。這就是科學的馬克思主義或科學的社會主義，有異於西方馬克思主義（西馬）、新馬克思主義（新馬）之處。西馬與新馬強調，人的意志、人對外物（環境、自然、人類生產關係）的改變，才是促成社會改善、文明增進的主因。要之，這是一種意願論（voluntarism）。於是我們在馬克思主義的傳統中發現兩種針鋒相對的主

張：決定論對抗意願論[2]。

　　這兩種理論的不同，也就造成對於馬克思人性論、歷史觀、社會觀、解放觀與自由觀的重大分分歧。

四、普勞階級的解放者角色

　　青年馬克思的一篇文章〈黑格爾法哲學批判導論〉（1842-1843），是他對黑格爾國家理論批判的宏大計畫之一小部分。該文刊載在短命的《德法年鑑》之上，充滿了許多至今尚為人們津津樂道的警句，像「人的根本就是人」、「德國人只能想政治，其他國度的人卻在搞政治」、「宗教是人民的鴉片」、「解放的頭是哲學，它的心是普勞階級」等等。要之，作為革命與解放要角的普勞階級，在此第一次被馬克思指認與標明。

凡是動用體力去求取存活、幹活的勞動者，都是普勞的一份子

　　為什麼普勞階級或無產階級，會被馬克思選擇成為解放德國乃至解放全人

類的要角呢？當時爲1840年代初期，整個德國在政治上還是分崩離析的日耳曼邦聯，尚未成爲統一的民族國家，在經濟上只有少數工業化剛萌芽的地區（萊茵、魯爾地區），普勞階級方才零星地出現。倘若要大談革命，必然只有從政治的奪權開始，亦即發動政治革命。政治革命的目標在求取人的政治解放，因之在〈論猶太人問題〉文章中，馬克思便指出：「在目前的世界政治秩序中，政治的解放乃是人類解放最終的形式」（CW 3: 155）。但要發動政治革命必須有一個特殊的階級，一群行動者，這一階級處於一個特殊的情境之上，它不僅要求本身的解放，還能夠普遍地解放社會全體。這個由特殊而轉變爲普遍階級的革命者兼解放者無他，乃爲馬克思所認定的普勞階級。馬克思問道「德國解放之正面的可能性存在何處？」，其答案爲：

> 以嚴格的鎖鏈來型塑一個階級，爲民間社會之一部分，但又不隸屬民間社會的階級；是等級階層之一，而志在熔解所有的等級階層；爲社會的一股勢力，卻具有普遍的性格，因爲其受苦受難爲普遍的。這股勢力並不主張特殊的法權，蓋加害在其身上的並非特殊的過錯，而爲罄竹難書的錯誤。這股勢力並不爭取任何歷史的頭銜，而只是人類的頭銜而已。它〔這股勢力〕對後果不只是片面的反對，而是徹底全體反對德國的政治體制。最後，就是這樣的一股勢力，它無法解放其本身，如果它不把社會其他勢力加以解放的話。換言之，如果不透過人性的徹底救贖來拯救它本身的話，也就是人性的徹底喪失。以社會特殊的等級階層來促成社會的解放者無他，乃爲普勞階級。（CW 3: 186）

造成方興未艾、剛剛崛起的普勞階級受到馬克思的青睞，雀屏中選爲解放德國、乃至全人類的要角之原因，並非由於普勞階級的貧窮。原因是每一時代每一社會都有貧窮階層的存在，它們未必會鋌而走險參與革命變天的鬥爭。反之，普勞階級的貧窮乃是「人造的貧窮」，是特殊的（資本主義）社會的產品。資本主義社會不過是人類歷史上發展的一個階段，必因其內部的矛盾而走上解體，而資本主義社會內部矛盾之最大勢力莫過於無產階級。這種想法正符合馬克思視歷史爲自由條件的正面發展（Howard 1972: 127-128）。

不過值得注意的是，何以馬克思在選擇普勞階級當成人類的解放者這一角色之餘，還主張被解放的對象不只是普勞階級，應當也包括資產階級呢？關於

此，在《神聖家族》一書中，馬克思有這樣的解釋：

> 資產階級如同普勞階級都呈現著人的自我異化。但前者卻把這種自我
> 異化當成是其〔階級存在的〕證實，當成是其好處、其權力。〔原因
> 是〕它只擁有人的存在之外表幻象。〔反之〕，普勞階級在其自我異
> 化中感覺其滅絕、其無望。在其中它看出其無奈無力，同時視實在為
> 其非人的存在。（CW 4: 36）

因之，儘管異化對當代兩大對立的階級而言，都是人存在的否定，但兩
大階級的感受完全不同。布爾喬亞把人的自我異化看成其得天獨厚的權力；因
之，對這種表面上的、膚淺的人之存在持肯定的態度。反之，普勞階級把自我
異化看做其存在的否定、希望的滅絕，也是真正無力感的根源。異化的無產
階級之非人的存在，也就是馬克思前面所提及在民間社會中「政治的動物世
界」。這兩種表述的方式顯示，追求民主的關係之人的能力，在資本主義的社
會中受到壓制。

Thomas Carlyle　　von Baader　　Moses Hess　　Engels　　von Stein

不管馬克思對普勞階級的觀念來自於保守派的卡萊爾（Thomas Carlyle
1795-1881）、馮巴德（Franz von Baader 1765-1841），還是激進派的賀斯
（Moses Hess 1812-1875）與恩格斯，甚至取材黑格爾主人與奴僕之間的辯證
互動，還是其同代法國共產主義者、社會主義者、反社會主義者（如馮斯坦
Lorenz von Stein 1815-1890）。有一點是他獨特的見解，那就是他撰寫博士論
文以來縈迴腦際的理念──使世界哲學化，也是使哲學世界化，在世界與哲學
之間尋找一個中介。普勞階級可說正是這個他困心苦慮尋覓的中介。要摧毀現
有的社會秩序，顯然需要一股物質的力量，這便是普勞的勢力。另一方面這個

物質力量卻具有主體的性格，它既是資本主義社會的產品，同時它也是複製（再生產）資本主義社會的主體。於是作為資本主義社會的主體兼客體的普勞階級便成為馬克思的第一人選。這就是以邏輯的推理，而視普勞為銜接、中介世界與哲學間之橋樑的因由。

另一方面，馬克思也強調，普勞之形成乃是德國社會演變的結果，他說：「假使普勞階級宣稱對現存事物秩序的解體，無異為揭露其內在的祕密，因為它便是這個秩序事實上的解體」（CW 3: 187）。原因是當時德國的社會創造了普勞階級以為社會的完成，可是普勞乃為資產階級社會之否定，是故創造普勞也等於毀滅社會本身，這是黑格爾式辯證的應用（Howard 1972: 128-129）。

馬克思遂稱：「一如哲學在普勞階級中找到物質的武器一樣，普勞階級也在哲學中找到其精神武器。一旦思想的閃電擊中人民的本土土壤時，德國人將完成其解放，而變成〔真正的〕人群」（CW 3: 187）。由是可知普勞階級扮演雙重中介的角色：它為哲學提供物質的武器，使哲學世界化；另一方面它使用哲學作為其精神武器，使世界哲學化。換言之，普勞階級成為世界與哲學、實在與思想、實踐與理論、本質與存在統合的中介。

五、新社會與新人類──偉景的實現

馬克思認為，人類真正的自由，既無法出現於過去，也未落實於現在，只能期盼其湧現於未來。他憧憬的未來社會，為一個沒有階級的敵對，沒有剝削，沒有異化的理想社會，這就是他所宣稱的共產主義的社會，為此他在1844年的《經濟學哲學手稿》中預告「共產主義為私產的正面揚棄……為人性的復歸……」（CW 3: 296）。人性怎樣復歸呢？這就涉及馬克思的人性論，也就是他對人的看法（洪鎌德1997c：211-231；本書第一章）。

馬克思的人性論是深受早期希臘古典哲學與西洋人文主義傳統對人看法的影響。有異於現代資產階級社會視人為追求自私自利的「經濟人」（homo oeconomicus），古希臘強調人為社區和城邦居住的動物（zoon politikon），為經營集體生活、參與公共事業、建構社群和諧的公民（洪鎌德1996b：250-262）。

因之，馬克思理想的共產社會中新人類的自由，是與人類的存在方式有關的自由，是使個人能夠融化於社群，而又能夠個體化、自我決定的存在方式（a mode of existence in which humans are integrated and self-determining）。換言之，馬克思憧憬的未來社會之自由乃為一種存在方式（existential），而非自由主義者所主張的「法律的」、或「政治的」方式之自由（Walicki 1995: 17）。

原來古希臘哲學家心目中的自由包括了「回歸真正的自我和獲致自我控制」（Bergmann 1977: 64）之精神。所謂「真正的自我」，乃是青年馬克思經常提及的種類本質。這是從費爾巴哈那裡承襲下來的口頭禪。這種人類的本質有異於國族的認同、群體的意識與忠誠、宗教的信仰、團體的關聯等等，蓋這些受時空環境影響的特性，都是真正自我的偏離、異化。儘管馬克思深受啟蒙運動的影響，但他的人性論、自由觀卻與啟蒙運動主要的人性刻劃（例如康德視人為目的，而非手段；斯密視人為分工與競爭的動物，其自由在於不受政府的拘束、干涉等等）有別，他的人性論與自由觀是反資本主義的，是反對資產階級的自私。亦即他重視的是人類的整體，而非經驗上實際存活的個人。是故自由的主體與載體不是個人，而是人類全體（O'Rourke 1974: 6）。

至於古希臘哲學傳統中所言，自由之另一重要成分為「自我控制」。關於此，馬克思重加詮釋，認為這種自我控制不只是對自己言行有意識、有理性的指引而已，更重要的是從人的物質生產活動中擴大人的創造力，其目的在「決定與控制本身的客體化（objectification）」（Brenkert 1983: 98）。所有的典章制度，特別是經濟勢力的形成，都是人類開物成務、利用厚生產生的客體事物，是人能力的客體化。但對這些化為客體的典章文物，人類要用理性的、有意識的、有計畫的方法來加以調控操縱，這樣才能對人類客體化的命運有掌握的可能，從而把自然的、盲目的、必然的勢力，藉由人類自由的、目的性的（teleological）活動加以控導，而作出符合人類本質的作為（O'Rourke 1974: 185）。

進一步，馬克思強調人的解放與自由之落實為人的自我實現（self-realization）。一方面，馬克思談到個人實現他們的潛能；另一方面他又強調社群──整個人類社會（黃楠森等1990：19-22）。共產主義是促進個人的自我實現，還是落實人的種類本性呢？在資本主義社會中所強調的個人主義有兩項特徵：相互冷漠和自私。每一個人對於他的同伴不感興趣、心存冷漠，而且每一個人的特殊的利益、活動和目標是私人的，各自追求而不涉及其他人。同

時，每個人利己主義地追求私自的利益，把別人當作手段，而非目的。馬克思相信在資本主義下這兩項特徵是相互關聯的。因此在批判作為資本主義之道德哲學的功利主義時，馬克思寫道：「……每一個人看到的只是自己的好處，將他們連繫起來的唯一力量是每一個人的自私、利得和私人利益，每一個人只關心自身，沒有人關心其他人」（*CW* 5: 413）。

共產主義下的個人則完全相反，每個人對他人的利益加倍感到興趣，不再私自地追求自己的目標而不管別人。相互間的感覺興趣並不蘊涵利他主義，但馬克思相信社會性除了終止剝削之外將是社會和諧的前提[3]。

在共產主義下，馬克思不相信個人利益會被社會的一般利益或種類（族類）的利益所取代，他也不相信，個人間的利益差別會消失。但馬克思或許相信，無論有什麼差異，都能以非敵對的方式消除歧異，而不用訴諸於強制。他或許也這樣相信，當每個人有作為社會一份子的感覺，而且將他所屬的社會視為在共同控制下與他人的共同關係時，就有意願以基本上道德的方式來解決人與人之間的差異。因此，將個體和社群的「綜合」理解為社會性，其重要性在於展示馬克思至少有一些理由相信共產主義下個人間的關係是非敵對的。如果只是將綜合理解為和諧，那麼馬克思的信念就缺乏明顯的基礎，也只是烏托邦的假定而已。

馬克思相信在真正人的活動中，也就是真正的社會活動中，個人不會漠視其他人的命運，一個人的活動將是他人的證實或客觀化。

> 我生產某物將是我的個體性和特殊性的客觀化，你作為其他人類，可以用我的生產品並從中獲得滿足，因此我會從我的產品能夠滿足別人的需要，亦即客觀化人的本質，及它創造了適合其他人需要的對象中，獲得直接有意識的滿足。
>
> 在我個人的活動中，我直接創造了你的生活，在我個人的活動中，我將直接證實和實現我真正的人的和社會的性質。我們的生產會是反映我們本性的許多鏡子。（*CW* 5:281）

3　對於共產主義究竟是怎樣一個無階級、無分工、無剝削、無異化的社會，馬克思和恩格斯不願給予詳細的描繪。一方面他們視共產主義為普勞階級實實在在的政治運動，另一方面則是透過工人的鬥爭推翻資本主義體制之後的新社會。要之，強調人性復歸，把個體的個人社會化，成為社群的成員，應是共產主義社會最大的特徵。

　　馬克思的自我實現觀的確是最有價值、和持久的理想,但它並不限於個人的創造活動。馬克思不認為人的本質只是勞動而已,馬克思還認為人的本質是人的共同本質(*Gemeinwesen*),亦即社群(*CW* 5:271)。換言之,人不僅透過創造的活動來實現自身,還在社群中為了共同的利益而從事創造。因之,上述所說的社會性就是實現人類共同的本性。

　　由於馬克思綜合個體與社群的意思不只是和諧,還是社會性,因此他擁有一個比普通設想的還要豐富的自我實現觀,而且也使得共產主義可以是一和諧而無衝突的社會這一信念更有意義。在這種理解下,不妨把馬克思的道德觀,視為人自我實現的倫理觀。

　　從上面的分析不難理解,馬克思的自由觀是有異於當代資產階級社會的想法,後者盲目地把人類的活動交給市場供需的力量去主宰,而作出被動的呼應與盲從。人類的解放就是要從這隻「看不見的手」之操縱下解脫出來。如何能夠達到這一地步呢?只要未來寰球的社會都已進入共產主義階段時,新人類將懂得使用理性與計畫來調控生產與交易。他因此描述共產主義社會下的自由為「人對其產品陌生詭異(*Fremdheit*)的消除」(*CW* 5: 48)。這就是說,人類藉揚棄或正面克服階級社會分崩離析的制度(分工、私產、市場等),而使全人類回歸整體的融合(reintegration of humanity)。

　　馬克思這種人的解放觀與自由觀充滿了對未來的憧憬和期待,應屬於類似基督教千年祈福運動(millenarianism),充滿宗教的精神,也富有迷思的色彩(Tucker 1961; 1972:22-25;洪鎌德2010: 360-362)。有人則主張是界於迷思(myth)(Tucker 1972: 228-230)與烏托邦(Walicki 1995: 99)之間的產品。

馬克思的人觀在其學說中之地位

· 在辯證唯物主義下,人性的演變影響社會的發展,造成歷史的遞嬗,產生資本主義。資本主義不但因內部的矛盾引發階級衝突,也會由於景氣循環導致整個體制的崩潰,從而出現共產主義。人最終得到解放。

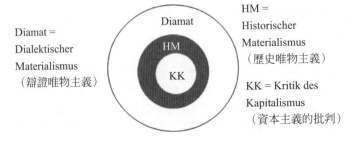

Diamat =
Dialektischer
Materialismus
(辯證唯物主義)

HM =
Historischer
Materialismus
(歷史唯物主義)

KK = Kritik des
Kapitalismus
(資本主義的批判)

　　整個世界主要地是由物質構成的，其演變的軌跡卻是辯證的。因之，馬克思的宇宙觀和世界觀便是辯證唯物主義。把辯證唯物主義應用到人文和社會界，以及人類出現在地球發展至今的歷史長河上來詮釋，就成爲馬氏的歷史唯物主義。因爲整部人類文明史就是開天闢地的勞動史、生產史、實業史。在社會變遷、歷史遞嬗和文明進展中，人類經由太古、中古而邁入現代，現代乃是資本主義盛行的時代，馬克思學說的核心便是針對當代資本主義提出科學的批判。他進一步號召普勞階級搞無產革命，推翻資產階級和摧毀資本主義的制度，而建立一個無異化、無剝削、無階級的共產社會——一個讓個體性與個人才華得以發揮淋漓盡致的新社群。

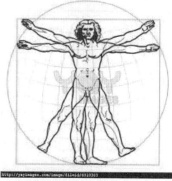

李奧納多・達文奇（Leonado da Vinci 1452-1519）
又譯爲達文西，全名李奧納多・迪・瑟皮耶羅・達文奇，是義大利文藝復興時期的一個博學者：除了是畫家，他還是雕刻家、建築師、音樂家、數學家、工程師、發明家、解剖學家、地質學家、製圖師，植物學家和作家。他對人體的生理結構相當瞭解。曾描繪與雕刻人體之完美。圖爲其繪畫之人體圖（Vitruvian Man）。可爲馬克思人之解放的剪像。

人類解放的哲學家之馬克思

作為主張人類解放的哲學家，馬克思認為典章制度都是人類創設的，理當為入群服務，可是至今為止的典章制度卻在束縛人群、他遂倡導普勞革命，來推翻踐踏人性，窒礙人創思和發展的資本主義體制，俾達到政治、經濟、社會的全面解放（Schmied-Kowarzik）。

Marx as a Philosopher of Human Emancipation

A crucial moment of Marx's career is his fight for human emancipation. From the critical analysis of Hegel's legal and political philosophy to the *Capital* he considers the issue of emancipation and discovers circumstances, in which work and practice of human beings lead to the alienation of social relations. The contradiction typical of capitalism arouses the revolutionary practice of the proletariat that can fulfil its emancipatory mission breaking consciously through quasi-natural conditions of its social reproduction. The task and target of the revolutionary movements are the regaining of the lost freedom for the individuals and the emancipation of the mankind in a classless, de-alienated ,and non- exploitative new community.

馬克思論人的自由

第三章　馬克思論人的自由

一、以歷史觀和人類學的角度來討論自由

二、人類自由的本性

三、歷史舞台上人展現的不自由

四、勞動異化、商品異化、宗教異化、政治異化

五、從必然的領域邁向自由的領域

六、結論與批評

一、以歷史觀和人類學的角度來討論自由

　　馬克思的自由觀建立在他對人類解放的憧憬之上。亦即人類如何把向來受制於典章制度的束縛性、被動性轉化為首創性、自主性、能動性，積極去改變外在的環境、改變本身的歷史。換言之，要瞭解馬克思的自由觀，便要首先明白他的歷史哲學：瞭解在歷史創造的過程中，人扮演怎樣的角色。因為要探索人在歷史演進中的角色，又需要考察人性的本質。是故馬克思的自由觀的起點便是歷史哲學和哲學人類學。

　　在廣泛的意義上，馬克思的歷史哲學是深受黑格爾的歷史哲學所影響的。對黑格爾而言，整部人類的歷史是世界精神、或稱上帝通向自覺、自識、自由的進行曲。只有當上帝、或世界精神透過最先的無意識和中期對周遭創造物的意識，最終才會達到祂自我意識的地步。整部人類的歷史無異是上帝由渾然無知、而覺察外界、最後達到自我認識的過程。上帝以其理性（神性）擴散至宇宙，並從人類精神的提升、理性的實現，來達致歷史的意義。要之，對黑格爾來說，歷史的客觀意義，便要在「自由的理念之發展」中尋求（Hook 1976：367；洪鎌德1988：63-72；2007a:345-401；2007b：253-283）。

　　馬克思把黑格爾所強調的上帝、或世界精神還原為人類。他同意歷史是一部人類掙脫鎖鏈、追尋自由、迎取解放的史詩，不過歷史的主體不再是飄渺難測的上帝；反之，卻是活生生的人類。歷史不是神所創造的，卻是人類經驗的產品，「歷史無非是人在追求其目的時之活動」（*Nachlass* II 179）。

　　明白了馬克思對歷史的看法之後，我們才能夠討論他怎樣論述自由。他有關自由的理念，建構在幾種不同的歷史階段之上：

　　首先，他回顧人類以往的歷史，然後指出人類怎樣從桎梏不自由、人人相互排斥敵視的初期，透過社會階級的分化與鬥爭，來求取部分人群的利益和自由，這就是透過社會變遷的經濟史，來剖析人類受到社會典章制度束縛的經過。這裡討論的是馬克思的歷史哲學，更是他有關經濟和社會變遷的分析。易言之，亦即應用他首創的唯物史觀來解釋人類奮鬥活動的過程（洪鎌德2007a: 407 *ff.*）。

　　其次，馬克思分析至今為止的前資本主義時代，不管是原始公社、是古代奴隸社會、是中古時代的封建社會，人類一直生活於非自主、不自由的環境

中。就是當今的社會體制（資本主義初起與盛行的社會），人壓迫人、一個階級剝削另一階級、統治者凌虐被統治者，到處可見。因之，他透過對資本主義違反人性、違反歷史理性的批判，企圖鼓吹無產階級覺醒，並推動無產階級革命，俾進行歷史最後階段的大轉變，使無產（普勞）階級掙脫加在其身上的桎梏，使勞動從資本的束縛中解脫出來，最終達致全人類的眞正解放（洪鎌德2010b：293 *ff*）。

第三，馬克思強調未來共產主義的社會之實現，將是一個無階級、無鬥爭、無剝削、無異化的和樂社會。是每一個人都能夠自我生成、自我完善的「自由的領域」。

除了以歷史的觀點來探討人類怎樣從不自由走向自由之外，馬克思也應用哲學人類學的說法，來分析人類的本性，認爲人的本質在追求自由、體現自由。他早期常指出人類是擁有種類（或族類）本質（*Gattungswesen*, species being）的生物，主張人本來就應當是自由活動、自主發展，俾最終達致自我實現的靈長物。

1789年的法國大革命爲影響歐洲近現代最大的歷史事件，追求自由成爲人民覺醒的動力。馬克思對法國文化與自由的熱愛，可從他精諳法文、嫻悉法國史地文物、爲法國19世紀上葉撰述三部精彩的政治分析之史書和與法國社會主義者與共產主義者的交往，以及兩位女兒嫁給法國革命家爲妻看出。

二、人類自由的本性

在《1844年經濟哲學手稿》（俗稱《巴黎手稿》）中，馬克思一再強調人是種類之物。因爲人不但把種類當做客體來看待，本身也是一個現實的、活生

生的種類（an actual, living species）。
人視自己爲普遍的（universal），而
非一偏之見的、特別的（particular）
事物。因之，他變成了自由自在之物
（*CW* 3: 275）。

　　作爲種類的人之生活，與動物
原無多大分別，都要依靠無機的自然
（inorganic nature）來營生。但人異於
動物之處，在於人有意識。意識使人與
自然之間、人與人之間的關係變成多樣
複雜。意識使人類在開發自然、利用外
物之際，分辨主體與客體，而發展自我
的意識，而覺察自由的存在。意識更促
成人對本身的省察及反思，而瞭解自由
的重要。是故人在「有意識的求生活
動」（conscious vital activity）中，藉
改變自然，使其適合人的生存和生活之
需求，而實現人的自由。

　　人的生活活動，基本上是一種生產
的活動，亦即勞動。作爲種類的人類之
勞動，本來是一種自由的勞動，卻因社

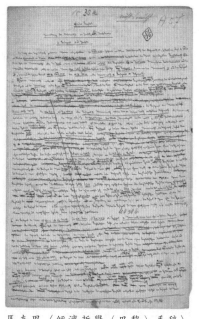

馬克思〈經濟哲學（巴黎）手稿〉
（1844）

《經濟哲學手稿》被公認爲青年馬克
思的代表作，也可以看作馬克思的第
一個思想體系，其特徵爲宣揚哲學的
共產主義，強調異化的存在與卻除和
人性復歸以及自由的追求。

會制度的規定，特別是資本主義的社會制度的扭曲，而使自由的勞動，變成了
不自由、甚至異化的勞動（*CW* 3: 276-277）。

　　與動物的生產活動不同，人可以利用無機的自然來生產各種各樣的物品，
也就是製造一個充滿各種各樣人造品的「客體之世界」（a world of objects）。
動物的生產是受到本性和本能的驅策，只能單方面生產迫切需要之物，以維持
其軀體的存在，或其種類之繁衍。人的生產卻是涉及各方面，牽連社會普遍
性。除了滿足一時口腹之慾以外，人也常常生產那些不急需之物。因爲能夠生
產不急需、不馬上消費之物，就顯示人比動物擁有更多的自由——至少多一項
選擇的自由，一項不受需求慾望直接控制的自由。

　　換言之，人優於動物之處至少有兩大特徵：

　　其一，因爲人擁有意識，懂得計算利害得失，也能運用理性去籌劃、協調

生產活動,以較少代價換取較大利益。這種開物成務、利用厚生的本事,這種創造發明、利用工具的能力,可以稱爲人類經營本事、經濟手段、技術本領,統稱人類的實踐理性(practical rationality),也可以稱做物質理性(material rationality)。

實踐理性使人類懂得在選定目標之後,怎樣來採取有效手段,俾能在最小代價之下獲取最大利益。這是人類創造發明、不斷更新生產手段,使其營建本事更趨多樣精緻的主要動力,也是何以人類的生產力節節高升的原因。隨著實踐理性的增長,人類需要的結構(the structure of needs)也水漲船高跟著大大提升。於是人類各種各類的需求慾望一再出現增大。就在人類的慾望需求擴大後,滿足這些慾求的能力也逐步提升。於是我們發現人的慾求及其滿足慾求的能力是處在辯證的互動關係中,亦即彼此相互影響、相互提高。馬克思似乎認爲人類的需要比起人類的能力來,總是走前一步,這就是導致有史以來人類生產力不斷改善提升的主因(Cohen 1978: 150-157)。

其二,人類擁有意識,意識賦予人類審美藝術的創造力(artistic creativity)。所謂藝術的創造力,也就是是欣賞天然的美景、創造美的工藝品的本事,這也是人有異於動物最大的分野之所在。它包含科技發展中更新首創的成分,也包括文藝啓發創思的想像力。正如前述,人類的生產活動不限於滿足口腹之慾的勞動,人常享有「不受需要驅策的自由」(freedom from needs)。因爲擁有這種自由,人與動物不同之處,在於能夠把他自己和其產品分別出來。這意味著人製造的產品不僅在滿足其現存的需求,也把製造產品的活動──生產活動──當成自我發展、自我完善的步驟。這變成了人爲高級、更優雅的生產活動,它無異爲變相的藝術創造過程,更能符合個人個別的、精緻的需要,而非僅提供一時急需的勞力活動。

馬克思強調在沒有剝削、壓搾、強迫的生產活動中,這些活動乃是快樂的創造歷程。人是按照其樂趣去進行生產活動,在活動中人多才多藝獲得發展表現的機會,他的五官之發展更爲完善,他不但能夠把自己演化爲完人、或眞人(*eigentlicher Mensch*, authentic man),更不再使自己撕裂成爲聽命於別人的指揮,甚而苟存的行屍走肉。人的自我實現不僅表明人回歸自己、結束異化,還意味著人將生活在美好的世界裡。原因是在自由創造的天地裡,人類「塑造事物是根據美的律則」去進行的(*CW* 3: 276)。

誠如美國馬克思主義學者塔克爾(Robert C. Tucker 1918-2010)所言,馬克思的烏托邦是未來的人與自然關係的美之理想(aesthetic ideal)。所謂美的

理想是指未來的人類將會從事美的創造，也會欣賞人造環境與產品之優美。以往貪得無厭的人、異化的人將被美學的人所取代。未來的人官能將獲得解放提升，不再視人類的產品只是提供用處的東西、或供人占有的私產，而是人人都能分享的美的事物（Tucker 1972: 158）。

美國蘇俄問題專家Robert C.Tucker（1918-2010）以哲學、宗教、文化新方式，取代正統的政治、經濟、階級為主軸，來討論馬克思主義。

　　在很大的意義裡，自由乃是人類「主動的、積極的種類生活」。人在應用理性的本事，對外界進行改造時，本身便在大自然中把自己客體化，然後再運用藝術創造力向美、求美的能力，重新去塑造自然、美化自然。最終這個自由自在種類之物的人類，「從他創造的世界中，去發現他自己的形象」，從而達到人與自然的諧和，也就是天人合一的境界（CW 3: 275）。

　　由是可知，實踐的理性和藝術的開創，都是人能夠實現自我的工具，也是人異於禽獸的特質。這兩者雖然分開，卻是統一在人的身上，亦即相輔相成，缺一不可。

三、歷史舞台上人展現的不自由

　　以往人類的生活究竟是自由還是不自由，就要靠他們在歷史舞台上的表現來判斷了。至於具體而微的歷史舞台就要觀察各個時代和各個地方現實的社會。只有在現實的社會上，我們才能看到善於利用工具的人群，如何藉分工的方式，集體地從事生產與再生產，俾改善環境，利用厚生。

　　馬克思總括人類的歷史發展，認為除了原始公社沒有階級的存在，因而財產歸公、生產資料共同擁有、社會分工粗具規模之外，其餘的社會形態，包括古代奴隸社會、中古對封建社會和近代資本主義社會，都是階級對立、階級衝

突、階級鬥爭的歷史階段。是故馬克思與恩格斯遂在《共產黨宣言》中，開宗明義地宣布，「至今爲止存在過的所有的社會之歷史，乃爲階級鬥爭的歷史」（*Reader* 1978: 473; *CW* 6: 482）。

在原始公社中，人們過著逐水草游牧的部落生活，由於生產工具粗糙、生產力低落，無法駕馭自然，人只能被動順應自然的條件，以求適者生存。此時集體的生產力相當低，人類所能享有的自由也屬有限。不過像熱帶地區因爲生產大量野生的果實、豐富的水產和野生禽獸，使居住該地的人類始祖不愁衣食，也就造成他們好逸惡勞，不知發展文明、不知擴大需要。表面上這批人類的始祖享有不愁衣食、不需勞動的自由，實際上卻生活在「遭受壓抑的天然與文化條件」之下，亦即過著非自由的生活（Cohen 1978: 24）。

其後由於氣候的發生劇變，原始的人類被迫離開富饒的熱帶，遷移至生活條件較差的溫帶，於是人類被迫依賴分工合作，來克服新環境所帶來的挑戰。這些挑戰包括土壤性質的不同、生態的差異、天然產物的分別、以及四季的分明變化等等。馬克思遂指出：

> 這些因素促成人類的需要、能力、手段與勞動方式的多樣化。從而把自然納入社會的控制之下，並藉人工來占有和克服自然，甚至採取經濟的手段來開發自然資源。這些維持生存迫切的必要手段就構成人類歷史上出現了工業的時代。（*C*1: 481）

與原始公社相比，這一個歷史階段應屬人類享有更多自由的時期。但事實上馬克思卻持相反的看法。他認爲此一時期由於分工和私產兩個制度的確立，導致階級社會的出現。擁有私產的統治階級居然占取剩餘價值，而剝削了「直接生產者」。其結果造成這一歷史階段裡，人類仍舊生活在不自由當中，並且其不自由遠比公社時代爲甚。

要之，比起早期原始公社來，無論是古代的奴隸社會、還是中古的封建社會、抑或當今的資本主義的社會來，人的自由越來越小，而束縛卻越來越大。其主要的原因是由於剝削所起的作用，儘管剝削是促成生產力不斷發展，以及人類需要日漸擴大的動力。

在《綱要》（*Grundrisse* 1857/58）中，馬克思指出人類社會形態發展的情形，他說：

人相互依賴的關係……是第一個社會形態。在此一社會形態中，人的
生產能力發展有限，而且是單獨進行生產。在第二個社會形態中，我
們發現在客觀依賴裡，個人得到特立獨行的機會。此時首次出現了社
會的新陳代謝、和廣泛的人際關係，以及無所不包的人類需求和各種
各樣的能力。至於第三階段的社會形態，則出現了自由的個體。這種
自由的個體係建立在個人廣泛發展的基礎上，也是立基於人群的團體
與社會生產之目的在建構全體的財富之上。第二階段係爲第三階段的
出現鋪好道路。父權的和古代的（也包含封建社會的）條件先後解體
了，它們溶化在商業的、奢侈的、金錢和交換價值的發展裡頭。至於
現代社會也是在同樣的情形下出現與成長的。（*Grundrisse* 158）

從上面的話，我們多少理解馬克思認爲人類的歷史，至今經歷沒有階級
與階級分化兩期的社會形態之變遷。在這兩期當中，人類都是過著依賴不自主
的生活，只有未來的第三期社會形態中，由於集體生活在於創造社會整體的財
富，個體的自由才會實現。目前在第二階段中，人類因爲面臨剝削與異化，所
以談不上享受眞正的自由。

四、勞動異化、商品異化、宗教異化、政治異化

馬克思認爲剝削就是資產者對直接生產者「剩餘價值的搾取」（*C*1:
209）。至於剩餘價值被搾取之後，何以直接生產者就喪失自由？其原因爲早
期馬克思所倡說的勞動異化說。由於中年以後的馬克思只強調剝削論，有人遂
視異化說與剝削論爲兩碼事。其實兩者仍有相通，而產生互相發明的作用。換
言之，剝削就是異化，就是乖離人性和違反種類本質的壓搾行爲。此外，我們
尚可以藉馬克思在《經濟哲學手稿》中論述的四種勞動異化（人由其產品中異
化出來；人從其生產活動中異化出來；人由其同僚伙伴中異化出來；人由其種
屬的本性異化出來），來指出當代資本主義社會中勞動異化之嚴重性。

1. 生產者自產品中異化：這又可分成兩部分來討論。其一，整個社會的

剩餘價值已被一種異化的力量（統治階級）所搾取，其結果造成被剝削的生產者，只能藉社會生產剩下來「必需」的那部分勉強維生。這就導致他們只能滿足部分統治階級的需要，而顧不到其他的要求了。其二，社會所生產的產品只有符合與滿足部分統治階級的需要，而非成全整體社會的需要，甚至常常是違反生產者本身的需要。上述這兩點說明異化勞動把生產者的生活貶抑為「動物的生存」。如此工人就談不上享有任何的自由了（*CW* 3: 274）。

2. 人從勞動過程中產生異化：異化所牽涉的不僅是生產者與產品之間的關係，異化更出現在生產活動之上。在生產過程中，除了生產者發現被迫的勞動是何等的無聊、厭倦、煩悶、單調、危險、痛苦之外，生產者還不能視勞動為其隨心所欲、賞心悅事的創造活動，更不是生產者自我表達、自我實現的活動。換言之，生產活動是一種強制性與束縛性的勞動（forced and bonded labour）。

3. 人從人群、夥伴中分裂出來。異化不僅使人從其生產之物和勞動操作過程中產生了人與物、人與動作的疏離、乖異，還造成人際的磨擦與衝突。特別在資本主義的社會中，資本家對勞動者的剝削，資本家彼此的競爭惡鬥，以及工人為取得工作或升遷機會不惜與同僚同工進行惡性競爭，導致同僚不睦失和者比比皆是。這就是人從其工作或生活伙伴中異化出來的顯例。

4. 人從人類、種類本質中異化出來。作為靈長類一份子的人，其工作、勞動、生產除了保身活命與傳宗接代以外，還應當是發揮其潛能為顯能的自我實現。是故勞動應當是符合人性的需求，自主自由，充滿欣悅歡樂的創造活動，可是資本主義制度下的勞動卻是被迫的、強制的辛苦操作，完全違反人的本質，使人的自我異化轉化為人類的分裂，亦即「非人」與「非人勢力」的抗爭（洪鎌德2010a: 190-191）。

人類所創造的事物（制度）和產品（貨物）變成自具生命，畸形地成長，脫離人的控制，跑到人的頭上來凌虐製造者的人類，這就是異化的本義。這種人造物在神學上為「神明」、在政治學上為「國家」、在心理學上為「統治階級的意識形態」、在經濟學上為「商品」、在科技學上則為「工業生產機器」（Wendling 2009: 37）。

總之，隨著商品生產與市場經濟的興起，人們更感受異化的威脅。不論是剝削者、還是被剝削者，其命運繫於市場上交易的貨品（這些貨品包括進行

買賣中的勞動力）。在真正良好競爭的市場體系裡，大眾化的程度為（非人群所能控制的供需關係所形成的）「價值律」（law of value）所制約。原因很簡單，沒有任何一個人能夠控制這股外在的勢力，儘管這股勢力是由多數人相互影響的產品。這種廣泛的、一般的交易所滋生的怪異現象，便成為馬克思心目中的異化。異化是人類的生產力降服於「物界」（the world of things）的控制之下。這無異是一股人類無從操縱左右的勢力，是人類創造的事物，卻回過頭來控制人類、凌虐人類。在異化中，人之不自由益發明顯。

在馬克思所言及的上述三個社會形態轉運時期中，第一個時期，其特徵為集體的不自由。這個集體的不自由包括了宗教的異化。宗教的異化阻礙了人類實踐理性的發展，從而剝奪了人自由的種類本性。當人類進入社會形態第二期的發展時，宗教的異化終被克服，但卻陷入於商品異化的陷阱中。這時生產力雖然大增，人的需要也日形擴張，但人類卻無法控制這股外在的、敵對的異化勢力，使它服從於群體所追求的目的。這是何以在第二階段上，人群享有的自由不增反減的緣由。

在此理解下，我們才能明白馬克思對法國大命以來涉及的民主、法治、人權，仍持批判與否定的態度之原因。就像他對1793年的人權宣言，沒有好評一樣，反而斥責為造成人群「分崩離析」、或「自私自利」的罪魁禍首。他說：

> 可是人對自由的權利並不是建立在人與人聯合的基礎之上，反而是建立在人與人分崩離析之上。這是分離的權利、是自我設限的個體所享有的權利。（*FS* I:472; *EW* 229）

同樣地個人財產的擁有權，使得「人把別人不當做其自由的體現，反而當做自由的限制」（*EW* 229）。談到安全的問題時，他指出安全「不會使市民社會超脫於自私自利之外。所謂的安全保障反而是自私自利的保障」（*EW* 230）。他認為，人權不但不會化解個人的自私自利，也不會揚棄市民社會（民間社會），反而促使個人脫離社群，使市民社會遠離社群命運共同體。在此情形下，人群所以還會凝聚在一起，主要的是由於「自然情勢所逼、或是由於需要和私人利益，也就是保護其財產，以及維持私心自用的個人」之緣故（*FS* I:472; *EW* 229）。

從馬克思對資產階級人權、財產、自由的批判裡頭，便可知他除了指認勞動異化、宗教異化和商品異化之外，心目中仍存在第四種的異化──政治異

化。政治異化的出現是由於市民社會的產生，也是與每個人變成市民、或公民有關。在市民社會中，作為市民一份子的個人開始擁有特定的身分及由此身分產生的權利，這便是所謂的人權。人權乃是自私自利的個人之權利，是與別人分離、與社群分離的權利。

在《資本論》第一卷論〈自由、平等、財產和邊沁〉一段（C1: 172）中，馬克思批評現代資本主義社會中的公民。他認為自由權的平均分配，不過是人類理念的層次上異化的意識，這不過是統治階級的花招而已。就是所謂締訂契約的自由也是資本家剝削勞動者的手段之一。因之，自由地支配自己的勞動力加上自由地處理生產資料，就等於自由地把個人轉變做資本主義生產過程的奴隸。

因此，馬克思不認為資產階級的自由乃是人類通往共產社會「自由的領域」必經的階段。所謂的資產階級的自由的確有助於剝削和資本累積，間接幫忙資本主義完成歷史使命——造成生產能力的解放與擴大。不過這一生產能力早晚要被無產階級所攫奪與操縱的。在這一說法之下，資產階級的自由，對無產階級而言，無異為「不自由的生產力增大之類型」（a productivity-enhancing type of unfreedom）（Van der Veen 1981: 13）。

以上我們討論了馬克思對有史以來人類無法過著自由的生活、享受自由的好處之剖析。根據他的看法，人要獲得解放、獲取自由，只有期待在無產階級大革命完成、推翻資本主義的體制之後，亦即在實現共產主義的理想之後。在他的心目中，只有生活在共產社會中的人（姑且稱為「共產人」Communist man），才配講自由，也才能真正享受自由。

五、從必然的領域邁向自由的領域

儘管馬克思對未來共產社會缺乏清楚精細的勾繪，可是從他大量著作、通訊、談話中，我們仍舊可以看出一些端倪。關於人怎樣在未來理想的社會中實現自由一點，他的看法是認為自由的個體應該建立在不斷成長和提升的生產力之上。例如在《資本論》第三卷中，他指稱：

事實上，只有在不以必然和世俗的考慮來決定勞動之時，自由的領域

才會真正地開始。因之就事物的本質來觀察，自由的領域是處於實際
的物質生產之外。就像野蠻人必須與自然搏鬥俾滿足其慾望、維持其
生命、和繁衍其後代一樣，文明人也必須在所有的社會結構中和所有
的生產方式中，來與自然拚搏。在人的成長發展過程中，隨著需要的
增加，物質上必然的領域也擴大了。可是就在同時，滿足人需要的生
產力也在增大。在這方面人享有的自由只存在於社會化的人群中，亦
即在於聯合的生產者當中。他們以理性的方法協調人與自然之間的互
動交易，把自然置於他們控制之下，而不是受盲目的自然的力量之控
制。人們以花費最小的能量、在最有利於人性的發展、而又符合人的
尊嚴之下，來達成這一目標。不管如何這仍舊屬於必然的領域。在必
然的領域之外，則為人的能力之發展。這一發展本身就是目的。真正
自由的領域只有在必然的領域之基礎上開花結果。把工作的時日加以
縮短是自由領域實現的先決條件。（CIII, 820）

　　上面這一段論述指出自由的領域是建立在必然的領域之上。在必然的領
域中，個人的自由是取決於對必需品生產的時間和他生產勞動之外自己所能隨
意掌握與支配的時間，這兩者大小比例之上。必須勞動的時間與休閒的時間之
比例愈小，個別生產者享有的自由愈大；反之，他享有的自由愈小。可是在自
由的領域中生活的個人，其大部分的活動都屬於創造性、美感性的自我表現，
其生產活動的本領便視為人自我提升、自我完善、自求多福的過程，這時他
對其活動的時間之支配，無異是一種「時間的經濟處理」（economy of time）
（Van der Veen 1981: 15 & l984: 121 ff.）。

　　假使我們把上面徵引的馬克思所說的話，拿來與他在〈《哥達綱領》批
判〉一文之論點相比較，就會發現他自由觀微妙的變化。在〈《哥達綱領》批
判〉中，他預見個人不再受到分工的桎梏，而把「勞動不僅看作營生的唯一手
段，更是生活主要的需求」（CW 24:87）。馬克思這段有關人類未來共產社會
裡對勞動與自由不同的看法，近年引起學者的爭論。像辛格（Peter Singer）認
為：馬克思在《資本論》第三卷中，所主張的是在共產主義業已徹底施行的未
來，卻仍舊存在著必然與自由之間的衝突。人們能做的、或可做的是把必須勞
動的時間減低到最低的程度，而增加人們休閒自由的時間。可是在〈《哥達綱
領》批判〉中，馬克思卻認為必要的勞動構成了人類生活主要的需求，人是從
勞動中去體現本身生存的意義（Singer 1980 : 64）。

　　辛格這一論點卻遭到范德文（Robert J. van der Veen）的反駁。後者不認為自由只存在於「自由的領域」，而不存在「必然的領域」當中。事實上，馬克思並沒有堅持自由只存在於物質生產之外，而是明確地認為，存在於必然的領域中之自由是在符合人性之下，由聯合的生產者和自然之間的理性交流所構成的（Van der Veen 1981: 15）。

范德文為澳洲生物倫理學家，為動物的生存爭取權利，其名著為《馬克思》（1980）和《動物解放》（1975）

　　正如前面所提，馬克思認為生活於無階級、無剝削、無異化的未來共產主義實現時的人，何謂為共產人。按馬克思的說法，未來的共產人最終必然變成種類或族類，亦即回歸人的本性本質。具有種類、或族類本質的人群乃是實行社會合作、重視群體生活、注意共同體（community）發展的人群。他們應用實踐的理性和藝術的創造力去從事「有意識的求生活動」，也就是自由的活動。

　　因之，未來共產人的自由，不再侷限於自由的領域中，也必然包括在必然的領域中。這是因為擁有實踐的理性之未來人類，在有效控制龐大的生產力之外，還可以創造大規模的社會財富，供大家享用。此外，他們尚擁有藝術的創造力，可以把社會財富提供個人自我發展之用。自由活動的展開，正是共產人在「自由的領域」中逍遙自在的生活特徵。

六、結論與批評

　　近年間西方研究馬克思的學者，咸認馬克思一生所追求與致力的三大目標：第一是贏取人類的解放、獲取人的自由；第二在實現人的自我生成、自我

發展，俾人類個個成材不虛度此生；第三在企圖建立一個無階級、無剝削、無異化的和樂社會，亦即一個安樂的共同體（Peffer 1990）。在上述三大目標的追求中，馬克思強調人獲取自由是實現其他兩個目標的先決條件。因此，對他而言，自由不但是人的本質、人的目的、也是人實現自我，締造共同體不可或缺的手段。

總結馬克思對自由的理念，我們不難理解他承襲黑格爾的歷史觀，加以修改補添，踵事增華。當黑格爾強調人類早期的不自由，逐漸變成愈來愈自由，而把他所處的近代看作自由的高峰和歷史的終結時，馬克思卻認為人類的自由隨歷史的推移而遞減。只有當階級社會消除，共產社會建立之後，人類的自由才可躍升獲致。而目前的資產階級之種種弊端，集結在不自由之上，馬克思對資本主義的譴責之中心論點為自由之倫理尚未實現（Brenkert 1983: 86）。儘管馬克思與黑格爾兩人立論不同，卻強調歷史的辯證發展終止於自由的實現和人群的解放。

馬克思對自由的理念，可括約為三點：

（一）全人類自由的獲得要等到發達的社會之生產力發展至高峰才有可能；

（二）在一個無階級、無剝削的社會中，個人自由的獲得，必須建立在人人都可以平等共享生產的物質條件之基礎上；

（三）作為人類種屬一份子的個人，將可以享受有效支配其個人的時間（「時間的經濟處理」）、分享社會共同的財富，這才是未來理想社會的自由（Van der Veen 1984: 120-123）。

馬克思的自由觀和他的正義觀（洪鎌德1992：147-184；參考本書第十章）是息息相關的。他的正義觀是他倫理思想和道德學說的一部分，也是整個馬克思主義哲學的核心（Tucker 1972）。由於馬克思贊同黑格爾實然與應然的合致、理論與實踐的統一，因此，馬克思的自由觀中企圖把自由與必然兩大矛盾進行辯證的統一。這在崇尚經驗與實證的西洋主流哲學與社會科學界中，是一項難以接受認可的玄思詭辯。換言之，自由派學者、實證主義者、經驗主義者力圖分辨實然與應然、自由與必然、現實與理想、歷史事實與未來期盼之不同。因之，無法贊同馬克思從人類過去的不自由提升到未來的自由之論證，尤其不同意自由變成人類歷史的必然歸趨這一結論。這是實證派學者對馬克思自由觀的主要批評。

其次，馬克思的自由觀是建立在他對人性的理解之上。由於青年時代的馬

克思深受左派黑格爾門徒（the Young Hegelians）的影響，仿效黑格爾門徒，
尤其是費爾巴哈，奢談人類的「種類本質」，遂陷於哲學人類學概念的混淆
中。事實上包括費爾巴哈在內的左派黑格爾門徒，都未曾釐清「種類本質」一
概念的意涵，青年時代的馬克思卻採取此一晦澀的概念，來建構他的勞動異化
說，以及人類自由的嚮往，這就構成他自由觀的侷限與瑕疵。

　　第三，早期的馬克思強調個人的自由、人性的回歸、個人與其本身的
合一。後期的馬克思則主張由個人所組織所團結的階級──無產階級──
怎樣掙脫加在其身上的枷鎖，而獲得整個階級的解放，這無異要求整個社會
的徹底變革。然則個體的自由與群體的自由卻有所不同。前者要求分裂的工
人重歸統一，後者卻要求社群中人人有各種各樣不同的角色。換言之，前者
重一致（unity），後者重多樣（diversity）。馬克思企圖藉「革命的實踐」
（revolutionizing practice）從個人的恢復自由轉變成社會的解放，常常會導致
個人的迷失，以及社會的解體（Chamberlain 1963: 316-320；Hung 1984: 40-
41）。觀乎信奉馬列主義爲圭臬的東歐與蘇聯，在1980年代末、1990年代初所
引起的國家解體、政權更迭、社會動盪、人心惶惑，便可以證明馬克思的自由
觀在號稱實施社會主義的國家要加以落實之困難。

　　在1848年，馬克思與恩格斯發表《共產黨宣言》時，在其第二部分的尾端
有這樣的話：

> 取代舊的資產階級社會及其階級和階級對抗，我們將擁有一個組
> 合，在該組合中個人的自由發展，成爲所有的人自由發展的條件。
> （*Reader* 491）

　　上述這段話，可以視爲馬克思自由觀的縮影，也是他烏托邦的理想（Van
den Berg 1988: 42 *ff.*）。當作未來社會的嚮往，當作資本主義之外的唯一可能
的選擇，馬克思的自由觀仍廣受西方馬克思主義者、新左派、新馬克思主義者
的青睞歡迎。因此，這個問題值得關心當代思潮與人類走向的學者之考察與省
思。

1836年馬克思年紀18歲在波恩大學就讀，同鄉組成的校友會在大學城附近活動的情形。

英國文人和政治家湯馬斯·莫爾（Sir Thomas More 1478-1535）曾於1516年用拉丁文撰述大西洋上一個人間樂土的小說──烏托邦。成為其後空想社會主義者（聖西門、歐文、傅立葉）效法建立的新社會。馬恩二人標榜其學說為科學的社會主義，但其最終目標也是要建立一個無階級、無剝削、無異化的理想社會──可謂為另類的烏托邦。

英國政治家，也是哲學家、人本主義者的Thomas Morus（1478-1535）在1516年用拉丁文寫了一本轟動一時影響深遠的《烏托邦》虛幻小說。這成為後世聖西門、傅立業、歐文等營建烏托邦社會主義的濫殤。

第四章

青年馬克思論異化與自由

第四章　青年馬克思論異化與自由

一、前言：自我增益的異化驅使人類走上自由之途

　　馬克思討論自由，是以歷史哲學的眼光，也是以哲學人類學的觀點來加以處理的，這是有異於自由主義者以法律和政治的角度來談個人的權利與自由（洪鎌德1993：83-84; 2004:92-128; 2013:59-92）。在這一意義下，我們不妨析論馬克思「自由的歷史哲學」（historiography of freedom），然後才闡述他「自由的哲學人類學」（philosophical anthropology of freedom）。

　　所謂歷史哲學，是企圖在歷史的發展變遷中尋找其意義，這是一種形上學的探究：探究「歷史中的意義」（meaning in history）。所謂歷史裡頭的意義是使用一個絕對的參考架構來詮釋人類整部歷史，包括古往今來和未來的發展之整個意義。像基督教視歷史為人類的墮落、覺醒、救贖和最後的審判，這些都意味著歷史為人類靈魂的拯救史。同樣地，黑格爾認為歷史是神的自覺歷程，也是神所化身的人類，由困挫無助而掙脫鎖鏈重獲自由的奮鬥過程（洪鎌德1995：65-74; 2007a: 345-401; 2007b: 253-284），也是人自我燦爛、自我輝煌、自我實現的辯證發展（洪鎌德2010a: 73-89, 236-237）。

德國經典唯心主義大師黑格爾正在講課

　　起先，絕對精神無知無覺，不識本體，但在時間中卻異化其本身、外化其本身為外頭的世界（客體世界），稍後它把外頭客體的世界再度吸收到神的本身，從而抬昇其自覺的層次，這就是絕對精神通過異化而認識與覺悟其本身。在這一意義之下，異化有豐富自己、增益本身的作用，這就是使「自我增

益的異化」（self-enriching alienation 使本身豐富的異化）。自我增益的異化，認為異化雖是人性的扭曲，人創造的事物，回過頭來凌虐創造者的人類，但正因為有這種異化、矛盾、疏離、分裂之存在，人類才會反躬自省，增益其所不能，這無異孟子所言：天將降大任於斯人也，必先苦其心志，勞其筋骨，餓其體膚，空乏其身，所以動心忍性，增益其所不能。是故對黑格爾而言，整部人類的歷史無異為自我增益的異化之過程。這種通過困挫災難，而增益人類的不能，正是黑格爾心目中歷史所以有意義之緣由。

　　受到費爾巴哈影響下的青年馬克思，也以為黑格爾哲學之祕密不過是其神學而已。因之，他認同費爾巴哈反神學的立場，把神從雲霄帶回地土之上，轉化為人類——由神變人。是故，歷史不是神的自傳，而是人類的奮鬥歷程。這種「轉型批判法」[1]遂袪除了歷史哲學之形上學的思辨色彩，馬克思不再探討歷史的意義，轉而致力發掘歷史中變化生成的結構，企圖揭開歷史發展的「內在方向」（inner direction），俾瞭解歷史裡頭（inside history）所有歷史事件有意義的結構。換言之，馬克思不討論「歷史的意義」，而只討論「歷史裡頭的意義」（Walicki 1995: 39）。

青年時期的馬克思
the young Marx

　　在這樣的理解下，馬克思同黑格爾一樣，視歷史為主體（在馬克思是人，在黑格爾是神）追求自由的辯證歷程。這個有意義的辯證歷程，有其內在的發展方向，也有其最終的目標。馬克思視自由為人的種類本質最充分的、最自主

---

[1]　轉型批判法是費爾巴哈對基督神學進行批判的方法，把神創造人的主詞「神」與賓詞「人」，顛倒過來成為「人創造神」。這種把主詞與賓詞轉換倒置的方式為馬克思所承襲並加以應用，用來批判黑格爾「不食人間煙火」的哲學。見Tucker 1972: 86；洪鎌德1986: 14, 48-49.洪鎌德2010b: 92, 120, 131-132, 155-156.

的自我實現，也就是人性最完整的落實可能，把人固有的能力和潛在的豐富蘊藏作淋漓盡致的發揮。至於這種發展的過程仍舊是增益本身的異化及其作用。原因是每個人必須把本身的才華能力外化於其身外，必須首先降服於異化，然後才克服異化、袪除異化，而發展至更高的階段。

當費爾巴哈揭開黑格爾神學的面紗，把黑格爾至高無上的神轉化爲血肉之軀的人時，他使用的是哲學人類學的途徑，加上把主詞與賓詞予以轉變的「轉型批判法」。馬克思則進一步以政治經濟學的科學方法取代費爾巴哈哲學的思辨，亦即以社會經濟的觀點來透視現代人異化的癥結。在資本主義籠罩下，社會的分工和私產制度的建立，使有史以來的人類面臨更重大的異化之摧殘。其中最明顯的無過於資本主義的市場之出現，這是一股人造的勢力，但卻擁有類似自然、或半自然的力量，來凌虐個人、反對個人，使個人的發展受挫，也擺脫人有意識的控制。在此情況下，人受其產品所奴役，人爲物役。不僅人的產品反過頭來宰制生產者，連同人人之間的關係也告物化（*Verdinglichung*; reified），在交易過程中變成商品，變成不受人的意志所左右之物與物的關係。是故，「商品拜物教」（commodity fetishism）變成異化中最壞的形式，亦即異化的資本主義形式。從上面的敘述可知馬克思由早期的異化觀轉變爲中期以後的物化觀，「異化」概念也逐漸由「剝削」的概念所取代，但其本質仍舊脫離不了自我增益的異化之引申。

青年馬克思形容共產主義是「私產與自我異化的徹底揚棄，是人類本質真實的重新占有」，是「人完全與有意識地回歸其向來發展的豐富，發展爲社會的、亦即真實的人類」，是「人與自然、人與人敵對的真實解決」，是「存在與本質、客體化與自我證實、自由與必然、個體與種類之間鬥爭的真正解決」（*CW* 3: 296）。這些描述正顯示，早期的馬克思的史觀是一種自我增益的異化概念之運用，亦即是人類透過異化、排除異化而提升其本身的過程。這也正指出，歷史有其內在的方向、辯證的邏輯，以及所欲達致的目標——共產主義的建立[2]。這些都展現出馬克思歷史哲學中目的性的結構（teleological structure）。對馬克思而言，共產主義下的自由意謂著歷史發展的目標，也是人性的自我實現。這種理念不只出現在飽受黑格爾和費爾巴哈影響下的青年馬克思之早期作品中，就是受到亞丹·斯密（Adam Smith 1723-1790）和李

---

[2]　青年馬克思所欲建立的共產主義，被塔克爾描繪爲「哲學的共產主義」。見Tucker 1972: 26-27, 107-108.

嘉圖（David Ricardo 1772-1823）影響下成年的馬克思，在其《資本論》卷一
（1867）這一重要著作中也透露這一歷史哲學的訊息和意味。

Adam Smith (1723-1790)

David Ricardo (1772-1823)

　　那麼由歷史哲學轉向哲學人類學來討論人性及其實現的問題，也是馬克思
自由觀與解放觀的核心問題。事實上，自由的實現也不過是向來歷史所未曾實
現的人類夢想，其落實有待未來共產主義的建立。未來依舊是過去和現在的延
長，仍舊是歷史的一環。是故，馬克思的自由觀，不論是從歷史哲學的觀點，
還是從哲學人類學的觀點來考察，都有其一脈相承的關連。在歷史中人本質的
自我實現，就是自由的實現，這是人類從物役中解放的過程：一方面從物理的
必然性解放出來；他方面從物化的社會關係中解放出來。當前人類自由所遭逢
的困境一方面是人與自然的關係，他方面是人與人的關係。在人對抗自然的關
係中，人的自由在於發展生產力，能夠開天闢地、開物成務、利用厚生；但在
人對抗社會方面，自由表現在建立合理制度，改善人際關係，使物化的社會關
係回歸為符合人性需求，人性化、社會化的環境，從而促成社群的樂利共榮
（洪鎌德1996：21 ff.; 2000: 396 ff.）。

　　要之，無論是人類生產力的抬高，還是人社會性的增強，都是人類對自己
命運的有效控制，是一種的自主與自決：這是積極的、正面的自由，而不是消
極的、負面的自由。後面的這種自由只是擺脫別人或別物的壓榨、干涉。前面
一種的自由，則是人真正本事的展開，也是其潛能的發揚。就這一點來說，馬
克思的自由觀，要比資產階級代言人的自由主義者所主張的自由，豐富得多，
寬廣的多（Lukes 172）。

　　不過至今為止，人類對自然的控制能力與對社會合理安排的能力卻是不對

等的發展。在歷史上，人類這兩種能力的發展反而剛好朝著相反的方向演變。馬克思說：「在控制自然的能力上人類發展的程度剛好與人性墮落的程度成正比」（CW 14: 655）。資本主義的出現標誌著人類生產力的巔峰狀態，也是人類控制自然能力的最大化，是人類自由的極致。但在人的社會關係方面，資本主義代表人類對自由的否定，是個人對異化的、物化的社會勢力之徹底降服，其結果造成不少的個人成爲盲目的力量、無法控制的勢力以及任意偶然的機遇之玩物。爲此馬克思在《德意志意識形態》（1845-46）一長稿中指出：「他們〔工人階級〕生活與勞動的條件以及現代社會存在的所有條件，變成……個別的勞動者、或任何的社會的組織無從控制的外在事物」（CW 5：79）。比起中古封建社會下個人受到等級社會的保護，資本主義社會中的個人更無保障、更無安全、更少自由。馬克思遂指出：「在想像裡，個人在資產階級統治下，比起從前來，好像享有更大的自由，原因是其生活條件更富有機遇的成分。可是在實際中，顯然他們更少自由，原因是他們在更大的範圍下受到物質力量的統轄」（CW 5:78-79; 80-81）。

既然現代資本主義的社會，工人受制於薪資勞動（wage labour），則薪資勞動的種種條件便構成了資本主義制度下，人們不自由的主要障礙，這就是何以早期馬克思要鼓吹取消薪資勞動的原因。要之，要克服自由的阻礙必須採取集體的活動與革命的行動，讓自由恢復其作爲人自主與自決的表現。社會合作的生產方式是人控制自然，也是人改善社會關係的契機。是故在《綱要》（Grundrisse 1857-58）中，馬克思指稱：「在有限的資產階級之形式被剝奪之後，透過全面的交換所創造的財富，不就是個人需要、能力、享樂、生產力的全面嗎？這難道不是人對自然力量控制之充分發展，難道不是人類本性的充分掌握嗎？」（Grundrisse 488; G 387）。

因之，對馬克思而言，自由是與合理化、理性化無法分開的，也就是說他的自由觀是與機遇、偶然不能相容的。蓋機遇、偶然都不是合理的、有意識的、有計畫的行動。資本主義之所以遭受他的譴責，是由於此一制度合理化的程度不夠；然而自由的最終勝利應爲貨幣制度的取消，也是市場機制的消失，取代貨幣的是勞動券，取代市場機制的是「自由組合的人群之生產，他們根據既定的計畫來有意識地規劃生產」（C I: 84）。

要之，馬克思不只在「自我增益的異化」方面受到黑格爾的影響，就是後者所強調的自由等同於理性，這一理念也爲馬克思所擷取。是故青年馬克思把黑格爾對歷史演變的觀念轉化爲他理解的社會經濟關係辯證的過程，自由的生

成發展是經歷資本主義生產力最大化，也是異化的巔峰，然後轉變爲異化的克服與消除。通過共產主義的集體計畫，人類揚棄了異化，排除了剝削，也達致眞正的自由。

　　在《神聖家族》（1845）與《德意志意識形態》（1845-46）兩書（稿）中，馬克思已體認其歷史哲學中目的性的看法太接近觀念論，也與其唯物史觀難以相容。因之，他開始強調歷史乃爲人類所創造的，人爲歷史唯一的要角，而逐漸排斥歷史有其發展之目的的說法。與此同時他對共產主義的看法也有所改變。這就是他在《德意志意識形態》中爲共產主義下了新的定義的原因。他說：「共產主義並非一種有待建立的狀態，也非實在〔實相〕企圖調適其本身的理想。我們稱共產主義爲取消現在事物現狀的運動」（*CW* 5:49）。

　　此時的馬克思雖是排斥歷史的意義，但仍企圖在歷史的辯證發展中尋覓某種有意義的結構，亦即他深信歷史的發展仍舊受制於必然，而非偶然的因素。換言之，是合理的必然性持續地推動歷史向前展開。

中壯年時期的馬克思

　　顯然，在由青年馬克思轉向中年與壯年的馬克思，他的史觀，不免展現尋覓歷史意義和避免掉入思辨哲學之陷阱的兩難矛盾。而在其思想成熟期後，馬克思更透露反意識形態的說詞，對歷史過程之多樣化、多元化有所論述。在《綱要》裡，他在歷史發展過程中四種（原始公社、古代奴隸、中古封建和現代資產階級）生產方式之外增加了亞細亞生產方式。其後在致俄國《祖國記事報》（*Отечественныи Записки*; Otechestvennye zapiski）（1877）編輯的信，以及與俄國女革命家查蘇莉琪（Вера Ивáновна Засýлич; Vera Zasulich 1849-1919）四易其稿的通信中，透露他認爲歐美之外的國度走向共產主義的路途，可有其他的選擇（洪鎌德 1997e: 24-32; 2000:377-381）。

　　不過，他本身這些的改變或修正，並不影響他對全球歷史的整體看法，亦即終馬克思一生始終把人類的歷史看作爲異化與再統合（去掉異化、排除攜二、重歸統一）的過程。換言之，個別社會發展儘管可以殊異，可以偏離西歐演變的模式，而呈現多采多姿，但就發展的方向而言，仍舊顯示一致性。因之，英國學者柏林（Isaiah Berlin 1909-1997）正確地指出：「人類逐步的自由化在於遵循一個無從回頭的方向……歷史不會走回頭，也不會循環運動：所有歷史征服的事物都是最後的和不可折回的」（Berlin 1969: 138）。

俄國女革命家查蘇莉琪

　　不過，馬克思視歷史爲人類的異化與異化的克服（再統合），是隨著他知識發展不同時期而變化的。例如在《經濟哲學手稿》（1844）中他大談勞動的異化。但在《德意志意識形態》（1845-46）中，他卻指摘社會分工與交易爲人類的一種異化，威脅了人的圓融發展與自由解放。後來在《資本論》卷一（1867）中則以商品拜物教和剝削取代了異化。基本上，本章集中在他青年時期對異化的檢討之上，而予以剖析和詮釋。

二、人性的喪失與再現

　　要瞭解馬克思自我增益的異化，最好的途徑爲比較他的觀念與黑格爾以及費爾巴哈的說法。在異化的過程中，總要有個主體，有個行動者，對此黑格爾指認其爲世界精神，亦即世界精神外化於自然，並透過人類的歷史來達成自我意識、自我認知。馬克思則認爲這種世界精神無法進行生產的活動，只能進行思維的活動，也就是以抽象的、心靈的勞動取代具體的、軀體的活動。在此情形下，異化遂與客體化視爲同一物，於是客體世界成爲自我意識的客體化，人的本質遂等同爲神的本質。由於「人的本質之異化不過是自我意識的異化」，故而人的解放不過是自我意識的異化之袪除，亦即透過思想、也在思想裡頭達成解放的目的。

　　如同費爾巴哈一樣，馬克思認爲異化的主體不是絕對精神，而是「有血有肉的眞實之人，他站在堅實的、圓形的地球之上，呼吸自然的力量」。這種的

主體不是觀念論所想像的抽象物，而是具有生產客體事物之能力，可以活動、可以自我意識的自然物。人不只是自然物，還是「人類的自然物，他乃是爲其本身而存在的種類事物，藉由其本質與知識而證實與操作其本身」（*CW* 3: 105）。人乃爲追求獨立、自由、自主的動物，人有異於其他動物之處乃爲自動、能動、自我創造。人類的人化乃是透過集體勞動而自我創造的長期歷史過程。換言之，人賴以存活發展的外在自然，以及其內在自然（本性、能力），是經過人類開發利用的自然，也就是通過勞動，人改變外在的自然，也增益內在的本性、本領。是故，整部實業史或勞動成果史，莫非「人類能力公開的啓發書」。在這一意義下，人本主義和自然主義融合爲一體，它既非觀念論，也非物質論，而是兩者合致的眞理。這種合致的眞理，是把人當成爲能夠自己創造的自然物；他在成長中，既倚靠自然，而又能脫離自然而獨立；他具有潛能，能夠達成有意識的、理性的自決。這種潛能的實現，也就是自由的獲致，在馬克思與青年黑格爾門徒心目中，自由的落實便是歷史最終的目標。

　　但通過異化而走上發展之途卻必須付出慘重的代價與必要的犧牲。人在發展的過程中，必須把其內在的能力外化到外頭成爲客體物，這種客體化的活動及其成果卻不是人所能控制的。換言之，人勞動的成果變作一個敵對的、陌生的自然事物來抗拒他，甚而凌虐他。人類在創造典章文物時，已擺脫自然的控制，但卻又掉入典章文物的桎梏中。人類的勞動變成了異化的勞動。這種異化的勞動把人從自然中異化出來，把人從其本身異化出來，也把人從其種類異化出來（*CW* 3: 275-278）。異化的勞動雖然使人從外在的自然解放出來，但同時卻貶抑、凌辱有意識、有理性的人。這種人的墮落涉及的是全體的人類，但以工人的遭遇最爲嚴重、最爲悲慘，原因是工人在工作時最爲受苦，只有當他們吃、喝與生殖時，才像其他動物一般自在而快樂。工人生產愈多，他所受異化之苦愈大，這有如費爾巴哈的宗教異化──人給神愈多，人爲自己保留的愈少。然而宗教的異化只是次要的現象，經濟的異化才是緊要的現象。原因是「宗教的異化只是發生在人內心的意識裡，經濟的異化則發生在眞實的生活中，因之它的揚棄可以使兩種〔宗教與經濟的〕異化同時消失」（*ibid.,* 274）。

　　使異化的人能夠聚在一起的力量，也就是人類自我異化所形成最高表現之力量，那就是社會的分工與貨幣的交易。分工與交易造成人外在相互的倚賴，而損毀人社群本質之內在聯繫。這兩項事物──分工與交易──都會增加人對外在自然的控制能力，但卻也付出人性喪失的慘重代價。經濟異化不但

把人們貶低到其所創造的事物之下，更把工人壓抑而匍伏於私產的擁有者之下（*ibid.*, 84）。馬克思認為，所有的奴隸關係，都是工人屈服於其產品的結果，或其變形。是故私產的取消無異人的解放[3]。

不過，私產的取消不可視為雷同於「粗糙的共產主義」——共妻、共子的共產主義，因為此舉使人類倒退到完全沒有需求的原始素樸中；反之，必須是私產的正面取消，亦即在人類的需要已發展到高度和普遍之際，私產固然應該取消，但工人對其勞動成果之再獲得卻必須重新建立。要之，私產的取消應該在解決「客體化與自我證實的鬥爭」，使工人對其生產品再度擁有，也就是剷除這些產品中自主、搞怪的惡質，而俯首聽命於生產資料擁有者的指揮和運用。

在《經濟學哲學手稿》，也就是巴黎手稿中，馬克思分辨了三種共產主義。第一種是人的自我異化取消後，也是人本質恢復——人性復歸——的共產主義；第二種為上述「粗糙的共產主義」；第三種則為時下現存的共產主義，是一種「緊迫的未來必然的形式與彈性的原則，但非人類發展的目標」（*ibid.*, 294-298）。第一種也是在人類前史的終期最後出現的共產主義，乃是發展中最高形式的共產主義。在此最後階段中，人的存在與本質之鬥爭宣告解決，也是異化的消除，它帶來了全體普遍的解放，它將為人類視聽等感官帶來徹底的解放。這時個人雖然也會老化與死亡，但作為社會動物的個人，其個人和種類的存在方式是一致的，以致個人的死亡已不再是一個悲劇，個人的命運完全與族群的命運融會貫通，人類的普遍融合之——大同——理想的落實，使

---

[3]　談到私產的取消或私產的揚棄，吾人必須理解馬克思所謂的私產究竟何指？並非所有個人所擁有的東西都目為私產。反之，馬克思首先分辨生產資料與生存資料。後者是直接滿足人的生存所不可或缺的物質資料與勞務，前者則是為了獲取這種生存的資料與勞務而從事生產與再生產的東西。其次，他分辨個人（personal）的財產與私自（private）的財產之不同。前者為個人使用勞力獲得的成果，後者則為對生產工具（生產原料、工具、自然資源等）之私人擁有。私有制並不限於資本主義社會中資本家對財富、資本的擁有方式，就是在前資本主義時期，只要與社會的、集體的財產相對相反的財產擁有方式（例如視奴隸為奴隸主私人的財產）都是私產制的一種（*C* I: 834）。是故，馬克思所要消除或揚棄的私產，是靠著剝削別人勞動成果而占有生產資料的那類財產。換言之，在資本主義社會中，資本家對勞動者之剝削性的社會關係，就是建立在資本家對勞動者勞動成果的占有之上。為了要取消這種剝削性的社會關係，就必須首先揚棄私產制度（參考Brien 1987: 13, 213）。

得「個人與種類之間的鬥爭獲得眞正的解決」（*ibid.*, 296, 299）。

　　馬克思這樣理解下的共產主義何異世俗化、內在化的人類集體解脫與拯救？這無異把人格提升到神格的地位，使人性散發著神性的光輝。如此一來，巴黎手稿不啻爲人類解放或救贖的神話（soteriological myth），是一部新的世俗的秘識（gnosis），亦即人類自我神化的詭秘之初探（Walicki 1995: 48-49），也是馬克思對費爾巴哈把人視爲神之說法的補充。換言之，在馬克思看來，人類異化的原因不只是宗教的，而是社會兼經濟的。異化的克服不只是知識上的自我解放，而是人類集體解放的結果。至於解放者乃是普勞階級，解放後的理想境界──千年祈福的未來烏托邦──則爲共產主義社會的建立。這些都比費爾巴哈倡導的「你我共同體」更爲具體，而更具吸引力。在這一意義下，本身具有當代普羅米修斯之譽的馬克思把普勞階級轉化爲集體的普羅米修斯，集體的先知，其職責在指引人類走向最終解放、充滿自由與和諧的樂園（Wessell 1984: 144-189）

　　在〈詹姆士・穆勒《政經要素》一書的評論〉（1844）一文中，人的異化問題再度成爲青年馬克思的主題，這裡他大大譴責金錢，把金錢描寫爲外在於個人、凌駕個人、宰制個人的「異化仲介物」（alien mediator），亦即異化的事物對人的徹底控制（*CW* 3: 212）。又聲稱貨幣的交換以及爲市場而進行生產是導致人人相互奴役的原因。要之，此一短評顯示馬克思對市場經濟與爲出賣產品而進行生產（商品生產）之高度的不滿。

三、社會分工的巔峰發展與最終揚棄

　　《德意志意識形態》爲馬克思與恩格斯在1845-1846年間合撰的長稿，是兩人揚棄哲學思辨、走向科學考察之途，也是對當時青年黑格爾門徒（特別是施悌涅Max Stirner 1806-1856）無情的抨擊。

施悌涅原名為Johann K.Schmidt是德國的哲學家，
其著作影響著後來的虛無主義、存在主義、後現代
主義及無政府主義，特別是個人的無政府主義。

　　一般認為該長稿為馬、恩由哲學人類學轉向政治經濟學的起始，也是唯物史觀輪廓浮現的作品。不過，終馬克思與恩格斯的一生，該長稿未有出版的機會，此一作品面世已是1930年代的事情了。

　　這一長稿批判的主要對象為施悌涅的著作《自我及其本性》。施氏這本作品是批判費爾巴哈的學說，認為費爾巴哈把神歸結為異化的人固然正確，但取代神的宗教，卻倡導人的宗教，企圖以人的種類本質（本質論essentialism）和人的寰宇普遍性格（普遍論、普世論universalism）來打擊個人。施氏遂主張個人應當是一個自私自利的人，應當固守利己主義，維護個人自主的尊嚴，並享有絕對的自由，來排斥費氏的本質論與普遍論。

　　作為共產主義擁護者的馬克思，無法忍受施氏這種利己主義的過度宣揚，不過他也同意施氏批評費氏的哲學人類學為取代基督教的新宗教。由是馬克思開始對費氏有所批評，不再視自己是費爾巴哈哲學派的門人。誠如恩格斯其後指出：「對抽象的人之崇拜成為費爾巴哈新宗教的核心，這需要更改為對真實的人及其歷史發展的科學」，馬克思就在1845年的《神聖家族》中開始他對費爾巴哈理念演展的超越（*SW* 3: 360）。是故，在寫作《德意志意識形態》一長稿前後所撰述〈論費爾巴哈提綱〉中，馬克思乃發展出他自我意識的歷史唯物論，而提出著名的警句：「並非意識決定生活，而是生活決定意識」（*CW* 5: 37）。藉著這個新格言，他希望能夠為黑格爾之後的德國思想界提供新的園地，來討論人的解放之問題。

　　青年黑格爾門徒，包括費爾巴哈在內，都認為人群受著幻想、錯覺及各種各類的意識形態所矇蔽、所欺騙，誤認這些意識形態有獨立存在的天地，他們遂主張去除這些幻想之物，而易之以「與人性相配當相符合的思想」。這種說法被馬克思斥為唯心論幻想的表述。這純粹是一種妄信，或幼稚的想法，以為

單靠知識的批判可以帶來真正的知識上的解放，而誤把知識的解放等同爲普遍的人類解放。事實上，走向解放之途是路程遙遠、坎坷不平、荊棘滿佈。沒有社會的解放，心靈是無法解放的。此外，社會解放的程度依賴的不只是階級鬥爭和群眾革命力量的大小，最重要的還要看經濟發展的狀況，特別是科技發展的水平。馬克思遂指出：

> 「人」的「解放」無法靠把哲學、神學、實體或各種各樣的垃圾化約爲「自我意識」，而向前跨一步，也無法靠把人從這些詞句的宰制下解放出來……「要獲致眞實的解放只有在眞實的世界裡，靠眞實的手段〔才會達致〕」……「奴隸要廢除就要靠蒸氣機和紡紗機，農奴制要廢除就要靠改善的農業；而一般而言，人們是無法解放的，假使他們無法獲得質量適當的食物與飲料、住屋與衣裳的話。「解放」是一樁歷史的而非心靈的動作，而它是由歷史條件產生的，也是靠著工業、商業、農業、〔交易〕等的〔水平促成的〕。（*CW* 5: 38）

馬克思所謂的「社會的」是指「數個個人的合作」而言，而合作的方式成爲社會不同發展階段的表徵，這種社會的階段常與某一時期「實業的」階段相聯繫。於是某個國度社會與實業的發展階段就表現在「其分工大小的程度上」（*ibid.*, 32, 43），可是，就在同一時刻，分工發展的程度也說明了該國度人自我異化的大小。

藉著費居遜（Adam Ferguson 1724-1816）與亞丹·斯密對分工負面的說詞，馬克思企圖以分工來解釋商品生產的異化特質。他指出，在原始、小規模的自然經濟中，人群的合作並無異化的現象，由於合作的範圍有限，而無法把生產力提升。但發展卻是必要的，也具有悲劇的性格。換言之，人對外頭自然控制的增加，就要付出對經濟勢力無法控制的代價。

Adam Ferguson（1723-1816）是蘇格蘭的哲學家和歷史家，是蘇格蘭啓蒙運動中最具影響力的人物之一。1767年他的《文明社會史論》出版，引起了廣大的迴響。

　　在部落與封建社會中，社會分工都不發達，只有在資本主義社會中，社會分工才完全展開，這是因爲生產專業化，而產品爲的是提供給廣大的、無以名狀的市場買賣之緣故。市場的出現與運作，完全受到其發展律的左右，這是人類所創造的但又無法控制的事物。它（市場）的操作使人類的計畫化爲烏有，甚至以生命爲賭注來與這種異化力量進行博奕遊戲。由是，自動自發的、無計畫的分工，完全是由於商品交易的需要而出現的分工，它帶來了一個使人類受制於其產品、受其產品奴役的情境。

　　這種過程馬克思以異化的理論來加以析述：

把我們的產品凝結爲一種高高在上壓制我們的物質力量，脫離我們的控制而增長，破壞我們的期望，使我們的計算化爲烏有，〔這種現象〕爲至今爲止歷史發展中的主要因素……至今爲止的歷史顯示一種經驗的事實，亦即分開的個人，在把他們〔有限〕的活動擴大爲世界史的活動之後，愈來愈變成受到敵視、陌生的力量之奴役（這種壓力就是向來視爲所謂的世界精神等等之骯髒的詭計），這種〔壓制人的〕力量愈來愈龐大，在其最後的情況下，就變作「世界市場」。（CW 5: 47-48, 51）

　　在這裡，馬克思運用他自由的辯證歷史哲學指出，最壞的異化會轉變爲使人類增益其不能、自我完善的工具，普遍的奴役轉變爲人類普遍解放的條件，這就是否極泰來的辯證法發揮其否定的否定之作用。的確，世界市場可以使個人從地方與國家的藩籬解脫出來，可以使個人與世界各地的物質與精神產品發生聯繫，使個人享有世界各地的產品，而增加其享用的能力。

　　由於寰球的交易不只帶來人們寰球的相互依賴，也可以便利個人發展爲多才多藝、各方面都有才華的完人。在共產主義革命完成之後，這種寰球相互依賴會促成人們進行有意願的世界性合作，從而結束人類的異化。自由組合的個人們將會控制社會的力量，也會有意識地引導社會的力量。共產社會中的規定，亦即對生產與交易的規定，將創造一個眞正人的世界，使有理性和有意識的個人能夠感受自由與輕鬆，能夠完全控制其產品。個人的自由不再是隨便享受，受制於偶然和機會的權利，個人自由完全根據其眞正的意義來落實——有理性、有意識的自我決定，亦即諸個人對他們自我的客體化以及同別人和諧的、社群的關係之控制和指揮（Brenkert 1983: 88-89）。

　　這裡必須再特別指出，馬克思所謂的自由，是「有意識的規定」，而與「自然的」（獨立於人的意識之外的意思）觀念相反，自由與合理性牽連在一起，也有異於機會、偶然、無意間發生之事物。此點顯示馬氏的自由觀接近黑格爾而遠離費爾巴哈，把自由界定為人類有意識與合理的活動，是克服「自然」之決定的作為。黑格爾式的自由觀還包含一個「自我輝煌」、「自我燦爛」、「自我增大」（self-aggrandizement）的意味。也就是指具有創造力的主體（人或神）征服或吸取外在的事物，俾能成全自己本身（Tucker 1972：63；洪鎌德2010b: 73 ff.）。

　　不像黑格爾，馬克思並不處理絕對精神與世界之關係，他只討論歷史創造主體的人類與其產品之關係，因為產品逐漸逸脫生產者的控制，獨立自主而自具生命。在這一意義下，自由意謂人對脫離其控制、業已異化的勢力之重加控制，也在未來的共產主義社會中，重新把其創造品吸收到本身之中。對馬氏而言，共產主義意謂人類自由之自我創造的勝利，為經濟和社會異化的最終克服，這也就是他所說的：

　　　共產主義乃是〔人〕第一次有意識地處理一切自然演變的先決條件，
　　　把它們當成至今為止存在的人類之創造，去掉其自然的屬性，把它們
　　　放置在聯合的個人控制之下……共產主義所創造的實在乃是一種真實
　　　的基礎，化解所有獨立於個人之外的人造物，使實在無論如何變成個
　　　人之間先前交往的產品。（CW 5：81）

　　從個人向來所依賴之「盲目的」和「非理性的」市場力量解脫，便被馬克思當作個人自由最終的勝利。在這裡他所稱的個人不是業已個人化、分開的、與別人無涉的人類之個體。他所指的個人為參與人類整體生活、具有社群性質的個人，這便是種類集體的共產主義與自由主義的個人主義之分別。既然共產主義在取消分工，則在共產主義社會中，自由的個人並非才質有異、具有專業傾向的不同性質的個人，更非由於分工的結果而產生的不同才能之個人。反之，他們都是社群的生物（Gemeinwesen共同體成員）。只有生活在共產社群中的每一個人「才擁有手段〔資料〕來發展他各種方向之才華」。他們不被允許去發展成特殊的、專門的個別性格，以致造成與別人不同，也與社群的和諧不相容。相反地，他們被要求自由發展社群的性質、社群的人性，亦即圓融通達的個人，能夠滿足他們自己各種各樣的需要，而不必依賴別人，也不必囿於

某一特殊的、排外的活動圈之內。在共產主義社會中，對個人而言是可能「今日做某事，明日做他事，早上去打獵，下午去釣魚，傍晚去餵牲口，晚餐後進行批判，而不必變成獵人、漁夫、牧人或批評家等等」（*CW* 5: 47,78）。

　　馬克思對田野與農牧生活的描述，顯示他對古代素朴的自然經濟之嚮往。不過，未來共產主義社會不可能是部落社會之重現。反之，他對未來共產主義的憧憬，卻是在更高的層次和更大的規模上重歸自然經濟，而這種重歸是辯證的重歸。他自我增益的異化之秘義使他堅信，在個人內在的內容外化與異化之後，緊接著是這些內容之重新吸收、重新擁有，從而使自己在更高的層次上回歸其本身，增益其所不能。換言之，在社會分工，也就是人類的種類能力異化登上高峰之餘，在資本主義發展到最高程度而使個人完全依賴世界市場之後，將是人類異化的巔峰。過此資本主義工業之極致，否極泰來、新象突生，人類將擁抱共產主義，以發展圓熟的、聯合的個人取代人類的分裂、敵對、鬥爭。是故，共產主義也必帶來更為卓越、更為超絕的新人類。他相信，將私人擁有者的私產沒收後，生產的工具之總體會重歸公有。「生產工具總體的擁有，就是諸個人能力的總體之發展」（*ibid.*, 87）。

　　要達到生產工具總體的歸公，不只是私產制度的取消，連國家也要取消或讓其消亡（洪鎌德1997a：339-341），再加上個人專業化的廢除，「個體性不再受制於機遇」等等，這是烏托邦式的幻想。這種烏托邦的建立也就是馬克思自由理念的落實。柯拉克夫斯基（Leszek Kolakowski 1927-2009）不認為馬克思的烏托邦是建立在排除個人或個體性之上，他認為人完整人性的恢復在於消除個人的熱望與集體的利益之緊張關係，而並非意涵馬克思對個人生活與自由的否定。馬克思批判的情境為：人碰到他人時，把別人當成非人身、但又控制世界的勢力之化身——貨品、金錢、市場、政權。他所指摘的個人自由不過是對其本身生活條件欠缺控制，亦即對外頭世界完全無助無力的那種「自由」。為了克服物化而回復人對物的控制，就要讓個人的生活得以回復，使個人的性向與才華能夠圓融地、多方面地發展（Kolakowski 1981: I: 161-162）。

柯拉克夫斯基是波蘭哲學家、思想史家，著有《馬克思主義的主流》三卷本（1976），頗具客觀、全面與批判精神

四、結論：早期馬克思異化論的意義

誠如前面的敘述，馬克思的歷史哲學是師承黑格爾的歷史觀，視為人類對自由的追求與完成之奮鬥史。另一方面歷史的開展、經歷與落幕，卻是人類歷經各種險阻困厄、災難憂患，由懵懂無知，而稍知群我，到認識人類本身的辯證過程。這點也是黑格爾所主張的在歷史變遷中，主體精神化為客體精神，最後再從客體精神提升到絕對精神，達到絕對精神的自我認知之境界。馬克思把黑格爾的精神顛倒過來看作是有血有肉的諸個人。由是歷史的遞嬗變遷，不再是抽象的、神祕的精神或意識之歷險記；反而是活生生的諸個人及其構成的人類全體之冒險史。由是黑格爾精神的演展史，轉化成馬克思人類的發展史。

無論是在黑格爾那裡，還是在馬克思那裡，促成歷史變遷的驅力，就是精神或人類內在的矛盾、對立。要之，就是增益其不能的異化。是故異化是促成精神分裂，也是促使人類與其生存環境（自然、社會）對抗和分裂人類為敵對兩階級的主因，經由矛盾的對立，辯證的發展，人類的歷史乃向前推進。

人在對抗自然時，不只是與外頭的自然相抗爭，更與其內在的自然（天性、本性）相抗衡。這也就是人類與其種類本質的攜二、疏離之緣故。整部人類的歷史，表現在人與外頭自然的抗爭，也表現在人與內在自然（人性）的抗爭。在很大意義下，社會性為人類的第二天性，是內在自然的引申，也是外頭自然的重構（重新塑造）。人類在初步戰勝自然的壓頂優勢，開物成務、利用

厚生之餘，總算能夠降服自然，利用自然，而達致維持生命、繁衍子孫的目的。不過在征服自然之餘，人類所營構的社會，卻非人類有意識、有理性、有計畫的產品，從而社會的典章制度化成為人身的、異化的力量來凌虐創造典章制度的人類，這便是何以在人類的「前史」（*Vorgeschichte*）中，人類喪失自由，無法達致解放的因由。

　　生活於資產階級社會的現代人類，也是生活於「前史」後期的人類，其自由之所以遭受限制，其解放之所以不徹底，究其原因乃為人造的典章制度，成為束縛人類能力客體化的產品。這些客體化的產品，不但沒有為人類提供服務與方便，反而卻成為桎梏人類自由，也使人類物化、異化與商品化的動力。

　　表面上看來，客體化、物化、異化、商品化都是妨阻人類向前發展的絆腳石，成為人類必須加以克服的對象。但就其實質的存在，這些對人類發展產生負面作用的「自然現象」，卻是馬克思視為人類向前躍進，步向解放之路，躍入自由之域不可或缺的動力。就是這種矛盾的說詞，辯證的推理，使馬克思的異化論成為研究他的自由觀與解放觀登堂入室所不可忽視的鑰匙。

KARL MARX

掙脫束縛就是自由
馬克思認為社會的典章制度都是人群創設的，理當為人們服務。可惜向來的典章制度反而束縛和凌虐世人，造成人的自我異化。由是克服異化，建立新社會是掙脫束縛，是恢復自由之道

解脫桎梏，獲得自由，不只是馬克思力圖在理論上找出祛除異化（異化的克服），也是多數人至今最偉大的夢想。

第五章

中年馬克思論經濟自由

第五章　中年馬克思論經濟自由

一、前言：《綱要》對人的自由之論述

　　1953年才出版的《政治經濟學批判綱要》（*Grundrisse der Kritik der politischen Ökonomie* 1857/58）德文原稿，簡稱《綱要》（*Grundrisse*），被認爲是20世紀中馬克思著作面世的新里程碑，其重要性不下於《巴黎手稿》（1844）、《德意志意識形態》（1845/46，簡稱《意識形態》）和《剩餘價值理論》（1862/63）等作品。此一長稿係馬克思在1857年與1858年間由七本筆記加以合成，其最大的作用，在於看出馬克思從哲學家轉變爲經濟學家的心路歷程，亦即他如何把先前帶有濃厚理想色彩的自由之哲學銜接到後期冷靜分析與批判資本主義的理論之上。

This is an extremely rich and thought-provoking work, showing signs of humanism and the influence of Hegelian dialectic method.

　　《綱要》的導言有一段引起人們最感興趣的陳述：

我們愈深入回歸早期的歷史愈會發現：個人，特別是進行生產的個人，愈依賴由小變大的整體：在自然〔血緣〕關係方面依賴家庭以及家庭擴大的氏族，然後發展爲社區不同的形式，這是導因於氏族與氏族之間的敵對與合併而產生的社區形式。只有在18世紀，在「市民社會」中，個人所遭逢的社會連結之諸形式變成追求私人目的之手段，亦即社會成爲個人外在的必然。不過產生這種觀點——孤立的個人——的時代卻是至今爲止社會關係發展最完全的時代。作爲最深刻意義下的人類乃爲「城邦的動物」（*zoon politikon*），不只是一個群居的動物，卻是在社會當中最能夠個別化（*individuate*）的動物。（*Grundrisse* 6; G 84）

　　上述引言使我們看出，馬克思與古典自由主義者的論調相似，都認為「資產階級的社會是最為發展的〔社會〕，也是生產的歷史性組織最複雜的〔社會〕」（*Grundrisse* 25；*G* 105）。亦即資本主義社會為高度凝聚的社會，它是藉著精密的社會分工和生產與消費來滿足不同需要的體系所形成的社會，而社會成員並非原子化、零碎化，有如保守份子或浪漫主義者所認知的那樣，把血緣、等級、社群徹底瓦解的個人之拼湊集合。

　　雖然馬克思對市民社會的高度發展有所讚賞，卻他也發現其中的毛病。因此他語鋒一轉，視資產階級的社會中各種各樣的形式對生活於其中的個人為「追求私自目的的單純的手段，是一種外在的必然」。這一說詞卻是保守份子、浪漫主義者攻擊工業文明與資本主義破壞人類有機的共同體（社群）之慣用語。這種不加粉飾而赤裸裸的揭露，正顯示馬克思對資產階級社會所採取的是一種辯證的觀點，看出市民社會為至今為止人類發展的高峰──「人類創造潛力的絕對性釋出」、「透過寰球的交易使個人需要、能力、快樂、生產力等〔得以發揮〕而變成寰宇性、普遍性（universality）」──，但也是生活於其中廣大的工人群眾受創最深、受害最大的場域──「人類勞動內容的徹底空洞化，寰球的客體化與徹底的異化」、「人類目的完全犧牲給外在的目的」──是人類異化的巔峰，也是人類排除異化最佳的機會，從而他又以自我增益的異化觀來看待當代資本主義社會。

　　馬克思有關人類墮落、覺悟、拯救的秘義或秘訣可從《綱要》一稿窺知。在太初人類是團結與協和一致，但經由歷史漫長的過程，人類陷於異化的窠臼中，備受艱困摧折，人的團結轉化為人人相爭，社會分裂為兩大敵對陣營。只有在透過普勞階級的革命，把人的異化、剝削、分裂化除之後，人類才能重歸協和統一，這就是他憧憬的共產主義社群落實之日。問題卻在於克服自然的限制、發展本身的能力之後，人類如何彌補分工、異化、剝削、鬥爭帶來的分裂，而使人類原初的社群本質戰勝個人的利己本質，而重歸諧和團結的人類大同。這部人類悲壯的歷史，是以犧牲社會中的個人，來成全人類的內在目的──統一協和的人類全體。誠如賀勒（Agnes Heller）女士所說：

　　在發展的過程中，人類只能遵循其種類特質來實現其潛能……在社會作為整體的層次上，人們依據其種類（至少在某種程度上）來發展其能力，以個人身分出現的人類卻不分享社會全體的財富。在分工的情形下，個人（在廣義上）是貧窮的，但全體人類卻是富裕的。至今為

止，社會〔全體〕財富發展的最高點乃爲資本主義，但〔在此體制下〕也是個人貧困的最高峰。（Heller 1976: 46）

　　賀勒認爲在資本主義發展的高峰，是人類財富最大的累積，但卻是個別人特別是普勞份子最貧困、最落難的時期，從而把馬克思有關資本主義是一種少數人擁有最大的財富，而多數人陷入貧窮的矛盾顯露出來。正因爲這個緣故社會追求自由的理想，無法再取得太初時代的小國寡民之諧和團結，而是投射到未來新社會、新社群、新秩序的創造。

　　《綱要》與《意識形態》雖同爲草稿，但討論的主題不同：在《意識形態》裡，對人類自由的威脅是由於社會分工；但在《綱要》裡，自由的分析是在發展的貨幣經濟中，亦即在競爭與交易中分析自由的最大化，以及自由的徹底喪失。在《綱要》裡，馬克思所描繪的資本主義之圖像更爲悽慘、更爲黯淡，其對資本主義的批判更爲嚴厲、更爲激越。在資本主義體制下，由於社會分工造成更爲狹窄的專業化，對個人的自由與選擇多所限制，而阻止個人自由發展其能力，這是《意識形態》所指陳的。如今在《綱要》中，馬克思卻認爲其情況比起經濟自由對個人自由的傷害來，簡直是小巫之見大巫。換言之，進入壯年的馬克思視經濟的自由反而損害個人的其他自由。他在《綱要》中寫著：

　　個人並非由於自由競爭而獲得解脫；反之，是資本讓他解脫。只要依靠資本的生產變做必要的，也是生產力發展最佳的形式，諸個人在資本的條件下其行動被視爲他們的自由。這種自由也是反覆地被教條式地宣布，只要透過自由競爭把各種阻礙藩籬一一拆除的話。〔是故〕自由競爭乃是資本的眞實發展……因此，這類〔經濟〕的人人自由是在把所有個人的自由擱置之下達成的，也是個體屈服於社會條件最完整的表現，而社會條件卻披上客體力量的形式，甚至是披上過度膨脹的力量之外衣──變成了獨立於人際關係之外的事物。（*Grundrisse* 544-545; *G* 650- 652）

　　經濟的自由表現在對金錢的追求，讓賺錢的自由來取代個人其他活動的自由。馬克思繼續寫道：

　　所有產品和活動溶解為交換價值的先決條件乃是在生產中把所有固定個人（歷史）的依賴關係加以溶解，也包括把生產者倚賴他人的關係加以溶解……彼此陌生、不關連的諸個人，其相互的、各方面的倚賴關係形成了他們之間的社會聯繫。這個社會聯繫是由其交換價值表現出來，靠著交換價值，每一個人自己的活動和其產品變成他的活動和產品。他必須生產一項一般的產品──交換價值，或稱是孤立化、個體化的交換價值，即金錢。另一方面，一個人對別人活動和對社會財富的主宰力量乃是金錢，就是他以交換價值擁有者的身分所控有的金錢。〔是故〕個人把他的社會權力和他對社會的聯繫，〔以金錢的形式〕攜帶在他的褲袋中。不管是個人表現的活動，也不管其特定形式的活動產品，始終是交換價值。交換價值是一種普遍化的東西，在其中個體性和特殊性消失得無影無蹤。這種情況與個人在家庭或氏族（或社群）中的情形大為不同，後者是直接地與自然地再現，亦即個人的生產活動和在生產中的分享是同他的勞動以及他的產品相聯結的，其活動與產品也與別人的關係以特殊方式聯結在一起。

　　〔今日〕活動的社會性格，如同產品的社會形式，以及諸個人在生產中的分享，在此顯示為異化的和客體化的東西來面對個人，這些活動與產品不再顯示與別人的關係，而是表現為屈服於不以人的意志而轉移的外在關係。這種關係是彼此陌生、沒有關懷的個人衝突中產生出來的。活動和產品的一般交換，成為每一個人〔存在〕的重要條件──人與他人的相互聯繫，變成了陌生、敵對之物，也變成了自主的東西，以外物的形式出現。（*Grundrisse* 73-75; *G* 156-157）

　　在馬克思的心目中，經濟自由乃是由於人屈服於物的結果，其象徵為金錢。人對物、對金錢的依賴，就是一種物化的非人關係；人對他人的依賴，則為人際（身分）的依賴。這兩種依賴關係卻發生相反的變化，馬克思說：「交易媒介〔金錢〕愈少擁有社會權力……則那種將諸個人凝聚的社群之權力就顯得愈大，這表現在家長的關係、古代的社群、封建主義和基爾特體制上……只要把事物的社會權力剝奪，那麼你〔社會權力〕交給人身，俾人對人的權力可以發揮作用」（*Grundrisse* 75; *G* 157- 158）。

　　對於這段話，謝魯基（Radoslav Selucky）的評論為：

馬克思的邏輯是這樣的：一方面市場之客觀的依賴破壞了人際的依賴，另一方面人際的獨立卻是建立在客體的依賴之上。根據馬克思的說法，自由的個體性只有出現在諸個人普遍〔全面〕的發展之上，這是以取消客體的依賴為前提的（也就是取消市場）。馬克思並不擔心取消市場而克服了客體的依賴同時便會摧毀人身分的獨立之基礎……假使身分的依賴和客體的依賴兩者必須做一抉擇的話，那麼每個人都必須有所選擇。社會科學者無法辨認這兩種可能性，是導致人們必須走向烏托邦的原因。馬克思的決定使他的學說也必然有利於走向烏托邦。他綜合性的說法是建立在下述假定之上：就在分工與匱乏消失的片刻，商品的生產和市場的關係也告消失，而生產者獨立的（自主的）立場，當作他們身分的獨立之基礎，也就是平等和自由，亦得以保留。（Selucky 1979: 23-24）

二、現代人不自由的原因——貨幣與市場的桎梏

有異於古典自由主義者的觀點，馬克思不認為現代人比中古或古代的人享有更多的自由，他不認為物（客體）的依賴比身分的依賴，帶給現代人更多的自由。相反地，現代人中只有少數在人際關係上占到便宜，這是指居上層者仰賴其地位、聲名、財富而僥倖可以享有自由，社會的多數民眾則無法享受自由，尤其是被剝奪自由的勞工群眾仍舊誤認客體關係物的依賴為客觀的、自然的、無可避免的宿命和桎梏。

那麼馬克思何以堅決主張物（客體）的依賴比身分的依賴情況更為糟糕呢？這大概是因為他不贊同一般人以為人際的（身分的）依賴比物的依賴更壞，也因為他擔心人們一旦對客體依賴的壞處不加質疑時，則無法推動革命，藉暴力來推翻現狀，由是他全力來解釋「客體性」也是一種意識的幻想。照理說，客體性乃是主體將其心血勞力外化於外頭世界之結果，是忠實地把主體反映於外面的世界，不當視為意識的幻想或幻象才對。另一方面，他視資本主義

為至今為止對個人自由最大的壓迫，這乃是一種教條的想法，而這種想法的來源仍舊是他的史觀：人類對自然的主宰只有在犧牲個別的個人之後才有可能。是故如以人對抗社會的觀點來理解，則資本主義不可視為人類自由的進步。正因為人類的自由進步不大，所以通過自我增益的異化，人必須克服目前的不自由，而追求來日的解放。

馬克思這種「無異化」──「異化」──「異化的祛除」三部曲（洪鎌德 1997c: 228; 1997b: 286）包含了精彩的社會學灼見，其洞燭機先可由下面引言得知：

> 身分依賴的關係（一開始完全自動自發）是第一項社會事實，在此關係中人的生產能力只有少許和孤獨地展開。身分的獨立建築在對物〔客體〕的依賴之上，這成為第二種重大的〔社會〕形式。在此形式裡，一般的社會新陳代謝體系，普遍關係之體系，各種各樣需要的體系和普遍的能力體系第一次形成。自由的個體性，係建構在諸個人的普遍發展之上，也建構在他們屈服於社團的、社會的生產力之上，一如他們屈服於社會財富，這是第三階段，第二階段為第三階段創造了〔有利的發展〕條件。（*Grundrisse* 75; *G* 158）

第二階段呈現分工仔細、交易頻繁、藉金錢與市場來達成人際交往，顯示這時非直接的社會生產，因為個人被社會生產所淹沒，亦非社會生產屈服於個人控制之下，因為社會生產不再是全社會「共同的財富」。馬克思不相信貨幣經濟可以受到人們理智的、合理的控制，這是由於他以為資產階級社會「在先驗上」（*a priori*）不可能有意識地去控制其生產，去「對生產進行有意識的規定」（*SW* 525）。要之，資本主義社會和其先前（家長式、古代、封建）的與未來（共產主義）的社會，無論在社會生產與分配方面都大為不同。之前的社會之分配是自然的，是以政治地位的高低來定奪。之後的共產社會是沒有市場、也沒有貨幣的社會，在其中產品的交易不再是私人的，也不需要藉金錢來中介。

萬能的金錢

熱鬧的市場

　　馬克思認爲，資產階級的自由是存在於孤立、私自的個人們之相互依賴和相互冷漠之上。另一方面，這種私自的相互依賴乃是私人交易的必然產品，它的出現完全是由於「所謂的世界市場」。他此時不但使用異化，甚至也使用「物化」（*Versachlichung*; reification）一詞，他寫著：「貨幣之存在的先決條件爲社會關聯的物化」。他認爲世界市場的角色不只有負面的（造成人普遍的相互依賴、徹底的異化），也有正面的功能。正面的功能爲提供人們經濟知識，也提供個人有關別人活動的訊息。不錯，世界市場代表普遍性、寰宇性的異化，但它也提供寰宇性的相互關聯、寰宇性的交易。然而，以辯證的眼光來看待世界市場、看待資本主義，馬克思認爲它是不夠合理的、不夠理性化的。亦即世界市場所造成之全面的和寰宇的相互依賴，固然使寰宇理念、眞正的普遍性（普世主義、或大同思想universalism）得以實現，但其實現的形式卻是異化的。資本主義異化犧牲者之全面的、客體（物）的依賴變成一種必要的條件，來使未來的新人類可以袪除異化，而進行全面的發展。

　　馬克思指出，在資本主義的後期，人類或尚能克服物的依賴，但對社會的聯結則無法完全控制、更無法完善操縱，這是誤把人際的關聯和聯結當作自然的、客體的聯繫之緣故。其實這種人際關聯與社會聯帶乃是人自己的製品，是歷史的產物，是人類發展到某一時期中特殊的表現。至於社會聯帶對諸個人所以呈現爲陌生、敵對，其原因在於諸個人仍舊忙碌於創立社會生活的條件，而無暇來享受社會條件所提供的好處（*ibid.*, 161-162）。這也就是馬克思在《政治經濟學批判》〈前言〉中所說的「沒有任何〔現存的〕社會秩序會毀壞，如果之前的生產力尚未充分發展的話」（*SW* 390）。換言之，人類在自我意識與自由開展之前，必須先走完異化之途，這是人類在歷史中自我創造的規律，

而非客觀的、不變的自然律。

　　馬克思自由與解放的歷史哲學之抽象理念由下面的引言可以看出：

> 普遍〔寰宇〕性發展了的諸個人，其社會關係如同他們社群
> （gemeinschaftlich）的關係，可以說是隸屬於他們社群的控制之下，
> 這些已發展的諸個人並非自然的產物，而是歷史的產物。使個體性變
> 為可能的是財富之存在，但財富發展的程度與範圍〔寰宇性〕乃是以
> 交換價值當成首要的條件來進行生產為前提。但交換價值的生產卻造
> 成個人由其本身以及由別人異化出來，它也產生個人的關係和能力
> 的普遍化與完整性。在發展的初期，單個人好像更能使自己充分的發
> 展，這是因為他尚未把他對外的關係充分加以發展的緣故。反之，把
> 這些關係當成獨立的社會力量與關聯來同他對立。想要返回人原始的
> 充分發展是可笑的，這種可笑的情況就像認為歷史一旦完全留白便會
> 截然終止一般。（Grundrisse 79; G 162）

　　由是可知，在交換價值的基礎上進行生產，就是徹底的異化，也是歷史
「完全的留白」，卻是人類發展所無法避免的條件。它是使人類變成「普遍
發展的諸個人」所不可或缺的前提。人類本質的展開牽涉到辯證運動的三個時
期：首先是原始的、幼稚的、未經分化的充足或充分（fullness），亦即經濟
上的自給自足，通稱的自然經濟。接著是完全的異化，亦即透過社會分工、寰
球交易、寰球的相互依賴而摧毀原始的充足。最後為異化的袪除，人類重新贏
回其充足，而又不致喪失其人際關係的寰宇性與完整性。在這個最後階段中，
社會關係是隸屬於社群的控制。易言之，此時的生產並非基於交換價值，造成
人類關係和能力異化的發展之勢力──金錢與市場──將被取消，取代此股勢
力的是有意識、有理性、有計畫的管理，亦即合理地去管理經濟的與社會的過
程。

　　「社群的控制」意味著成年的馬克思企圖保留其青年時代的夢想──
對參與式民主的鼓吹（洪鎌德1995：100-104）。他似乎未曾想到，任何的
控制都少不了控制的機關、計畫的機關，但「人類計畫的機關卻要層級化
（hierarchically）組織，否則便喪失控制的存在理由」（Lavoie 1985: 76）。

　　換言之，馬克思雖頻頻使用「自由的諸個人」等字眼，他心目中的個人
並非個別的、有個體性的、與眾不同的特殊人物，而是從物化與異化解放出來

的人，其存在與發展卻不能脫離社群，反而以彰顯社群的本質、經營社群的生活爲職責。這裡他把人性視爲社群的本質，眞實的自我乃是與社群本質認同的人。顯然地，認爲馬克思將「眞實的個人」視爲追求自私自利、不理會社群福祉諧和的人，那是一大錯誤，蓋其意涵不排除集體主義的色彩，這點與《巴黎手稿》時使用的意涵也有分別。在《手稿》中，自由的諸個人是指人本主義與自然主義結合的諸個人而言；反之，在《綱要》中，自由的諸個人則爲解除異化重獲自由之諸個人，但卻不是「從別人的依賴中解放出來的諸個人」，人仍舊要依賴別人，特別是依賴社群而活。在撰寫《綱要》時期的壯年馬克思認爲，自由爲集體的自我主宰，也是對人類命運有意識的控制。因之，此時他較不關心個人自由（individual liberty）的保障。但他卻不曾想到，社群權力的集中，有可能對個人自由形成限制或干預，其嚴重性遠超過物化或異化的束縛所帶來的痛苦（Walicki 1995: 70）。

三、從異化到剝削

比起《經濟學哲學手稿》、《德意志意識形態》和《綱要》來，《資本論》第一卷更不富哲學的意味，而可算爲政治經濟學的作品。雖是如此，《資本論》仍舊透露馬克思自我增益的異化之氣息，揭露人類爲資本主義的進步所付出的慘重代價。該書強調，由自然經濟進入貨幣與市場經濟所造成直接生產者財產之被剝奪，這是一個剝削的過程，是「無情的破壞主義，在最醜陋、最卑鄙、最可惡、最惡臭的方式下」所完成的剝奪過程。這種過程伴隨著惡名昭彰的原始資本累積以俱來，在剝奪生產者的財產之後，使社會生產力得以提升：「大群民眾從其土地上、從其生存資料以及勞動資料中獲取的財產悉遭剝奪」，其目的在於引進「資本的歷史」，成爲「資本的歷史」之序曲（*Capital* 1: 713-714）。

資本論（卷一）封面（英譯本與德文原著）

其後的歷史，包括了貨幣經濟和分工的發展，一方面造成生產力最大化的發展，另一方面也導致勞動的最大異化、社會關係極度的物化（「商品拜物教」）和人格的解體。當勞動分裂成部分的、零散的活動，集體的勞動者取代個別的勞動者成為生產過程的主力，其勞動之單調與片面化，甚至轉化成自動機械的一部分、一個小螺絲釘，使其一生中只能執行一種工作。「社會化」的勞動之產品表面上屬於每個人，事實上不屬於任何人。產品完全是非人身的，在無以名狀的市場上卻活力充沛、自具生命，甚至回過頭來凌虐或宰制生產者。個別工人的生活愈貧困、愈非人性，資本異化的力量卻愈集中、愈增大。但資本主義內在的發展律一方面造成其膨脹、壯大，同時卻也為其最終的墮落、崩潰埋下伏筆。

在《資本論》第一卷的結尾中，馬克思對其不朽的作品做了鉤玄提要的綜括，他說：

> 伴隨少數資本家對多數資本家財產的剝奪和集中，也出現了勞動過程合作的方式，且在更為擴大的規模之上，其間科學有意識地應用技術，土壤有辦法地栽培種植，勞動工具轉化為一般勞動的工具，生產工具使用的合乎經濟原則，勞動社會化，乃至使所有的人群都因世界市場的關係而結合，從而也使資本主義的管理具有國際的性格，這些變化與發展都伴隨資本集中以俱來。在轉變過程中資本大頭目生吞活剝、巧取豪奪了各種各樣的利益，〔可是〕他們的數目卻逐漸減少。

反之，遭受貧困、壓迫、奴役、踐踏、剝削的群眾之數目〔卻〕日漸增大。與群眾增大之同時，勞動階級的反抗加劇，他們的數目始終在增長，也隨資本主義生產過程本身的機制，變成遵守規矩、有組織、肯聯合的群體。資本的壟斷變成加在其生產方式之上的桎梏。至此桎梏被摧毀解開，隨之資本主義的生產方式也告崩塌，生產資料的集中和勞動的社會化最終達到其最高點，造成與資本主義的外殼不相容，於是外殼被戳破，資本家私產的喪鐘敲響，剝奪別人財產者終於被剝奪其財產了。（*ibid.*, 714-715）

　　上述這段話成為其後一百年間鼓舞共產主義者進行暴力革命，以武力奪取政權，最振奮人心與煽動人心的宣傳語句。這是馬克思有關資本主義崩潰論（*Zusammenbruchstheorie*）的精粹，為世界範圍內勞工運動最終的勝利提供「科學證明的確定性」（scientifically proven certainty）。這無異啟示錄與最後審判的世俗版，以共產主義的降臨來取代神學上的千年祈福運動中世界最後的解放與救贖（洪鎌德2011: 52-54）。

　　除了上述崩潰理論之外，馬克思關於人類解放的另一理論為工人收入的日漸短少，日趨貧困，亦即貧困理論（*Verelendungstheorie*）。這兩項理論構成了他解放神話的兩大支柱（洪鎌德1997c: 292-301）。這些理論在於反映他千福年預言的內在邏輯。依據基督教的說法，在千福年達致之前，人類要經歷浩劫與貧困的時期。因之，資本主義的出現對馬克思而言，是人類苦難的高峰，過此災難，人類便可登上袘席，獲得解救（洪鎌德2010b: 350-353）。

　　不過在《資本論》中，馬克思並不以灰暗的顏色來描繪資本主義初期的「原始累積」，而是以明亮的彩筆，繪出資本主義的「勞動的社會化」，這是一種有利於社會主義出現的過程，被他視為進步的過程，但也是非人化的過程。至於異化與物化如何來克服、來消除呢？那就是「當立基於物質生產過程上的社會之生命過程丟棄其拜物教的面紗，而改由自由聯合的諸個人進行生產。這種生產是受到他們有意識地規定操控，也根據既定的計畫來進行」（*ibid.*, 84）。他認為此舉無需在支付生產力減縮的代價下進行。原因是，他認為在勞動社會化過程結束後，也就是合作的市場經濟完成之後，有意識的、受到控制的大規模生產是可以推行的，是有可能的。這就表示他儘管嚮往前工業時代人群的和睦相處，但對工業主義（一個不協調而使人異化的時代）更為傾心。另一方面，如果他必須在平等觀念與發揮生產力兩者之間做一選擇的

話，他必然會棄平等而選取生產力，蓋生產力的發展最終會使社會整體財富增加，其結果使個人的利益增進。

嚴格而言，《資本論》並不是一本有關自由的書，而是一本討論如何由「必然」的領域邁向自由領域的書。在此一意義下，我們看出馬克思對「歷史的不可避免性」之堅持，這也就顯示他歷史決定論的心態。就在1846年致安念可夫（Pavel V. Annenkov 1813-1887）的信上，馬克思反問後者：「難道人們可以自由到選擇這種或那種社會的形式嗎？」他的回答是斬釘截鐵的「絕不！」（SC 192）。

安念可夫（Па́вел Васи́льевич А́нненков, Pavel V. Annenkov）
為19世紀俄國文學批評家與革命思想家

在《資本論》的德文版〈序言〉上，馬克思對其讀者一再強調德國無法逃避資本主義的道路，因為先進的英國對德國而言是立下一個模範，「愈工業化的國家，將給較少發展的國家樹立了未來的形象」，人類無法躐等地跳過經濟發展的次序，發展的陣痛或可縮短但無法規避（C I：20-21）。

分工和商品的生產乃是馬克思人類解放途上必經的階段，也是必然之惡。只有通過這些關卡或險阻，人類才能完整與和諧地實現其種類本質。在《德意志意識形態》中，分工成為馬克思與恩格斯的眼中釘，必拔之而後快，但隨著時間的消逝，馬氏對分工的態度已有很大的變化。不過，商品生產、為金錢而生產，以及像「原子般」雞零狗碎化的自由[1]，仍舊成為他攻擊的對象，這些代表人性之惡，也是人類有史以來異化的最高表現。這時他已逐漸視分工為生產過程合理化的必要形式，特別是當分工不再是為了金錢的交易與販賣而生

---

[1] 馬克思認為商品的生產和自由的市場乃是這樣的一種社會，在其中「人在生產的社會過程裡行為有如原子，在生產中他們彼此的關係具有物質性格，獨立於其控制之外，也獨立於有意識的個人行動之外」（C I: 96）。

產。像在原初的印度社會，那裡有社會分工，卻沒有商品的生產。

在《資本論》第14章中，馬克思比較了「手工業的分工與社會中的分工」，他似乎讚賞前者有效率的組織，而指摘後者幾近無政府的狀態，因爲在社會中機會與機遇使不同行業者進行無計畫、無秩序的生產與交易。前者容易陷入工廠獨裁專斷的毛病，後者則陷於市場的混亂無序。但在他的心目中，他寧願取工廠的獨裁專斷，也要放棄「市場的自由」。這是由於他的自由觀意涵對人類命運有意識的集體控制，亦即對經濟生活的控制和計畫，而非市場供需勢力的自我調整。另一方面，個人在經濟範圍內所享有的自由，也無法與人的自由劃上等號。蓋前者受制於市場機制的外力，後者則爲個人有意識的決定。馬克思理想的社會是一個「合作的社會」，在〈哥達綱領批判〉中，他寫道：「立基於生產資料共有的合作的社會裡頭，生產者不用交換他們的產品，就如同運用於產品製造的勞動力也不必呈現該產品之價值，不必反映他們對物的性質之擁有，因爲有異於資本主義的社會，個人的勢力不再以間接的形式，而是以直接的形式存在，作爲總體勞動力的構成部分」（*SW* 3: 17; *CW* 24: 85）。

這種「合作的社會」之出現意味著沒有計畫的生產之終止，也標誌著沒有計畫的消費之結束，但也呈現在消費中個人自由的取消。這種情勢讓馬克思的友人梅林（Franz Mehring 1846-1919）擔心，他指摘馬克思要把自由的領域建構於個人自由喪失的廢墟之上，其結果是馬克思的訓誨有替最惡劣的暴政辯護或正當化之嫌（Mehring 1879: 196-197）。

梅林（Franz Mehring）是一位德國關懷公共事務的知識份子、政治家、歷史學家、國際工人運動活動家、德國社會民主黨左翼領袖、理論家、德國共產黨創始人之一。

馬克思對中古甚至上古時代人類生產方式中生產力的低下，並不介意，反而認爲古代社會生產者能夠控制其產品，人與產品的關係不是物化的關係，而仍舊保有人際或社會的關係。這點涉及自然經濟的自給自足，是他所讚賞的，馬克思的信徒如包爾（Otto Bauer 1881-1938）和紐拉特（Otto Neurath 1882-

1945）因此要把未來社會主義的經濟當成宏觀的自然經濟。要之，馬克思極度敵視交易，特別是為了金錢而進行的生產與交易。是故，其自由觀不是古典自由主義者所主張的交易自由、買賣自由之類的經濟自由，而是對生產和消費之有意識的控制（Walicki 1995: 84）之下人與社群和諧底自由。

Otto Bauer奧地利社會民主人士為奧馬理論家

Otto Neurath奧地利哲學家、社會學家和政治經濟學家

四、由必然的領域躍進自由的領域

對經濟活動加以有理性與有意識的控制，也就是對歷史發展的引導以及對集體命運的主宰，這些並不能視為真正的自由，這點馬克思在撰寫《資本論》時，已有所發覺，也有所感受。因之，他又繼續其早先把自由看作無限制的自我實現之說法，這種無限制的自由不限於人類的經濟活動。是故，此時的他企圖把人的活動分成截然有別的兩個類型：生產活動與非生產活動，而強調自由無法同時在兩者實現。這個在馬克思壯年時浮現的新觀念為：「事實上自由的領域之真正的開始為受制於必然與日常考慮的勞動停止的那個時刻。是故，就事物的本質而言，它〔自由〕存在於現實的物質生產的範圍之外」。在這裡我們首次看到馬克思分辨自由的領域與必然的領域之不同：

在生產的範圍中，自由存在於社會化的人，存在於聯合的諸個人之

中，他們能夠理性地調節其與自然之間的交往，將此交往置於他們共同的控制之下，亦即取代被自然盲目勢力的控制，而以最低精力的花費和最有利的條件來達致符合其人性的目的。至此地步，也不過是停留在必然的領域裡頭。在超過必然的領域之外開始了人類能力的發展，這才是其目的之所在，也就是開始了自由的領域。這些領域能夠蓬勃發展是以必然的領域爲其基礎的，勞動時日的縮短是其基本的先決條件。（C III: 820）

由是可知，生產力的提升，以及把生產力置於有理性、有意識、有計畫的控制之下，這只是眞正的自由之條件而已。然而它乃是無可取代的條件，因爲它使得未來的新人類能夠取得物質資料和自由的閒暇，來滿足其各種各樣的需要。但這一先決條件尙不是自由的本身。即便是在社會主義當中，生產活動依舊並非個人自我實現的活動，也非人的自我活動（self-activity），而是人工具性的活動，是一個人爲了存在而做的必然活動，而非生命的自由表達。

這幾乎是馬克思對其最具野心、最富膽識的共產主義的理想——勞動的取消——之放棄。在其早年的浪漫情懷下，馬克思一度主張透過勞動的取消，把勞動轉變爲人創作之目的本身：無異化的自我實現，自由的自我活動，諸個人快樂地參與種類的生活。但如今則認爲眞正自由的實現——所有人類能力沒有限制的發展——是依靠著勞動時日的縮短，那是因爲假定人們會將自由的時間致力於創造性的活動之上。這種過度的樂觀是他的本性，以致連正當化這種樂觀想法的理由也告闕如。他相信未來共產主義的社會爲一群眾均享富裕的社會，而且將是創造性的新人類活動的領域。將人類看作創造性的動物，這是一種普羅米修斯反叛天神、不斷努力、不斷奮鬥的表現。終其一生，馬克思未放棄普羅米修斯式的人性論，這種人性論不時在其作品中浮現，以致他相信，在歷史的盡頭，藉著個人與社會，將出現這種人格得以自由、完整、創造性地發展的情形，也就是完美人性的落實，這是建立在「眞實的人」與「現存的人」之間差距的縮小之上（洪鎌德1986，〈序言〉1-2）。

普羅米修斯為古希臘神活中的神明，曾從天庭竊取火種到民間，供人類開創文明，終身受罰被老鷹啄肝而受苦。馬克思辦《萊茵時報》，為民眾申冤，卻遭報社查封的厄運，被譽為當代的普羅米修斯

五、結論：馬克思自由觀與解放觀的瑕疵

　　如果把自由的開始看作是勞動時日的縮短，這是大部分人都可以接受的建議。但不幸的是，馬克思的自由觀建立在另一種想法之上，強調真正的自由是以必然的領域作其條件、作其基礎，亦即在「必然中獲取自由」，此乃造成其後以馬克思之名誤盡天下蒼生的共產政權之暴政的理論源頭。這就是主張國家、政府、共黨對經濟的完全控制，對個人生產、交易和消費的徹底干涉。晚期的馬克思雖然改變他對分工的敵視，但貨幣、市場，以及為金錢而進行買賣（交易）等仍舊是他心目中的大敵，即便是他對分工的讓步，只不過表示在未來社會主義中，分工有利於整體的控制，也有利於生產力的提升之緣故。

　　馬克思與恩格斯都醉心於未來的社會為「自由生產者的組合」，這是他們烏托邦的理想，但他們不曾顧慮到對經濟的完全控制所造成的後果。因為這種經濟如要依照一個理性的、權威的計畫來推行的話，則不只個人的自由與群體的自由都要受到壓制，也與他們所憧憬的古代直接民主完全背離。很明顯地，

為了防止不測，這種由上而下的控制必須是全面的、嚴酷的，而且必須把金錢與市場完全取消，屆時人需要的界定、需要的滿足完全由上級決定，個人也完全喪失自主自決。

這些後果完全是從馬克思的自由觀、解放觀所衍生的，亦即把自由理解為「歷史有意識的控制」。這種自由觀與解放觀型塑了共產主義的群眾運動。換言之，19世紀末與20世紀的共產主義運動完全是吸取馬克思的觀點而茁壯長大的。它含有歐洲人本主義傳統（把人視為充分與全面發展的主體）的色彩，但更受到馬克思理念的影響（有計畫、有理性地控制人類集體的命運）。可是共產主義運動者未見得理解馬克思在《資本論》第三卷中的本意：所謂真正的自由是在超越必然的領域之後才開始的。他們只相信奪權後的第一件事便是徹底無情地控制經濟，把自動自發的市場消除，取而代之的是中央的計畫與管制。而經濟的控制是對人類其他活動全面控制的第一步。由經濟而社會步步進逼，以鋪天蓋地的方式控制每個人、每個角落、每一方面，成為共幹少數菁英的「天職」。於是整體的自由變成整體的控制。是故，一黨獨大，乃至單獨政黨（共黨）壟斷性的統治加上單一的意識形態（馬列主義），成為20世紀社會主義實驗的手段與根據。馬克思本人可能不同意這種說法與作法。但令人遺憾的是，其解放觀與自由觀視受苦受難的異化、剝削、壓制為通往人類自由之途的捷徑，結果便利了列寧主義份子和史達林主義者的作為，也為20世紀的人類創造了不少的悲劇。

馬克思與恩格斯在討論問題

研讀當代政治經濟學的馬克思

除了批判傳統的政治經濟學在護衛資本主義的不當之外,整部馬克思的學說,以人本主義和人道思想來詮釋,無異為人的解放觀之闡釋和解放策略之應用。其中又以普勞階級的改革社會和創造歷史扮演重大的角色。

第六章

晚年馬克思的自由觀與解放觀

第六章　晚年馬克思的自由觀與解放觀

一、由科學的社會主義走向烏托邦的共產主義

二、馬克思把巴黎公社當成共產主義的落實

三、由社會主義階段邁進共產主義階段

四、和其他社會學家自由觀的比較

五、馬克思自由觀的浪漫情懷

一、由科學的社會主義走向烏托邦的共產主義

　　馬克思的學說一言以蔽之，為涉及人解放的理念及其推演，以人的解放為手段，來達到人的自由之目的。他的自由觀建立在他對人類解放的憧憬之上。亦即人類如何把向來受制於典章制度的束縛性、被動性轉化為首創性、自主性，積極去改變外在的環境、改寫本身的歷史。換言之，要瞭解馬克思的自由觀，便要首先明白他的歷史哲學：瞭解在歷史創造的過程中，人扮演怎樣的角色。因為要探索人在歷史演進中的角色，又需要考察人性的本質。是故馬克思自由觀的起點便是歷史哲學和哲學人類學（洪鎌德1993: 77; 1997d: 99-103; 2000: 88-111）。

　　馬克思早期以哲學人類學（philosophical anthropology）的方式論述人的自由，強調自由意謂恢復、或回歸人的種類本質，使人成為像「城邦居住者」那樣的社會動物，進一步體現人的社群特徵，也在透過人類社會的變遷過程，由不合理、必須的自然與社會之桎梏中解放出來（趙常林105；洪鎌德1997f：12-27）。成年以後之馬克思揚棄哲學，擁抱政治經濟學，遂以科學的方式剖析資本主義社會體制對人性的戕賊，對人創造能力之限制，以及整個社會缺乏自由的、缺乏有意識的計畫，這種資本主義體制對人的桎梏與限制，遂成為中年馬克思攻擊批判的對象[1]。

　　要之，從青年時代到壯年時代，馬克思批評資產階級的自由觀，是認為經典自由主義者把自由視為個人的自由、不受干涉與壓制的自由，特別是享有政治上與法律上法權的自由。馬克思批評布爾喬亞自由主義者倡說契約簽訂的自由，讓權力與聲勢截然有別的資本家與勞動者簽訂「自由的」僱傭契約：這種表面上交易的自由實際上阻卻人本質上的自由。總之，自由主義者倡說的「天賦人權」、「自然權利」，都是形式上的自由、消極的自由，只保障資產階級的自由，而踐踏無產階級的自由。是故馬克思要求在自由主義者有關宗教的、

1　這裡無意把青年馬克思與成年（或晚年）馬克思的觀點對立起來，作為兩種馬克思主義來分辨。不過卻同意塔克爾（Robert C. Tucker）把青年與中年馬克思研究重點由個人而集體、由談異化而改談剝削、由哲學而科學（政治經濟學）、由哲學的共產主義而邁向科學的社會主義之不同階段、不同研究對象的析述。參考Tucker 1972: 26-27, 165-167；姜新立1997: 8-9；洪鎌德1997c: 425-428; 2010b：257 ff.

思想的、政治的自由之外，謀取人社會的自由，經濟上的自由，亦即人人可以成爲直接生產者，擁有形成組合的自由。

比較上來說，中年馬克思放棄哲學而致力政治經濟學，以科學的方式客觀地剖析資本主義的運作規律，其所追求的社會主義也是建立在資本主義必然崩潰的歷史客觀演變律則之上，稱得上科學的社會主義。因之他也在科學的社會主義基礎上討論人的解放與自由。

至於後期馬克思有關人類解放與自由的論述，與他標榜的社會主義乃至共產主義有密切的關聯。事實很明顯，壯年以後的馬克思所宣傳的社會主義被視爲科學的社會主義，俾對抗其同代或前代空想的社會主義。尤其是恩格斯的作品《社會主義：空想的和科學的》（也譯爲《從空想的至科學的社會主義》）（1880）一小冊的出版，標榜馬克思學說的科學性。加上馬克思拒絕爲未來理想社會的樣貌開出「廚房的菜單」，則他排斥烏托邦的意向就十分明顯。

恩格斯把馬克思的學說塑造成馬克思主義，尊馬氏之才學，自居第二把琴手

事實上馬恩兩人從1840年代結識之後，可說是一拍即合，他長期照顧馬克思一家，難怪恩格斯能自稱是馬克思主義的闡釋者

　　此外，馬克思在《法蘭西內戰》（1871）一書中分析巴黎公社[2]，指出舊公社的社員，亦即法國工人並沒有「期待奇蹟的出現，他們沒有人民下令泡製現成的烏托邦，他們知道爲達成解放，也就是藉社會本身的經濟主體來讓目前的社會擁有更高的〔發展〕形式，就需要經過長期鬥爭，通過一連串歷史的過程，改變事與人。他們沒有可資實現的理念，只是解放那些孕育在老舊崩壞的資產階級社會中之新社會的因素而已」（*CW* 22: 325）。這段說詞表明馬克思讚賞巴黎公社的成員排除空想、實事求是，力求在既有基礎，甚至廢墟上重建家園的務實作法。

　　其實，馬克思的思想爲烏托邦的觀念所瀰漫，儘管他口口聲聲排斥烏托邦。他對未來卻有其理想，他這一願景或偉景（vision）雖然不曾加以細膩描述、深刻繪畫，但吾人卻很容易看出，他的社會主義牽連到商品生產的停止和金錢交易的取消。更牽連到市場的揚棄，國家、法律、道德的最終消亡。要之，他首先企圖廢除市場的經濟制度。這種對市場與貨幣制度的取消之期待，便顯示強烈的烏托邦底色彩。對於馬克思這種未來社會（共產）主義的理想，在其晚年又可增加兩項新的因素或面向：其一爲回歸早前、古代的社會，這是由於馬克思對太初原始社會的讚賞，他欣賞古代社會懂得「有意識地控制」需要與資源之間的平衡關係，調控的根據或爲傳統、或爲宗教、或爲禮儀、或爲迷信、或爲偏見，不一而足；其二，馬克思未來社會的理想，就是他早期醉心的眞正民主底落實，這所謂的眞正的民主，就是他理想的社群，這也是他早期「哲學的共產主義」之化身。

　　至此我們可以簡單地說，晚年馬克思的人之解放觀與自由觀，建立在他未來烏托邦的共產主義社會裡。在該社會中，人類回復到太初和諧團結，統一而不分裂的社群本質（*Gemeinwesen*）之中。這也就是他所謂參與的民主之實現，亦即是他早年夢想的眞正的民主之落實。

　　不過這裡所稱呼的民主不是西方主流派的自由民主所言的主權在民的民主，以及個體獲得最大自由的民主，更不是擁有法權的民主，而是一種集體主義變形下的民主，強調諸個人的人生目的和人生規劃一概置於一個集體的大計畫之下，由其操控安排。這是馬克思在早期〈論猶太人問題〉二篇文章中所稱人民具有無限權力、主權在民的政府，人們只有參與的自由，而沒有

2　關於馬克思討論巴黎公社的遽起與暴落，可參考洪鎌德1997d: 11-17.以及本書第十四章。

個人自主的自由（*CW* 3: 159；洪鎌德1995: 100-104）。這就是所謂參與式的民主（participatory democracy）。這也是馬克思在寫信（1852.3.5）給魏德邁（Joseph Weydemeyer 1818-1866）時所提適合「無產階級專政」的那種民主（*SC* 64）。於此恩格斯遂指出：馬克思在巴黎公社中看出了無產階級專政的落實。是故巴黎公社成為馬克思後期解放觀與自由觀轉折的里程碑。

魏德邁為德裔美國軍人、政治思想家和早期的馬克思主義者，與馬氏通訊頻繁

二、馬克思把巴黎公社當成共產主義的落實

　　馬克思一生中並沒有經歷過一場成功的無產階級奪權革命，這是有異於其後繼者列寧、毛澤東、胡志明、金日成、卡斯特羅等推翻舊政權建立新社會的實踐。不僅奪權的革命與他無緣，連他向來醉心的共產主義社會之藍圖，也沒有落實的跡象。不過唯一的例外可能是1871年春（3月至5月）在巴黎爆發的工人革命，及其短暫建立的巴黎公社。為了剖析巴黎公社的突起與遽沒，馬克思所撰寫的《法蘭西內戰》（與為此書所準備的資料，以及屢易的幾份稿件）成為一部他政治思想和社會觀點的經驗性著作。

　　巴黎公社的驟起與暴落，固然是一件夭折的革命事件，但對馬克思而言卻是「19世紀社會革命的肇始」（*CW* 22:486）。造成他對巴黎公社印象深刻的並不是公社的措施，因這些措施並沒有絲毫社會主義的成分，而是公社的「政治形態」（political form）。原來公社的政治形態旨在消除階級存在之根源，也就是消滅階級統治的經濟基礎，而使勞動獲得解放，使每個人成為勞動者，

也使生產勞動不再帶有階級的特性（*ibid.*, 334-335）。

馬克思讚美公社「提供理性的手段，透過這一手段，階級鬥爭在最理性與最人道的方式下進行」（*CW* 22:491）。換言之，要達致勞動的經濟性解放就需要政治形態，而政治形態本身要能夠解放，然後勞動者的經濟解放才有可能。在結論中馬克思指出：

> 工人階級不當只控制業已建立的國家機器，而以此爲工人階級之目的加以操作。〔過去〕奴役他們〔工人們〕的政治工具〔國家〕不可能再被使用爲他們解放的工具。（*CW* 22:533）

這點不難看出馬克思爲何主張在未來共產主義社會中，國家必須消亡的原因，這也說明他何以在1872年爲《共產黨宣言》重寫〈序言〉時，改正早年主張把權力集中在國家之錯誤（*SW* 1: 9，也參考本書第十六章）。

在《法蘭西內戰》一書中，馬克思也視公社代表一種極度的民主精神，他歡迎公社所主張的民主代表制，也讚揚政治領域中服務公職的人眞正地負起公共的責任。亦即公社會議紀錄的公開化、議事規則與紀錄的出版、不適任代表之罷黜、代表之支領普通工人的工資等等。對公社幹部之選罷規定代表著社會控制的必要。總之，公社對社會生活的理性管理，就是避免公社變成大權在握的國家，或任何集權的官署，也就是花最小的代價，發揮有限的、少數的全國的官署之功能（*CW* 22: 331-334）。

雖然在《法蘭西內戰》中，馬克思批評了巴黎公社成員欠缺革命的堅持，不過卻高度讚美他們所建立的公社是一種直接與參與民主的形態，可成爲走向共產主義過渡的楷模。原因是公社中行政與立法的功能緊密聯繫，並拋棄資產階級虛矯的議會代表制和「僞裝獨立」的司法。公社取消常備軍，改以民兵取代，這點也受到他的讚揚（*CW* 22: 331-332）。

馬克思指出人民的直接統治與以往資產階級的代議民主截然有別，原因是前者把國家的功能「去除專業化」（deprofessionalization），從而把社會寄生蟲的官僚一掃而光（*CW* 22:331-332）。

1871年春巴黎人在經歷普法之戰戰敗後起義對抗無能的法國政府，建立短命的新政府──巴黎公社，也造成馬克思對歐陸重新爆發革命十分亢奮

　　馬克思對公社取消私產與轉變私人的生產資料（更改所有制）為「自由與聯合的勞工之單純工具」一事特感興奮。他認為公社這些努力都是走上共產主義之正途，因為只有共產主義才能為合作的生產提供堅實的基礎。他說：

假使合作的生產不是口號與粉飾；假使它是用來超越資本主義體制的生產方式；假使聯合的合作社在依照一個共同計畫規範全國的生產，因之，把生產置於他們〔社會成員〕的控制之下，而結束向來資本主義生產所顯現的經常混亂（無政府狀態）與不時反覆〔經濟興衰的惡性循環〕，那麼請問各位這不是共產主義嗎？這不是「可能性」的共產主義，是什麼？（CW 22: 335）

　　把巴黎公社當成共產主義的落實，使人覺得馬克思的論斷太過急躁，而把公社當成真正的民主體制也滋生很多的問題。問題是直接的和參與的民主，也就是最分歧、最分散的決策，怎樣能夠與生產活動中理性的計畫和有效的控制相提並論？相互結合？從上面的引言我們不難理解馬克思的理想就是民主的計畫和集權的執行。換言之，計畫的經濟雖是民主的、理性的決策，但其落實到物質生產時，則為了講究成效、注重實績，有走向權威性、獨裁性的不歸路之危險。這點與馬克思視社會為一個「龐大的工廠」[3]之看法是相牟合的。

3　馬克思在《資本論》第一卷，第十四章中討論手工業工廠的分工與社會分工的不同，前者為提高生產力，遂在廠主（資本家）指揮監督下，要求工人按生產程序不同，進行有效率的分工與生產工作；可是後者在無通盤計畫下，也無官署統籌監督下，人人

在這裡可以看出晚期的馬克思業已放棄了早年要把勞動取消，或是把勞動化作每個人創造性的活動之夢想。取而代之的是他發現人的需求愈來愈高，因之，對人的生產力造成愈來愈大的壓力，他說：

> 正像野蠻人必須同自然搏鬥，滿足其慾望需求而保持與繁衍其生命一樣，文明人也必須這樣做，不管他處在何種社會中，處在何種生產方式之下。隨著文明人的發展，他需要的增加也導致其物質上必要性的範圍之擴大。不過在人需要擴大之際，滿足他需要的生產力也水漲船高一起增長。（C III: 820）。

馬克思視人的需要與其生產力相互增長擴大的辯證關係為人的宿命，蓋人類無法從生產的勞動中解脫出來。既然如此，那麼他所高唱的共產主義初階，以及無國家與無階級的社群中，個人的自由並不包括不從事生產的自由；反之，人的自由只存在於工具性的理性之中，這種自由使人類能夠擴大其生產勞動的效率，並把生產勞動置於人群有意識的控制之下，如此而已。顯然，這是馬克思所承認的「在必須範圍中的自由」，而非「真正的自由」，後者是以「發揮個人的精力為其目的」（C III: 820）。

但無論如何我們看出：馬克思對共產主義經濟的看法與他社群的民主概念不易配合（洪鎌德1996：65-67）。生產力、效率和理性控制是無法靠直接的全民參與來達致的。就算我們同意馬克思的說法，在未來共產主義社會中人們的利益大體相同，但他們能否理性地理解其利益為相同之物，則大有疑問。因之，「理性及有意識的控制」之自由和普遍直接參與的自由之間便不免有所牴觸。馬克思一方面企圖把主權在民擴大到經濟領域，而使民主激進化；另一方面一旦經濟控制與直接參與的決策發生衝突時，他必然站在經濟理性的一邊，而不惜犧牲民主或群眾的要求，這點顯示其理想的內在緊張與內在矛盾。

各自為政，自行進行社會分工，生產取決於市場價格，也陷入無秩序中。因之，對馬克思而言，把全社會轉化為一個「龐大的工廠」並無不可，參考C I: 356。

三、由社會主義階段邁進共產主義階段

要澄清馬克思對未來的看法，另一項源泉是他在1875年所撰述的〈《哥達綱領》批判〉，這是晚年馬克思的政治遺囑，也是德國社民黨的指導綱領，更是後來布爾什維克在俄國奪權後建國的藍圖。在討論德國工人黨分配的問題時，馬克思分別共產主義的社會為兩個時期：低下的、過渡的時期：在此期中共產主義仍印有舊社會的胎記；另一個為較高的時期，亦即落實共產主義最終理想的時期（ *CW* 24: 85, 87; *SW* 3: 17,18）。列寧稱第一個時期為社會主義，第二個時期為共產主義。這種分辨的方法為其後研究馬克思學說的人所採用。

馬克思認為在新社會的第一個時期仍保留著從資產階級、「平等權」的觀念所滋生的社會之不平等，不過此時已取消了以金錢為媒介的交易，從而把價格與勞動成本等同起來。換言之，這是一個極端限制交易的社會，取代金錢的是勞動券，從而把對勞工之剝削一筆勾消。這一時期的不平等並非早前階級社會之不平等，而是反映諸個人的不同，反映每個人生活圈的差異。此時「平等權」的應用反而突顯社會的不平等。這就是他何以說：「平等的權利是對不平等勞動的不平等權利，它不承認階級的差異，因為每個人都像其他人一樣為工人；不過它暗中承認不相等的個人之能力，因此也暗中承認個人生產能力為其自然的稟賦，因之它是不平等的一種權利，在其內容中就像任何的權利一般。就權利的本質而言，它存在於使用同一標準，不同的個人們（假使他們不是平等的話，也就不可能不同的諸個人）只要採取相同的觀點，用相同的標準加以衡量的話，都是可被測量的。他們被衡量時是只從某一面向來加以衡量的，以當前這個例子，就是把他們當成工人來看待，他們的其他屬性暫時被擱置，不加考慮」（ *CW* 24: 86-87; *SW* 3: 18-19）。

換言之，在共產主義的初階，馬克思仍使用資產階級公平分配的原則，目的在使每人各盡所能各取所值。這仍舊是人類必然的領域尚未進入到自由的領域。

在第二階段中共產主義已充分發展，在性質上與第一個階段完全迥異，馬克思寫道：「共產主義的社會更高的時期是在個人受到分工的奴役取消之後，也是勞心與勞力的對抗消失之後，在勞動不再是生活的主要手段，而是生活的主要需求時，也是在生產力大大增加，個人得以全面圓融地發展，而合作的

財富源源不絕地溢流之後，只有這個時候布爾喬亞權利狹窄的疆界完全被打破了，這時社會可以在其旗幟上大書特書：各盡所能、各取所需！」（*CW* 24: 87; *SW* 3: 19）。

綜括上述共產主義的初階與高階，其特徵為生產資料歸公共擁有，以及貨幣和市場宣告取消。這就是造成基本自由的先決條件：階級的消失、人對經濟能夠掌控，諸個人從其產品與商品中解放出來。可是，完全的異化袪除的自由，也就是每個個人對人類社群性質的平等參與，只有在第二個時期中才能落實，這是純粹共產主義實現的階段，也就是不再帶有資產階級社會印記的新社會，也是憑藉著「它本身的基礎」而發展的新社會（*CW* 24: 85; *SW* 3: 17）。

馬克思對共產主義的這種提法，顯示一些特徵：

第一，即使是共產主義的初期，馬克思仍認為它應該是沒有市場的社會體系。交換經濟的某些成分仍保留在這個階段中，但金錢必須取消，改以勞動券來流通，而勞動券不能視為資本，或構成資本的單元，它們既不能投資，也不能生息。至於由第一時期進入第二時期，新社會要經歷短暫的無產階級專政階段，以及長期的社會主義（第一期）階段。

第二，馬克思對資產階級社會的改良抱持悲觀黯淡的看法，但對共產主義的社會改變則懷著高度的樂觀。這兩種看法是這樣的不同，這樣的天差地別，其對照之強烈令人驚訝。換言之，撰寫〈《哥達綱領》批判〉的馬克思，不如撰寫《資本論》的馬克思那樣務實。蓋後者視共產主義的自由領域是建立在必然的領域之上。但前者卻高度讚賞在共產主義社會中人的勞動不再是生活的手段，而是生命主要的需求。這正說明年老的馬克思有返老還童之嫌，他又回歸到青年時代對共產主義的禮讚，視共產主義為歷史之謎的解答。

事實上，中期與晚期馬克思觀念的不同與對照之原因是這樣的：在撰寫《資本論》時，馬克思是以學者的身分使用歷史唯物論的批判方式來分析資本主義的過去和現在，因之必須以冷靜務實的態度來指陳資本主義內在的矛盾，以及無法透過改良來療治其沉痾。反之，〈《哥達綱領》批判〉是一份革命宣傳的文獻，為了鼓舞德國工人黨，馬克思不惜訴諸共產主義的烏托邦理想（Walicki 1995: 97）。

第三，馬克思在討論共產主義的時候，並不著眼在分配的公平，亦即不重視未來社會人人平等的問題。也就是他不以平等做為推行共產主義的最終目標。反之，卻是以人的自我實現、社群的明確落實、和諧的社會關係之建立為理想之所在。換言之，馬克思之所以這樣熱烈地擁抱共產主義的理想，並非他

認爲共產主義會爲人類帶來更大的分配公平──配當性的正義（Tucker 1969: 49-50; Wood 1981: 203 ff.），而是他的思想結構中有兩項系統。其一爲歷史唯物論，企圖以科學的方法分析至今爲止人類社會的生成演變之歷史。其二爲他俗世的救贖論（soteriology），利用共產主義的落實使個人獲得解放與眞正的自由。歷史唯物論只討論人類戲劇的第二幕，包括人在異化中、也通過異化來發展的故事。俗世的救贖論則處理第三幕，亦即最終的一幕：人類袪除異化和重歸統合，回復一體的經過。在結構上這兩種故事的敘述可視爲潛在事象之後偉大神話的兩個構成部分，但它們不是一個單一的科學理論的前後部分[4]。

　　馬克思本人對此似乎沒有任何的感受，只因人在廬山中不知廬山眞面目，這也是說明他的學說中充滿那麼多不正確的預言，那麼多前後不一致的矛盾和躊躇不前的猶豫。馬克思知識遺產中令人困惑的雙面性現在終於顯現了：一方面其主要的源泉爲共產主義的神話學說；他方面則爲科學的、批判的分析力量，它足以摧毀包括共產主義、馬克思主義在內的意識形態，把意識視同幻想，逐一拆穿。換言之，歷史唯物論雖是提供共黨壟斷政權的辯詞，也爲其意識形態之死不認錯做過狡辯，但也爲體系內的反對與批判力量提供武器，以致「蘇東波變天」之後，舊蘇聯與東歐的共產黨分裂爲二，激進派不惜最終倒戈相向，揚棄馬列主義，而告別共產幻想。

　　換言之，馬克思要建立的共產主義是從人本主義出發。所謂的人本主義是以人爲尺度來衡量天下各種事物，因爲對人而言再也找不到比人更高的生物。在排斥神明的存在時，馬克思是無神論者，他關懷的是現世人類的福祉，而不關心天堂的拯救或來世靈魂的不朽。人本主義乃是一種的世俗論（secularism），是遠離神明和宗教，而致力現世事務的經營（Klein 1969: 92）。

　　在未來共產主義下自然不但受到人的經營而逐漸人化，它還受到人的控制而被充分利用。在青年馬克思的心目中，18與19世紀的法國與英國的社會主義與共產主義乃是人本主義和物質主義的融合。不過上述的人本主義有異於諸個人內在（而非工具性）的價值，也有異於人基本的權利和自由。是故理想的人本主義（humanism of ideals）和原則性的人本主義（humanism of principles）

4　根據Robert C. Tucker，馬克思哲學也是一種迷思（myth），包含有三部曲：原初的福樂（原始公社）、人類的墮落與受苦受難（階級社會）、人的拯救解放（共產社會）。參考Tucker 1972: 22-23；洪鎌德1997d：325-327; 2010b: 311-313; 369-372.

是有所分別，前者是未來取向的，而後者則著眼於當下人群現實的權益和內在的價值，這才是倫理的人本主義。因為強調未來和理想，又注視集體的社群之公共利益，馬克思所主張的個人主義色彩淡化，而極權主義的陰霾卻在他死後猖獗。在此意義下，馬克思談不上是一位倫理的人本主義者（Klein 1969: 101）。

四、和其他社會學家自由觀的比較

馬克思的學說包含了歷史唯物論和歷史哲學的救贖論，不過這兩部分之間的分辨界線並非清楚明白。因此，在涉及資本主義和解放（特別是人的自由）方面，客觀的分析（歷史唯物論）與主觀的評價（共產主義的理想神話）交叉運用，以致不易掌握馬克思的本意。要之，涉及資本主義自由的論題上，他的學說既是社會科學，也是秘識（gnostic）的神話學，兩者兼具。問題是吾人是否可以捨棄馬克思對共產主義的價值判斷，而專注於他對自由一問題所闡發的社會學知識呢？

談到社會學知識，我們首先要承認，所謂經典的社會學說是針對近代工業化與政治民主化所產生的資本主義，企圖加以解釋或改善的學問。哈伯瑪斯（Jürgen Habermas）指出：「作為資產階級社會的理論，社會學乃告興起，它的職責在解釋資本主義怎樣把傳統社會加以現代化的過程，以及解釋這個過程中衍生的混亂之副作用」（Habermas 1984, I: 5）。這就是把馬克思的學說列入經典社會學的奠基者之一底原因。同樣，紀登士（Anthony Giddens）也是把馬克思對資本主義社會的分析之重點放在商品化與階級之分析，而視馬氏為經典社會學三大理論家之一（Giddens 1981: 55；洪鎌德1997a: 105, 112, 154-156; 1998a: 105, 112, 180-184; 2013: 250-257, 314-326）。

經典社會學家除了馬克思之外，要數涂爾幹、齊默爾和韋伯最為著名，這三位大師都是企圖對資本主義及其滋生的問題加以分析和批評。只是這三位對資本主義並沒有深惡痛絕到必須詛咒它，甚至要消滅它的地步。相反地，在涉及資本主義與自由的題目時，三位非馬克思派的社會學奠基者毋寧是採取比較正面的態度（以下取材自Walicki 1985：101-108之觀點兼註解，有關韋伯部分則取材自Löwith的著作；另參考洪鎌德1999a; 2001; 2004; 2009; 2010b）。

哈伯瑪斯

紀登士

（一）馬克思與涂爾幹論分工的優劣

　　首先，我們談談涂爾幹對分工的看法。在契約論者所謂的自然狀態之下，不可能有社會分工的出現，必定是等人類由自然狀態進入文明社會之時，才出現分工的現象。有異於馬克思視分工為人類異化的原因，為破壞人類整體或其完整發展的根源，涂爾幹視分工為促進人類走向有機的聯帶之主因。當馬克思以「人身依賴關係」和「人身獨立建立在客體（物）的依賴」這兩大不同，分辨前資本主義的社會與資本主義社會的差別時，涂爾幹提出相似的主張，亦即早期機械式的聯帶關係與現代有機式的聯帶關係之區別。

　　在機械式聯帶關係盛行的早期社會，分工尚未發展，或發展不夠充分，以致社會成員彼此分別不大，當時凝聚社會的力量為個人對社會的信念，以及違犯公意、習俗或法律時所遭受嚴重的懲罰。換言之，嚴刑峻罰對離經叛道者造成生命與自由的威脅，以致他們俯首聽命於團體的指揮，懲罰性質的社會規範終於出現。由於當時分工不發達，人人必須學習和操作各種事務，是故其能力乃是多方面的，但不夠精良。反之，近期的社會為有機的聯帶關係盛行的時代，它是分工細密、人人功能有異的社會，它減少了社會的監控，也減少了單一的集體意識對成員的脅迫，社會的聯帶關係是靠賠償性的法律來規範（陳秉璋 1990：77）。過去同質與同形所產生的社會凝結力改變為異質性之間的相輔相成。從而多元主義出現，個人的自主性抬頭，意識的合理性與個體性也一一浮現（洪鎌德 2004a: 79-89）。有異於馬克思的看法，涂爾幹認為資本主義的現代化對個人的自由沒有破壞的作用，反而創造個人自由崛起的有利條

件。

　　涂爾幹對馬克思所提出的問題並不是無知無覺，他承認現代聯帶關係的有機性使得人際的關係沾染物的性質，從而使人際關係中道德的意涵和共同的目的逐漸喪失。他也知道，個體化的自由，也就是使人人不同的自由，會與發展爲多才多藝的自由發生衝突。換言之，基於分工而發展的聯帶關係「把事物聯結到人身之上，而不是把人人的關係聯結在一起……只有透過人的媒介，而把事物統合在社會中，這樣形成的聯帶關係是完全負面的，它無法把〔人的〕意志推向共同的目標，而只有把事物推向意志」（Durkheim 1960: 116）。

　　涂爾幹這些批評，與馬克思抨擊在物的統治下人變得自私自利，有異曲同工之妙。不過有異於馬克思，涂氏認爲，由傳統社會邁入資本主義社會，個人的自由大爲增加，只是他擔心從所有的限制解放出來的結果對社會有破壞的作用。但無論如何他視個人的自由爲一項單獨與分開的價值，而不把自由同道德或社會的統合等價值混淆。易言之，他不同於馬克思，不把自由的問題與異化的問題搞混，例如不把異化的增加看作是自由的減少。涂爾幹強調，社會功能的互相依賴乃是肇因於分工的高度發展，這種功能相互依賴，減輕了社會生活中壓制的力量，而使個人從集體的良知或集體的意識下解放出來。因之，他並不忽視異化的問題，只是認爲這些負面的東西是人類贏取個人自由所必須支付的代價（洪鎌德2013a: 228, 298, 300）。

（二）馬克思與齊默爾論貨幣的利弊

　　其次，我們要討論馬克思與齊默爾對貨幣所採取不同的看法。齊默爾同馬克思相似，視人類的發展是從人對他人的身分依賴轉變到人對物的依賴。可是他們兩人因爲價值判斷的不同，所以對貨幣的作用也就持針鋒相對的立場。誠如柏爾格（Peter Berger）所言：「齊默爾以一個頗富創意的方式把馬克思有關貨幣是『物化』的壓迫之工具的說法徹底翻轉過來，他認爲貨幣的抽象化（在貨物經濟中貨幣變成普遍化、抽象化）使個人從其社會忠誠〔隸屬〕的桎梏中解放出來……這種解放不只含有社會的意味，也充滿了經濟的、甚至政治的意味」（Berger 1986: 109）。

　　我們不妨比較馬克思與齊默爾兩人觀點的同異。馬克思視貨幣爲普遍（寰宇）異化和人役於物，令人憎恨的象徵。反之，齊默爾認爲貨幣爲可以分割的交換物，具有把複雜化爲簡單，把具體轉變爲抽象，把距離加以縮短的特性

（張宏輝 1989：55-59）。此外，他又視貨幣交易對個人自由的獲得與保持有重大的作用。人遭他人的控制，受他人的指使，遠比受到客體的組織之束縛或事物的奴役為糟糕。有史以來人類自由衡量的標準在於他們是否日漸擺脫人際的控制，亦即把人的義務或束縛去除身分化（depersonalization）。把人當奴隸看待，則奴隸成為倚賴主人最不獨立、最無自由的人。準奴隸（bondsman）必須為主人定期服務與提供繇役，就比奴隸更為自由。農奴以貢獻一定的產品給地主，又比準奴隸自由多了。至於農民改以貨幣納租給地主，顯然可以不受納貢的項目所束縛，可以墾殖、可以打獵、可以捕魚，其幹活的範圍與選擇機會大增，比起農奴來可稱為自由人。最後，以貨幣來支付債務或償付貨物、商品、勞務，比起以物易物的交易來，使交易的雙方均蒙其利，也大大地提升使用貨幣的人之自由。因之，這個普遍化的、抽象化的通貨──貨幣──是不帶個人身分的色彩（只要誰擁有它，不管是勤勞致富的資本家，還是巧取豪奪金錢是萬能的奸商）。貨幣具有魔術般的力量，能夠把任何的東西轉變為其他的東西，這種奇異的功能使得貨幣經濟成為人身分解放最大的功臣。

齊默爾認為，貨幣的交易就像其他的交易一樣，並不是巧取豪奪，只有拿取而不給予。相反地，它是建立在雙方自願、等價、公平的交易基礎上。在很大的意義上，貨幣交易無異於知識的交換，都使交易者增加其所不能，雙方均蒙受交易的好處。貨幣交易減少人人競爭的悲劇。有異於單方面的取或予，交易的基本條件為「客觀的評價、慎思與相互承認」。交易為聯結公平與所有權的改變，其目的藉貨幣而達成。蓋貨幣可細分為各種各樣的單位，而貨幣也可以無限制地兌換他物（其他的貨幣單位，或其他財貨）。在這種情況下「貨幣經濟能夠促成個人自由達致其頂點，使自由從社會價值首要形式中釋出，在該形式中一人之所得成為他人之所失」（Simmel 1978: 294）。

齊默爾當然知道，充分發展的貨幣經濟會擴大人的需要，從而造成人人之間更大的相互依賴。他說，與古代人比較，現代人愈來愈依靠一大堆的他人。不過，依賴更多的他人反而使人更為獨立，更為自由。在市場經濟中，人的相互依賴在範圍上逐漸擴大，而依賴的方式則更為輕鬆，也更脫離人際關係。早期的人類所依賴的人有限，但其關係所及卻嫌狹窄，其依賴的對象常常無從更換、無可取代。現代人依賴的他人很多，但彼此間關係淺薄，隨時可以更改換新。現代人倚靠的是社會整體，但每人有其專長，有其謀生本事。因之，在其感受上，人更具獨立自主性，也感受到個人的自足（individual self-sufficiency）（ibid., 298）。

　　人的自主和獨立不可視爲人的冷漠或孤獨，它意涵與別人保持某種距離，但並非彼此的疏離、異化。人人之間既有親近，也有距離，就像左右兩手之相輔相成，缺一不可。

　　從上面的鋪敘，我們看出，齊默爾的學說與馬克思的看法，不但對稱，尚且針鋒相對，完全迥異。一方面齊氏呼應經典自由派的主張，承認前資本主義的社會充滿人際的倚賴，爲人群最不自由的生活方式；他方面馬氏美化古代社會人際相互倚賴、人群團結諧和爲無異化的理想社群、生活佳境。反之，由於資本主義帶來人際關係的客體化與物化，導致現代人遭遇物的奴役，成爲有史以來所有人類中最不自由的一群。

　　對齊默爾而言，去除人際的羈絆、去除人身化意謂人的自由；對馬克思而言，去除人身化則變成物化、異化，這就表示對人自由的壓迫。進一步來觀察，齊默爾歡呼貨幣經濟在促進人身的解放，使交易的雙方均蒙其利，大家的自由增加。馬克思則視貨幣經濟爲人際的奴役與異化，破壞人的社群本質，使寰球的倚賴達到最高峰。蓋世界市場的出現造成個人的零碎化、原子化與屈服於物的奴役之下。雖然馬克思相信「寰宇的交易」，在辯證的發展下，造成人類極度的墮落與異化，人在處於死地之後反而可以新生。但人獲拯救的機會，擺脫異化的希望，卻在共產革命成功之後，取消了貨幣與市場，才能看作人的解放，乃至寰宇解放的開始。

　　此外，齊默爾認爲貨幣的往返和流通牽涉到獨立的主體——人——相互的承認與尊重，馬克思則視其爲盲目的、準自然的勢力在操縱人、役使人。齊氏認爲人際之間的保持距離，可使集體的壓力減輕，也爲個人自由預置空間，馬氏則視此爲人與他人相互的疏離、冷漠，這是造成人自私自利、不關心團體的因由。要之，齊氏認爲人際之間保持距離是符合人性的自由，馬克思則認爲這是違反人性的舉動，亦即爲違反人性的不自由。

　　要之，齊默爾同馬克思截然有別、針鋒相對，牽涉到自由與貨幣交易之間的關係之理論，其歧異處是由於兩人迥異的價值判斷：何者對人身自由構成最大的破壞？是人際依賴還是人對物的依賴？是人對人肆意的強制還是物對人的奴役？社會心理學的研究成果與經驗事實的呈現，都說明齊默爾的分析遠較馬克思的觀察深入而正確。這尚未涉及馬克思觀點中所含蘊極權主義的因素。很明顯，人的控制比起物的宰制對個人自由的威脅要來得多、來得險惡。

（三）馬克思與韋伯論理性的作用

再其次，談到韋伯對西方理性論的看法。韋伯認爲西方理性的發展表現在貨幣的交易，甚至官僚體制的崛起也是重要的理性表現。他擔心伴隨官僚主義與理性觀的發展，未來的人類將生活於「鐵籠」（iron cage）中而不再享受個人的自由（高承恕1988: 137, 138-140；洪鎌德1999a: 49-55, 116, 197-201, 253-258）。

要之，馬克思與韋伯都是以關心現代人的處境作爲他倆探討現代世界（特別是工業化的資本主義社會）諸現象的主因。兩人的出發點同爲哲學人類學，只是解釋的角度與方式不同，馬克思以異化及其克服來提出對人類自由的喪失與獲得之樂觀的看法；韋伯則以重塑新的「人格」（*Persönlichkeit*），恢復人的尊嚴，而談及理性化造成的現代「鐵籠」。韋伯認爲，自由人的行動乃是衡量手段以達致目的之理性行爲。換言之，合理化的行爲是指符合邏輯、選擇手段而達致目標、呈現始終連貫一致的行爲（張家銘 1987: 15-21）。

現代社會中，理性或合理化幾乎籠罩生活的各個方面，包括文藝、科技、行政、工商企業等領域。生活全面的理性化之後，使人多方面的倚賴其他人或其他物，亦即人臣服於「工具」、「器物」（apparatus）之下。每個人或多或少被融入於「企業」當中，這就是他所說的現代「鐵籠」之意。再說，這個全面滲透、包抄的理性本身，卻是一個神祕而不易理解的社會實在（reality）。換言之，韋伯認爲，控制現代人之理性的本體，反而把人帶上生活的非理性之途。這就是非常弔詭的現實。要之，韋伯認爲，人如果對自己的行爲愈少控制，則其活動愈趨自由，個人的人格也愈趨成形，這種人格乃爲人對最終價值與生活意義的抱持。現代人愈來愈自由，意謂脫離早期神祕的、非理性的人格觀。人只要能夠找到最終的價值和生活的意義，選擇適當的手段去達成每人、每時、每個情況下的目標，都是含有「目的性的合理」（teleological rationality）。這種目的性的合理遂與自由聯繫起來，亦步亦趨如影隨形。是以現代人的自由正是其合理性的反映。唯有能夠衡量與選擇適當的手段以達成選定的目標之人，才能在其行動中顯現自由。反過來說，自由的行動意謂合理的、計算的、慎思明辨的行爲（洪鎌德2004c: 178, 186-188; 2013: 72, 73, 92）。

顯然，馬克思認爲，人類的不自由來自異化、來自矛盾，所以他爲了恢復人的自由──人性復歸──極力要化除這種矛盾，消滅異化。反之，韋伯研究的動機來自於不斷交相迭現的矛盾，一方面世界愈來愈理性化、合理化；另一

方面則為自我負責的自由愈來愈明顯。

　　要之，馬克思承認資產階級的社會中充滿矛盾，必須要消滅矛盾，克服異化，使人重獲自由。韋伯雖然也承認資本主義社會是矛盾重重的社會，但他肯定矛盾的存在，認為現代社會的理性化包含有自由的成分，而同時理性化卻也把人類投入「鐵籠」中，使個人活動的空間縮小。在此情形下，懂得自我負責的現代人——擁有主體性的人格之個人——將會在「鐵籠」的限制下，盡力擴大個人的自由。這意謂著合理性與自由的共存共榮，以及合理性與自由之間矛盾的對抗，這正是現代人的處境與宿命（Löwith 1993: 77）。

　　兩人對自由的不同看法，使我們發現韋伯對現代人心靈的理解是悲觀的，但卻是務實的。馬克思則對未來世界充滿樂觀與憧憬，含有很多空想的成分，這也是兩人最大的歧異（以上參考Löwith 1993: 62-67, 76-77）。不管馬克思和韋伯持有怎樣不同的見解，兩人所關懷的始終是現代人的「整體」（totality），韋伯注重的是人的命運，他要拯救人類最後的「尊嚴」。對馬克思而言，他則要貫徹普勞階級的革命事業。要之，對兩人而言，其學說最終的目的是相同的，都是牽涉到人類的解放（Löwith 1993: 45；洪鎌德1999a: 15-16, 201-202, 217-219）。

　　韋伯對工業社會過度理性化造成自由的萎縮之看法深深地影響「西方馬克思主義」對現代西方社會的批判。盧卡奇就企圖將韋伯的理性化與馬克思的物化相提並論。不過馬克思的物化理論首先在對抗資本主義下的商品生產，亦即對抗市場經濟，而非對抗生活圈中有理性的調控，也就是並非對抗韋伯心目中的理性化。

　　須知，馬克思對物化的抗爭完全是以西方理性的傳統去進行的，這點與法蘭克福學派否認啟蒙運動的說詞有所不同。馬克思指控資本主義不夠理性化、不夠把社會生活加以理性的規劃與調控，因之，要求社會主義把理性化推到極致，在消滅貨幣與市場之後，把整個社會轉化成一個龐大的工廠，變成一個經濟活動的主體。要之，在他心目中有意識、有理性的控制乃是對抗物化的藥石。他所沒有做、或稱他之所以失敗之處，為這種理性的控制怎樣由「自由聯合的生產者」來執行，以及理性的控制不致惡化為官僚的控制，如此而已。就如同理性主義者一樣，他堅持「理性使用之目的在於控制和預測」，卻並沒有認識到「理性進步的過程需要依靠自由」，以及沒有認識到「人類行動的不可預測性」。他對共產主義的醉心，使他無法看清「為了使進步可以繼長增高，社會過程必須脫離理智的控制完全自由才行，儘管理智是從社會過程中湧現的」（Hayek 1960: 38）。

涂爾幹　　　　　　韋伯　　　　　　齊默爾

五、馬克思自由觀的浪漫情懷

　　基本上，馬克思的自由觀是深受斯賓諾莎、盧梭、康德與黑格爾的影響，均視自由爲人們的自決（self-determination）。不過自決的主體（agent）、自決的目標、自決的過程、選擇項的多寡、限制的存在與打破等等，不論是西洋近代哲學傳統，還是經典自由主義者都有共同的缺陷：不是嫌範圍狹窄，便是立論偏頗，未能惠及全人類。馬克思的自由觀則範圍寬廣得多（Lukes 1991: 172），其著眼點是全人類的，其方式是透過人類的解放來獲致自由的落實。

　　一如本章開始所指出的，晚年的馬克思，似有返老還童，重新倡說哲學的共產主義之嫌。早期之哲學的共產主義與成年後科學的社會主義是馬克思學說兩種截然有別的體系，前者爲塔克爾所稱呼的原始的馬克思主義，後者則爲他所標誌的成熟的馬克思主義。兩者的分別爲：自我異化的人，只出現在青年馬克思的作品中，而消失於後期的著作裡；前者爲主體觀的體系，後者則爲涉及客體事物的體系（Tucker 1972: 165 ff.）。

　　但我們發現後期馬克思對人類學，特別是延續摩爾根（Lewis Henry Morgan 1818-1881），對初民社會民俗與初民之探討的強烈興趣，因之使作爲歷史主體的人再度浮現在其晚年的文字上。只是馬克思討論的對象是未來社群中的新人類，及其可能營建的典章制度，這也包括無市場、無貨幣、無階級、無國家之下，新社群的新人類對勞動的組織方式，以及勞動成果的分配問題。

倫理學家斯賓諾莎
（Spinoza）

人類學家 L. H. Morgan

　　總的來說，馬克思未來的理想社群，乃為共產主義社會，這是直接生產者的自由組合。屆時在國家與階級消亡後，人類在有意識的總體計畫下，消除人與人的競爭與鬥爭，個人在沒有私產與分工的對抗與分裂下，成為圓融富足的社群中之個體，懂得以共享集體的利益來發展其本身之才能，亦即每個人自由的發展成為社會全體發展的基礎。勞動時數的減少，為達致勞動消亡的前奏。被迫的勞動轉化為自由創造的生產活動。至此地步，人的最終的解放、真正的自由遂告完成。

　　在與經典社會學家，像涂爾幹、韋伯和齊默爾比較之下，馬克思的自由觀與解放觀沾滿更多一層浪漫主義的色彩。因之，更接近烏托邦的空想。至於馬克思人的解放觀與自由觀中，注重集體而輕視個人所引發的極權主義後遺症，成為柏波爾（Karl R. Popper 1902-1994）、海耶克（Friedrich von Hayek 1899-1992）、及柏林（Isaiah Berlin 1909-1997）等20世紀下半葉思想家批評的因由，這是值得吾人深思的所在。

Karl R. Popper

Friedrich von Hayek

Isaiah Berlin

馬克思美麗賢慧的夫人

馬克思夫人（Jenny von Westphalen 1814-1881）是沒落貴族的長女，年輕時一度被譽爲特里爾城之花，是馬氏青梅竹馬的知音，曾生育兩男五女，可惜大多夭折早死。馬克思的成就應歸功於燕妮的賢慧能幹。雖理財無方浪費成性，但才藝出眾，馬氏潦草蕪雜的手稿常賴她的慧眼加以辨識和整理。她早於馬氏兩年過世。在痛失妻子謝世之下，一身病痛的馬克思終於在1883年3月14日下午三點鐘病逝於倫敦公寓。享年不滿65歲。馬氏夫婦的鶼鰈情深、相互敬重、彼此容忍，傳爲佳話。

恩格斯與馬氏女兒合照像

此相片爲恩格斯（左）與馬克思（右）以及馬家三千金（Yenny，Laura和Eleanor，獨缺馬夫人燕妮）在1864年5月在倫敦的合照

馬克思解放觀的批判
——兼論普勞的角色

第七章　馬克思解放觀的批判──兼論普勞的角色

一、前言

因為出生在工業革命與法國大革命落幕不久的19世紀上葉，加上身為暴露在啓蒙運動思潮衝擊下的激進份子，青年馬克思對叛逆、造反、起義、革命念茲在茲，渴求身體力行。他最推崇的古希臘神話人物就是普羅米修斯（Prometheus），這是一位厭惡眾神祇，反抗天神的旨意，盜火到人間而被天神宙斯責罰，以鎖鏈綁住，任由禿鷹啃噬其永不毀壞的肝臟。總之這是神話故事中的一位悲劇英雄。青年的馬克思被他的同代友儕當成普羅米修斯的化身，這不只反映了他不畏官署、抵抗強權、不屈不撓的反抗精神，也標誌他一生顛沛流離為病痛（特別是肝疾）所折磨的苦難命運（洪鎌德 1986: 1-2; 1997c: 23-204）。

Prometheus

馬克思是當代的Prometheus

由於本身的困厄，同代無助者的吶喊，使這位深受古希臘與德國古典文學、哲學、歷史等人文思想洗禮的馬克思喊出解放的口號。這是石破天驚的轟雷巨響，為屈服於命運、苟且偷生的人類帶來覺醒的福音。因之，馬克思的解放觀所帶來的革命熱情與反抗行動，改動了19世紀與20世紀世界史的演展，也變更了地球上不少國家的版圖。是故他的解放與自由的理念的確產生了創造或

重寫人類歷史的功效，也是促使人類走進現代世界諸種驅力中影響面最廣、最深者之新界域（new dimension）。

　　然而，馬克思的思想卻隨著舊蘇聯、東歐共產主義的崩潰，也隨著中共、韓共、越共之擁抱市場與商品經濟，而逐漸褪色。事實上自20世紀下半業開始以來，西方研究馬克思學說的人，便紛紛質疑他解放觀與自由觀的真正意涵，以及其邏輯基礎。批評者來自於自由主義與保守主義的陣營（如海耶克、柏波爾、阿克頓等），固然毫無稀奇，但是連一向對馬克思主義研究精深，並同情其思想的人（像柯拉克夫斯基、賀勒、瓦立基等），也對馬克思這部分的見解有所批評，這點則不免令人訝異。

瓦立基（Andrzej Walicki）為波蘭歷史學家，對馬克思學說有獨到的見解

Lord Acton

　　評論的要點包括人類有必要解放嗎？從什麼方面解放呢？從異化、剝削、人的控制、或物的奴役中解脫出來？為何普勞階級的解放是人類全體解放的先聲、或先決條件？普勞真能夠達成這項歷史的使命嗎？解放後，享受自由的是未來的新人類嗎？為什麼要犧牲這一代來完成下一代，使新人類享受自由的好處？新人類之所以能夠享受解放的成果是由於未來新社會的出現？新社會怎樣進行有理性、有意識、有計畫的集體調控，而又不致損害個人多姿多采的發展？為什麼個人的發展變成全體發展的條件？未來新社會的物質基礎是排除匱乏的富裕嗎？未來新社會的生產、勞動可以減免，甚至取消嗎？如果新人類可以免除勞動的困苦，則其富裕從何處得來？其匱乏怎樣排除？集體的一致性與個人的多樣性之矛盾怎樣解開（de Baron 1971）？總之，這一連串的問題使馬克思的解放觀與自由觀遭逢了空前的挑戰。在無法解決這連串的疑問及其矛盾之後，我們只能指出，馬克思這方面的思想是他烏托邦的一部分，是他憧憬的美夢之一，與他口口聲聲要建立的科學觀點，發現歷史變遷的客觀法則，顯然

是背道而馳。

二、普勞階級概念的形成

馬克思說普勞階級不能解放自己，假如它無法解放全人類的話。這意涵解放全人類成為普勞階級無可避免的歷史使命。換言之，只有解放全人類，普勞階級才能解放它本身。這種說法未免太抬舉了普勞階級（洪鎌德1997e：9-11）。只因為它人數眾多、受難最深，其所受的苦難和錯誤不是特殊的，而是普遍的，遂認為它有解放全人類的義務和職責（CW 3: 186）。這種推理可靠嗎？合乎邏輯嗎？

把馬克思主義視為社會主義的正統，或社會主義唯一含有科學意味的主流派，這是恩格斯等人對19世紀歐洲思想史的刻意描繪，然後突顯馬克思主義的重要性之結果。事實上，在馬克思之前（早期的社會主義）、馬克思的同代（包括第一國際的社會主義諸流派）和馬克思死後（1889-1914第二國際的社會主義）都有各種各樣的社會主義在流行。馬克思對其前代與同代社會主義的理論貢獻主要在於把社會主義理論化，以及將社會主義與工人階級的運動這兩者結合在一起，從而造就社會主義成為工人階級的理論，並突出普勞階級創造歷史的使命，以及工人階級力量的產品便是社會主義等等說法。這些說法固然把馬克思與社會主義劃上等號，卻模糊了馬克思對普勞階級觀念的新穎與創意。顯然，普勞階級一概念乃是馬克思對社會主義具有標籤意義的知識貢獻，另一方面卻也是他的理論無法適當解釋世界，也無助於改變世界的因由之一（Lovell 1988: 4-5）。

最近的研究發現，馬克思使用普勞階級作為革命階級，作為取代黑格爾官僚體制的「普遍（寰宇）階級」（universal class），是犯了以偏概全的錯誤，誤把特別的階級當成普遍的階級：「馬克思有關革命的普勞階級之想法的基本曖昧在於……目的泛宇性（universalism）（像全人類的解放）同手段的特殊性（particularity）（像階級的解放）之間的緊張關係」（McCarthy 1978: 49），也是肇因於馬克思把特殊的階級認同為代表全人類的普遍性（universality）之緣故。在這裡他並沒有說，在解放它本身之時，普勞階級將解放所有被壓迫與被剝削的人，而是說要解放全人類，包括壓迫者與被壓迫

者。假使壓迫者也必須被解放，那就意謂壓迫者在現存的條件下也是不自由的。而事實上馬克思就說過，一個民族如果壓迫別的民族，它就不是自由的。這種說法事實上難以令人信服。古代城邦中公民自稱是「自由人」，儘管他們壓迫奴隸，也征服其他的城邦。貴族也是以剝奪農奴的自由，而強調自己的自由。從這裡可以看出，馬克思要解放全人類，包括壓迫者與被壓迫者時，其解放與自由的觀念是與眾不同，也是歷史上未曾有過的觀念（Heller & Feher 1991: 195-196）。

馬克思抱持這種特別的解放觀與自由觀，同他的歷史哲學倒是融通一致的。原因是至今為止的歷史，只是人類的「前史」（*Vorgeschichte*）（洪鎌德1997c: 261; 1997d: 226），而非人類本身真正創造的正史，在前史中人類的各種自由、解脫、解放都是虛有其表、偽裝的自由。自由與必然乃是一對相互矛盾的孿生子，有自由便沒有必然，有必然便沒有自由。可是在史前的階段中這兩者居然同時出現。馬克思遂認為只有在未來共產主義的烏托邦中，自由的領域才會與必然的領域截然分開，前者是在超越後者之上與之外出現的現象。在此意義下，過去與現在人類仍生活在自由的假象中，於是作為本質的自由之歪曲，就成為表象的自由，乃是自由的幻象。換言之，在人所受限制、必然的領域中，人類是無法享有真正的解放與自由的。當代壓迫者和剝削者的自由只是一個假象，一個虛妄，他們仍舊是不自由之人，是故一旦談人類的解放，也要把壓迫者與剝削者列入被解放的對象裡頭。

我們再回到馬克思心目中歷史主角之普勞階級。26歲的馬克思首先使用此詞，正是他閱讀馮士坦（Lorenz von Stein 1815-1890）的作品《當代法國的社會主義和共產主義》（1842）之感受。這是一部保守份子為防阻德國受到社會主義與共產主義思想「毒素」的傳染，而為普魯士當局提供的情報資料。不過將普勞階級當成普遍階級來看待，則顯然是受到黑格爾法律哲學的影響，或至少是受到當時「時代精神」的感染，而不限於任何一個哲學家、思想家的啟迪（Avineri 1968: 56-57）。換言之，馬克思認識普勞不只是從書本閱讀，從他所處時代知識份子的討論，更是由於他抵達巴黎之後，與法國的社會主義者交遊辯論而獲得的概念（Perkins 1993: 33）。

一般而言，馬克思使用普勞階級此一詞彙，是由於法國大革命震撼了整個歐洲，而為現代史揭開新頁。他渴望1840年代的德國也能爆發類似的大革命，是故法國大革命對他而言是值得仿效、值得頌揚的人間盛事，法國的文物是吸引他由少年至老年最偉大的文明。法國人在18世紀便以拉丁文*proletarii*轉化為

法文*proletaire*。此詞在法國大革命中被使用過，後來也在1830年代的社會主義諸流派的理論中出現。馮士坦使用此詞指的是從事工業的勞動者，但法國社會主義者則把範圍擴大到各行各業、各種各類的工人，目的在鎔鑄具有共同體概念，而沒有階級歧視的眾行業之成員。

　　但馬克思在碰觸普勞這個概念時，並非以團結各行各業的精神，而是以對抗（confrontation）取代和解（conciliation），也就是把普勞拿來與布爾喬亞相對立。這種對照或對立反映了馬克思對布爾喬亞的厭惡，他視布爾喬亞為現代社會諂媚奉承的階級，也是使人類自尊降格和奴役別人的階級，是人類進步史上的絆腳石。與他所輕視的布爾喬亞相對照的是普勞階級，在馬克思心目中，則為各種美德的匯聚，甚至連馬克思終身所患的皮下出血（carbuncles），也被他視為窮人病，是「普勞的疾病」，他後半生居住的英國則成了「皮下出血的國度」（洪鎌德1997c: 160-161, 188-191）。

　　在《資本論》第一卷（1867）的〈序言〉中，馬克思要布爾喬亞永遠記住，他這本鉅著是在患皮下出血的痛苦中撰寫成的。人們不禁要想到，馬克思患的這種窮人病，愈拖久愈堅強其信念：這個皮下出血的皮膚病提供給他普勞的榮譽，與其資產階級的出身、教養、和生涯剝奪他的尊嚴，成為絕大的對比（Lovell 1988: 11；洪鎌德2008：160-161）。

　　但無論如何，把缺少財產和受害至深至廣的普勞階級當成人類的救星，當成桎梏的解放者，則令人大為驚異。這是不是基督教傳統中認為「最後者必成為最先」的宗教教諭？還是倫理觀念中受苦最大者終獲補償救贖？顯然，馬克思並非因為基於憐憫、或善行才使普勞承繼未來的世界。在1840年代馬克思看待普勞階級的概念是含有倫理的色彩，這是他浪漫主義發酵的青年時代。他認為普勞儘管受苦最深[1]，卻在不喪失人的本質之下以簡樸和堅忍面對生活的挑戰。不過這種道德想法，很快便為走上「科學之途」的馬克思所放棄。馬克思對普勞的貧窮與受苦在概念上的興趣轉化為一種信念，相信貧困苦難為普勞注入驚人的人類需要，一種可以轉化為革命行動的驅力。早在《經濟學哲學手稿》（1844）中，馬克思辯說貧窮是一種守勢的、消極的綁帶，它使人群連繫起來共同體驗對「最大財富——變成另一種人——的需要」（*CW* 3: 304）。

---

[1]　在資本主義體制下，普勞階級所以是受苦最深的階級，乃是因為他被迫出賣他的勞動力，而生活在不自由之中。對此不自由的結構，柯亨（G. A. Cohen）有深入的分析，參考Cohen 1988: 255-285.

馬克思對這種弔詭的、似是而非的詭詞之偏向、愛好，常會把他的理智判斷搞糊塗。

三、馬克思賦予普勞階級過分沉重的使命

　　選擇普勞作為革命的主體和社會的改革者，這是馬克思的社會主義與1830年代和1840年代其他各種各樣的社會主義流派不同的所在。馬克思曾經把自己從青年黑格爾門徒之社會更新計畫中區別出來。他對普勞階級的信心，是他對自己的理論體系更具信心的表示。這兩種信心所呈現的優點與缺點都清楚表露出來。對他而言，普勞階級乃為其理論與實踐的合一。工人階級革命潛力的問題一直是馬克思主義傳統中的中心問題。事實上，馬克思主義者所面對的為西方資本主義社會中工業界的無產階級對革命之冷漠。那些因工人不肯積極參與革命而倍感痛心的人，最後被迫放棄對馬克思主義的堅持，儘管他們當中不少人仍自稱社會主義者。另外一批馬克思主義者則企圖藉其他的理論來解釋普勞階級的冷漠，這包括了列寧的帝國主義理論。

　　作為哲學考慮的對象之普勞階級，可以說是普遍階級的化身，也可能具有辯證哲學的修養，而企圖改變世界；但現實的普勞，無論是1848年革命或1871年巴黎公社起義的工人階級，卻不擁有馬克思哲學思辨的特色。這就是為何主張人活在一度空間的馬孤哲（Herbert Marcuse 1908-1979），也把普勞排除在當代革命的行列之外，取代普勞的是社會邊緣人、被棄置的人、學生、知識份子、無職業的遊民等等。

Herbert Marcuse

馬孤哲之墓

　　馬克思對從事工業的勞動階級之性質、功能的誤會是導致他賦予普勞歷史使命不當的原因。當他引進普勞這一概念時，正是工業化高潮發生，而工人抗議不絕之際。當時勞工大眾要求其待遇應是法國大革命所宣示的寰宇性自由、平等、博愛。在工業化初期手工藝者商業特權的喪失，使他們群起反對工業化、實業化。馬克思誤將這些手工藝者的抗議當作是普勞的反抗與自保，把手工藝者為求工作與勞動在工業社會中獲得保障的組織性活動，看作為普勞階級要揚棄資本主義，也誤把法國大革命的收尾看作社會主義革命的開端。事實上工人對工業化、自動化、工廠老闆的不滿被馬克思誤解為工人對工業化的普遍性反彈（Ulam 1977: 43）。

　　自1844年至其逝世的1883年，大約40年間，馬克思似乎不曾懷疑其賦予普勞階級的角色，儘管人們要質問，1867年出版的《資本論》第一卷中之普勞，與1844年〈黑格爾法哲學批判導論〉的普勞，乃至1848年《共產黨宣言》中的普勞，是否有其一脈相傳的同質性？再說普勞是為著爭取自由與尊嚴而投入階級鬥爭，抑為著經濟好處與物質利益而參與普勞革命？1844年所負面理解的普勞──帶罪的羔羊──變成後來贖罪立功的社會主義締造者之普勞，這種由負面到正面評論普勞的角色，有無前後矛盾不夠圓融連貫之處？

　　在研究馬克思的普勞概念時，人們會發現它缺少經驗性、歷史性的內涵，從而暴露此一概念內在的緊張。因為馬克思並沒有發明或發現普勞，而是他企圖把別人的發現加以引用，亦即企圖把普勞理想的部分同其現實的部分接合在一起，其結果破綻顯露、矛盾環生。是故在其不同時期的不同著作中，努力來討論普勞的各種面向，常有挖肉補瘡的窘困。馬克思從未嚴肅地面對實際的普勞所能顯示的錯誤及其錯誤的可能性。

　　一個簡單的問題便是普勞是否為自由的持有人（載體）？還是被剝奪自由的那群人？馬克思雖企圖把普勞的正面與負面的特徵加以調和，亦即把特殊性與普遍性調解，把貧乏轉化為堅忍的德性，這是他的理論或辯證法在發揮功能，但在現實的革命宣傳與策略運作上，普勞的缺陷無法轉變為優勢。卡門卡（Eugene Kamenka 1928-1994）就指出：「在沒有辦法看出普勞成為企業的執行者，成為自由的階級，馬克思是正確的，但是他如果在這方面正確的話，那麼他的遠見卻注定失敗」（Kamenka 1972: 160）。

　　要之，普勞的概念不過是馬克思抽象理論發展的產品，也是他理論型塑和理論精製中占有重要地位的一個概念。因此，馬克思的普勞階級是抽象的，也是概念的。

　　不過馬克思是一位理論綜合的高手（great synthesizer），如果他對普勞未做過這種抽象的處理，那麼這個綜合便沒有可能。普勞的概念在於把「思辨的哲學轉化為批判的社會理論」（Bottomore and Rubel 1956: 42），也是他把實證主義和黑格爾的哲學加以綜合的關鍵詞，更是他極度樂觀的共產主義必然降臨的引路人。換言之，是馬克思企圖把黑格爾所言理念在歷史的落實，改為人自我解放的歷史。理論上是人透過自我異化的峰迴路轉——異化的去除和自由的體現；實踐上則為社會勢力的具體實現，革命大業的最終完成。

　　引入普勞概念的青年馬克思是企圖利用思辨哲學（而非社會學）的方法來處理特殊與普遍之間的辯證關係，他認為普勞因為是從人性中最徹底異化出來的階級，因之其解放也就意謂著全人類的解放。這個普遍階級的哲學建構是優先的，但在使用這個詞彙「普勞階級」時，馬克思卻給它的社會地位設限。像參與法國大革命的小市民、小人物（menu peuple）被他看作普勞；領取工資的勞動者、進行生產工作的勞動者，也被他視為普勞。前者有參與革命的經驗，而後者則與造反和起義絕緣，這無異把歷史上勞動階級所呈現的諸種面向：政治的、經濟的、哲學的混為一談。

　　有異青年時代重視普勞的正面價值——創意、經營、自由，年長的馬克思強調歷史法則與資本的壓迫，促成普勞團結合作。事實上中期與壯年的他所注重的是普勞的負面價值——職業的安全、生活的保障、經濟的利益沒有得到應有的保障與照顧。這種改變顯示馬克思後來已承認工業勞動者追求自利與現實妥協的性格。要之，馬克思心目中理想的普勞，仍舊是他哲學概念的產兒，而非社會經驗碰觸的現實。以這種思辨的、概念的普勞，而非現實的、歷史的普勞，去爭取人類的解放，無異水中撈月、緣木求魚。

四、全人類的解放——美夢抑幻想？

　　馬克思的自由觀是一種很特殊的自由之看法（洪鎌德1993: 77-78, 86-87）。對他而言，人的自由或是全有或是全無，不可能有更多或更少的自由，且自由只有單數，而非複數。要之，他不以數量來看待自由，而以性質來看待自由，這就是他視自由為絕對的原因。在他絕對的自由觀之下，至今為止活在前史中的人類，包括壓迫者與被壓迫者，剝削者與被剝削者，都未曾享有絕

對的自由。剝削者和壓迫者的自由只是一種假象，一種幻相，都是不自由。是故他主張全人類的解放，不但解放被壓迫者與被剝削者，也解放壓迫者與剝削者，至少把後者從其貪婪的非理性中解放出來（*CW* 4: 36）。

馬克思所謂絕對的自由是指什麼而言呢？

第一，它不是「自願的行動」。雖然自願的行動、主體性的實踐是推動歷史發展的驅力，但人類至今爲止的自願行動仍受制於典章制度與生產力的大小，因之不算是自由的表現。

第二，馬克思的自由不等同爲政治的自由，因爲政治自由的場域爲政治體、爲國家。但國家的存在，就說明人生活在不自由之中，是故人類的解放無法靠政治的解放來獲致。政治的解放只提供言論、集會、組黨、參政等複數的自由權（liberties），而遠離人所需要單數、絕對的自由（freedom）。

第三，自由並不是意謂從其他國家、或社群的宰制下獨立出來。即使寰球各國主權平等、政治獨立，也不表示人類的自由業已實現。馬克思對全人類的看法，也有異於各國人民各種文化的總和，而是把它看成當作生產者的諸個人全球性的組合。因之，自由只是涉及生產者的個人，而非國家——他不認爲有自由的國家——之存在。

第四，自由不等於對必然或必須條件的認識和控制。人爲了生產當然要知道物質的性向與轉型過程的變化。對生產過程的瞭解，無異於對必然性的辨識和承認。人向來便承認世事的必然性，但這樣辨識與承認並沒有使人類獲得自由。是故普勞階級的自我解放雖是建立在對必然認識的基礎上，但此一解放行動尙非自由的行動，只有當行動是有意識、有理性、有計畫之時，則行動產生的結果乃爲眞正的自由（Heller & Feher 1991: 197-198）。

如果馬克思心目中絕對的自由，既非自願的行動，又非政治的自由，也不是國家的獨立，更非對必然的認識或掌握，那麼他的自由究竟何所指？我們發現他的自由含有（1）完全是性質的，而非數量的，亦即絕對的自由；（2）自由牽涉到生產者的個人；（3）排除各種限制或必然；（4）個人需要、能力、才華的發展。這四項結論並非馬克思獨得之秘，就是令他瞧不起的穆勒（John Stuart Mill 1806-1873）——經典自由主義大師——也得出相同的結論。特別是發展每個人的能力與才華乃是自由主義傳統的說法。馬克思就是把自由主義轉化爲激進主義，亦即他激化了自由主義。他提出疑問：在怎樣的條件之下所有人類的才華與能力可以自由地發展？他的回答就是建立一個新的社會，一個從各種限制、各種必然脫離出來的新社會，或新領域——「自由的領域」。換言

之，馬克思的共產主義就是把自由主義推到極端，讓每個人皆能充分而自由地發展與實現其本身。

　　在撰寫博士論文時的馬克思，便以支持伊壁鳩魯的原子自由論和反對德謨克理圖之機械決定論，來表明他的立場（洪鎌德1986: 12-16），所以他的價值論是早於他對理論的演展。他最先視權威為對自由的阻礙或限制，所以打倒天上與地上的一切權威成為追求自由的表現。但後來他在型塑唯物史觀時，限制或必然取代了權威，變成他心目中自由的對敵。隨著資本主義的興起，所有傳統的權威都被推倒、都被拆除，人類求取解放的種種阻礙也漸次肅清，剩下唯一的限制來自於經濟方面。換言之，資本主義不但提供人類驚人的工業生產力，為人類的富裕打好基礎，還把傳統的權威掃除，不論是家族的還是宗教的權威都呈現根基動搖。這兩方面造成資本主義為進步的現代生產方式，而有別於前資本主義的社會。

伊壁鳩魯（Epicurus）的原子論強調原子的運動是曲線，而非直線，顯示運動的自由，而非被決定的

德謨克理圖（Democritus）認為原子的運動是循兩點之間最短的距離乃為直線之進行

　　現代資本主義社會的另一個特徵為科技的大量應用，科技來自於科學知識，而科學知識乃是人類普遍的慧見（general intellect）。這種普遍的慧見本為人內在的能力，是與人的自主和自由聯繫在一起的力量。換言之，馬克思從不把科學當成上層建築的意識形態來看待，他也不像法蘭克福學派把科技當成宰制人類的異化力量。反之，由於科學毫不保留地揭開世界的祕密，揭掉世界的神祕面紗，遂成為人類成熟、自由的手段。馬克思對科學的過分禮讚，使他的學說沾染實證主義、客觀主義和科學主義的色彩，也減少他哲學思辨的力

道。

　　對科學的推崇說明馬克思是受啓蒙運動思潮所洗禮的現代人，不過有異於啓蒙運動之處，就是他視啓蒙運動的學說中包括主要價值的自由，爲非規範性的，甚至是反對規範性的。在這種情形下，啓蒙運動中規範性的價值像民主的建制化，就不爲馬克思所欣賞。他也把解放的過程和資本主義的推翻看作不受道德動機影響的必然過程——符合科學法則的演變，與道德或其他規範性的動機無關。共產主義之必至是由於人類選定此一解放的目標，而採取理性的行動才能達致的。但任何以手段達成目的之行爲都不能沒有動機，對馬克思而言，人類要建立共產主義的動機乃是因爲需要以及需要的滿足之緣故（洪鎌德1996b: 39）。資本主義爲人類創造了需要，但這些需要在資本主義的體制之下，無法得到滿足。爲了獲得滿足，普勞階級遂打破資本主義體制下的生產關係，亦即改造了一個舊的社會——資本主義，而創造一個新的社會——共產主義，來滿足資本主義一味追求創造的需要。由是可知，解放的動機和自由的境地是與人的需要之理論結合在一起，這便是馬克思對自由主義激烈化、極端化的結果。傳統自由主義者把自由與利益掛鉤，是故個人的自由便會受到其他人的自由所限制。但馬克思把需要看成有異於利益，個人需要的滿足不須受到他人需要滿足的限制，則所有的需要都可以同時獲得滿足，如此一來自由便可以是絕對的，因爲沒有一個人的自由之實現是在限制別人自由的情況下發生的，於是自由主義獲得極端落實的機會。

　　馬克思的自由觀結合了兩個因素，都是受到自由主義的自由觀之影響：其一，自由是從權威及其他限制中脫逸出來；其二，自由爲個人能力才華的充分發展。但要把這兩部分有效結合在一起就要靠一個概念，那就是富裕。人類要如何獲致富裕呢？我們知道，富裕是與匱乏相對照的，但匱乏卻如影隨形，緊跟著人類而出現，只要人的需要超過滿足需要的手段，人便感受匱乏，更何況自然資源並非取之不盡，用之不竭，因此要克服匱乏談何容易（洪鎌德1997b: 243-245; 1999b: 1-3）。克服匱乏的首急之務爲探討需要的結構，但需要的結構是靠價值來型塑，在未來共產主義社會中唯一的價值便是絕對的自由，是故需要的結構便要通過自由這一唯一的標準來規定。但面對有限的自然資源，無限的需要結構就變成了人的匱乏，而非馬克思樂觀的富裕。由是絕對自由與其基礎——富裕——無法對等平行，或稱絕對自由的基礎一旦不存在，自由也就無從實現。

　　爲了使社會的富裕，或相對的富裕得以存在，除了絕對的自由之外，其

他的價值、其他的規範仍需引進共產社會中。有規範就要有產生規範、執行規範的機制之出現，是故權威又告抬頭。權威的出現是否意謂自由的限制？或絕對的自由變成相對的自由呢？事實上，馬克思鼓吹的是絕對自由，而非相對自由，這就是他對民主的共識缺少信心的結果。在民主多數決之下，人們經由商量、讓步、妥協、求同存異的途徑去落實相對的自由，而非絕對的自由，這是比較可行的辦法。蓋民主的自由觀容許社群中的成員不但聽從內心理性的呼喚，同時也能遵守社群建立的規範與權威（洪鎌德1995b: 97-100）。在進行公共的決策時，個人遵守社群的規範與規則，這些規範與規則是隨時都可以被修正、廢棄、增添，完全以公意為準，是故民主的自由觀不反對外頭的、道德的權威之存在，也不把個人的自由與公家的權威視為水火不相容的事物。在此一意義下，人類的解放意謂社群的成員享有同等的權利和機會參與決策過程，而這些決策過程影響了現在以及未來的人類。這類的解放不必立基於富裕的先決條件之上。在這種社群中，個人的需要不會全部與充分滿足，但人人都享有自由，可以理性地討論涉及大家權益的需要及其滿足。

賀勒（Agnes Heller）女士便提出這種民主的自由觀來對抗馬克思絕對的自由觀。依據她的說法，民主的自由觀所賦予個人平等參與決策的權利與可能性非但沒有減少個人的自由，反而是個人自由的極大化。在她看來，個人愈有權利和機會平等參與決策，個人愈享有自由。易言之，解放意謂長期的過程，在其中個人權利和機會增大，俾公平地參與決策。在此情形下不但權利是複數的，就是自由也是複數，亦即各種權利和民主為實現民主、自由的階梯上之不同層級（Heller and Feher 1991: 205-207）。

民主的自由觀不認為接受道德的權威是一種矛盾，也不認為自由一定與所有的限制為敵。為了獲取自由，人們承認必然或限制的存在是有必要。假使人們視每個限制、每項任務是不自由，那麼人類將永無解放之望。是故賀勒主張放棄馬克思式的解放觀與自由觀（*ibid.*, 206-207）。她說：

> 「人類的解放」並不意謂從所有的限制，而是從某些特殊的限制中解放出來。它不可能意謂人類從各種各樣的異化，而是從特殊的異化中解放出來。最後它意謂非從所有的權威、規範、義務解放出來，而是從某些特別的權威、規範和義務中解放出來（*ibid.*, 207）。

所謂從特殊的異化解放出來是指個人受制於社會分工，而永遠被某一職業

所綑綁，以致遭受剝削，無法平等參與決策過程而言。至於外頭的權威、規則和義務，足以使人們把他人當成工具，並且以暴力、宰制手段對付他人的那套機制，這也是賀勒所稱特殊種類的權威、規則和義務，當然人們也要由這些機制解放出來。是故人類的解放不該是籠統地放棄權威、規範和義務的那種是非不分的解放。對馬克思而言，人類只是個別的人累積的總和。但對賀勒而言，人類包括人類全體，人的文化、制度、傳統、規範，是故她認為使人類從這些傳統、生活之道解脫出來並非真正的人類解放。

作為啟蒙運動忠實信徒的馬克思夢想著人可以徹底地自主自由，這是一個野心很大的夢想。可是自從他的時代至今，我們學習到冷靜的理性──科學、技藝──可以成為暴政與宰制的奴僕。是故人的尊嚴與自由無法在絕對的自主自決中尋獲。沒有規矩範圍的絕對自主是會造成自主的喪失與奴役的重現。接受限制的存在，而擴大我們參與的空間，避免落入分工的陷阱，而尋獲生命的意義，則自由的領域不待未來共產主義的到來，便可翩然降臨人間，成為你我人人可以實現的希望，一個真正的美夢（*ibid.*, 208）。

五、結論：新人類的個體性和自由性之實現

首先，在《德意志意識形態》（1845-1846）中，馬克思指出共產主義的勝利就是社會分工的取消。未來共產社會中自由的個人被他看成全部人類的一個標本而已，每個人在性質方面不是有異於其他人，懷有不同的個體性，他們只是社群的動物，因為「只有在社群中每一個人才有手段可以發展其多姿多彩各方面的才華」。於是個人不被允許來發展與別人不同的個體性，他們必須具有共同的社群本質，而發展為各方面圓融的人物，不靠別人就能夠滿足自己的需要，以致既能打獵，又能釣魚，既能餵養牲口，又能評詩論詞（*CW* 5: 471；洪鎌德1996b: 20-22）。這種人的存在顯然只有在未來，而不可能在現時，更不可能在過去。

但馬克思理想的社群卻是以古代自然經濟為主的原始公社為其模範。所不同於古代的是，無論就規模而言，還是就生產力而言，未來共產社會是辯證的

回歸，回歸到層次更高的自然社會裡。這是他「自我增益的異化」[2]觀迫使他相信人性的回歸，社會或歷史的回歸。要之，共產主義的實現會替未來帶來新的社群與新的人群。但這種新社會與新人類眞的會誕生嗎？這不過是馬克思的夢想、或稱其烏托邦的想像發揮作用而已，與他信誓旦旦的科學分析和預測無關。

　　其次，馬克思把自由看成爲未來人類有意識、有理性、有計畫的活動，其目的在控制集體的命運。但要有效控制集體的命運，就要有控制的機關，且要有控制的辦法，這又返回上一節所談的權威和規範，以及未來人類願意接受的義務。換言之，必須把個人「不受控制」或「負面」的自由排除。就是正面的自由也要受到某種程度的節制，因爲馬克思就說過「諸個人的組合（當然是在現代生產力往上更高發展的階段上）會爲他們控制下的個人自由發展與自由運動訂下條件」（CW 3: 80）。這就是說，向來人對事物的依賴，將被組合的規定所取代；或說是向來非人身的依賴（不自由），變成集體組織人身的依賴。不過如果人還要依賴團體（組合）才能存活與發展，那還談什麼自由呢？

　　再其次，馬克思又強調人的自由是從別人的依賴關係解脫出來，進一步還應從物的役使中解放出來。從物的役使解放出來就是對人生產品的主宰。但人的生產品包羅萬象，範圍和規模極爲龐大，這些產品一旦脫離人手，便自具生命自行發展，其產生的後果常不是製造他的主人——人——所能逆料，更不用說有效加以主宰、操控。產品對不同群體有不同的作用，要加以控制談何容易？反之，如果能夠把產品緊密控制，也精確預估其作用，這還算是使用產品之人的自由嗎？在這樣緊密控制的社會中，機會、機遇、偶然因素都被排除，則個人冒險的空間、投機的空間、選擇的空間也完全禁絕，這如何可謂是人的自由之體現？

　　最後，馬克思所強調的社群集體自由，是與多元主義和社會的各種不同群體所表現的分歧、差異完全牴觸。分工的取消代表未來個人專業化、特殊化發展的阻斷，則個體化的個人到哪裡去找？他顯然反對以菁英的統治來齊頭式地將個人置於社群統治之下，也反對巴貝夫（François-Noël Babeuf 1760-1797）所主張平等式的共產主義，把大家的程度一齊往下拉。反之，他主張的是參與

2　自我增益的異化（self-enriching alienation）是認爲矛盾對立、異化的存在，反而會使自我接受磨練，而增益其所不能，參考Walicki: 38-45；洪鎌德1996b: 24-25，以及本書第四章第一節。

式的民主，不過他參與的民主又與現代的、複雜的、多元的社會不相牟。一旦
他企圖建立的共產主義是在寰球交易、世界範圍的基礎上，則這種龐大的參與
民主怎樣落實呢？

格拉克斯・貝巴夫，法國大革命時期的政治活動者和記者。

　　對此問題，馬克思唯一的解答是，他認為未來自由的個人們並非「個體
化」的諸個人，而是「種類動物」（*Gattungswesen*；species being），或「社
群動物」。他固然強調自由意謂自我決定，根據個人真實的自我來決斷，但他
與自由主義者對自我的解釋完全不同。他認為個人的自由不是限於個人範圍內
的自由，也不是個人獨特性無限制的發展。他心目中的真我為符合種類特質、
符合社群特質的人之本性。人類一旦由外頭種種束縛解脫之後，他們剩下的只
有人的本質。這些自我的人之本質使諸個人凝聚成一個理性的共同體，有意識
的社群，享有共同的價值，追求共同的目標，而不致相互傾軋衝突。這是集體
主義的觀念在作祟，為個人的徹底社會化，也是個人自主、獨立的喪失。馬克
思主義後來之變為列寧主義、史達林主義、毛澤東思想等等極權式的共黨專政
與個人獨裁，何嘗不是他這種徹底的社會化之烏托邦觀念在政經、社會、文化
層次的落實？

　　瓦立基（Andrzej Walicki 1930- ）認為，《德意志意識形態》所型塑的共
產主義烏托邦，只有兩種方式可加以解釋。其一，取消社會自我調控機制之計
畫，而改把人們生活的各方面置於「組合的生產者」有意識的管理之下，甚
至主張全人類完善的統一合作。這種解釋便是要建立全球式的民主極權主義
（democratic totalitarianism），這種制度之發揮功能只有全球統一的情形下，

或全球願意接受集體的指揮下才有可能。其二,一種幾近神秘與形上學的夢想,企圖解釋犯了錯誤有罪的個人化(sinful individualization)要加以克服消解,最終返回人類原初時期和諧的單一純潔的一體,這就是黑格爾式歷史發展的三部曲:沒有分辨的一致,轉化為分辨的分歧,最後再回歸一致,不過卻是有分辨的一致。上述兩種解釋導致個人的自由,亦即個體化的人之自由、多樣化與多元主義的自由、個人自主以及「同別人有異」的自由,卻要遭到排除。這裡頭隱藏馬克思對分工的仇視,對「完人」、「圓融發展的人」之憧憬,亦即企圖復歸人類不分開、不分別、無歧異的完整性(wholeness)之夢想(Walicki 1995: 62)。

《綱要》(*Grundrisse* 1858-1859)是中年馬克思對個體化、對個人主義談論最多的一本遺稿(Smart 1989: 108-120)。在此一遺稿中,馬克思不只強調資本主義的社會關係之惡化,亦即資本對抗勞動之嚴重性(洪鎌德2010a:293-306),也解釋革命的行動是社會諸個人的自決,只有勞動階級透過革命活動才能達成他們的解放。這裡他也指出自由的、可資支配的時間之價值,這是從創造財富首要條件中釋出的,也是為群眾個體性的形成創造了有利的條件。其後,馬克思不再奢談勞動的取消,而只強調勞動時間的縮短,以此作為人類由必然領域躍向自由領域的第一步,這種說法是比較務實的,也比較可被接受的說法。

馬克思相信,過去與現代的人類之苦難,可以從未來去掉異化的人類對集體財富的重新擁有,而獲得補償。不過這種想法違離了把人當成目的而非手段的道德訓示(康德的範疇性命令)。顯然,馬克思堅信人類未來的飛黃騰達表現在他們為卓越的、秀異的一群,他們是人類精華完美發展的化身,超越了先前受侮辱、受踐踏的人群。在這一意義下,馬克思或者不能視為盲目頌讚羔羊的集體主義者,但卻是特殊種類的「超人」之夢想者。這些未來的超人不是新的品種,而是舊人換新,舊的人類發揮其種類本質。如果說馬克思是重視社群,而忽視個體,那麼他的共產主義觀多少沾染了集體主義的色彩。的確,馬克思特有的超人觀,配合他藉由自我增益的異化促成人類創造歷史的想法,使他的觀點對人文主義的價值有了特殊的破壞作用。他的想法不只可能成為歷史發展上各種各樣殘暴的辯詞粉飾,還為了鼓勵人們勇於「創造歷史」,為了進步而付出慘重的代價。加之,自我創造的理念促成野心家對人類大膽的實驗,而釀成人間的悲劇連綿,這包括共黨國家推行的強制性家庭計畫,或優生計畫等等在內(Walicki 1995: 76)。

　　以上批判，顯然是針對馬克思的自由觀與解放觀的盲點而發的。這說明馬克思的解放與自由哲學固然要使人類揚棄匱乏以達致富裕，擺脫典章制度與人際關係的束縛，超越大自然物力與必然的羈絆，而使人類發展圓融整合的人性，而由必然的領域躍升至自由的領域，的確是一幅人類追求解放與自由的願景、或偉景（vision），但其瑕疵與缺陷，以及理論內在的矛盾，卻阻礙這幅願景、或偉景的落實體現。

　　要之，馬克思的解放觀和自由觀雖然為受苦受難的世人打入一針興奮劑，也為未來理想的樂園提供一幅美好的藍圖，但畢竟是他歷史哲學中的玄思，其實現將隨「蘇東波變天」而愈來愈遙遠，愈來愈渺茫。

馬克思說：「我不是一個馬克思主義者」
馬克思在臨終前寫信給他的次女婿法國革命家拉法格（Paul Lafargue 1842-1911）說：在某種情況下「我不是一個馬克思主義者」。這是由於拉法格和居德（Jules Guesde 1845-1922）等法國工人黨領袖滿嘴喊革命，卻進行差勁的改良運動，他們又自誇是馬克思主義者，遂激怒馬氏否認自己為同類的馬克思主義的信徒。

馬氏指稱過去的歷史像夢魘壓迫人群

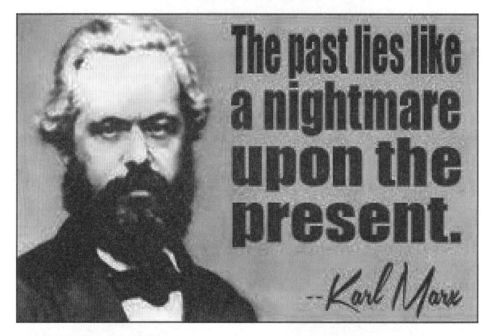

過去的歷史是夢魘未來卻是希望

馬克思在《路易‧波拿帕霧月十八日》（1852）一書中指出：歷史固然是人創造的，但不是隨意創造，而是在前人傳遞下，現有狀況下，去進行創造。換言之，歷史是過去式，就像夢魘一般壓迫睡眠中的人們，這是無法改變的事實。但人群生活在現實裡，就要設法改變不公不義的現世，俾創造美好的未來，使充滿福樂的未來成為人生的美夢。最終把美夢成真，把地土化為天堂。

馬克思解放觀與自由觀
的道德意涵

第八章　馬克思解放觀與自由觀的道德意涵

一、前言：解放與自由

二、馬克思有異於經典自由主義者之主張

三、需要與才能的客體化以及自決

四、客體化的侷限：社會和自然

五、在社群中實現解放與自由

六、小結：馬克思解放觀與自由觀的綜合說明

一、前言：解放與自由

　　馬克思的學說是圍繞著人的解放而展開的，因此，人的解放成為馬克思思想的核心。解放似乎成為馬克思青年時代掛在嘴邊、津津樂道的口號（洪鎌德1997 [1986]：163-171; 1997e），就是在晚年，他仍不忘人的解放之理念（洪鎌德2010b: 179-232）。這顯然是受到西歐工業革命與法國大革命的影響，因為這兩大革命把人類從貧窮落後和封建主義的舊政權的束縛中解放出來。

　　由於馬克思的解放觀與其自由觀緊密連結，故本章不只處理他的解放理念，更進一步討論他對自由的想法，特別是其自由觀的道德意涵。在很大的程度內，解放是手段，自由才是目的。

　　馬克思解放與自由的哲學析辨肇因於他對異化的重視，是故自我增益的異化（self-enriching alienation）遂成為迫使人類脫離桎梏、透過解放而登自由之境的動力。換言之，對馬克思而言，整部人類史，無非人類開物成務、利用厚生，藉能力的提升來滿足需要，藉需要的增加來擴大能力的辯證過程。亦即人揚棄匱乏達致富裕，擺脫社會的人際控制，也擺脫自然的物力束縛，是一部自由追求之歷史。是故無異化——異化——異化袪除的歷史發展與不依賴——依賴——獨立自主的社會演展是成雙配套地由古往而現在，並朝向未來不斷推進（洪鎌德1996b: 26-29; 2000:136; 2010b: 360）。一部文明史無異為人的解放史與自由史。

　　馬克思心路歷程的起站，就是要發現：資產階級社會中人徹底的、主觀的特殊化（particularization）之因由，指出資產階級的布爾喬亞怎樣以其特殊的、偏頗的觀點強加在全社會，而誤認他們的人生觀就是全人類的人生觀。為了將人類從這種偏頗的、主觀的、特殊的人生觀中解放出來，也為了使陷身於專業化、分工、支離破碎的現代人從自我異化下拯救出來，馬克思才大聲疾呼「人的解放」。他要求的不只是宗教的解放，也不只是政治、經濟的解放，是「人類的」解放。

　　馬克思稱呼這是人的解放，不只是從宗教、社會、政治和經濟的異化裡解放出來，也要從布爾喬亞的實在（reality）徹底解放出來。這牽涉的不只是費爾巴哈要建立的「你我的共同體」，更是要恢復人對其「世界」，人的「社會界」發生的關聯，使人真正做到「社會人」、或亞理士多德所稱的「城邦的

動物」（*zoon politikon* 住在城邦的人）。是故馬克思從對布爾喬亞社會中人之存在的批判，發展到對布爾喬亞社會與經濟之批判。因此，人的解放乃是布爾喬亞之社會與經濟，以及人在此一社會中各種面向、各個方面徹底的解放（Löwith 1993: 95）。

　　然則解放是一種過程，而非一種結果；是一種手段，而非一種目的。人類解放的結果是自由領域（realm of freedom）的獲致，這也就是說解放的目的在於自由的實現。由是可知馬克思的解放觀又與他的自由觀緊密連繫在一起。若僅談馬克思的解放觀，而忽視他的自由觀，是一種本末倒置、輕重不分的作法，爲從事客觀研究馬克思學說的馬克思學（Marxology）[1]所不取。

二、馬克思有異於經典自由主義者之主張

　　馬克思對解放與自由的理念，究竟有什麼內容，有什麼意涵呢？它和傳統西方哲學或政治學主流派對解放和自由的看法有何分別呢？這些都是引人深究與遐思的問題。不過在尚未把他對解放與自由的意涵指出之前，不妨先比較馬克思與傳統西方對自由有何不同的看法。

　　首先，馬克思思想的核心在於批判資本主義的社會。資本主義社會最大的弊端，不只有階級的分化、敵對與鬥爭，也因爲貧富不均，造成工人階級在身體和精神方面的困乏、畸型、殘破。此外，資本主義社會分配之不公、工人之倍受壓榨與剝削、人對社會發展之無從控制，分工、貨幣、市場等等社會制度爲人創的產品，卻反過頭來凌辱社會發展主體的人類。要之，資本主義之最大弊病爲剝奪生活於其中的個人之自由。是故馬克思對資本主義之譴責和詛咒是基於他對自由與解放倫理的堅持。換言之，他的自由之倫理觀乃爲抨擊資本主義之核心觀點（Brenkert 1983: 86）。

　　既然解放與自由的理念成爲馬克思思想的最先與最終之關懷，則其意涵爲何呢？像歐爾曼（Bertell Ollman 1935-）就認爲，對馬克思而言，自由意謂著

---

[1]　法國學者Maximillien Rubel（1905-1996）致力於馬克思的平生、著作、思想和學說之客觀性、分析性，評估性的析述，因而有「馬克思學」（*marxologie*）一學科之誕生。

自我實現，他指出：

Brenkert

Ollman

兩位美國學者專研馬克思自由觀、倫理和道德的看法

> 馬克思稱人的自由為「主張他〔人〕的真正個體性之積極的權力」。
> 這個「真正的個體性」是在他與其同類徹底和頻繁的合作，以及吸收
> 自然的好處之後，人的權力和需要的高峰。自由的活動是把這類力量
> 充滿的活動，是故自由為人的權力獲得充滿的條件。它包括限制的破
> 除和其潛能的發展。（Ollman 1971: 117）

　　此外，提到馬克思所謂解放與自由的理念，有人主張在經濟生產中，它是
指人群對貨物（goods）與勞務（services）的合作生產；或稱在社會必然的限
制下，個人選擇行動的權利；或稱自由為個人心靈或精神必備的條件等等不一
而足。

　　其次，傳統西方的，特別是資產階級對自由的看法，亦即經典自由主義
者如穆勒等人的自由觀，卻是把自由當成不受限制，不受強迫，在不損害別人
的權益（自由）之下，從心所欲的言行（Mill 1966: 13）。這是政治的自由、
個人的自由，也是負面的自由（不受限制、或不被強迫的自由）。馬克思的自
由觀除了不受限制、不受強迫之外，還特別強調在理性與和諧地與別人打交道
下，促成自我發展的生活。因之，他的自由觀不限於政治與個人方面而已，也
包括經濟、社會、文化等面向，他要求的自由是正面的、積極的。

約翰‧斯圖亞特‧穆勒，英國著名哲學家和經濟學家，19世紀影響力很大的經典自由主義思想家。邊沁之後功利主義的最重要代表人物之一

On Liberty *concerns civil and social liberty or, to look at it from the contrary point of view, the nature and limits of the power that can legitimately be exercised by society over the individual.*

　　再其次，馬克思的自由觀比起布爾喬亞的自由觀來顯示寬廣得多，其原因是，他想要排除的壓迫、限制，不限於人為的典章制度，也包括來自天然的、物質的限制。他說：

　　談到「外在的壓制」，「真正的社會主義者」〔青年黑格爾門徒，這裡當然也包括資產階級成員〕並沒有把它理解為個人所面對生活中侷限的物質條件，他們只把它看成為國家藉刀槍、警察、大砲對個人所施的壓制，這些〔軍警槍砲〕離社會基礎太遠了，而是社會結構造成的結果。（*CW* 5: 479）。

　　換言之，外在的壓制不只是典章制度，還包括生活的物質條件。是故馬克思要求的解放和自由，不只是從社會不合理的典章制度解放出來，也是由不合理的、無意識的生活的物質條件中解放出來。因此他的自由觀比傳統西方主流派的自由觀寬廣得多，他的自由觀是涉及人各方面（不限於政治），不只是負面排除自由的障礙，還要正面發展人的能力與需要。簡言之，人在與別人和諧相處的社群中，在與自然的交接（開物成務，利用厚生）中，將其慾望、能力、才華之落實的整體加以發揮，這些需要與才能的客體化構成馬克思自由之本義。關於此布連克特（George G. Brenkert）分成三方面來討論：（a）透過個人慾望、能力和才華的客體化達成自主自決；（b）在涉及他人與自然時，個人的自我客體化必須是具體可行的客體化；（c）只有在與別人和諧合作所營構之社群的生活中，自主與自決才有可能。是故，馬克思的自由與自決是一種很特殊的自由與自決，與傳統西方的觀念不同，既包含傳統的要求，又超越它，使他的自由觀與解放觀更為廣包、更為突出（Brenkert 1983: 88-89）。

三、需要與才能的客體化以及自決

　　解放和自由意謂自主自決的活動所面對著的阻礙與障礙之排除，這是就自由的負面而言的，不受限制、不受壓迫、不受外力左右的自由，也是從外面的勢力（不管是人造的、還是天然的）解脫出來的自由活動。但解放和自由的正面意義則爲個人需要與才能的發揮，要使個人的慾望、能力和才華能夠自由發展，就是要讓它們表現出來。這些內在的、潛在的本事，透過人際關係和物際關係表現在世間，就是主體的外化、客體化、對象化，或正面意義下的物化——轉化爲人所創造的事物。換言之，人能夠自決要成爲何物（成賢、成聖、成佛，還是淪爲禽獸、妖魔、鬼怪），就是他自我決定、自我選擇之事。

　　對馬克思而言，人的自我客體化（self-objectification）意謂把現存的慾望、能力和才華，在其活動中，在其與他人及他物的關係中加以釋出、創造而外化（客體化）於世上。這種外化的過程，不限於個人，也包括全人類，都不是已完成的結果，而是在時間的洪流中日積月累不斷推進的過程，這點頗符合中國古聖先賢所宣示「天行健君子以自強不息」的明訓。可以說，人一旦誕生，並沒有任何事先（先天）所定好的整套發展計畫按部就班地在其後的生涯中一一展現。反之，人由遺傳得到一連串心身的特質，卻必須在後天的成長過程中一一彰顯出來。要之，馬克思視人爲一連串慾望、能力與才華的擁有者，必須在時間的程序中，透過其活動，透過人與社會以及人與自然的接觸交換，而展現爲個人的特性。人與社會以及自然的密集互動使人創造了他自己，也創造了世界。是故馬克思說：「實業的歷史和實業所建立的客體存在〔實業制度及其運作機制〕乃是人類本質能力（essential powers）展開的書（open book），也是可被認知的現存的人類心理學」（*CW* 3: 302）。

　　由是可知，人的創造活動是人成就其本身不可或缺的作爲，也是自我客體化的意涵。但創造並不是無中生有，而是在既有條件下，或面對的情況下，或稱前人所傳承下來的條件下去汰舊更新，這不是能夠完全脫離因果或決定性的影響，不是隨意的、自發的行動（*CW* 11: 103）。要之，自我創造的過程就是自我客體化的過程。

　　馬克思在討論自我客體化的過程時，常涉及勞動或工作的過程，這與馬克思的唯物史觀有所關連（洪鎌德1997c: 261-281; 1997d: 225-252）。原因是

人要能生存、發展和傳宗接代、繁衍後輩，非致力生存資料的生產不可，是故作為勞動動物的人類不能不從事生產工作，人們怎樣生產、生產什麼東西，他便是擁有怎樣職業的人（農人、漁人、工人、學人等等）。不過談到人的客體化，則不限於勞動，其他的活動更是人的客體化表現，特別是馬克思強調，未來共產主義自由的領域之達致，是在超過必然的領域之外，亦即在勞動減少、或取消之後，人從事科學、藝術、哲學的創造性活動，更能顯示人的客體化。事實上，馬克思對勞動，亦即生產活動做了超過經濟活動擴張性的解釋，他曾指出：「宗教、家庭、國家、法律、道德、科學、藝術等等，僅僅是特殊的生產方式而已」（*CW* 3: 297）。

　　在此意義下，自決意謂人本質上指引和控制他自我客體化的形式。自我客體化乃是個人與人群藉著其慾望、能力與才華的充分發揮來發展其本身之意思。不過西方的傳統觀念，包括柏拉圖與基督教在內，視人的靈與肉分開，把人的慾求和肉身看作是妨礙我們心靈提升的絆腳石，這都被馬克思斥為荒誕不經的說法，這是把慾望、肉身看作不屬於人的異化勢力之緣故。當然他也承認在某些情況下，慾望對人的行動有所阻礙，其結果導致人自由的限制與減少。一個人的慾望對他的自決形成一種阻力，這是當這類慾望的滿足無法實現，或是當這類慾望無法構成人需求與才能的全體之一部分之時。換言之，正常的慾望是可以滿足的，只有非份的、異常的慾望才無法滿足，它反而阻礙了個人的自主與自決（*CW* 3: 225-228）。

柏拉圖（Plato）是古希臘卓越的哲學家，他寫下了許多哲學的對話錄，並且在雅典創辦了著名的學院。

　　至於是否一個慾望的滿足阻礙了其他慾望的滿足，以及慾望要滿足到何等的程度，才算是人的自主、自決、自由，這些都無法從馬克思的著作中得悉，只有兩點是可以確定的：其一，人一旦依據其慾望或需要，而採取行動時，這

種受慾望驅使的動作，不一定看作是人無法自決的表示。原因是這種需要或慾望之目的畢竟是人的，而不是外面的勢力，或其他別人對行動者所施的壓迫。只有當物質環境不容許這種慾求的實現時，亦即把這種慾求看作非份的、不正常的、「狂妄的」慾求時，硬是要滿足它，才會影響我們的自決。其二，在這一意義下，正常的慾求和異常的慾求並非來自我人兩種相互分裂對抗的自我，不是什麼本體我（真我）對抗妄想我（偽我）。馬克思不主張自我分裂成為真和假、好與壞的兩個部分。對他而言，自我是一體的、單一的。

四、客體化的侷限：社會和自然

自我決定與自我客體化是有其內在的關聯，但當成自決的自由不僅要求一個人對他自我客體化的控制和指揮而已，它還要求在自我客體化的同時人必須不斷發展他的慾望、能力和才華。為了瞭解馬克思這種的自由觀，我們不妨再把他的看法同布爾喬亞的看法做一比較。資產階級的自由觀可能要求一個人在孤獨自處之下，靜坐在室中面壁省思，此時這個參悟的人，可以說是隨心所欲作其所樂意之事，而且對別人無損無害。不過這種靜定而無所作為的自由，在馬克思看來，不是自我客體化，也非自決，當然也與自由無涉，原因是這種靜定無法發展人的本領。他說：

〔對亞丹‧斯密而言〕「靜定」當作一個適當的狀態，可以同「自由」與「快樂」劃上等號，這種說法與斯密另一說法似乎有重大的差別。他說個人在其「健康、強力、活動、技術、設備」的正常狀況下，也需要一份適當的工作，和適當的靜定（休息）。顯然，對勞動的衡量來自於人的體外，像設定一個要達致的目標，以及為達致這個目標所要克服的阻礙等等。可是斯密卻對下列事實懵然無知，須知克服阻礙本身便是一種解放的活動。他也不知道外頭的目標乃是個人所設定的。這些動作〔克服困難和設定目標〕是自我實現，是主體的客體化，因之，乃是真正的自由。（*Grundrisse* 505; *G* 611）

亞丹・斯密為英國政治經濟學的泰斗，《國富論》帶給馬克思諸多的啓發

　　因此，滿足自己的需求而發展自己的才能才是自我決定、自我客體化，也才是自由。不進行這些慾望的滿足，不把個人的才能加以發展，只會採取「靜定」的態度，這不是自我客體化，當然不是自由。不過自由人究竟要滿足那部分的需要、慾望呢？要發展那部分的能力、才華呢？要滿足與發展到什麼程度才算是合理的滿足與發展呢？布爾喬亞的理論家可能會回答：只要自由人喜歡，他要滿足與發展那部分的需求與才能，以及要滿足與發展到什麼程度，只要不傷害到別人，隨他高興要怎麼做就怎麼做。對此種自由的浮濫，馬克思是不會同意的。不錯，他曾經勸人們「充分地」發展各種慾望與才能，不過這種充分的發展只有在未來共產主義完全實現時才有可能。即使在共產主義的烏托邦中，個人所有慾望的滿足與才能的發展，能否達到充分的地步，實有商榷的餘地。基於慾望、才能之間彼此不是完全可以相容，加上時間與精力的限制，則對其發展採取選擇乃有必要。是故「自我實現」的解釋法──解釋自由爲個人才華的完全實現──尚須加以釐清，以免導致誤解。

　　受到古希臘與黑格爾哲學影響的馬克思，他所理解的「充分的發展」，應該是在一些限制之下讓個人的慾望、能力和才華做最大的發展，這些限制包括與社群、與自然關係的和諧，也包括對一個人需要與才華的上下位階次序及時間的緩急加以選擇、加以決定。可是馬克思也因爲痛恨分工而反對個人狹隘的發展，他曾經表示，人一旦從分工與壓制的桎梏下獲得解放之後，應該能夠排除向來的瑣屑、凌亂以及被壓迫、被壓制的狹隘工作範圍，從而發展多才多藝全面性的、圓融性的人格。在這種希冀下，他對未來社會的過分樂觀，不免有矯枉過正的說法，他說：

　　自從分工出現之後，每個人只有一份特殊的、排他的活動範圍，這是

硬逼他這樣做，也使他無從擺脫的。他成為一名獵人、〔抑是〕一名漁夫、一名牧人，或一名擅長批判的批評者，而且必須這樣一直下去，否則其生存便告喪失。有異於此的是在共產主義的社會中，沒有任何一個人有其排他性的活動範圍，每個人隨其所欲可以完成任何行業的工作，社會只需調控一般的生產。因之，使我能夠今天做這件事，明天做另外一件事，像是上午打獵，下午釣魚，傍晚飼養牲口，晚餐後進行品詩談詞，評東論西，而不必變成獵人、漁夫、牧人或評論家。（*CW* 5: 47）

上述這段話只能說是年屆25、26歲的馬克思青年時代的夢想，這是他對分工抱持敵忾心態的表露；當他進入壯年乃至老年之後，對分工的看法已有所改變，就不會再產生這種全面才能發展的奇想。

另外一個修正青年馬克思所抱持無限制地、全面地發展人的才能之想法則為自然所扮演的角色。他曾指出：「自然在初次碰觸人類時，是以詭異的全能與不甘示弱的力量」（*CW* 5: 44）來令人震懾，蓋初民對自然沒有降服的本領，加以閃電疾風天災地變，遠超過人類的預期突然發生，是故機遇、機會、偶然事故都是人類初期發展中每日要遭逢的事情。在此情形下，只有人類可以制服自然之後，才談得上自主自決，亦即在自然提供的有利條件下，人類對自己的慾望、能力和才華方才能夠有所發展，而享受解放與自由的樂趣。

當康德規勸人對別人應該視為目的，而非手段時，馬克思更要求人對物也應該採用這種的態度。須知外物的存在，並非死的、無關聯的外在事物，而常是「為著事物的關係而使人與物發生關聯，不過事物乃是客觀的人際關係對待它本身，以及對待人之東西」（*CW* 3: 300），這說明人與物的關係是相互的，也是彼此互相支持的關係。因之，對待事物，特別是自然中的事物，我們不只抱持著加以利用的心態，更要採取美的欣賞態度。自然中的事物，不只是有利用的價值，更是我們藉勞動來表現自己的客體物，是人客體化的工具（洪鎌德 1997b: 2-3; 1997c: 216-217; 1997d: 88-89; 2010: 227）。在客體化的過程中我們與物產生互動，也培養了我們的五官，是故一部人類史乃是人五官官能發展的歷史（*CW* 3: 302）。有人遂以為馬克思的自由觀是建立在人的美感經驗之上。

康德是啓蒙運動時期最後一位主要哲學家，是德國思想界的代表。他調和了
笛卡兒的理性主義與法蘭西斯·培根的經驗主義，被認為對現代歐洲具重要影
響的思想家

　　事實上，馬克思的關懷是要人養成對物、對自然某種的態度、心向和看待
實在之方法，也就是在開物成務、利用厚生之餘對自然、對物、對客體懷有美
的感受，亦即審美的、鑑賞的關注。這種態度應該是經常、持之有恆、不斷進
行的關懷。

　　然則在布爾喬亞的社會中，人是在征服自然、濫用自然，人對物只有霸
占的心態，對人只有競爭的心態，完全喪失民胞物與的精神，甚而把人造的物
品之使用價值轉化爲交換價值，把具體的人際關係轉化爲抽象的物際關係，從
而人身分的關係變成了商品的關係、物化的關係，是故人際具體與主要的關聯
變成物際抽象與次要的關係。不能以正確的態度來對待人與物，對待社會與自
然，這是生活在資本主義社會中現代人的異化與無奈，也是自由無從落實的因
由。

　　不過，認爲人類只有完全把自然的力量加以控制與降伏，才能發展其本
身，這說法也有點過火。馬克思只是強調，共產主義的落實一定要在生產力
大增，發展抵達高峰，或說是「現代生產力進一步的發展階段」（*CW* 3: 48,
80）之上，而並沒有說是人類徹底征服自然。人控制自然只要達到人人基本需
要能夠滿足即可。

　　其次人要自由當然得控制自然，但控制的程度是以必要的勞動，也把勞動
減到最低的程度。馬克思說：「個體性的自由發展，因之，……將社會必須勞
動〔的時間與工作數量〕減少到最低的程度，配合到可使個人空出時間來爲其
全體展開藝術、科學等等的活動」（*Grundrisse* 593; G 706）。

　　不只在對待自然方面人要有控制的本領，就是控制自然的程度也要配合人
對社會制度的控制，這也就意味必須在分工、國家、階級、市場、貨幣等等典

章制度——至今爲止對人施加壓力限制的社會力量——都告取消之後（*CW* 5: 438-439），人類才會從必然的領域進入自由的領域，這便是以社會的尺度、或社群的標準，來測量人控制自然的程度。

這種以社會標準來決定人對自然控制的程度有兩重的意涵。其一，在控制自然方面不是少數個人可能辦到，常是涉及群體，乃至社會全體。是故個人之可以自決，也只有當他是處於社會群體（社群）中，有時是在別人、或群體、或社群的決定中，來成全個人的自決。其二，人要自決，必先分辨自然的與社會的力量之不同。可是社會的力量是由人際關係構成的，是一種集體的力量，常常呈現自然、或半自然的樣貌，以致個人也無法左右這種社會或人際的力量。換言之，社會力量一旦形成便自具生命，脫離產生這種力量的主人之控制，有時反過頭來凌虐主體的人類。其結果個人有時必須屈服於機遇（所謂的「命運」）之下（*CW* 5: 438），而無法主導社會關係的發展。一個例子爲主僕的關係（洪鎌德2010b: 37-41），被視爲「自然的」關係，又如市場供需率的運作被視爲一隻看不見的手之操縱等等。是故個人能否自主自決端視他能不能克服這些「自然的」壓制力量。

在這種情況下，自決包含人對自然與社會勢力之理解，也就是對個人生活的自然條件與社會條件之認識，也就牽涉到他實際情況理智的瞭解。是故，在馬克思心目中，自認爲在資產階級社會裡享有自由與自決的人常是對自己、對其生活條件一無所知，因之，其享有的並非真正的自由。與此相反的則是他所宣稱的共產主義，因爲共產主義將提供新人類每日實踐的關係，這種關係是「人與其同代的人以及同自然完全可以理解的和合理的關係」（*Capital* 1: 79）。此外，在共產主義之下，社會關係將是由社會全體成員直接控制，而對自然的控制也在必須的限度之內，於是未來的新人類將能夠真正自主自決與自由。

五、在社群中實現解放與自由

依據馬克思的說法，在共產主義的社會中個人的自由與自決是在他日常生活的各方面落實的，尤其是在生產的活動與非生產的活動中呈現。在生產的方面，個人「必須與自然搏鬥，俾滿足其慾望而使生活得以保持與延續」。要之，生活仍舊停留在必然或必須的根基之上。這部分生活的自由……

只能存在於社會化的人、聯合的生產者之上，他們理性地調控與自然
的互相交換，把它〔自然〕置於他們的共同控制之下，而不再爲它所
統治，亦即不再爲自然的盲目的勢力所統治。他們以花費最小的精
力，在最有利於人性的條件下達成這種交換。（C III: 820）

這部分人的自由仍屬有限，蓋仍須受「必然和世俗考慮」的決定。超過
此一必然的領域之後，人類進入自由的領域，這時人類對其能力的發展便成爲
目的，而非手段。這種說法是否把自決與自由分成兩截，一截是在維持生命的
必須勞動之上，另一截則在勞動之外人所享有的清閒與才藝活動呢？柏波爾
（Karl R. Popper 1902-1994）就指前者是勞力，後者是勞心，因之，可視爲馬
克思把「自由的領域認同爲人的心靈生活」（Popper 1996, II: 103）。對柏波
爾這種認定，布連克特難以苟同，因爲這種解釋法有把上述馬克思的話加以扭
曲之虞。另一方面，如柏氏的解釋正確，則與馬克思把自由視爲人的客體化
之論調衝突。馬克思堅持自由並非從人的肉體解放出來，亦即非從肉體的痛
苦——勞力的辛苦——中豁免出來，而是把自由認同爲自我決定，也就是人的
客體化。人在必然的領域與自由的領域中都要落實其自我決定與自我客體化，
這是生活所需，不是人可以埋怨的，或譴責的。當然，自由的領域出現在必然
的領域之上與之外，是人類勞動減少或消除之後。但一如我們上面所述，年長
的馬克思已不再奢談勞動的消除，轉而務實地討論勞動時間的縮短，也繼續談
到自由聯合的生產者之「生產」。可見即便是共產主義的理想實現，勞動、生
產、工作仍有必要。勞力與勞心，身體活動與心靈活動，同樣都在自由與自決
的情形下展開。

柏波爾爲奧裔英籍科學哲學家大力批判「唯史主義」（historicism）——
視歷史隱含特殊目的、其遞嬗變遷有軌跡和律則可循。他也以此來批評馬
克思主義，爲的是要營構一個他理想的「開放社會」

　　那麼馬克思對自決的詮釋，是否有其與眾不同的特質呢？第一，凡與個人決斷之事項有關者如自然、分工、私產等等都列入考慮，也就是自決應由自然、分工、私產解放出來，才談得上自由。這一觀念比布爾喬亞自由的概念爲廣爲大。第二，儘管馬克思也同意傳統視自由爲強制、壓迫的豁免，他還加上自我控制、理性的控制這些附帶條件。第三，有異於一般人視自由爲個人隨心所欲排除行動障礙的說法，馬克思的自由觀建立在正面、積極地發展個人之需求與才能之上。自由對他而言，不只是人的心靈與精神方面的活動，不同於肉體的解放，更是個人的心身成長與發展。第四，自由的落實有賴社群生活的積極參與來體現，自由不只是個人的事情，而爲公共的事務。因之，馬克思對自決的主張就是他民主觀的概念之一（洪鎌德1995b: 102; 2000: 150, 293-340）。社會關係與權威的關係不致使個人的自由受損。在此情形下，對自由的某些限制是有必要的，這包括社會的物質生產和爲達到生產而把社會力加以組織，或多或少都會影響個人的自由。由於信任公共的理性管理與調控，這種限制不致被視爲自決的障礙或自決實現的條件。第五，自由成爲馬克思倫理中最主要的德目（cardinal virtue），它不只是人做事做人的本領，也不是行動的原則或行動的一組權利。相反地，馬克思視自由爲生活的本質，一種實存之道，亦即人在道德上應求其實現的人之本質（Brenkert 103-104）。

　　馬克思的自由觀與他的社群觀是緊密地結合在一起（洪鎌德 1996b: 50-56）。人的自由顯然要求他與別人合作，形成自由的組合，是故社群爲自由呈現的理想場域。馬克思這樣寫著：

> 只有在社群中每一個人才有培養他多方面才華的手段；這是因爲身分的自由只有在社群中才會變成可能的緣故。在以往非社群的國家或其他團體中，身分的自由只有那些在統治階級條件下得以發展的個人，或是統治階級的成員才能夠享有。至今爲止把諸個人聯結在一起的幻想之社群始終擁有獨立於個人之外的存在。此外，由於它是一個階級對另一階級的凌越結合起來的〔機構〕，過去的幻想之社群對被壓迫的階級而言，不但是一個徹底的虛幻之共同體，而且對這一被壓迫的階級也是新的手銬腳鐐。〔只有〕在眞正的社群中諸個人藉著組合，也在組合中獲得其自由。（CW 5: 78）

是故自由與社群的關係是雙重的：其一，社群提供諸個人培養才華的場

域，是提供個人達成自由目標的手段。其二，個人在社群中的生活便是自由的
體現，社群生活不只是落實自由的手段，也是其目的，是故社群的概念對馬克
思的解放觀與自由觀是有著重大的意義（洪鎌德1996b: 3, 20-22, 35, 60-64）。

　　馬克思在使用「社群」此一詞彙時有兩重意涵。其一爲對封建的社會或
初民的社會之描述，他甚至把初民社會描繪爲「自然的社群」（*CW* 5: 90），
這是指人群透過社會的、血緣的、以及自然經濟的集合體。其二爲馬克思
理想的、規範性的人群的組合體，這就是所期望的未來共產社會「真正的社
群」，以對抗目前資產階級，或之前的任何社會——「虛幻的社群」[2]（洪鎌
德 1996b: 56-64）。

　　馬克思認爲，在真實的社群中，「當作另一身分的他人對他〔任何的社群
成員〕都變成了需要」（*CW* 3: 296）。這意思是社群中的任一個成員都把其
他成員看成他不可或缺的一部分，視爲他本質的部分。在此意義下，自由意謂
把別人當成自己本性不可或缺的部分看待。社群的其他成員，以及個人對其他
成員的關係，不只是手段，而是目的（Brenkert 1983: 117）。

　　馬氏續寫：

> 當共產黨的工匠匯聚在一起，他們的目的爲理論與宣傳和其他的東
> 西。但同時，這個組合的目的，在於讓他們獲得新的需要——對社會
> 的需要——於是原來看作手段的東西變成了目的。在這個實踐的過
> 程中，最輝煌的結果是可以觀察到，只要法國工人聚在一起之時。像
> 抽菸、吃喝等等，不再成爲大家接觸的手段。組合、社交、交談這些
> 變成組合的目的，對他們而言是很夠的：人們之間的團體愛，不再是
> 空洞的言辭，而是生活的事實，於是他們〔雖然負荷著〕勞瘁的身體
> 〔卻〕對著我們散發出人性之光。（*CW* 3：313）

　　馬克思這段話不但顯示，在共產黨人的集會中，社群提供人人之間的聯
繫，大家互相尊重，和諧相處，而排除利益與意見的衝突；更重要的是人看待
別人爲目的，而非手段，這是符合人的種類本性之社會活動。最重要的是，在

2　真正與虛幻的社群的分別在於前者不再倚賴國家、法律、道德、貨幣、市場來規範人
　　際的關係，使人真正脫離其他人或其他物的倚賴，而享受真正的獨立和自由；後者則
　　無此條件，參考本書第十三、十四與十五章。

人群中個人的存在是建立在社群性質之上，人變成不折不扣的社會動物（CW 3: 296）。社群的存在不只是個人利益分開的克服，更是個人體認他個別的存在與實存反映了整個社會或社群的秩序。是故，馬克思說：

> 只有當真實的個別人將抽象的公民身分重新吸收到他本身，也只有當他每天的日常生活中，在他特定的工作，在特別的情況下，個人變成一個種類之物。將「特有〔本身〕的力量」（forces propres）轉化為社會的力量之時，……只有在這種情形之下，人的解放才告完成。（CW 3: 169）

由是可知，在社群中人人的和睦相處是必要的先決條件。可是要達成這些和諧的社群關係，必須把人類至今為止的老舊意識重加揚棄，重加改造，是故普勞階級的革命是創造新人類與新社群之必要手段和必然主角。因此，他又說：

> 為使共產黨人的意識大規模的產生，以及這一目標的達成，人做大規模的改變乃屬必要，這種改變要靠一個實踐的運動，就是革命才會完成。革命之所以必要不只是因為統治階級沒有辦法靠其他的方式來加以推翻，而且推翻它的〔普勞〕階級只能在革命中把數代累積下來的髒亂丟棄，而使創造新社會變成可能。（CW 5: 52-53）

在社群中仍容許個別人擁有不同的興趣，不同的利益，只是其結合卻是和諧的、友好的。換言之，馬克思是允許在社群中仍有所不同，有所差異。這也是他所說：「人與人的團結一致……是建立在人人差異的基礎之上」（CW 3: 354）。

基本上，社群為個人利益的綜合與協調，利益的諧和應是人生活於社群的主要理由，但社群中個人的利益也並非絕對一致、絕對雷同。分歧與差異的存在是可以理解的。這種差異和衝突在資本主義社會中就變成控制個人的外在異化的力量，是故馬克思說：「一旦特別的利益和共同的利益發生裂痕，也就是說一旦人的行動不是自動自發，而是像自然的、分化的，那麼人的行為變成反對他的異化勢力，這種勢力在奴役他，而不是受他所控制」（CW 5: 47）。有異於這種社會，共產主義的社群所發展的人群是自由的人群，他們縱有不同的

利益和分歧的想法，也在社群理性的指引下獲得解決。

　　在解決不同意見的分歧或爭端時，馬克思主張以民主的公投等程序來處理，因之，在很大程度上馬克思的社群觀與其民主觀也有密切的關聯（洪鎌德1996b: 12-16, 65-70, 79-80; 2000: 293-340）。

六、小結：馬克思解放觀與自由觀的綜合說明

　　綜合上述，我們可以指出，解放與自由的觀念不但為西方思想史占有核心地位的主題，更是馬克思學說的精華所在。他認為自由不只是其倫理的德目，更是在實踐上他尋求人的解放之動力。

　　自由的各種面向彼此關聯密切。對馬克思而言，自由意謂自主自決，意謂自我客體化，涉及的為自我實現。但最重要的是如何把個人的慾望、能力和才華透過與別人（社會）以及與別物（自然）之關係具體地落實在個人的生產活動，以及其他日常活動之上。正因為人只有在社會以及更高層的社群中達到「個體化」（individuate）的目標，是故自由的實現無異為人社群性質的表現。

　　馬克思的倫理為德目的倫理（ethics of virtue）。它要求個人將其內在某些性格特質以及性向加以發展。在這一意義下，自由不只是道德的概念，更有實存的、本體論的意味。這並沒有隱含自由是內在於個人亟待開發的東西，亦即不蘊含自由是必須被教導、被訓誨、被培養的東西。它不是憑靠著思想與感覺的事物，而是在某種情況下，以某種方式來行動、來處事、來做人。由是可知自由是群居動物的人行事做人之道（Brien 1987: 127-180）。換言之，自由既不是空洞的理論，也不是盲目的行動，而是理論與實踐的合一。假使個人在共產主義的社會中擁有這種實存、實有之道，或生活之道，那麼他就可以隨心所欲，施展其抱負（CW 5:42）。

　　由於自由涉及了本體論的條件，也就是發展人的性向與性格的特質，因之，馬克思不必擔心別人指摘他說教，例如把康德義務觀、或黑格爾自由觀、或他自己的自我實現觀硬著強迫他人去接受。反之，他認為在其歷史哲學中發現人必然走上這條不歸路──解放與自由之途。是故他的道德要求是建立在物質或自然的基礎之上。也因此他的倫理立場並不與他的客觀分析相衝突。

> 共產黨絕不宣揚道德……他們不會把道德要求加在民眾身上：彼此愛
> 護，不做自私自利者等等〔教誨〕。反之，他們深知，利己主義正
> 像自私是出現在特別的情況之下，也是諸個人自我確認、自我主張
> （self-assertion）必要的形式。（CW 5: 247）

　　當然馬克思自由觀的理論也包含了自我實現，但比自我實現的倫理還向前
跨一大步。例如他並不是要求人們把所有個人的能力都加發揮，而是涉及特殊
的、具體的情況下的特別能力。尤其是這種能力的發揮不可在犧牲別人的權益
之情況下來達成。例如藝術家的卓越與不凡，是在表現其特殊能力，從而使別
的藝術家（以及其他人）為之遜色，這種說法為馬克思所不敢苟同。馬克思也
不以心靈對抗肉體那樣將人的自我一分為二（真我與假我），而要求真我壓
制假我。馬克思亦不願將義務或任務加在別人身上。反之，他認為在與別人或
別物接觸時，以和諧的方式來行事，其本身便符合道德的要求，亦即行事自身
代表自由，便是善的、好的，而不必他求（洪鎌德1995a）。

　　要之，馬克思這種解放與自由的看法是用來衡量人與社會發展進步與否之
尺度，一個社會中的成員愈能享有上述的自由，則其社會更為進步，而其道德
要求更能落實（Brenkert 1983: 130）。

在當今高度資本主義下的歐美社會，油漆
工為勞工和無產（不擁有資本、土地和勞
動等生產財）階級成員之一，可為明證。

普勞階級
馬克思認為在資本主義社會中，人數佔最多、卻
遭資本家鄙視、虐待和剝削，以致受害最深，
亟思團結參與革命，推翻資本主義制度者，莫
過於普勞階級（das Proletariat），此字源自法文
prolétariat為階級社會最下層，而不擁有從事全產
必要的生產工具（資本、土地、勞動、企業經營
的本事和創意）之私產的廣大底勞動庶民。

馬氏指出弱小的種族與階級必遭革命淘汰

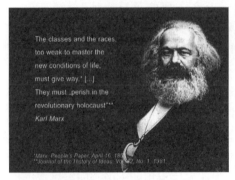

參與階級鬥爭的必要

馬克思認為有史以來人類都必須生活在社會當中，過群體互助的生活。不過向來的社會都是階級的社會。都是兩元對立的社會，包括奴隸與奴隸主、農奴與地主、工人與資本家兩類階級的對抗和鬥爭。一部人類史就是階級鬥爭史。當今為資本主義的社會，也是無產階級對抗資產階級的時代。馬克思鼓勵無產階級和受壓迫的種族要奮力對抗資產階級和統治者才能贏得最終的自由和解放。

影響馬克思最深刻的四位哲人

Aristotle (384-322 BCE)

I. Kant(1724-1804)

馬克思倫理觀的析評

第九章　馬克思倫理觀的析評

一、馬克思對倫理所持的態度

（一）馬克思不奢談倫理道德

　　本章擬將1970年代以來，有關馬克思倫理觀的現代評論，作一系統性的簡介。首先指出20世紀初葉以來，理論家對馬克思排斥倫理學說的解釋。其次指出相反的觀點，認爲馬克思擁有特定的道德觀與倫理學說。在介紹當代新馬，特別是解析派馬克思主義者的觀點之後，作者企圖對這些解析，加以歸納綜合，最後提出對馬克思倫理觀的看法與批評。

　　在1972年伍德（Allen Wood）發表了〈馬克思對正義的批判〉（Wood 1972）一文之後，英美分析哲學界，開始對一向視爲意識形態的馬克思主義重加矚目，也重新捲起對馬克思學說研究的狂熱，四十多年來西方學界研究的重點遂由過去重視社經結構與資本主義批判轉向到馬克思的歷史觀、道德觀、倫理觀、正義觀等領域。伍德的文章所激起的論辯，成爲英美馬克思主義探討的焦點。同時英美正在復興的政治哲學中，「馬克思學」（Marxology）也逐漸占有一席之地（Buchanan 1987:104）。伍德、柯亨（G. A. Cohen）和羅默（John Roemer）等人成爲解析派馬克思主義（Analytical Marxism）的先驅[1]。在這幾位解析派馬克思主義者當中，柯亨對馬克思唯物史觀的辯護與詮釋，引發最多的爭論。不過有關倫理、正義、道德的討論，則以伍德的著作，特別受到關注。

Allen Wood

Gerald A.Cohen

John Roemer

---

[1]　關於解析派馬克思主義的介紹，參考洪鎌德〈馬克思主義在西方──從新馬轉向後馬

　　既然解析派馬克思主義涉及了馬克思倫理、道德、正義的問題，則我們似乎有把馬克思的道德觀與倫理學說加以解析的必要[2]。

的理論變貌〉一文。刊：《東吳政治學報》，1996年3月，第五期，第211-236頁。又參考姜新立編著1997《分析馬克思──馬克思主義理論與典範的反思》，台北：五南圖書出版公司。

[2] 在沒有正式討論到馬克思對倫理持什麼觀點、採取什麼立場之前，不妨先把倫理和道德作一界說，儘管在本章中兩者常相提並論，可以互用，不加分辨。但對這兩種概念予以界定與說明仍有其必要。

道德是客觀的社會現象，構成道德的因素，第一是一大堆規定社會成員行為的規律（規範、標準）；第二是這些成員行為實際的慣習。因之，道德可藉各種科學的經驗研究來彰顯。例如，心理學探究人類道德行為的心理機制；人類學析述各種社會中的道德體系；社會學考察某一既存道德體系的社會條件；歷史學則探問某一時代裡道德的產生、變遷和消失。

哲學是考究道德形式、範圍、關係的總體，道德的哲學研究謂之倫理學，它不僅分析存在的道德事實（實然），更要評估或證成（justify）道德的要求（應然）。於是倫理學或簡稱倫理，有理論上與實踐上的雙重任務。理論方面，在澄清道德言說的基本概念，建立評估道德的一般標準；此外，解決道德爭議的方法，解釋道德與其他社會現象之關係；解析各種道德學說的假定和應用之條件等等。在實踐方面，倫理學藉批評現有的道德與尋求理想的道德來改善人群的道德生活，提升其生活素質（Markovic 1963: 5）。

由是可知道德和倫理是有所分別的，根據布連克特（George G. Brenkert）的說法：

道德涉及一組實際的或理想的道德原則、德目、標準。人們就根據這些原則、德目、標準等等去生活、去行動。至於倫理亦即道德哲學，卻是人們對道德的反省，對道德性質或基礎的反省之過程或反省之結果。在反省的結果裡，道德與倫理至少有一部分互相重疊。道德與倫理也可以說有不一致的時候，原因是一個人的倫理包含不同的邏輯與方法學的觀點，可是一個人的道德則未必包含邏輯與方法學的觀點（Brenkert 1983: 237）。

至於道德有什麼特徵？有什麼性質呢？根據米勒（Richard Miller）的解釋：

道德含有三個基本性質，其一為平等性：在道德之前任何人都一視同仁；其二為規則性：可形成規範的通則，在每一社會中行之有效；其三為普遍性，只要具有理性、能夠省思，無人不接受道德的規範（Miller 1984: 17；許國賢1989：4）。

以上有關道德與倫理的分辨比較接近當代英美的學者之看法。事實上傳統德國哲學界是把道德（*Moralität*）與倫理（*Sittlichkeit*）分開的。前者指個人的操守，後者指社會對善惡的總評價，也包括良好的風俗、習慣在內。另外德文尚有使用*Ethik*當倫理，這是指對道德行為的解釋與證成（*begründen*）。原則上，在本書中所提及的馬克思與

可是，馬克思對道德問題的評論既散漫蕪雜，而且前後不一致、互相矛盾。馬克思以唯物史觀來形成「意識形態」的理論，而公道、正義等等道德概念都屬於意識型態，因此也都被生產方式所制約。由於馬克思主要是一位經濟學家及社會理論家，他並沒有一本倫理學的專著來討論「公道」及何謂「公平分配」的問題。因此我們只能從他散見於其他各種著作中之觀點，嘗試釐清他對於這個問題的看法（洪鎌德，梁文傑：201）。假使以廣義的道德，亦即包括人類行為規範的法律在內，他有關道德的態度是消極的、排斥的。特別是他排斥有關公道、正義、權利等在內的法權概念（juridical conception）[3]。

馬克思認為正義與權利都是「過氣〔失時〕的語言垃圾」，都是「意識形態」。就算平等的權利，對他而言也是有瑕疵的，因為所謂平等或均等的權利，並沒有體會到每個人的需要是因人而異、因時而異、因地而異（Marx 1977: 568-569）。

此外，馬克思從未把未來的共產主義社會看成是公平的社會，符合正義公道的社會。這種在共產主義理想的社會中，故意不提及、不描述正義、或公平的作法，顯示他對法權概念的道德上排斥。事實上，他認為「共產黨人不該以道德訓誡別人」，原因是道德不過是階級利益的遮羞布而已（Marx 1977: 230）。

儘管馬克思避免談及或宣揚道德，但其作品卻充滿了道德的內涵。在其作品中讀者會感受到：他對資本主義的譴責與批判是出於一種凜然不可侵犯的正義之怒使然。原因是他把資本主義制度當作是一套缺乏分配正義的剝削體系。在他的著作中曾經憤斥資本家剝奪勞動者的剩餘價值是「非義的」、「不公道的」（injustice），甚至指摘前者之所為，是對後者的「掠奪」（Elster 1985: 216-223）。

伍德（1972）與米勒（Richard Miller）都主張馬克思痛恨道德，排斥道德[4]。米勒（1984）認為馬克思視道德為阻礙社會進步的幻想，因之採取一種

恩格斯之倫理觀與道德觀，是以德國傳統為主，以英美解釋為輔。

[3] 法權觀念的道德與倫理觀，與後面Lukes所討論的*Recht*觀念相似，稍後會加以解釋。

[4] 馬克思有關反對倫理或道德的文本，可簡單舉出以下幾個例子，「或者可以提出來檢討的是德國哲學家由於僅把意識當做立論的起點，所以必然走入道德哲學的結局。於是眾英雄都在爭論真正的道德」（*CW* 5: 36）。「在政黨裡頭人們應該大力支持進步的事項，而不必奉行那些令人厭煩的道德的謹言慎行」（*CW* 6: 56）。

極端排斥道德的立場，他還說馬克思不僅排斥公平的觀念，也排斥所有道德觀念，因為這些觀念都立基於狹隘的意識形態觀念之上。伍德則不認為馬克思的反對道德是那麼激烈、那麼極端。對馬克思而言，道德只是虛有其表，屬於表層膚淺的東西。馬克思即使不發展出一套道德理論也不影響他對資本主義的抨擊與推倒，也不影響他所要建立的共產主義之社會。

　　主張馬克思沒有倫理觀的人，除了近期的伍德與米勒之外，還有早期的理論家，例如宋巴特（Werner Sombart 1863-1941）就指出：

馬克思主義和其他社會主義體系不同之處為其反倫理的傾向。在馬克思主義從頭到尾找不到一絲的倫理，其結果除了倫理的設準之外，也找不到任何倫理的判斷。（引自 Tucker 1972: 12）

此外，費歐爾（Lewis Feuer 1912-2002）也指出：

倫理的意識形態所以成為明日的黃花，是因為歷史唯物論應用到一個社會主義的社會之上層建築底緣故。倫理的規律之所以成立，是因為它嘗試不把衝突的原因移開，而卻靠道德的強制性來解決社會對立。勸人接受倫理的教訓無異承認其採取的立場不能解決社會的對立。（Feuer 1942 : 269）

另外，何基士（Donald Clark Hodges 1923-2009）也稱：

在哲學中馬克思的革命性，就表現在他明顯地放棄哲學倫理學的規範性傳統，而在同時卻確認實證科學的傳承。（Hodges 6）

　　綜合以上的論調，反對馬克思有倫理學說或馬克思對政治經濟學之批判是奠基於倫理學說之不同說法可歸納如下：

　　（1）馬克思對於倫理學不感興趣，因為馬克思對資本主義之批判是奠基於異化和剝削，即奠基於哲學人類學和經濟學之上；（2）有關公正之分配和物質豐盛並非馬克思思想之核心，馬克思反而是強調人之精神的再生；（3）因為馬克思採用知識社會學和對意識形態之批判（道德社會學），所以馬克思不能以道德為基礎來批判資本主義社會結構；（4）馬克思之興趣是在於人類

非道德之善（non-moral good）（像功利主義者一般），這在道德考慮之外；
（5）馬克思創造了一種新的社會科學，在其中規範性和倫理之價值沒有地
位。

宋巴特　　　　費爾歐　　　　Allen E. Buchanan　　　　Jon Elster

　　換言之，上述最後一點主張馬克思排斥倫理觀的人，是基於他信誓旦旦
一再聲稱擁護科學，甚至把科學與倫理當成不相容的事物看待。不過馬克思是
否持有這種絕然排斥倫理之科學觀倒是值得吾人去思考。事實上他的科學觀與
黑格爾對科學的看法應無多大分別。黑格爾的科學觀絕非經驗性的、非實證性
的。更何況馬克思並非以完全客觀、中立不倚、摒棄激情之自然科學家的態度
來觀察世情。不論他對政治經濟的分析，或是評論時政的報紙文章，都透露他
對社會不公不平的義憤。尤其是在《資本論》中譴責資本家的自私、剝削、異
化、踐踏人性，顯示其作品中充滿規範性與立場鮮明的好惡之情。而他對某一
種社會秩序的執著，並非馬氏個人的喜好，而是自認與其他人有共通共享的意
思。假使馬克思是一位對倫理完全不感興趣的科學家，吾人便很難理解他心目
中的共產主義是人類生存更上一層樓的理想，也無法理解共產主義將是創造人
類自由的真正領域。

（二）馬克思擁有特殊的倫理觀

　　於是有人主張馬克思除了擁有實證的、經驗的科學觀之外，他也懷抱某
種特別的倫理觀、或對世事加以評價的看法。這便是說即使他的科學觀仍舊保
留非規範性的、中立的、客觀的與描述的成分。但除此之外，他所嚮往、所執
著、所追求、所獻身的卻可以解釋為他的偏好、他的夢想，包括他所喜所惡、
他對資本主義社會某些面向的譴責抨擊，也可以用來解釋他何以把共產主義視

爲社會發展的更高形式之因由。顯然，並非所有西方的學者都視馬克思排斥倫理觀與道德說。反之，認爲馬克思擁有倫理觀的人也不在少數。

從《經濟與哲學手稿》到《資本論》，無論馬克思的方法論是人類學批判、內在批判或對政治經濟學範疇的批判，馬克思的立場是奠基在從道德觀點來批判資本主義社會。這種道德觀是建立在康德和黑格爾思想之上，並由此與古希臘和基督教傳統有所聯繫（McCarthy 1985: 178）。以下我們舉幾個例子，說明馬克思持有的特殊倫理觀點。

衣完士（Michael Evans）指出：在分析資本主義的勞動過程之際，抽象的理論只有跟著事實走，故必須客觀與中立，沒有必要把道德的贊成與否放入現象分析中。可是在分析過去所有的勞動過程、或目前的資本主義勞動過程時，便會發現一些基本的與特殊的徵象，於是道德的涵義便可由比較一般的與資本主義的勞動過程之不同自然湧現。「就像馬克思一樣，我們必然會執著於某一立場，因爲該立場正是我們所熱望、所期待的。該立場可能存在於至今爲止尚未付諸實現的、爲歷史所不知的某一社會〔指共產主義社會〕裡，在該社會裡人類自由的與有目的之活動變成可能」（Evans 1975 : 188）。

此外，巴諄（Jacques Barzun）也說：

> 馬克思所做的預言是在他親眼看著事情正在發生的基礎之上，他指明他的預言所以成眞，完全在於喚醒其他人特別是普勞階級體會到其在未來〔革命〕所扮演的角色，……我們穿越馬克思的廟堂之門，穿過歷史唯物的與進化的庭院進入廟堂內在的聖殿。這個內在聖殿就是階級意識與階級鬥爭的所在。階級的意識與鬥爭中他們增強人們的信仰，也使緊密的洗腦和宣傳成爲絕對必要的範疇，最後也使無所不用其極的政治行動〔革命〕成爲道德義務……不過在其體系最後這一部分，馬克思不再想到他經濟的與物質的規律，他變成了一個普通的政治作家，而懷有強烈的道德偏見。（Barzun 1958: 163）

然而，上述的說法也有其困難，它並沒有把前述馬克思的科學觀加以修正，而只是另加上倫理觀而已。兩者成爲互不相關的、無法聯繫到馬克思思想體系整體的東西。基於馬克思對理論與實踐統一的要求，也基於他期待有一種包括兩者（科學與倫理）的科學，我們不能不對他的倫理觀和科學觀有新的理解。這種理解就建立在馬克思師承黑格爾的科學觀之上。

馬克思的科學觀非常特別，一方面馬克思及其黨徒——馬克思主義者——認爲他們所擁有之特殊的科學觀，是一種內在於（intrinsic）馬克思主義的科學認知論；另一方面則是馬克思主義者進行自然、人文和社會現象考察的外在的（extrinsic）歷史社會學之科學觀；換言之，馬克思一方面自認爲自己乃致力於科學的營構，懷抱特定的認知論；另一方面他認爲所有的科學（包括他自己所欲建立的科學）都是人類在歷史與社會活動中的產品。科學對他而言，固然是一種進步的、解放的力量，使人類控制與利用自然的勢力，但科學必須建立在對實在（reality）的觀察、分析和理解之上。科學知識是一種對前人理念、概念的承續與批判，也是對實在的認知與改變，因之，知識的歷史性（historicity of knowledge）與研究對象的實在性（reality of objects）並沒有矛盾之處（Bhaskar 1991: 491; 洪鎌德2010b: 362-363）。這點也是造成馬克思的科學觀及其倫理觀可以相互融通包涵的緣由。在更大的意義上倒不如說，馬克思是把科學觀和倫理觀視爲彼此相互蘊涵的。

此外，認爲馬克思擁有倫理觀的說法可能受到的批評爲：馬克思對共產主義的追求成爲（a）他個人的看法；（b）他似乎對那必然的走向、不可避免的未來，加以道義上的擁抱與衛護。這正是柏波爾（Karl R. Popper 1902-1994）所指出的道德未來主義（moral futurism），或是致（宿）命論（fatalism）。

布連克特（George G. Brenkert）對上述兩種看法（a）道德個人觀、任意觀；與（b）道德未來觀一概斥爲錯誤，而提出馬氏的倫理觀爲其科學觀不可分離之組成部分的說法（Brenkert 1983: 5）。

卜氏認爲至今爲止討論馬克思道德觀者都有其缺失，因爲不懂得馬克思道德觀的兩層意義。只要其中一種意義不浮現，我們就認爲他沒有道德觀，這是不對的。誠如當代倫理學家的看法，道德的觀念不是單純的，也不是沒有歧義的概念，「吾人分辨義務的倫理（ethics of duty）與德性的倫理（ethics of virture）之不同」（Frankena 1976）。

一方面道德向來被看作一個人對別人所負的義務或責任，這種看法的道德便帶有義務、責任、罪過、公平、權利等涵義。同時，只要符合某些道德規律、義務，具有責任感，便是道德的行爲。這也就是摩西十誡中要求人們「你應該做什麼」、或「你不該做什麼」的道德觀。若以此觀之，馬克思可沒有任何的道德理論。那麼作爲科學家的馬克思，他對資本主義的抨擊與譴責，除了資本主義必然走向自我滅亡之途外，其他的原因爲資本主義違犯了道德之外的其他理由或其他價值（Brenkert 1983: 17）。

　　道德的另一種涵義爲把道德同德目、卓越、生活的繁榮等項目聯繫起來。這種意義下的道德，其所關懷的不再是規律或原則，而是某種心向或性格特徵的培養。這種道德觀要求個人「是什麼」，而不是「做什麼」，亦即要求個人必須養成某種的性格、心向、作風等等。布氏認爲此一意義下的道德觀比較接近馬克思的想法與作法。

　　馬克思避免使用當代道德哲學家所慣用的詞彙，不僅是由於他認爲這些道德語言既無效果，又是虛幻不實，也是由於他所關懷的事項與他們大異其趣。普通道德家勸人不偷、不搶、不淫，但卻沒想到當代的勞動群眾早已轉變成商品（CW 6: 113, 125），成爲偷、搶、淫的犧牲品，這也是馬克思何以抨擊商品拜物教的主因。

　　要之，馬克思認爲應該在倫理規則之外尋找造成這些規則的現實，這些現實構成了人們每日實際的生活。道德要求我們怎樣生活，但現實卻讓我們過著完全不同的生活。我們在社會中所採取的生活之道才是我們眞正的生活，這也才能顯示我們的本色，這是人作爲人最重要的部分。在這種情形下，現實與道德似乎分家，亦即道德律則似乎與我們的生活完全脫節。傳統的道德，義務的倫理，都與現實生活脫節，這是造成馬克思痛批道德與倫理的因由。馬克思不追求同現實脫離的道德，而是追求能夠眞實反映我們日常生活，把現實生活與道德關懷加以統一的倫理觀。因之，馬克思的道德觀表面上顯示贊成道德與反對道德的矛盾，但這種矛盾卻是相容而且可以化解的。另一方面馬克思的道德觀較之一般哲學家的道德觀要開闊得多、廣包得多。馬克思不輕言義務的倫理，卻重視德性的倫理，這點可以批駁很多人否認他有道德觀、倫理觀的說法（Brenkert 1983：20）。

　　義務的倫理只是要求人們對約定俗成的道德義務（不偷、不搶、不淫、不殺生等德目）的遵守。反之，德性的倫理在要求人們爭取自由、追求解放、實現自我。這種差別無疑地建立在馬克思的人性論、社群觀、宇宙觀之上，這兩者的分辨在下文中仍會由兩組的觀點的對比顯現出來。

　　在這種理解下，馬克思的道德觀與古希臘哲人的道德觀是相似的。蓋古代哲人視人的德性與生活的美善爲道德主要關懷的焦點。古希臘人不重道德的義務，而卻關心怎樣的生活比較適合個人去追求。倘若馬克思不是抨擊他那個時代裡狹隘的與無效率的道德的話，他應該也會同古希臘人一樣追求這類的道德。

　　馬克思所理解的道德與倫理，比常人所期待的概念要大得多。他的倫理觀

主要在為道德的生活，或高品質的生活提供一項性質的描述。顯然他心目中的道德生活是與物質基礎無從分離的。

Jacques Bazun

Roy Bhaskar

George E. McCarthy

William Frankena

二、馬克思倫理觀的詮釋

（一）法權觀念與解放的倫理觀

我們除了簡介布連克特分辨馬克思義務的倫理與德性的倫理之外，也想提及近年間新馬克思主義者對馬克思的道德學說所持不同的看法。如眾所知，馬克思的道德觀充滿了弔詭，一方面他批判流行於資本主義社會，為布爾喬亞所奉行的道德觀。另一方面他期盼在未來共產主義社會實現普勞階級的道德觀。要化解這一弔詭，依據陸克士（Steven Lukes）的看法，應仿效馬克思

本人的區分，亦即辨別「法權的道德」（morality of Recht）和「解放的道德」（morality of emancipation）的不同。

德文的 Recht，相當於法文的 droit，也相當於義大利文的 diritto，比英文的 law、right 涵義更多更廣，而有點介於道德與法律之間，它也包含正義、公道、權利與義務等概念（Lukes 1985: 28）；這裡我們把 Recht 翻譯為法權，亦即廣義的法律兼道德的意思。

馬克思與恩格斯瞧不起「個人對法權（Recht）概念的信持」。這些概念應該要「從個人的腦子裡剔除出去」（CW 5: 362）。談到「法權」，他們說：「我們和許多人都強調共產主義是反對法權的，不管是政治的、還是私人的，包括這種法律在最普遍的形式下所顯示的人權」（ibid., 209）[5]。

在〈論猶太人問題〉一文中，馬克思認為所謂的人權云云，不過是作為市民社會一份子的個人之權利，是自私者之權利，亦即與別人脫離、和社群（community）脫離的個人之權利。這種人之自由權利並不立基於人與人之組合，而是立基於人與人之離析。這是一種同離析分不開的權利，是嚴格的受限制底個人之權利，亦即完全限縮到他自身的個人之權利（CW 3: 162）。這種個人實際上可以適用的權利，也不過是對私產擁有與支配的權利而已。

馬克思視這種私產的濫用與私產權利的支配，而不考慮到別人、或社會的需要，不過是「自我利益的權利」，擁有這些私益之權利乃為市民社會的基礎，其結果導致「每個人視他人不是自己自由的實現，而是自由實現的阻礙」（ibid., 163）。

人類的解放則與此類自私自利、保護私產的權利相反，它的完成是靠「真實的個人再度把自己融合到抽象的公民裡頭。一旦個人在其日常生活裡、在其特殊的工作上、在其特殊的處境上，變成了種類之物（species being）；也就是當人們承認、同時組織他特別的力量為社會力量之時，其結果不再把社會力從其自身分離，而以政治力的形式出現之時，人的解放才告完成」（ibid., 168）。

對馬克思而言，人類的解放意謂使歷史前（人類真正創造屬於他們的歷史

5　馬克思主義同極端的革命性社會主義，以及無政府主義一樣對法律持敵對的態度，原因是布爾喬亞的法律在保護私產、維持社會的不平等和階級宰制。人類對法律的需要將隨共產主義社會的到來，而告消失。青年馬克思認為真正的法律為自由的系統化，是人類行為的內在約束，而非以壓迫的形式由外頭強加於個人身上的束縛。

之前）的人類之束縛獲得解脫。蓋在人類眞正創造歷史之前，人類仍舊是受到工資或薪水所役使的奴隸（wage-slavery），同時也是遭受剝削的可憐蟲。因之，解放意味著這些桎梏的解除，使人類躋入亮麗的、團結的社會共同體（社群）之中，同時也使個人得以自我實現（self-realization）。在這種理想的情境中「分離的個人、或分離的家庭之利益，同所有彼此來往交易的個人合起來的共同利益，這兩者之間的矛盾得以消除」（*CW* 5: 46）。

　　陸克士說要解除馬克思道德觀的矛盾，主要就在分辨法權的道德與解放的道德兩者之不同，前者爲馬克思及其追隨者斥責爲意識形態的、虛幻的、違離時代（時代顚倒）的倫理規範。反之，馬克思主義者接受解放的道德觀。在他們的眼中，人類的解放包括從法權中解脫出來，也從造成法權的條件下解脫出來（Lukes 1985: 29）。

　　對馬克思而言，規範市民社會與國家的關係之法律與原則是植基於物質條件之上，所謂的物質條件乃是造成某一社會秩序中生產關係和階級關係的穩定力量。法權的原則只有這樣理解才能解釋清楚。正如恩格斯所言：「社會公平與否完全取決於討論生產和交易的科學，亦即政治經濟學」（引自Wood 1972: 15）。總之，法權的原則既不能理解爲一組客觀的規範、一組獨立的評定社會關係的理性標準，也非黑格爾所說的把主觀與客觀自由統合，或維持社會關係的理性方法，而是法權本身必須解釋爲從物質條件中衍生出來的事物。

　　這表示馬克思所以反對法權的理由在於它內在、內涵的意識形態性。原來法權自認提供客觀的原則以界定何者爲「公道」，何者爲「公平」，也爲「權利」和「義務」下了定義，它還主張這些原則是放之四海而皆準、俟諸百世而不惑，也爲社會所有成員的利益提供服務，它自稱自主而獨立於特殊的、個別的、黨派利益之外。事實上剛好相反，這些原則就在掩蓋法權原則之社會功能，目的在保護已存在的秩序所形成的社會關係，因此，依馬克思之觀點，法權的所有主張都是表面的、虛幻的，它是徹頭徹尾爲布爾喬亞利益服務的意識形態。

　　馬克思斥責國家是社會力量的異化，是市民社會的扭曲。由立法機關訂定、行政和司法機關執行的法律和命令自然是偏袒資產階級，成爲統治階級權利和利益的護身符，是以法律無從實現正義和公平（洪鎌德1991:176; 2004b: 110-114）。

　　為何要設置法權？是否設置法權有其條件？這是值得吾人思考的[6]。

　　法權設立的條件至少有三：（1）資源的稀少性，或稱對於可欲之物的限制；（2）人的自私，或稱無條件的利他及助人的精神之缺乏；（3）產生各種衝突性的要求。有了這三種條件遂導致人群必須設置官司以公平裁判何者為是，何者為非，何人對何物之擁有占優先，何人居後。要之，這種人與人的衝突乃為產自個人、或人群之不同的利益衝突。

　　除了上述三個條件之外仍可加上第四個條件，亦即（4）欠缺完整的訊息與理解。人們沒有辦法把各種互相衝突矛盾的看法取得一致的見解，或對公共利益和私人利益的共同重疊之處加以統一起來，凝結成共識（Lukes 1985: 32）。但對上述存在於人類生活的條件，馬克思及其黨徒都否認其存在。馬克思和恩格斯說：法權是從人們的物質關係中，也是從人們彼此的敵對中產生出來（CW 5: 318）。

　　馬克思和恩格斯相信人的關係與衝突必然會化解，原因是他們不認為稀少性（缺乏）、自私和爭執是一成不變、內存於人類的生活條件裡。因之，他們相信未來共產主義的社會，將以人類團結一致的「透明」形式呈現出來。原因是未來的社會生活必定會受著大眾理性的管制。此外，人類將會把未來社會中重大衝突的因由化解於無形。在《神聖家族》（1845）一書中，馬克思與恩格斯說：

> 假使啟蒙性的自我利益是所有道德的原則的話，那麼個人的私利必須
> 與全人類的利益相符合相一致……假使人是受到環境的塑造，所以他
> 的環境必須是符合人性的，能夠為人所接受的。（CW 4: 131）

　　因之，馬克思認為法權設立的條件是受到歷史制約的，只存在於階級社會裡，而早晚會被消除、被取代的。馬克思主義相信人類未來的統一，是一種透明的、過著富裕生活的統一、和諧，也是克服公共人（公民）與私自人（市民）的分辨，同時也化解自私與利他的分別。

　　由是可知，法權不僅其內涵是意識形態的，只為階級社會的穩定而服務，也掩蓋了階級利益，而促使它自認可以排難解紛，作出合理的仲裁。

6　造成Recht的條件，與羅爾士（John Rawls）的原初情境（original position）、或公平的境況（circumstances of justice）相似，參考Rawls 1971: 4, 17-22, 126-130.

　　法權提供給爭執的雙方（敵對階級）解決衝突的妥協辦法，從而使階級鬥爭延緩，這是馬克思何以反對法權的另一個因由。在這種了解下，馬克思對作爲法權的道德之理解，是把它看成與宗教一樣都是麻痺群眾，使群眾喪失鬥爭力量的鴉片（Lukes 1985: 35）。一旦解放的道德取代法權的道德，那麼後者麻痺群眾的作用全部消失，自然不需這類的道德來規範人們的生活，這將符合盧卡奇所言：「共產主義最終的目標乃是建構一個不需道德的社會，亦即在該社會中規範的、道德的自由將取代了法權的限制」（Lukács 1972: 48）。

　　上面指出陸克士分辨法權的道德觀與解放的道德觀之不同。如果我們拿陸克士的這種分辨，來與前節布連克特有關義務的倫理與德性的倫理之區隔相比較，便會發現法權的道德觀正蘊涵著義務的倫理觀；同時解放的道德觀所要實現的正是德性的倫理。因之，上述陸克士與布連克特對馬克思這兩組不同的觀念之分辨有助於吾人（1）發現馬克思道德觀與倫理學說表面上的矛盾，而實質上兩者無矛盾；（2）認識馬克思所追求的解放的道德與德性的倫理觀，從而把表面的矛盾加以化解清除；（3）瞭解到這種法權與解放的對立，義務與德性的矛盾，都可以靠辯證法的發展予以化解，這是本書作者的看法。

　　馬克思在排斥法權的道德觀，而擁抱了解放的道德觀之後，何以不給未來理想社會的道德一個較爲清楚的定位與定性呢？特別是道德對未來社會制度與實際運作有何涵義，也沒有清楚的交代。這除了由於馬克思厭惡給「未來的廚房一份規定的菜單」（C I, Afterword）之外，尚有其他的原因。原來馬克思主義其後的發展分別爲科學與反烏托邦的主流（Karl Kautsky爲代表）以及走向批判的與烏托邦的反主流（Ernst Bloch 1885-1977）此乃馬克思倫理觀裡頭弔詭中的弔詭（Lukes 1985: 362）。

　　如何解決馬克思的思想既是烏托邦，又是反烏托邦的弔詭呢？基本上我們可以說馬克思的想法裡頭有歧異、曖昧之處，他本身雖反對或排斥烏托邦，卻是一個十足的烏托邦者（洪鎌德 2010b: 369-372）[7]。

7　所謂的烏托邦或空想的社會主義係指拿破崙發動戰爭至1848年革命之間早期社會主義者，特別是聖西門、傅立葉和歐文的學說而言，把他們的學說與馬克思科學的社會主義對立起來，這是恩格斯的傑作。

Stephen Lukes　　　Karl Kautsky　　　Ernst Bloch　　　György Lukács

　　陸克士認為，馬恩所以與烏托邦的社會主義者劃清界線保持距離，是由於後者的幻想成空不夠成熟，並採反科學的態度之緣故，但兩人卻對空想社會主義者讚美備至，把後者對未來社會的遠見吸收在馬克思共產主義的社會裡。

　　烏托邦乃是科學性與革命性的死對頭。早期空想家的缺點就在於不知未來蘊藏在現在裡頭，要創造未來必須要改變現狀，而能夠改變現狀之階級捨普勞階級之外再無其他。馬克思又說：

> 正像經濟學家是布爾喬亞的科學代表，社會主義者與共產主義者為普勞階級的理論家，在普勞尚無法充分把自己構成一個階級之前，亦即普勞之對抗布爾喬亞的鬥爭尚不具政治鬥爭的性格之前，亦即生產力尚未在布爾喬亞懷中充分發展，俾使吾人得在瞥見普勞的解放與新社會的形成之前，那麼那些理論家只是空想者，他們為了滿足被壓迫者的願望，隨意指涉一個體系，然後嘗試追尋一種足以表述該體系之代表性科學。一旦衡量歷史向前發展而且普勞的鬥爭獲取清楚的輪廓，他們不必在其腦中尋找科學，他們只需注意到在其眼前發生的事實，而成為事情的闡釋者。一旦他們能夠看清這一面，那麼這個由歷史運動所產生的科學，也與歷史運動相伴隨的科學，不再只是徒托空言，而變成革命性的科學。（*CW* 6: 177-178）

　　上述的引言，使我們又進一層去理解馬克思怎樣看待科學的知識，從而顯示其科學觀與倫理觀並非徹底對立與矛盾，乃是可以相容，甚至相互蘊涵的觀點。換言之，一如黑格爾，馬克思相信歷史發展到某一階段，那麼資本主義自行轉化為社會主義變成可能，同時也就日漸明顯而易為人知。對這種事項的

知識便成為科學觀察者所能夠掌握的，儘管他尚無法對未來社會的情況徹底捕捉。馬克思認為對這種科學知識的適當回應就是革命的行動，這樣觀察家就會變成同情無產階級的理論家。馬、恩的科學觀點也是西方學界近年來研討爭論的一個焦點，有人指出這是科學實在論（洪鎌德 2010b: 302-303），馬恩則把科學連結到他們的史觀（唯物史觀）之上（前揭書306-309），由此可見科學與歷史和哲學的掛鉤。

顯然，由這種理論所表述的知識並非理想的未來的知識，而只是對目前自我改變的知識。這是馬克思何以反對空想的社會主義的原因，儘管他對人類未來的解放也是採取烏托邦式的企盼。

（二）馬克思的社會倫理觀

向來的哲學家一般只關注道德哲學作為獲致普遍的道德公理、公準和原理的手段。但是，這並不是馬克思所關注的重點。馬克思關注的是社會倫理（*Sittlichkeit*）而非道德（*Moralität*）的轉變，亦即他只注意在歷史上和哲學上的精神現象學和法哲學原理的發展。

馬克思較少地關注個人的反思、意向、選擇和自由意志。反之，他更關注社會制度是否扭曲和壓抑了人的種類（族類）本性？是否妨礙人類的自我實現的發展？因之他的道德哲學變成了對妨礙和限制真正道德行動可能性的社會制度之批判。

馬克思也反對只以階級的觀點來討論倫理。賀勒（Agnes Heller）認為很多馬克思主義者誤解了馬克思的倫理觀。例如對馬克思而言，道德觀念、道德規範是深植於整個社會生活過程，而許多人將道德理解成只是階級利益的表達。對馬克思而言所有的階級道德都是異化的，某些馬克思主義者則強調普勞階級的道德是良善的。對這些馬克思主義者而言，當普勞階級追求其利益時，個別的工人必須認同於整個階級，甚至必須犧牲他們私人的利益來換取更高的階級利益。以馬克思的觀點來說，這正是完全異化的倫理觀（Heller1991: 130），蓋不重社會整體，而只注意到某一階級的利益之緣故。

人是一個社會存在，有關道德的議題不能與制約道德原理的歷史和社會結構分開。先前，人被視為自主的道德存在者，但是隨著道德和社會之間關係這個議題的提出，道德和自由的意義開始改變了。問題變成是社會結構如何限制個人道德的實現。人唯有在未來烏托邦的社群（共同體）中才能發現他的本

質，也才能脫離道德的限制。

　　馬克思社會倫理觀的基礎是將人看做社會存在，這種對人的看法表現於他的哲學、社會學、經濟學的每個面向。馬克思的批判集中在資本主義摧毀了道德責任、義務和自主的道德的個人的可能性，以及摧毀了人的社會存在，摧毀了倫理共同體。

　　黑格爾將康德的道德轉變成國家和政治的問題，馬克思則將它轉變爲權力、階級和經濟的問題，也把它轉變成批判政治經濟學的概念和現實的問題，並更進一步轉變成社會實踐和工人革命的問題。馬克思的目標是批判自然法理論家、功利主義者和政治經濟學家的道德內容[8]，這種道德內容是倫理共同體的知識障礙，使其不能有其他的道德判準。

　　在〈論猶太人問題〉一文中，馬克思從宗教的批判發展成對自然法之批判，以及對市民社會中人的權利之批判。他指出平等權、自由權、財產權並不是普遍的人類權利，而是市民社會所展現的利己主義的權利。

> 可見，任何一種所謂人權都沒有超出利己主義的人，沒有超出作爲市民社會的成員的人，即作爲封閉於自身、私人利益、私人任性、同時脫離社會整體的個人的人。在這些權利中，人絕不是種類存在物；相反地，種類生活本身即是社會，社會卻是個人的外部侷限，卻是他們原有的獨立性的限制。把人和社會聯結起來的唯一綁帶是自然的必然性，是需要和私人利益，是對他們財產和利己主義個人的保存。
> （*CW* 3: 134）

　　馬克思在《資本論》第一卷中批判地反省資本主義社會的內部矛盾，認爲這種內部矛盾使得奠基於理性的和倫理的原理之上的共同體變成不可能。

　　因此，這種內部矛盾以往被詮釋成馬克思實證主義的、預測的科學底基礎，此並非馬克思批判性科學的原初用意。如果經濟和社會發展的規律有像上帝一般的性質而且被視爲理性的實現，那麼道德行動和人類自由的可能性就喪失了。

　　如果人們認清經濟的客觀規律只不過是社會階級關係的現象形式，那麼人

8　馬克思批評政治經濟學家之處可參考洪鎌德1999b《當代政治經濟學》，台北：揚智，第51-75, 79-85, 94-95, 98頁。

們應超脫這層關係，而爲道德行動可能性的條件做好安排。隨著對社會與經濟現實的了解，人類就有了創建倫理共同體的可能。

上面這段敘述，在指明馬克思強調人的社會存有根源於人的種類本質，其目的在營構一個無異化、無剝削，卻充滿自由和實現人的社會存有之本質的共同體。可是在理想的共同體尚未建立之前，人類卻生活在市民社會、階級與國家之中，其結果必須遵循階級、社會的典章規範，而造成法權觀念的囂張，也導致寰宇的、種類的社會存有、以及社會倫理之衰弱。其結果共同體暫時無法建立，人的自我實現也告落空。

（三）馬克思自我實現的倫理觀

人類的「自我實現」是個非常吸引人的觀念，這個觀念歷史悠久，早在亞里士多德時代就已經出現，然而這個觀念也一再地受到批評。什麼是人類自我實現的適當方式呢？如果自我實現是靠廣泛地從事各種活動，那麼倘或不能好好地完成一項活動，生命也就無法完滿。如果自我實現是靠從事與本性相符的活動來達成，則必須先假定「人的本性」。再者，我們又根據什麼理由認爲這樣人類就會更快樂、或更美好呢？

爾來有幾位哲學家的著作特別針對馬克思的自我實現觀加以批評，他們聲稱馬克思的自我實現觀中出現了個人主義的原則和社群的原則（Communitarian Principle）之間的矛盾[9]。

馬克思心目中理想的社會是「社群」、是「共同體」（*Gemeinschaft*; Community），這種社群是聯合的生產者所構成的共產主義社會。在這種社會中，個人的自由與社會的自由完全合致，社群不再對個人施以任何外在的權威，而是個人的完全社會化（*Vergesellschaftung*）。

社群原則正是前面所提的人的社會存有、社會倫理所要追求建立的社群之組織原則。馬克思說：

> 只有在社群中個人的自由才可以實現，外表的社群儘管個人表面上圍

---

9 關於馬克思對社群或稱共同體的看法，本書作者在國科會1995/1996年度補助之研究計畫中已有所探討。本處所談的社群觀念僅涉及馬克思有關倫理方面的看法之剖析。參考本書第十三至十五章。

結一致，但社群仍脫離個人，與個人對立……但在眞正的社群裡，個
人們將在聯合中和透過聯合而獲取自由。（*CW* 5:78）

　　馬克思明白地否認人性是在人類歷史進程中深藏於個人內在的特性，認爲
人性的展現唯有在眞正的社群中才有可能，他強調這種人性的本質是在個人之
外發展出來的，個人只有在共產主義社會裡才能把這種本質納爲己有。
　　共產主義是促進個人的自我實現？還是種類的自我實現？馬克思認爲個人
的原則和社群的原則不致於發生衝突，這是否不切實際？主張個人的自我實現
總是和整個社群的自我實現相一致，這是否是烏托邦的看法？艾爾士特（John
Elster1940-　）是這類批評的代表。

艾爾士特為挪威社會哲學家、解析馬克思主義原創者之一，以*Making Sense of Marx*一書出名。曾執教於歐斯陸、芝大、哥大與法國諸大學

　　艾爾士特對自我實現的看法背後有一些假定：（1）選擇的自由是自我實
現的必要條件；換言之，個人只能在他所選擇的計畫範圍中實現自身；（2）
個人所實現的是特定的本質，因此每一個人只能以特定或有限的方式實現自
身；（3）自我實現不是全有或全無的問題，而是有程度的差別，我們可以
合理地說自我實現的極大化，和一個人比另一個人更達成了自我實現（Elster
1985）。然而，上述的三項假定，乃至於艾爾士特指稱馬克思自我實現觀之矛
盾的論證果眞能夠成立嗎？
　　有一種不週全的論述，是認爲社群的原則和個人的原則必定衝突，這種看
法認爲個人從事不同的活動、追求不同的目的，社群則要求個人追求同一的目
的。簡言之，個人的原則要求差異，社群的原則則要求統一。然而個人們從事
不同的活動卻追求一個共同的目標並不是不可能的，兩者並不必然衝突。
　　亞里士多德相信城邦的自給自足只能透過成員的異質性才能達成：所有
人之更美好的生活只有透過每個人提供不同、但互補的服務方可獲致。艾爾
士特則不是使用這種不週全的論證，他主要的主張是：即使在理想的社會安

排之下，個人和個人之間以及個人和整個社群之間，必有所交易、有所取捨（trade-offs）（Elster 1985: 89）。

　　首先，讓我們來看個人和社群之間的取捨情況：我們可以同意如果人類社會產生一個莎士比亞相較於不產生任何一個莎士比亞的話，那麼整個人類的潛能就更加發揮，更加實現。我們也可以同意如果一大群個人嘗試變成莎翁但失敗的話，唯一的單個莎翁反而愈可能產生。因此人類整體獲得一個真實的莎翁的利益和很多受挫的潛在莎翁的損失之間有一個替換關係。但是阿查德（David Archard）認為，這裡個人的損失是從滿足的觀點來說，而不是從自我實現的觀點來說，因為失敗的個人雖然不快樂、不滿足，但是卻比不嘗試之前擁有更大的自我實現之機會（Archard 1987:22）。

莎士比亞

英國應用哲學與倫理學者阿查德

　　接下來，我們看看個人之間的情況。前提有三個：（1）在既有稀少資源的情況下，不可能每個人都完全地實現自我（這與馬克思認為共產社會是豐裕的看法不同）；（2）因為每個人選擇不同的自我實現方式，所以每個人對於稀少資源有不同的需求。換言之，兩個個體相同程度的自我實現可能需要不同程度的資源利用；（3）一般都同意，馬克思較贊同所有人有相等的最大的自我實現，而較不贊成均等地使用資源。因此產生兩項個人之間取捨的問題，第一項問題是自我實現相對昂貴的問題，第二項問題是自我實現過分昂貴的問題，這兩項問題都有賴個人之間的取捨來解決。

　　這種取捨顯示了個人的原則與社群的原則不能相容。社會中必須有一些人放棄部分的自我實現，也就是不能依自己的自由選擇來達成所期望的自我實現。艾爾士特認為在這種情況下必得透過強制性地分享資源，每個個人才能達成同樣程度的自我實現。

　　的確，艾爾士特的分析是相當的正確，這是建立在至今爲止對人性正確的理解之上，亦即對個人與社會的利益並非協調一致的正確認識之上。然則，假使透過社會實踐、教育與未來人類知識、道德的提升，而使人類的生產力大爲躍進，進而眞正能夠避免落入貧窮匱乏的宿命時，那麼自我實現的可能性將會大增。屆時艾氏對馬克思共產主義社會的批評就會失去效準。需知馬克思所受亞里士多德的影響至深。亞氏說：人有潛能（potentiality），如何把每個人的潛能轉化爲現能（actuality）是符合生命變化生成的原則。近年間研究亞氏學說者，咸認亞氏學說對馬克思的影響是重大的、深遠的（McCarthy 1990:13）

　　要之，社會性要求社群的和諧共榮，自我實現則爲成就個人的潛能、稟賦。這兩者的矛盾，要加以化除，只有當人類的物質匱乏改善之後；也就是在社群克服匱乏、進入富裕之後，每一人的自由發展（自我實現）才可以成爲所有的人自由發展（社會性的實現）之條件（CW 6: 506）。

　　事實上自我實現的特殊問題，只是一個普遍令人困惑的例子：即在資源稀少性的情況下，如何調節慾望和利益。而馬克思是靠遵循兩項烏托邦的假定來消除這種困境：第一爲共產社會的豐饒使資源稀少不再成爲問題；第二爲個人之間的利益和慾望不會發生衝突。因此，在馬克思那裡，個人原則和社群原則之間並不存在著矛盾。

　　就資源稀少的情況而言，個人追求不同的利益，這種追求必定造成衝突，如何「統合」（調解）個人和社群？如何達成和諧？

　　關於這點阿查德區分了社會性（sociality）與和諧（harmony）的觀念，來說明個體原則與社群原則之不相衝突。共產主義的社會性在於個人直接與他人聯繫，這些關係是在人們集體的控制之下，而且這些關係是普遍的、不受限制的、不受局部的、地方性之牽累。因此，社會性的觀念與和諧的觀念不同，和諧的觀念只是指涉個人的利益和慾望，和諧的社會則是沒有衝突的社會，這或者出自於個人之間並沒有不相容的利益，或者出自於每一個人總是準備爲了他人的利益而放棄自己的利益（Archard 1987: 29 ff.）。

　　很遺憾的是，關於馬克思對個體和社群的「統合」，普遍只是理解爲馬克思預見共產社會爲像上述那般祥和的社會。但是阿查德的詮釋認爲馬克思所謂的統合是「社會性」，而非「和諧」。

　　馬克思認爲作爲資本主義特質的個人主義有兩項特徵：相互冷漠和自私。每一個人對於他的同伴不感興趣、不生關懷，而且每一個人的特殊利益、活動和目標是私人的，各自追求而不涉及其他人。同時，每個人利己主義式地追

求私自的利益，把別人當作手段，而非目的。馬克思相信在資本主義下這兩項特徵是相互關聯的。因此在批判作爲資本主義之道德哲學的功利主義時，馬克思寫道：「……每一個人看到的只是自己的好處，將他們聯繫起來的唯一力量是每一個人的自私、利得和私人利益，每一個人只關心自身，沒有人關心其他人」（CW 5:413）。

共產主義下的個人則完全相反，每個人對他人的利益倍感興趣，不再私自地追求自己的目標而不管別人。相互間的感覺興趣並不蘊涵利他主義，但馬克思相信「社會性」除了終止剝削之外，也將是社會和諧的前提。

在共產主義下，馬克思不相信個人利益會被社會的一般利益或種類的利益所取代；馬克思也不相信，個人間的利益差別會消失。但馬克思或許相信，無論有什麼差異，都能以非敵對的方式消除歧異，而不用訴諸於強制。他或許也這樣相信，當每個人有作爲社會一份子的感覺，而且將他所屬的社會視爲在共同控制下與他人的共同關係時，就有意願以基本上道德的方式來解決人與人之間的差異。因此，將個體和社群的「統合」理解爲社會性，其重要性在於展示馬克思至少有一些理由相信共產主義下個人間的關係是非敵對的。如果只是將統合理解爲和諧，那麼馬克思的信念就缺乏明顯的基礎，也只是烏托邦的假定而已。

馬克思相信在眞正人的活動中，也就是眞正的社會活動中，個人不會漠視其他人的命運，一個人的活動將是他人的證實或客觀化。

> 我生產某物將是我的個體性和特殊性的客觀化，你作爲其他人類，可以使用我的產品並從中獲得滿足，因此我會從我的產品能夠滿足別人的需要，亦即客觀化人的本質及它創造了適合其他人需要的對象中獲得直接且有意識的滿足。
> 在我個人的活動中，我直接創造了你的生活，在我個人的活動中我將直接地證實和實現我眞正的人的和社會的性質。我們的生產會是反映我們本性的許多鏡子。（CW 5:281）

艾爾士特曾經說到「透過創造的工作之自我實現是馬克思共產主義的本質」。「這是馬克思思想中最有價值、最持久的部分」。

馬克思的自我實現觀的確是最有價值、和持久的理想，但它並不限於個人的創造活動。馬克思不認爲人的本質只是勞動而已，馬克思還認爲人的本質是

人的共同本質（*Gemeinwesen*），亦即社群（*CW* 5:271）。換言之，人不僅透過創造的活動來實現自身，還在社群中為了共同的利益而從事創造。因之，上述所說的社會性就是實現人類共同的本性。

那麼很明顯的，馬克思並非把人的社會性、社會存有、種類本質等等概念，拿來與人的自我實現之理念相互對立，甚至相互對抗。剛好相反，只有在共同體當中，個人的自我實現才有可能，也只有當個人可以實踐其潛能，人的社會存有才能顯示其真義。共同體是實現人的社會性之場域。

由於馬克思統合個體與社群的意思不只是和諧，更是社會性，因此他展現了一種比普通所設想的還要豐富的自我實現觀，而且也使得共產主義可以是一和諧而無衝突的社會這一信念更有意義。在這種理解下，不妨把馬克思的道德觀，視為人自我實現的倫理觀。

三、對馬克思倫理觀的批評

（一）馬克思道德觀缺乏前後的連貫性

馬克思對道德的態度以及他對倫理問題的說詞，長久以來爭論不斷，有些評論家主張馬克思是一道德相對論者，還有一些評論家主張馬克思是一道德現實主義者、非道德論者。雖然這些看法都包含部分道理，但是它們絕非完全真確。事實是馬克思的社會理論的確包含有道德內容，此項道德內容是奠基在人本主義與唯物史觀之上。畢竟馬克思對資本主義之非難基本上是道德的非難。馬克思和恩格斯都談到布爾喬亞經濟學家和神學家的偽善和不道德，他們只耽溺於道德反思，為了不道德的目的來濫用道德（洪鎌德2010b: 325-327）。以上是有關馬克思以其特定道德觀來駁斥資本主義的不道德與濫用道德。另一方面馬克思一直不願意有系統地陳述他特定的道德信念，不喜歡道德化和沒有效果的道德說教，在他心目中，「道德化」總是與偽善與矯飾有關。

辯證唯物論提供了一套對道德的社會學詮釋，它是與康德式的規範性道德學說完全相對立的。對於馬克思和恩格斯而言，世上不存在不變的範疇性（絕對、定言）命令，只存在可變的社會命令，正是這些社會命令創造了和決定了

倫理學的規範和原理。他們否認超越時空脈絡、和超越經驗事實的規範和理想之存在（Churchich 1994:29）。

　　與歷史上現實社會相反地，馬克思和恩格斯卻又承認倫理思想在共產社會存在的必要，以及道德將扮演的角色。易言之，馬克思主義對未來社會的理想也是一種的道德理想。的確，馬克思對異化的超越（揚棄）和無階級社會建立的信念並不是一項「可驗證的事實」，而只是一項理想。當馬克思說到共產主義者「沒有什麼要去實現的理想，所要做的只是釋放出新社會的要素」。他的意思是我們必須拋棄舊理想，確認從物質條件產生的新理想。在分析馬克思和恩格斯對倫理和道德的看法之後，我們會發現他們並不直接處理傳統的道德問題。傳統的道德問題是意識形態的問題，馬克思認為只有從「生活的物質生產」，才能說明不同的理論產物和意識形式的起源和發展。要之，馬克思不談傳統與現實的道德，只談未來的道德，或以新道德觀來看共產主義社會的出現。這就是造成其道德觀與倫理觀的前後不一致。

　　邱奇齊（Nicholas Churchich）認為馬克思忽略了心理因素在道德領域的重要性，個人的道德生活並非只是外部環境的產物。事實上，外部環境是透過內在因素來影響道德生活的整個過程。可是馬克思卻拒絕給予心靈和意志以獨立的地位。

邱奇齊及其著作結構主義的馬派理論家阿圖舍

　　邱氏認為對於馬克思哲學思想加以詮釋絕非易事，因為馬克思並非一位首尾連貫的作家。在閱讀馬克思對於道德和倫理的看法之後，我們會發現其中有許多曖昧和矛盾之處。有些馬克思主義者強調馬克思思想的連貫性，另一些馬克思主義者則強調馬克思思想的斷裂性。邱氏卻認為無庸置疑馬克思思想的發

展是有斷裂，《德意志意識形態》、《共產黨宣言》與《經濟與哲學手稿》及其他早期著作是有相當地不同。馬克思成熟期的作品強調階級鬥爭以及曖昧地提到共產社會「對道德的拒絕」，這點與早期作品強調自我異化和自我實現有相當程度的不同（Churchich 1994: 31）。阿圖舍強調青年與壯年的馬克思有認知學上的斷裂。

在《經濟與哲學手稿》中，馬克思提到在政治經濟學的倫理學當中，所有人的價值被貶低爲商業價值，馬克思還主張異化可以被描述爲「不應當存在的錯誤和缺失」。有些評論家主張馬克思對異化和自我異化的看法與道德無關，然而對邱氏而言，這種主張是站不住腳的。

確實如此，馬克思非難資本家的不道德，正是出自道德的理由，而不是其他的理由。畢竟，「欺騙」、「罪惡」、「榮譽」、「殘酷」、「貪婪」、「道德律則」、「不道德」這些在《經濟與哲學手稿》中使用的字眼，皆是道德字眼。另外，「應該」，以及「要求人們做某事」（搞革命推翻資本主義體制）這些規範性的字眼也明顯地指出了馬克思的道德觀點和倫理訴求（洪鎌德、梁文傑 1995: 201）。同時期恩格斯的〈政治經濟學批判大綱〉（1844）雖然一度被馬克思指爲充滿了「抽象的普遍道德原理」，但是卻也被馬克思高度評價爲「批判經濟範疇的天才大綱」。

根據阿圖舍的看法，在《德意志意識形態》和《共產黨宣言》中，馬克思明確地拒絕了任何形式的倫理學和道德學說的可能性。另外也有一些學者們持有類似的看法。他們的觀點是建立在一些相當含糊零星的段落之上。在《德意志意識形態》中，馬克思提到共產主義「摧毀了所有道德的基礎，無論是禁慾主義的道德或享樂主義的道德」（CW 5: 419）。他們也相信馬克思在《共產黨宣言》中對於對手的簡短評論：「共產主義廢除了所有的宗教和所有的道德」（CW 6:504），等於拒絕了所有的道德。

事實是馬克思在《德意志意識形態》和《共產黨宣言》二本著作當中對於道德的說法是如此含混、曖昧，以致於我們可以從中得到任何我們想要的結論。雖然在這裡道德被視爲意識形態的、虛幻的，但是這裡「所有道德」的意思，應當是指既存的布爾喬亞道德、或掩飾資產階級利益的道德。從這句子的後面，「無論是禁慾主義的道德或享樂主義的道德」就可以看出這個意思。其中禁慾主義的道德和馬克思在《經濟與哲學手稿》和《神聖家族》中譴責的是同樣的現象。享樂主義的道德則指的是資產階級功利主義者的道德，例如，法國哲學家鄂爾維秋（Claude Adrien Helvétius 1715-1771）與英國思想家邊沁和

穆勒，他們將所有既存的關係從屬於效用的關係之下，由此傳播了奠基在人剝削人的基礎上之階級道德。

　　根據史托雅諾維齊（Svetozar Stojanovic 1931-2010）的看法，上面引用的兩個段落是馬克思對資產階級道德的敵意，而非對道德本身的敵意。從馬克思在《神聖家族》、《哲學的貧困》和《資本論》中的論證可以如此假定，那就是馬克思的觀點代表了一種真正人的道德的觀點，這種真正人的道德總是不斷受到既存的資產階級道德的否定。在《神聖家族》中，馬克思強調人的道德與非人的道德之區分，他只是斷然拒絕了資產階級道德，因為它並非真正人的道德（Stojanovic 1973:144）。

　　儘管馬克思繼續非難資產階級的階級道德，在《政治經濟學批判綱要》和《資本論》中道德不被視為意識形態的幻象。馬克思在《資本論》中指出資本主義的生產方式是如此地殘酷及非人性，以致於「將人公然切割為片段，貶低成只是機器的附屬品」。很顯然的，像在其他地方一樣，馬克思在這些作品中強烈地批判資產階級的階級道德偽裝成真正人的道德。從馬克思的觀點來看，只有奠基在對於人類需要和慾求之社會、歷史與辯證性格的了解之上的共產主義道德，才是真正人的道德。馬克思認為在共產社會中，個人的道德將完全融匯於集體的道德之中。馬克思相信「整體」比它的「部分」還要真實，個人如果不是整體的成員，嚴格說來不可能是道德的。他主張部分在整體中的統一，最好由作為整個社會代表的革命無產階級來加以保障。孤立的個人，施悌涅（Max Stirner 1806-1856）的「唯一者」，就像費爾巴哈的「一般的人」都是抽象，都不能作為道德律則和命令的承載者。

　　以上是指出當代新馬理論家中，批評馬克思學說，特別是道德觀和倫理看法，在其前後著作中不連貫的現象。這種說詞受到阿圖舍所稱馬克思認知的斷裂說之影響。與其說這是馬克思倫理觀的斷裂，還不如說他前後學說重點放置的不同。因之，這項對馬克思道德學說不連貫的批評，在這裡我們可以加以復述，但並不表示本書作者認同這項的主張。

史氏為塞爾維亞政治與社會哲學家，發揚馬克思學說中的人本主義和人道思想；
右邊為施悌涅（Max Stirner 1806-1856）為黑格爾青年門徒之一

（二）異化的克服與道德的逃避

　　我們認為由於馬克思過於強調物質條件決定了道德現象，這使得他的道德觀太褊狹、且不夠實際。雖然倫理和道德是由階級結構來決定，但是並非由階級結構所創造。馬克思認為所有形式的道德之根源只在於社會經濟條件，但馬克思這種教條似乎有商榷的必要。由這項強調經濟和物質條件的首要性，引伸出馬克思主義倫理學可能的疏忽，亦即忽視個人的自我修持、個人的道德操守，其結果容易造成將個人道德隸屬於集體的道德。我們不禁要問：何以只有集體道德才是真正的道德呢？這點是令人費解的。

　　然則，馬克思視普勞革命完成之前，也就是生活於資本主義社會中的人之異化，根本上為經濟生活的異化。殊不知個人生活的異化除了經濟的異化之外，卻是人精神生活和心靈生活的異化。依據塔克爾的說法，這乃是企圖與神或上天齊等的超人之狂妄，也是自我的病態。人非生而異化，而是具有異化的潛在可能性（洪鎌德 2010b: 170-172）。早期的馬克思尚能理解異化乃為個人生活所遭逢的事實。異化固然由環境造成，但何嘗不是深藏於人心？可是後期的馬克思卻把產自於個人「自私的需要」之異化，加以普遍化，與寰宇化，而推及於全人類，然後把全人類分成兩半（布爾喬亞與普勞階級），並強調這兩階級彼此的相互傾軋、相互敵峙、相互鬥爭（Tucker 1972: 31 *ff.*；洪鎌德 *ibid.*, 293 *ff.*）。

　　馬克思雖然找出異化的病源為個人「自私的需要」，但克服這種自私與異

化，在很大的範圍內是個人的道德修養、自我節制。

　　不錯，自私未必與道德相違，自我主義（egoism 利己主張）也是使個體、自我得以保持不墜，使個我的自主性可以揮灑的道德學說，而自私（egotism）則是以某種道德學說為依據對於自我主義的價值判斷。但青年時期馬克思，卻視自私自利、忘記大我、忽視社群為異化之根源。要克服自私與異化，青年馬克思認為只有倡導無產階級的革命，摧毀資本主義制度和建立共產主義社會才能完成。亦即只有典章制度的改變，才能使個人脫胎換骨，而忘記道德的修持與倫理的啟發有助於個人克服自私自利。在這種情形下，他不贊成道德的教育與修養有助於自私的去除。

　　換言之，人的道德修養是達成「自我改變」（change of the self）的動力。如果一開始人懂得在道德上反抗本身貪婪的惡性、自私的驅力，起而反抗迫使個人掉入奴役（役於人、役於物）的力量，那麼其後產生的解放運動就成為道德活動之繼續。這樣才稱得上是人類的自我釐清與自我改變。這種從自我認識（蘇格拉底的主張）、到自我理解（黑格爾的主張）、到自我解放（馬克思的主張），就是不折不扣的道德革命。這種道德革命並不是非靠暴力不行，也有可能憑藉內心的修持或社會改革的步驟，使人對生產資料重新擁有，來達到人類自我的解放。

　　馬克思可能的貢獻在於應體認到必須尋覓超越或揚棄異化的手段。可惜他似乎並未達致這種體認，這是他理論的缺失。易言之，馬克思整個體系企圖擺脫異化和個人尋求克服異化的手段此一歷程。塔克爾認為馬克思這種策略，無異於把個人追求道德完善的責任拋開，而去擁抱群眾，投入普勞階級的革命行列，這是一種道德的逃避主義（moral escapism）。作為馬克思中心思想的道德逃避主義，尚且表現在自我改變的手段之上。馬克思不認為個人應該進德修業，而是把解放的工作讓渡給予集體——普勞階級。這種解放過程的集體化，以及個人自我解放責任的避開，其結果造成人的激情之一方摧毀激情的另一方，工人生產資料之被剝奪，使他成為非人化的個人。這種非人——工人——在憤怒、痛恨、嫉妒、貪婪的驅使下，對另外一批人——資本家——產生激烈的反抗與鬥爭。於是對權力的貪慾對上了反權力的追求，貪婪對上了反貪婪，導致人類陷於永無休止的爭執不和之中，這是馬克思對倫理道德輕視的最大惡果（Tucker 1969: 240-243）。

　　馬克思和恩格斯批判資產階級社會的「偽善」、「為了不道德的目的來誤用道德」，無疑是正確的，然而，當他們假定這些道德的負面現象在共產社會

將完全消失，這種看法卻是錯誤。馬克思在早期著作中談到「粗陋的和無思想的共產主義」的殘忍、野蠻和貪婪。後來，他自相矛盾，忽視了這些惡行而去頌揚「普勞階級的道德」。然而，儘管馬克思倫理思想中有這些含混和不一致之處，他主張人作為一種真正理性的、意識性的存有者之尊嚴，這一看法卻包含了崇高的、重要的道德真理。

美國馬克思哲學詮釋者與蘇俄問題專家塔克爾（Robert C.Tucker 1918-2010）

（三）善惡是非的價值標準取決於社會與經濟的需要

馬克思和恩格斯認為善與惡的對立，只有以辯證思考的觀點來考察才能滿意地說明。同黑格爾一樣，馬克思和恩格斯認為沒有一種惡無法被善所超越和吸收，由於善惡兩觀念的辯證互動，善終將戰勝惡，勞動終將戰勝資本。與黑格爾不同的是，馬克思和恩格斯主張善、惡，是、非均為歷史的概念，而且只有聯繫到社會中人的行為才有意義。馬克思和恩格斯避免去討論善、惡、是、非的形而上學性質，他們認為人類值得稱讚的活動之終極原因不在於其意志而在於其需要。在歷史的進程中，這些需要改變了，善、惡，是、非的意義也就跟著改變。

馬克思在《德意志意識形態》中嘲笑「自在自為的是」（right in and for itself）這種看法，在其他的著作中他也明確地排除形而上學地使用「是」與「非」，因為這蘊涵了確實有無法為社會──經濟現實──所化約的「客觀的是」（objective rightness）這樣的東西。

從馬克思和恩格斯的觀點看來，價值如果與事實分離開來就沒有意義，與實際歷史事實分離的抽象的善和抽象的是（rightness）沒有任何價值。辯證唯

物論摒棄功利主義和實證主義這兩者非辯證的觀點，因為它們將所有的價值化約成主觀的情緒。功利主義以貨幣所得的觀點來看待道德價值，實證主義則以純粹主觀的情感和感覺資料的觀點來看待道德價值，兩者所強調的皆為事物的價值，而非人的價值。馬克思指出藉由增加事物的價值，布爾喬亞經濟學家貶低了人的價值。在道德和社會世界所有既存價值當中，馬克思認為人的自由和尊嚴才是最重要的價值。

上面我們指出馬克思和恩格斯忽略了這樣的事實，那就是道德價值除非關聯於心靈和精神，否則是沒有意義的，正像精神分析家雍恪（Carl Jung 1875-1961）的說法一樣：心靈擁有「高度發展的評價系統」，物質和經濟力量則不然。

雍恪為瑞士心理學家、精神科醫師，分析心理學的創始者

根據馬克思和恩格斯的說法，約束人類行為的道德標準是出自於社會的經濟需要，至於說這些標準在道德命令中如何能有規範性的力量，如何引出「應然」，他們並無說明。因為如果像他們所主張的那樣，道德標準只是反映人的經濟地位，只是隨著社會經濟關係的發展而發展，那麼道德標準就只能擁有描述性的力量，亦即只做事實的描述，而不做價值的判斷。然而馬克思主義者談到需要「高道德標準」來引導人們創造人本的價值和無產階級社會，他們相信價值既是描述性又是規範性的範疇，也就是價值無法與事實分離。

馬克思這種把價值與事實作辯證的結合，使向來的資產階級理論家（像韋伯）難以接受。後者不但強調價值與事實的區分，還認為應然無法從實然演繹而得。在強調價值中立的原則下，他們對馬克思道德觀的批評便是建立在應然與實然不加區隔之上（洪鎌德 1999a：22-26, 190-197）。既然馬克思努力化解實然與應然的矛盾，視事實和價值不容分割，那麼資產階級批評家的抨擊豈非

落空？

　　不過，我們認爲馬克思和恩格斯期待人類的共同協作是過於樂觀的，主張未來的共產社會能調和私利與公益，這是烏托邦的想法。正像塔克爾所說的一樣，馬克思未能在人性中找到利己主義的真正根源，因此，他忽略了這樣一個事實，那就是經由個人的道德努力，能夠控制和減弱利己主義。

　　馬克思和恩格斯對於自私的分析絕非首尾一貫。在《德意志意識形態》中，他們一方面批判利己主義，但是在另一方面「在特定的環境下」卻又同時肯定利己主義。至於是哪些環境，他們並無說明。他們強調的是利己主義的物質根源而非精神根源，他們認爲在共產社會中利己主義將完全消失，這幾乎是烏托邦的想法。同樣烏托邦的想法也反映在他們對權利和義務的看法之上。他們拒絕施悌涅的說法，認爲「在共產社會中並無義務和利益的問題，權利和責任是一個相反相成的兩個面向，它們只存在於資產階級社會」（*CW* 5: 213）。

　　馬克思和恩格斯認爲所有的權利和義務乃是社會的產物，從屬於特定的生產關係，權利概念本身即具有布爾喬亞的性質。在部落社會中並無權利和義務的區分，階級社會才創造了這一區分，實際上將所有的權利給予「一個階級」而要「另一個階級」負擔義務。馬克思和恩格斯強調共產主義是對立於資產階級的人權。馬克思和恩格斯忽視了「法律的權利」（legal right）和「道德的權利」（moral right）的區分，他們認爲所有法權的形式皆來自人們的物質關係和由此所生的敵對，並沒有抽象的權利和人權。在〈論猶太人的問題〉中，馬克思主張人權和公民權「只不過是與共同體分離的利己主義的人的權利」（*CW* 3: 162）。對於馬克思和恩格斯而言，義務就像權利一樣，總是與占有式的個人主義和階級道德相聯繫。

　　因爲資本主義社會是奠基在有產者和無產者的矛盾之上，就馬克思和恩格斯而言，人權和義務對於無產階級不可避免地是虛幻的。這種輕視人權和義務的心態，使馬克思的道德觀僅能與人們的經濟需要掛鉤，也由經濟需要來決定道德的意涵與標準。這點應是馬克思倫理觀的另一瑕疵。

四、結論

　　馬克思不相信正義的原理是人性所固有的，他批判蒲魯東對永恆正義的妄想。馬克思認爲純粹抽象的正義觀與無產階級社會的創造是毫不相關的。在〈《哥達綱領》批判〉中，馬克思曾暗示共產主義無需正義原理，在共產主義中談論「平等的權利」、「公平的分配」只是過時的空話。不過矛盾的是，當他談到共產主義社會第一階段的缺失時，馬克思話語中隱含了更高的正義原理。

蒲魯東（Pierre-Joseph Proudhon 1809-1865）為法國無政府主義者，其名言為「財產是盜竊〔之物〕」

　　根據馬克思和恩格斯的看法，革命是歷史的動力，在《共產黨宣言》中他們責難烏托邦社會主義者相信藉著和平的手段能達成社會和道德的目的。因爲共產主義是一種實際的運動，是藉由實際的手段達成社會和道德的目標，所以共產主義只能「藉著暴力推翻所有既存的社會條件」才能達成。資本主義總是被視爲一股邪惡的力量，因爲資本主義奠基於人剝削人、人欺騙人、人掠奪人之上。只要社會還是階級對立的社會，對於剝削者看來是道德的、正義的，對於被剝削者就是不道德的、不正義的。

　　顯然，對於馬克思而言，共產主義是完全的自然主義，也是充分發展的人本主義。馬克思說共產主義並非人類發展的終極底靜止之目標，它是對現存體制的改變運動，是人性復歸爲社會的動物，是個人自由組合的社群──直接生產者自由的組合之社會，也是社會化的人類之生活方式（洪鎌德2010b: 226-230）。

　　什麼是終極之目的？普勞階級專政之後接下來的社會組織將呈現何種樣式？這些仍舊是未解答的歷史之謎。在〈《哥達綱領》批判〉當中，馬克思沒有使我們確信更高階段的共產主義能夠實現。雖然共產主義被視爲資本主義以

及它的非道德惡習的具體否定，但是馬克思不將共產主義視爲任何人都能達到的目標。我們認爲很清楚的是，馬克思對於共產主義的看法是憑藉著信仰和思辨，而非奠基於經驗事實和科學觀察之上。

此外，馬克思攻擊基督教的僞善及爲普勞階級受壓迫的事實辯護，是由於馬克思忽略了基督教強烈的社會同情心，及對於傲慢、貪婪、自私的譴責。馬克思和恩格斯忽視了宗教是深植於人類共同的心靈結構之中，他們對宗教的看法是思辨的幻想，缺乏個體心理學的基礎。事實上，正像雍格所說關於道德秩序和上帝的觀念「是屬於人類心靈中無法根絕的基礎部分」，馬克思和恩格斯忽視了這樣一個事實：宗教和科學一樣反映了人追求眞理的卓見，只是宗教與科學隸屬不同的面向而已。

大多數的科學家同時有宗教信仰，也不覺得調和他們的宗教道德理念與科學原理有什麼困難。近代著名的科學家，像波爾、艾丁頓、普朗克、法拉第、海森堡和愛因斯坦都認爲宗教和科學是人類活動中相輔相成的面向。愛因斯坦相信相對論既無法證實，又無法否定上帝的存在，因之，我們必須摒棄宗教和科學相衝突的看法。海森堡認爲物理學無法說明包括生命本身在內的精神和道德現象。

馬克思對倫理道德的排斥，無異對宗教的排斥，因爲他視倫理、宗教均爲虛幻的意識形態之部分。可是他卻忽略了一個事實：既然科學與宗教可以相容，道德與科學也可以互相包容。

馬克思的信徒與基督徒有相通之處
人際關係的密切有如家人的親愛精誠

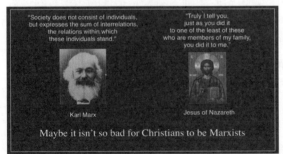

Marx and Jesus

馬克思曾經指摘宗教是人民的鴉片，又認爲猶太教、基督舊教（羅馬天主教）和新教（路德教、加爾文教等）都是麻醉人心，企圖來生靈魂獲救。對現世的改變無助。基督徒成爲馬克思主義者有何不可？反之，馬克思對現世不公不平主張抗議和反叛。雖批判宗教對人群的羈絆，但馬氏對普勞大眾所受資本家的打壓和剝削卻義憤填膺。他求取人類最終的自由和解放充滿博愛淑世的宗教精神。他在世受苦受難與耶穌不分軒輊，這是兩人拯救人類所遭逢的試探與磨練。

　　可是，在推崇科學而反對道德之際，馬克思採取了與西方文化傳統完全相異的態度。換言之，同布爾喬亞「異化」的科學相對立，馬克思和恩格斯倡導歷史的科學，他們的歷史科學必須是改變現狀的、必須是革命的，同時奠基於辯證的規律之上。

　　如眾週知，馬克思和恩格斯辯證唯物論的重要教義是從量變到質變，他們主張從「異化的」布爾喬亞科學到普勞階級革命科學的飛躍，從布爾喬亞的利己主義的道德到眞正人的道德的飛躍，從資本主義到共產主義的飛躍。這些看法都是奠基在這一教義之上。正像古德涅（Alvin W. Gouldner 1920-1980）所說，馬克思主義既非科學也非宗教，而是一套化妝成新科學的革命意識形態。在馬克思看來，科學的人和人本主義的人是統一的。

美國社會學家古德涅提出兩個馬克思主義的說法

　　道德的立足點雖然與科學的立足點不同，但是並非對立。道德和科學都應當作爲人類尋求眞理的環節而彼此關聯。要之，道德意識不能與科學的認知相悖離。

　　如果馬克思和恩格斯是首尾一貫的思想家，他們會了解決定論和道德抉擇、實然和應然是不相容的觀念，而在道德領域中人類行動主要是由人類的抉擇來決定。沒有假定這一抉擇，整個應然的觀念就會變得毫無意義。馬克思和恩格斯像黑格爾一樣拒絕應然與實然的分離，融合了應然與實然、價值與事實、道德與科學，這點正是盧卡奇所鼓吹，而契合於奧地利馬克思主義（Austro-Marxism）之處[10]。

　　奧地利馬克思主義是19世紀末至1934年，納粹勢力在奧地利囂張期間，流行於維也納的馬克思主義新思潮。其發展高峰則爲20世紀初至第一次世界大戰

---

[10] 參考Nielsen, Kai, "Introduction", in: Nielsen & Patten (eds.), *op.cit.*

（1914-1918）中間。主要人物有阿德勒（Max Adler 1873-1937）、包爾（Otto Bauer 1881-1938）、希爾弗定（Rudolf Hilferding 1887-1941）和一度擔任奧地利第二共和總統的雷涅（Karl Renner 1870-1950）等人。這派思潮爲馬克思主義與新康德主義之結合，在很大程度上導致了西方馬克思主義的生成和壯大（洪鎌德2010a: 14-15）。

奧地利馬克思主義致力於把馬克思主義當成社會學看待，視經濟現象不單純是物質的，也有心靈、精神的部分。這派思想對資本主義社會的階級、種族、政治、法律、倫理都有深刻的剖析與發揮，特別是強調馬克思的思想中包含康德的倫理精神，而其影響則爲隨後出現的西歐與北歐之社會民主運動及社會民主勢力的茁長與壯大。

馬克思主義摒棄了布爾喬亞的道德說教和利己主義道德，卻以改裝的人本主義和科學的道德主義來取代。然而，這並非說，馬克思主義的倫理學應當被忽視。相反地，馬克思和恩格斯質疑道德上的善等同於有用性或快樂的這種看法，是他們倫理學說中可以稱道的部分。我們必須承認，馬克思和恩格斯未能了解倫理學說必須仰賴一些既有的形而上學和心理學的知識，而不是憑藉著一些虛擬性的經驗事實，也就是倫理與道德並非僅繫於社會與經濟的需要而已。

最後，必須指出的一點是單純就經驗事實來觀察，借用馬克思之名，而進行的人類大規模之改造、變革、革命的社會實驗運動，亦即共產主義運動和社會民主（Social Democracy）主義運動，各有不同的道德目標和意涵。在很大的意義上，共產主義運動隨著東歐自由化、民主化和蘇聯的崩解，中國、北韓和越南的奮力經濟改革，實行社會主義市場經濟政策，說明馬克思曖昧的倫理觀對共產主義體制的衰敗有相當程度的衝擊作用。反之，配合新康德學說，而強調人的價值，發揮西洋傳統倫理精神的社會民主運動，卻在西歐與北歐贏取廣大人民的支持，而逐漸成爲跨世紀人類發展的希望之所寄，這點說明受到馬克思影響，而又能重視倫理道德的學說與政策，才是今後人類解放的希望之所在，這也反映出此刻或許該是正統派馬克思主義者深思與反省的時候了。

第十章

馬克思論正義

第十章　馬克思論正義

一、前言

二、以三種角度來看正義的問題

三、正義觀與生產方式

四、正義觀與階級利益

五、正義觀與人性本質

六、資本主義社會的揚棄與社會不公無關

七、資本主義的毀滅是由於其社會不公引起

八、總結與批評

一、前言

西方人談正義、衡平、公道時，勢必追蹤其根源於古希臘的倫理思想和社會哲學，也離不開以猶太教和基督教的傳統教義，來闡釋上帝的公義（Whelan 1982: 435-460）。

作為19世紀初葉，對基督教和猶太教採取批判態度，而又以古希臘的自然哲學為其博士論文主題的青年馬克思，他的正義觀不僅來自家世（其父由猶太教轉奉誓反教〔新教〕；其祖父、外祖及外曾祖世代為猶太教教士）、所學（由法律學轉向哲學）、交遊（大部分好友均為青年或左派黑格爾門徒，喜批評基督教，企圖把基督神運轉化為人學）、和經歷（替莫塞河遭受迫害的葡萄農主持公道；撰文攻擊普魯士政權失策，招致流放巴黎、布魯塞爾和倫敦），更是通過他自己的體驗、反省、深思，而形諸筆墨、留下紀錄（洪鎌德1997: 5-24; 2004a: 204-213）。

成年以後的馬克思，更由於痛感資本主義的階級壓榨和人性異化，因此在他的唯物史觀醞釀成功之後，不僅應用這一史觀於資本主義制度的嚴厲批判之上，而且喚醒無產階級的階級意識、倡導革命、貫徹理論和實踐，俾推翻資本主義、消除資本對勞工的剝削。其最終目的在創立一個符合人性需求、無異化、無壓榨的公平社會。這一公平社會就是指揚棄私產的共產主義社會。對他而言，這種理想社會的降臨，是人類真正創造歷史的開始，也是正義理念的實現。正義理念一旦實現，就像國家的消亡一樣，沒有續加探討的必要。

顯然，馬克思不是一位純粹或傳統意義下的倫理學家，他對作為倫理核心的正義問題，並沒有系統性的論述和闡發。他不談正義則已，一旦提到正義這一概念時，總離不開嘲諷（*Spott*）、或批判（*Kritik*）。那麼馬克思何以對正義和法權有關的理論加以堅拒排斥呢？主要的原因是他視這類的問題屬於意識形態的一部分，是他要摧陷廓清的對象。這些問題也牽涉著資產階級的理念和制度，其虛偽性和欺瞞性，正是馬克思企圖揭發暴露的。更何況他對日耳曼傳統的法律哲學，特別是黑格爾的法哲學深感不滿，有徹底釐清批判的必要（Kocis 1986: 413）。

儘管馬克思不曾詳盡闡述正義及其相關的問題，我們仍可以從他與其終身革命伙伴的恩格斯的浩瀚著作中，擷取他對正義、平等、公道的一些看法。

本章主要在析述他以道德、法律、科學三個角度來談正義的理念。其次檢討他的正義觀之三個層次，即社會、階級和個人。接著介紹馬克思對資本主義的批評，目的在瞭解他譴責和痛斥資本主義，鼓動無產階級推翻資本主義，是否純粹由於不滿資本主義的不公所引起，還是基於其他的緣由（譬如對自由和安全的追求）？他對未來共產主義如何實現正義有怎樣的看法？最後，總結和評估他的正義觀，指出這種正義觀有什麼缺陷？以及這一正義觀有何可資參考借鏡之處？

Robert A. Kocis為美國政治哲學家，析論馬基亞維利與馬克思對權力、平等、正義的看法

二、以三種角度來看正義的問題

　　雖然大部分學者強調馬克思一生思想的連貫融通，可是我們仍可以把馬克思的活動和思想分為青年期和成熟期，加以對照。其目的在強調青年馬克思受黑格爾法哲學，與費爾巴哈哲學人類學的影響。是故，他早期的正義觀帶有濃厚個人主義、自由主義，甚至唯心主義的色彩。可是自從馬克思和恩格斯在1844-1845年合撰《德意志意識形態》一長稿之後，他們兩人的唯物史觀（*materialistische Geschichtsauffassung*），已經逐漸形成。這一史觀成為馬克思後半生言行的基礎，也就使他的正義觀褪盡唯心主義的色彩，而歸向唯物主義。

　　通常大家總認為正義這一概念，離不開人際關係，亦即離不開人的群體活動。因此，正義所牽涉的問題是人在社會中的活動，和其形成的制度，對個人和群體所產生的是非利害之衡量、或評價的問題。是故正義是對群體活動的安排和秩序。衡量個人或群體的活動，有賴社會一般接受認可的規範。

黑格爾無異是一隻哲學界的夜梟
（梟雄）。

馬克思主義站在黑格爾的
頭上睥睨群英

　　規範包括個人良知、家族倫理、宗教訓諭、社團紀律、交易習慣、社會道
德、國家律令、政治倫常、文藝品味、文化評準等等。這些無一不是個人和群
體社會活動的準則。換言之，正義的理念必然牽涉到一國（一地方、一社會、
一群落）的宗教、道德、法制和政治。其中尤以道德和司法制度，被認為是正
義裁判所、或其化身。由是談正義脫離不了道德倫理的範疇，而且常被視為司
法的概念。

（一）以道德的觀點申論正義

　　一談到道德時，馬克思認為在共產主義實現之前，每個時代、每一階級社
會，都有其特定的道德。因此，他批評了「永恆的正義」、或「自然的正義」
的倫理概念。馬克思相信道德的判斷，是在犧牲某一階級之下，使另一階級得
利。因之，道德的解釋每隨階級的不同，而互有衝突出入。只有當階級消失的
共產主義社會降臨後，道德方才是全社會規範的表述，而非隸屬任何一個階級
（Gilbert 1981: 173, 201）。

　　事實上，恩格斯也指出：「永恆的正義的概念……不僅隨著每個時間和地
點，而發生變化，而且也因人而異。可是為著討論的方便，在日常生活中，對
錯、公正和正確的感受，這些表達都為大家毫無誤解地接受，甚至在討論社會
的事情，也有這種是非的說法。不過這些用語造成……令人絕望的混亂，當我
們把這些是非概念應用於經濟關係的科學探討之時」（SW 2: 316）。

　　否定了放諸四海而皆準、俟諸百世而不惑的永恆的正義之概念，馬克思對資本主義的社會是否不公，又持何種的看法呢？是不是他對資本主義社會的譴責是出於道義的憤慨？換言之，馬克思對資本主義的社會批判是否有其倫理基礎（許國賢1989: 2 *ff.*）？這些都是發人深思的問題，值得深入研討。

　　以道德的眼光來看正義，則正義是善的體現和惡的排除。馬克思痛恨資本主義，亟欲把資本主義推翻鏟除，是不是他認爲資本主義爲人類歷史上一大罪惡的緣故？關於此我們可以引用他在1856年倫敦出版的《人民報》（*People's Paper*）週年紀念做詞中得知梗概。他說：

> 日耳曼中古時代存在一個秘密的法庭，以報復統治階級的罪行，那就是設立「復仇法庭」（*Vehmgericht*）。凡被視爲罪犯者，其房屋的門上被畫了紅色十字的記號，遭受滅門的懲處。如今全歐洲〔統治階級〕的豪門上，都已標誌了神祕的紅色十字。歷史是審判者，無產階級爲其執刑人。（*SW* 1: 501）

　　從這段引文可以看出馬克思不但以道德的名義來痛斥統治者應受歷史法庭（亦即道德法庭，而非司法的法庭）的審判，而且還顯示他心目中擁有矯正的正義（corrective justice）、或報復的正義（retributive justice）的理念。這都是從道德的觀點來抨擊資本主義的不公和罪行（Tucker 1962: 34 *ff*）。

　　相對於矯正、或報復的正義觀，馬克思似乎也有他特殊的分配的正義（distributive justice）觀。儘管西方學者近年間對馬克思只關心生產，而不注意分配所滋生的問題迭有批評，因而學界有分配的正義觀究竟對馬克思有無意義的爭執發生。這點本章的後半段將加檢討。要之，早期的馬克思著作中道德成份較重，其論正義也是以道德的觀點出發。反之，後期馬克思的著作則強調經驗性的分析，是以科學的觀點爲評析的起點。

（二）以法律的立場來討論正義

　　雖然馬克思對「何謂正義？」未曾提出他明確的看法，但從他摯友恩格斯對正義所下的定義，不難看出馬克思是以法律的立場界定正義的。恩格斯說：「正義是全社會的基本原則……人類所有事務衡量的標準……在所有的爭執的訴訟中最終的裁判者」（*Werke* 18: 274; *SW* 1: 562）。

　　由此可知馬克思和恩格斯都是把正義看成司法的（*juristischer*）、或法律的概念（*Rechtsbegriff*），亦即一個規範人們公共生活的，與法律（*Recht*）以及權利（*Rechte*）相關的概念。換句話說，馬克思認爲正義、權利、衡平、公道等概念都與政治和司法制度息息相關。這些制度通過民事、刑事、商事、或其他司法的制裁，來矯正和規範人群的行爲。因此，正義以及其相關的概念，諸如平等、權利、自由等等，都與國家的法律和行政命令之制定、頒布、執行密切關連，也就是成爲國家政制和法制的一環。要之，馬恩視法律爲資產階級保護其私產，與少數統治者保持其權位的利益勾結之產物（洪鎌德2004b; 100-116）。

馬克思和恩格斯是一對眞摯的革命伙伴

　　曾執教於康奈爾大學的社會理論教授伍德（Allen W. Wood）遂指出：

我認爲馬克思所以持有這種的觀點，是因他把權利（*Recht*）和正義（*Gerechtigkeit*）看成法律的關係（*Rechtsverhältnisse*）之故。這些概念只有在社會中道德的、或法律的制度裡，才能發生作用。根據馬克思的唯物史觀，這種制度和關係都是意識形態的一部分，是社會的「生產關係」（*Produktionsverhältnisse*）的法律性（*rechtlich*）表述。（Wood 1980a: 5; 1980b: 107）。

　　在更早的一篇文章中，伍德認爲對馬克思而言，「從法律的觀點來看，正義是社會行動和制度理性的天平」（Wood 1980a: 32）。它不是利益衝突發生爭執的雙方所求取的權利平衡。原因是在階級社會中，法律關係的管理，一般而言，牽涉著由於生產方式內在矛盾而引發的利益衝突之解決。其解決之道只符合該社會占優勢的階級之利益，而不一定是利益爭執的雙方權利之平衡。

　　這種過度強調用法律觀點來探討正義的問題，引起曾執教於賓州大學的胡薩米（Ziyad I. Husami）對伍德的批評。認為以國家法制的觀點來討論正義，何異把馬克思的正義觀等同為統治階級的正義觀，這是對馬克思學說重大的曲解，因為馬克思的學說正是對現存政治和法律制度的批評，而不可能是現存體制的辯護和解析而已（Husami 1980: 77）。

美國學者伍德

卡門卡（執教於澳洲大學之哲學家，以研究馬克思的倫理學出名）。

（三）以科學的方式來探究正義

　　馬克思因為受到19世紀自然科學，特別是達爾文物競天擇演化論的影響，因此，他對「科學」特別執著迷戀。這是何以其摯友恩格斯要強調馬克思的學說，極富科學求真的精神之原因。他甚至把馬克思的社會學說稱為「科學的社會主義」（馬克思和恩格斯的科學觀參考洪鎌德 2010b: 357-359, 362-363, 366-369，以及本書第173頁）。

　　除了以道德和法律的角度來討論正義這一概念之外，我們也可以指出：馬克思還持著第三種的看法，那就是以科學的眼光來探討正義。原因是討論公平、正義、平等之類的問題，不是憑空杜撰的玄想，而是落實到具體社會的分析和評估。現存社會為資本主義社會，資本主義社會的特徵為資本家對剩餘價值的竊取。

　　馬克思除了承認他同其他社會主義者視資本家獨占剩餘價值是對工人的掠奪之外，他與其他社會主義者有很大的不同。不同之處在於他不僅對資本主義進行「評估」，他還在資本主義的制度上「解釋」資本家的實踐。結果證明他

較諸其他社會主義者成功之處，是以科學的方法來建構資本主義分析的理論。他自比有關資本主義的理論，與其他的科學一樣，都在追求真相、真理。科學的特徵在探討自然界與人文界客觀的、必然的、不受人群主觀的願望所能控制的現象，它要描繪、解釋和預測現象背後的因果和規律。

是故青年馬克思是以哲學來發展他的政治經濟學，視哲學為無產階級心智的武器；成年的馬克思則以社會科學配合哲學，致力於理論和實踐的合一，俾使無產階級獲得真正的解放。要瞭解資本主義的運作，捨政治經濟的科學別無他途。更何況正義的問題離不開人類貨物與勞務的生產和融通（亦即經濟財的生產、分配和消費）所牽涉的問題。

傳統的資產階級底政治經濟學之局限，固然深受馬克思的非難抨擊（洪鎌德1977: 6 ff. ; 1999b: 11-13, 51-56），但是以唯物主義的科學觀，強調正義的理念反映一個時代的社會經濟形構（*sozio-ökonomische Formation*），受制於某一特定的生產方式（*Produktionsweise*），都是馬克思所津津樂道的。此點與恩格斯的看法完全吻合。他說：「社會的正義或不公，只有靠討論生產和交換的物質事實之科學來加以決定，這也就是政治經濟的科學」。

在這種情形下，馬克思對不同的社會經濟形構之擁有不同的正義看法，顯示他持有正義的相對概念（*relative Begriffe*）。但他終極理想的共產主義社會，其正義則為最終的、不變的，這是馬克思正義的絕對概念（*absoluter Begriff des Gerechten*）（Dahrendorf 1971: 113-115）。這是德國社會學家一度擔任倫敦政經學院院長的達連朵夫（Ralf Dahrendorf 1929-2009）之看法。

德國與英國雙重國籍的政治家與社會學家達連朵夫對工業社會有所評析

　　套用澳洲國立大學法哲學教授卡門卡（Eugene Kamenka 1928-1994）的說法，馬克思心目中有兩種不同的正義觀：其一為「政治的公平」；其二為「倫理的公平」。政治的公平出現在資本主義時代市民社會的政治結構之上，目的在為該社會敵對的群體所展開的權力和利害鬥爭，進行排難解紛，尋求暫時的妥協和表面的和諧之用，蓋這類抗爭的群體欠缺永恆的目標和共同的理想之故。因此，「政治的公平」無異為馬克思正義的相對概念；反之，「倫理的公平」則植根於至善（goods）目標的合作之上，是真正人的社會、理性的社會之規範，也是自由的人、創造力旺盛的人、克服異化的人之行為準繩。是故「倫理的公平」不啻是馬克思正義的絕對概念（Kamenka 1972: 109, 192-193）。

三、正義觀與生產方式

　　不管馬克思把正義當成道德的、或是法律的、還是科學的範疇來加以批判，都是視正義為意識的一部分，亦即上層建築的一環。依他唯物史觀的看法，是人群的社會存在決定人群的意識，而不是意識決定人的社會存在。更具體地說，作為勞動生物的人，必須進行物質生產，為的是使個體得以生存和種族得以綿延。是故在外《政治經濟學批判》〈前言〉（1859）中，馬克思指稱：

> 在人們從事社會生產中，人群進入特定的、必然的、不受其意志左右的關係裡。這種關係可稱為生產關係。它與其物質的生產力一定的發展階段相配稱。這些生產關係的總體造成了社會的經濟結構，亦即實質的基礎。在此基礎之上矗立著法律的與政治的上層建築，並且有與實質基礎相配稱特定的社會意識形態之存在。物質生活的生產方式絕然地決定著社會的、政治的與精神的生命過程。並不是人群的意識決定其存在，而是其社會的存在決定其意識。在發展的某一階段裡，社會的物質生產力與其現存的生產關係——以法律的字眼來表達即財產關係——造成矛盾難容……這種生產關係突然由生產力的發展形式中變成後者的桎梏。於是社會革命的時期不旋踵而降臨。隨著經濟基礎

的變遷，整個巨大的上層建築也跟著作或慢或快的變化。考慮到這些變化，必須永遠分別生產的經濟條件之物質變化——這是可由自然科學精密地加以規定——同法律的、政治的、宗教的、美學的、或哲學的，一言以蔽，意識形態之變化的差別。因為在意識形態的方式中，人們意識到這種的衝突，並把此一衝突以鬥爭方式顯示出來。（*SW* 1: 503-504；作者的華文翻譯，洪鎌德1997a: 25-26）

　　法律和道德既然受到生產方式，尤其是生產關係的制約，因此，在很大的程度之內是生產方式的反映，甚至是其扭曲。這就是馬克思何以稱上層建築的意識形態為遭扭曲了、也是錯誤的意識底原因。早在1844年青年馬克思便宣稱：「宗教、家庭、國家、法律、道德、科學、藝術等等僅是生產的特殊方式，受生產方式的律則底規定」（*Werke, Ergänzungsband* I: 537; Wood 1980b: 6）。

　　作為道德、或法律一環的正義，也必然隨著每一時代、每一社會生產關係的不同，而有不同的內涵和形貌。譬如奴隸制度盛行於古代希臘和羅馬，睿智的大哲如亞理士多德，都視奴隸制的存在，符合該時代的法律政制，是一種合法而公平的制度。同理在資本主義盛行的當代，資本家藉資本以謀取利潤，放出貸款以生利息，如以契約自由的觀點、或以資本主義經濟律（例如供需律）的運作來加評論，在很大的程度上，也可視為公道合理。至少存在於資本家與工人之間勞力的買賣和金錢（工資）的交易，一度被馬克思視為公平的。他曾經指出：

在生產參與者〔資本家與工人〕之間的交易（互通有無transactions）底公平，是建立在這些交易都是出自生產關係的自然結果底事實之上。經濟交易必須藉法律的形式〔簽訂契約〕來進行。這些法律的形式表現了參與者自動自發的行動，也表示了他們共同意志的體現，也表現了國家可以對違法者予以懲處的契約。因此，交易的法律形式不只是外表而已，它們也規定其內涵。這些法律形式只是交易內涵的表述。交易內涵可謂公道，如果它符合其生產方式的話，亦即它與生產方式相配合的話。在資本主義的生產方式之基礎上，奴隸制度是不公的、非正義的；正如同〔在資本主義的生產方式之基礎上〕商品品質的惡劣欺騙之不公是一樣的道理。（*Werke* 25: 351 *ff*.; *C* 3: 339 *ff*.）

　　這段話雖是馬克思反駁英國經濟學家紀爾巴特（James William Gilbart 1794-1863）談所謂的「自然的正義」（natural justice），卻多少可以解釋馬克思對資本主義社會中資本家和勞動者之間勞力買賣和金錢來往所牽涉的正義概念之意旨。據伍德的闡釋，這段引文至少包含以下四層意思：

紀爾巴特為19世紀英國銀
行家與經濟學家

英國懷疑論哲學家休謨

　　第一，馬克思認為正義的概念之功能，只有在特定的生產方式之內才能發揮。對馬克思而言，任何的政治和法律都受其生產方式所制約，為生產方式的反映、或扭曲（異化的投射，alienated projection）。換言之，正義並不是某一政治形式、或法律規範所保證要實現的理想，而是特定的歷史與社會輻輳點上經濟結構的意識形態（包括對此經濟制度的辯護和正當化）。因此，他判定某一社會制度公平與否，不能依賴任何絕對的、超時空的自然準則，而是要靠該制度所寄生的生產方式。

　　第二，正義不是人的理性，在抽象層次上衡量人的行動、制度、以及其他社會事實等等之標準。剛好相反，正義不過是每個生產方式對它自身所作的衡量。它是存在於人們思想中用以衡量特定生產方式的標準。是故並不存在什麼放諸四海而皆準、俟諸百世而不惑的普遍性、永恆性的準則。也沒有什麼「自然的正義」之類的良方指針，可以不加分辨地應用於歷史上所有各種各類的社會之上。

　　第三，馬克思師承黑格爾拒絕接受正義的形式化之看法。對馬克思而言，任何一個行動或制度是否公平，並不由某一社會的法律形式表現出來，也不因其是否符合某一寰宇性、普遍性的原則，因而被視為公道或不平。正義並不受

人類的行動和利益底一致所制約，而是受歷史條件下所出現的生產方式的具體要求所制約。換言之，沒有寰宇性和永久性的正義之存在。就算這種永恆的正義果然存在，也不出現在至今爲止的階級社會中，只有出現在未來無階級的共產社會裡。易言之，馬克思摒棄抽象的、原理的、空泛的正義觀，而主張從具體的、歷史的、實質的社會事件和制度中去爲正義定性和定位。因之，所有司法的形式和什麼原則，對他而言都是毫無意義、空洞的形式。

　　第四，任何人類的行動和社會的制度是否符合正義，並不取決該行動或制度所產生的結果。人們誤認正義的行動和制度必然增加人群的福利和歡樂，這是功利主義者所主張的正義觀。此外休謨（David Hume 1711-1776）認爲正義的行爲和制度在於促進社會的維護、安定、與和諧。這些觀念都爲馬克思所不取。由於馬克思認爲每一生產方式之內，包含矛盾衝突的因素，導致該方式最終的瓦解改變（當生產力大增，而突破原來生產關係的桎梏時），因之，也不認爲正義在於維持生產方式的不變，從而不認爲正義在於促進社會的穩定和諧。是故，任何勞力的交易和金錢的買賣之公平，並不涉及交易者均蒙其利，而是就交易本身與生產方式是否配稱，作爲衡量的標準。

　　準此以觀，正義云云是以全社會，也就是社會經濟形構的總體層次來衡量人群的行爲和社會的制度之規範。正義觀是受全社會的生產方式所規定和制約的。

四、正義觀與階級利益

　　馬克思對正義的看法，除了強調正義爲特定的社會經濟形構的意識形態之一部分，亦即生產方式的函數之外，他還認爲正義觀也受到階級觀點、階級立場、階級利益的左右。

　　在1848年《共產黨宣言》中，馬克思和恩格斯聲言：「至今爲止業已存在的社會之歷史乃爲階級鬥爭史。自由人與奴隸、貴族與庶民、地主與農奴、師傅和學徒，一句話，壓迫者與被壓迫者，始終在互相反對，進行不間斷的，時而隱伏、時而公開的鬥爭。這種鬥爭每次不是造成社會革命性的再造，便是捲入衝突的階級同歸於盡」（SW 1: 108-109）。

　　因之，對馬克思主義的創立者而言，整部人類的歷史，表面上是成王敗

寇、改朝換代、強權興衰、豪門遞嬗的歷史，但其實質卻爲擁有生產資料者和不擁有生產資料者之間、統治者與被統治者之間、壓迫階級和被壓迫階級之間，所展開的生死成敗的階級鬥爭。

馬克思又在1859年的《政治經濟學批判》〈前言〉中指出：「粗略地劃分，計有亞細亞、古代、封建、和現代資產階級的生產方式，可以標誌社會的經濟形構進步的時期。資產階級的生產關係是生產的社會過程中最後一種敵對的形式──這種敵對不是指個人的敵對，而是由於個人生活條件造成的敵對。……這種敵對的……社會形構的解決，替人類社會前史帶來終結」（*SW* 1: 504）。

馬克思這段話在於說明：至今爲止的人類歷史經歷了不同的社會結構之階段。從原始公社開始，隨著生產方式的改變，可以有幾種不同的社會出現。這包括了土地公有、東方式暴政的亞細亞生產方式；其次爲古代希臘和羅馬的奴隸社會；再其次爲中古時代歐洲的封建的農奴社會；和現代資本主義社會。依馬克思的看法，資本主義社會是人類歷史上社會生產過程中最後一個階級與階級之間敵對鬥爭的社會。要剷除這種階級的對峙和仇恨，只有在無產階級革命推動成功，共產主義社會已締造之後才有可能。

撇開爭議不休的亞細亞式社會不談，至今爲止先後演進的三種（奴隸、封建和資本主義）階級社會中，馬克思強調每一種階級社會中有所謂的「社會分工」。這是指社會分裂爲兩個主要的陣營，彼此分化、敵對、和鬥爭而言的。社會分工的情形表現在把全社會分割成兩種敵對的主要階級：即少數擁有生產資料的統治階級，以及人數占最多、但不擁有生產資料的被統治階級。造成階級敵對鬥爭的主因爲被統治階級反抗統治階級強加於其身上的生活條件。這些生活條件建立在特定的生產關係底基礎上。在古代奴隸社會中，奴隸主人所形成的階級壓迫了奴隸群所形成的階級；在中世紀封建社會中，地主階級壓榨農奴階級；在現代資本主義的社會中，資產階級剝削無產階級。

很明顯地，少數統治階級對多數被統治階級的控制，不能只靠赤裸裸的暴力統治。除了所謂的公權力的工具像衙門、軍隊、民兵、憲警、情治安全人員，以及公安制度，像法院、監獄、黑牢、集中營、勞動營、精神病院、心理矯正所、刑場等等之外，政府必須仰賴法律和其他規範，來取得人民的儸服。換句話說，使政權合法化、正當化，是誘使人民馴服、規訓、服從、聽命、合作的最佳手段，也是統治最省錢、最有效的辦法。是以政府通過教育、宣傳、洗腦等方式，把統治者的基本價值灌輸給人民，使它們內化爲人民思想、意識

的一部分。

由是可知，上層建築的意識之諸種形式（像道德、法律、政治等的理念）、或各種制度（國家、市鎮、社團、家庭等）都受生產方式（或稱社會類型）和階級立場的制約、規定。道德看法和法律觀念也必然隨著生產方式的不同而有所改變，它們也因爲階級利益的差異而有不同的內涵。在特定的生產方式裡，一個社會階級在其發展中，其生活方式和意識形態，必然受其社會存在的條件和其階級利益所塑造與所制約。擁有生產資料的有產階級，其生活條件有異於不擁有生產資料的無產階級。統治階級通過對社會化手段的控制，必然把統治階級的理念轉化爲全社會的理念。是故馬克思和恩格斯在《德意志意識形態》中指出：「統治階級的理念是每一時代中主導的理念。換言之，作爲社會主宰的物質力量，同時也是心智力量。擁有物質生產的資料供其使用的階級，同時也控制住心智的生產資料。以致一般而言，那些缺少心智生產資料的人必須降服它〔有產階級〕」（*SW* 1: 47）。

一般而言，統治階級常以它自身的利益當成一般的、全社會的利益。凡是符合其利益的作法和想法都是正確的、公道的。一切有利於統治階級的利益所制訂、頒布、施行、遵守的規範，常被誤解爲超越時空永恆的眞理、普遍的至善。殊不知這是一時、一地、一社會、一階級，遭受統治者所扭曲，已是錯誤的意識形態。

在這一意義下，任何的階級都有其特定的正義觀。資產階級視契約自由、財產保障、按勞計酬、齊頭式的平等爲符合正義、公平的原則。但由無產階級的立場來觀察，這是變相的剝削、虛僞的自由、假造的平等，根本就無公道可言。由是可知敵對階級的正義觀，常是相互矛盾、無從統一。資產階級社會在發展的某一階段上所呈現的穩定繁榮和諧，對馬克思而言，只是表面的假象。這或是由於資產階級壓制的本事相當大；或是無產階級反抗意識尚未發展，從而使社會保持片刻的和諧寧靜，此時統治者與被統治者誤以爲正義、公道業已實現。其實這是階級社會中相對的正義觀。正因爲馬克思持有這種相對主義者的正義觀，遂造成一種錯覺，認爲他只贊成相對的正義觀，而排斥絕對的正義觀。

相對主義的（relativistic）和相對的（relative）的正義觀是不同的。後者認爲每一時代、每一社會都有其特定的正義標準，可以約束和規範該時代、該社會人群的行爲，從而否認有貫穿古今、普遍有效的永恆公道的原則之存在。前者則認爲正義隨每一種生產方式、每一個階級立場而有不同的形貌與

內容。正義原則雖然受制於特定的生產方式和階級利益，但未必是社會實狀
（*Wirklichkeit*; reality）的真實反映，反而是其折射、扭曲和錯誤的形象。相對
主義者的正義觀堅持某一生產方式、或某一階級的正義觀，不能用來批評、衡
量其他的生產方式、或其他階級的作爲。

馬克思持相對主義者的正義觀，並不排斥他擁有正義的絕對概念，亦即不
排除人們有朝一日獲得真知灼見，認識和體現永恆的正義之機會。這當然是指
共產主義生產方式出現時，階級泯滅，人類由史前期邁入歷史創造期，能夠自
由自主控制自己的命運，達致與自然以及與他人和諧圓滿相處之時，永恆的正
義才能付諸實現。

五、正義觀與人性本質

馬克思除了以社會（生產方式、或生產關係）和階級（階級立場和階級利
益）爲框架，來檢討正義的概念之外，還以人性、人的本質來研究公道如何實
現的問題。

把正義和人性相提並論，並不創始自馬克思，可以說是西洋政治哲學、社
會思想和倫理學說源遠流長的學術傳統。且不說蘇格拉底怎樣強調人要認識自
己、要有自知之明、要懂得如何控制自己，他指出道德存在於知識當中、美德
和知識是合一的。他的學生柏拉圖說：正義是使每個人發揮其才能，而有益於
整體的德目；正義也是使每一階級各盡所能，而造成社會安定和諧的凝聚力。
亞理士多德更界定人爲社會動物、政治動物，必須經營城邦的共同生活，才能
把每人的潛能（potentiality）轉化爲實能（actuality）。個人和群體的社會生活
在於追求城邦的至善，也是體現正義的精神。

蘇格拉底　　　　　　　柏拉圖　　　　　　　亞理士多德

　　受到亞里士多德潛能轉變爲實能的影響，黑格爾演繹出由「自在」（*Ansichsein*）轉化爲「自爲」（*Fürsichsein*）的學說。依據黑格爾的形而上學，社會罪惡的存在，目的在證明上帝的公義。上帝存在於萬事萬物之中，並化身爲世界精神、絕對理念、或理性。整部歷史爲神怎樣創造萬物——自然和人——而達到神自知之明的過程。於是黑格爾說：「上帝的自知是人的自我意識、是人對上帝的認識，這是由於人在上帝裡頭反省自我認識而達成的」（Hegel 1971: 298；洪鎌德1988: 64 *ff.*; 2007b: 261-262）人類要如何徹底自我意識，並進一步認識萬能之神呢？黑格爾說：「只有當人們無牽無掛、自由自在之時，也是與自然建立和諧圓融的關係之時」。因之，對黑格爾而言，人爲世界精神的一部分，是世界精神透過思想和推理，而自我意識的那一部分。人之優於自然的所在，在於人有意識，藉勞動來把預先設想的計畫逐步付諸實現，這無異是人的「自我生成」、「自我實現」（*Selbstverwirklichung*）。勞動不僅中介人與自然，也連繫人與人。由是勞動遂轉化爲社會勞動。

　　馬克思對人的本質之看法，在很多方面師承黑格爾這種自我實現底學說，當然也深受費爾巴哈哲學人類學的影響。人與其他動物均爲生活於自然界的生物。人之異於其他的動物，據馬克思的說法在於「能夠開始生產他們生活的資料，這是由他們身體組織所制約的一個步驟。」（Marx 1967: 409〔*Writings of the Young Marx*〕）換句話說，人之異於禽獸者在於人能夠勞動。勞動的特質在它有目的性，是人們意志的表現。因此，馬克思說：「只有人類能夠把他生命的活動轉化成他的意志和意識的客體物〔對象〕」（*ibid.*, 127）。

　　可是人類的活動——生產活動——必須在一定的歷史情境之下展開。在人類歷史的一定階段上，人擁有征服自然、開物成務、利用厚生的能力和方法，並不是無限的，而是有一定的限度。這就是說人類的勞動能力、器械、工具、組織方式——總結一句，生產力——每隨時代環境的不同，而有不同的變化。與此一定生產力相配合的是投入社會勞動、社會生產之人員之間的關係，也就是生產關係。在很多的情形下，這種生產關係並不隨人的意志而改變，它無異加在生產活動的人身上之桎梏。整部人類史不但是人的勞動史、生產史，也是勞動力突破勞動關係的辯證演展過程；另外，也是奴役史、剝削史。在此過程中，人始終扮演主體與客體，其角色之重要不言可喻。

　　可是人類的生產活動不僅改變自然，也改變自己。在改變自然和改善生產力的同時，人也逐漸改變自己、提升自己的能力、增大自己的需要。於是人的需要和能力交互辯證發展，人性也有了很大的改變。馬克思遂指出：「人的社

會史永遠是他們個別發展的歷史，不管他們對此有無意識到」。

所謂的正義、公道、平等云云，對馬克思而言，就是在每一特定歷史演變階段上，能夠符合當時人性的需求，而又不違反當時當地公序良俗的安排。但這種的正義觀，仍受制於各時代、各社會人性的演變，其爲相對的正義概念，而非絕對的正義概念是很明顯的。

至於馬克思把黑格爾「自在」轉化爲「自爲」的說法，引伸到階級之上，因而有自在階級和自爲階級之分，也是人自我生成理念的擴大。據此，馬克思主張把處境惡劣、懵懂無知的自在階級之無產階級，轉化爲自知命運，意識到自身階級利益遭受壓榨剝奪的自爲階級（革命後備軍），這是實現自我解放的初步，也是人從役於物、役於人，轉變成自由自主，變成歷史締造者的起步。

要之，馬克思對人性的看法可用兩種不同的理論來加以說明：其一可稱爲生物學的模型（biological model）；其二爲歷史學的模型（historical model）（Wallimann 1981: 11 ff.）。在生物學模型中，青年馬克思視人爲自然的、客體性和異化的生物，也是一種特殊的「種類本質」（*Gattungswesen*），這可以說是少具變化、一般的人性。至於歷史學模型，則爲成年馬克思的主張，把人視爲社會的（階級的）、歷史的、被壓榨的動物；換言之，是人在不同的歷史階段、不同的社會處境上自我塑造的產品。

在階級社會中，人性一直被扭曲、異化、壓榨。只有當階級被剷除之後，在一個無階級、無鬥爭、無剝削的社會裡，新的人性才可望展現。這種新的社會被馬克思描繪爲：

> 私有財產的正面揚棄和異化的消除，是人性的復歸，是人作爲社會動物回歸其自身──有意識地擁抱向來的發展和積累的財富之復歸……。
> 是人與自然之爭、人與人之爭的眞正解決，也是人的存在和人的本質之間、客體和自我證實之間、自由與必然之間、個體和人類之間的抗爭底解決。共產主義乃是歷史之謎的解答，正如它自知其本身爲此謎之解答一般。（*CW* 3: 296-297）

只有當這種理想的社會實現之時，人的自由、幸福、自我生成才可以獲致，這便是馬克思正義的絕對概念之體現。

要之，馬克思的人性論包含三點：（1）人性可以完全改變，特別是在

共產主義實現之後；（2）人性是「社會關係的累積」，因此，人性隨境遇而變化，人性是可被塑造的（malleable）：（3）人類的生物性質，亦即「種類本質」是永久不變的，因爲它是人天生而成的本性、或自然的性質。以上三種相互矛盾的觀點，正是馬克思帶有浪漫主義和表現主義的色彩，企圖把康德的個體主義和理性主義熔冶爲一爐，就如同黑格爾企圖把「特殊性」（particularity）和「普遍性」（universality）結合爲「個體性」（individuality）是一樣的（Kocis 1986: 408-409）。

理想的人性之培養是重視個體的發展，而又符合群體利益。把個體和群體作適當的調整，不可偏頗。這便是馬克思有關人性回歸、實現正義的要旨。至於資本主義的社會究竟是公平或是不公的社會一節，從馬克思的著作中可以引出不同的結論。在第五節中可以看出近年學者認爲馬克思視資本主義社會不牽連公平與否的問題，但在第六節中則可以發現近年學者相反的意見。

六、資本主義社會的揚棄與社會不公無關

近數十年來西方研究馬克思主義的學者一直在進行一場無休止的爭辯。爭辯的題目是馬克思痛斥資本主義、企圖聯合無產階級來推翻資本主義，其動機是否由於這一制度戕害人性、破壞正義、顯示不公呢？

依據塔克爾教授的說法，把馬克思主義視爲道德教誨和訓論，其主旨在抗議存在於資本主義裡頭的不公，這種帶有道德和倫理意味的解釋，早在20世紀上半葉便相當流行。像英國政治分析家拉斯基（Harold J. Laski 1893-1950）便指出「鼓動〔馬克思〕的基本激情，也就是正義的激情」（Laski 1933: 46）。國際共產運動史詮釋者卡爾（E. H. Carr 1892-1982）認爲馬克思主要的著作之基調爲正義，他說：「在《共產黨宣言》發表後二十年才出現的《資本論》第一卷，馬克思第一次證明無產階級的勝利，不是粗鄙的暴力之勝利，而是抽象的正義之勝利」（Carr 1947: 83）。開20世紀上半葉美國研究馬克思主義先河的胡克（Sidney Hook 1902-1989）也寫道：「馬克思的倫理不只表達對社會正義的要求，更是一種特別的正義之要求。這種特別的正義是建立在資本主義所創造的客觀可能性之上」（Hook 1950: 35-36）。

Harold J. Laski

E. H. Carr

Sidney Hook

　　塔克爾續指出：馬克思和恩格斯都聲嘶力竭地呼籲被壓迫的人民起來反抗壓迫者。他們兩人又剴切地指陳資本家剝削了勞工，因而給予人們一種感受，馬克思和恩格斯是基於一時的正義感，來鼓吹無產階級進行革命的。但塔克爾的分析卻否認共產主義創始人是激於義憤，或基於抗議資本主義體制的不公，而痛斥資本主義。塔克爾更不認為他們企圖建立的未來共產社會是一個正義的王國。原因是馬克思雖然重視分配的問題，但不認為分配的正義（公平）之實現，是推翻資本主義制度的動力。

　　塔克爾的論據有三：

　　第一，他指稱馬克思攻擊烏托邦社會主義者（像聖西門、傅立葉、歐文）和蒲魯東、拉沙勒等人主張分配的公平。馬克思批評拉沙勒鼓吹社會主義之目的在實現公平的分配，因而提出一個尖酸的問題「什麼是『公平的分配』呢？」只要資產階級的生產方式繼續存在，則所謂的公平或不公，完全依靠資本家訂下的法律標準來衡量。顯然不是無產階級單方面的吶喊抗議，便能改變現實的。換言之，馬克思和恩格斯兩人認為「正義」一詞，只有使無產階級更安於現狀、更傾向改良主義，而忘記了武力鬥爭。

　　第二，馬克思雖然把資本主義界定為榨取勞力以累積資本的生產制度，但他把帶有道德意味的「剝削理論」（蒲魯東的主張）轉化為科學分析的「剩餘價值理論」。就工人與資本家議定的工資而言，則為工人付出勞動的代價，相當於工人維持其個體的生存和家庭的綿延「社會上所必需」的起碼費用。這是雙方基於勞力買賣的契約，而同意決定的價格，談不上公平或不公平。唯一可議的是工人把他的勞力（*Arbeitskraft*）當作商品出賣給資本家。這份勞力所創造、所生產的物品之價值，遠超過他所獲得的工資。這一差額即是通稱的剩餘

價值。資本主義便是建立在剝削勞力和累積剩餘價值的基礎上之制度。在此情形下，馬克思說：「購買勞力的資本家可以說是特別幸運，而出賣勞力的工人比較不幸，卻談不上不公」（*Werke* 23: 208）。至於什麼公平、權利等問題其依據的準繩仍是現行的經濟制度。原因是每一個生產方式就衍生相稱的分配方式，從而也建立其分配的公道之標準。因此，以別的標準來衡量資本主義制度下的分配是否公平，這對馬克思和恩格斯兩人而言是毫無意義的。

Saint-Simon

Fourier

Robert Owen

Ferdinand Lassalle

　　第三，塔克爾不認為馬克思所欲建立的未來共產社會是以追求公平為最終的訴求。他的論據是馬克思在〈《哥達綱領》批判〉中，把未來共產主義分成兩個階段來討論。其初階為過渡時期（後來稱做社會主義階段），其高階則為共產主義的社會。馬克思認為在初階中，資產階級的權利仍將盛行，一旦推行平等的觀念，反而造成不平等的實際結果。其原因乃為在這個階段中，個人無論天賦資質，還是個別需要，都與別人不同。此時如果來個齊頭式的平等，必然造成不平的現象。至於在高階上，則每人按其需要的不同而獲取不同的報酬，此即「各盡所能、各取所需」之意。因此，無論初階或高階都不涉及平等之事，也與正義無關。更何況「各盡所能、各取所需」這一口號提出時的用意，是為了實現民胞物與博愛理想，與分配的正義扯不上關係（Tucker 1969: 33-53）。

　　塔克爾總結一句：馬克思主義所關懷的是生產，而不是分配的問題。馬克思只注意怎樣使個人成為直接的生產者，怎樣來創造有利的環境和提供有利的條件，來使個人的生產活動順暢展開，聯合的（associated）社會生產活動和諧進行。換言之，馬克思認為人（特別是無產階級的工人）所以參加革

命，不是基於消費的欲求或分配的利益之不公，而是基於生產的挫折、創造力的抑制。因此，革命的目的在解除分工的零碎化和私產對人的束縛，取消強迫性的勞動（*Zwangsarbeit*）和變相的奴役，而把工人轉化爲完人（*totaler Mensch*），使人恢復其豐富的創造力、自由融通、安富尊榮（*ibid.*, 17 *ff.*）。

塔克爾的說法，引起伍德的共鳴。他們兩人均認爲馬克思並沒有譴責資本主義是不公的。這一看法頗轟動一時，但也受到批評（Tucker 1969, *ibid.*; Buchanan 1982: 52 *ff.*）。

伍德基本上同意塔克爾這樣的分析。他更進一步闡述，而認爲政治行動不過是革命實踐附屬的部分。即使革命成功新的政制誕生，也未必創造新的生產方式。就算革命帶來新的生產方式，制定新的法律來配合新的生產方式，我們也無法確定地說新的法律制度比舊的法律制度更爲「公平」。換言之，伍德不認爲馬克思要建立的共產主義的社會，是爲了實現正義的原則。對塔克爾和伍德而言，像達連朵夫所指馬克思最終的目標在建立絕對的正義，這表示他誤解了馬克思的本意。共產主義絕非靠革命而帶來新狀態、新理想；反之，共產主義是揚棄現狀的實在的運動而已。這是馬克思和恩格斯在《德意志意識形態》中早已揭示的（Wood 1980a: 28-32; Marx 1968: 426）。

依據伍德的說法，馬克思不願意斥責資本主義的不公，不是怕一旦指出它不公，無產階級便一心一意只想加以矯正改良，而忘記致力革命予以推翻。他最大的憂慮是人們一旦接受資本主義有缺陷（不公）的錯誤觀念，便會延遲革命的工作，使推翻資本主義的革命活動變成更爲艱難、付出的代價也更爲重大（Wood 1980a: 33-34）。

那麼馬克思主義如果不是把資本主義評爲不公，他爲何要譴責它呢？回答此一問題的正確答案，是馬克思有關資本主義廣泛的理論，也就是有關資本主義生產方式的歷史起源、組織功能和未來發展預測的理論。這種理論是資本主義爲人類歷史上出現過而又要消失的諸種生產方式之一。由於把資本主義當成人類歷史上具體的生產方式、分析它內在的運作情況，遂發現它對文明雖有其獨特的貢獻，卻犧牲了不少人命、浪費了不少人力，它不僅使工人體衰身弱，更使他們心智遲鈍、道德敗壞（洪鎌德 2010b: 300-301）。

再說，資本主義所帶來社會變遷的急劇，造成社會關係長期的不穩與混亂，使人類的幸福落空，使更多人的美夢粉碎。總之，在資本主義的社會中一方是高高在上的資本家和統治者，他們濫用其財富和權勢，而橫施「宰制」（*Herrschaft*, domination）。所謂的宰制不僅涉及對別人事物的占據和享用，

也是對「別人意志的占有」，使別人的意志枉屈難伸、使別人的欲求壓抑挫折。另一方面則使廣大群眾淪入強迫性的勞動，這種以金錢為報酬的勞動，是變相的「奴役」（*Knechtschaft, servitude*）。奴役也是人類生產活動一種特別的形式，生產者喪失了對生產品的擁有，因而使生產者從其生產活動異化出來，生產品卻為生產者之外、高高在上的異己者所占有、所享用。因之，資本家對工人剩餘價值的剝削，雖不是不公平，卻是變相的奴役。要之，在資本主義下的勞動「不是自願、而是強制的勞動，它是被迫的勞動。……一個自我犧牲乃至磨折至死的勞動」（Marx 1963: 125）。

誠如伍德所說：「領取工資的勞動者受到資本的奴役，可以說是資本主義的生產方式本質上和不可缺少的一部分，這不是靠自由化的立法、或資本主義社會全體成員真誠尊重『人權』便可以改變的」（Wood 1980a: 37）。馬克思不認為藉正義的命令（*fiat justia, pereat mundi*）便可以把奴役取消，蓋奴役的存在是造成現代生產力發展的必要條件。只譴責奴役無濟於事，必須受壓迫的階級自行覺醒產生解放的意願和需要。解放意願和需要的產生，又繫於生產力和生產關係的鑿枘難容、互生矛盾、彼此傾軋。因此馬克思相信導致資本主義毀滅的主因，是它內部不斷製造否定其自身的力量。因此，資本主義的崩潰源自它本身的非理性。

七、資本主義的毀滅是由於其社會不公引起

不僅20世紀前半葉，英美學者競相以道義倫理的要求來解釋馬克思主義，就是1960年代末、1970年代初的西方學人，也倡說馬克思的倫理思想，特別是強調他分配的正義觀。曾經執教賓州大學的胡薩米（Ziyad I. Husami）便持著與塔克爾、以及與伍德不同的看法，認為馬克思對資本主義的譴責，是由於資本主義的不公不平、缺乏正義、充滿矛盾、大事剝削、奴役宰制（人役於物、人役於人、人役於非人的勢力）之緣故。

詳細地說，胡薩米指出：馬克思對資本主義譴責直接而明白的聲明不多，但這並不排除他評估資本主義的道德用意。更何況他指責資本主義所使用的語言詞彙，像對剩餘價值榨取剝削視同為資本家向工人的「搶劫」、「竊取」、「欺騙」、「掠奪」、「戰利品的奪取」、「騙取」在在都是道德語詞。此

外，在《共產黨宣言》中，他與恩格斯同意席斯蒙地（Leonade Simonde de Sismondi 1773-1832）暴露資本集中少數人之手是不當的，也提及無產階級的災難和分配不公；在《哲學的貧困》中，指責資本家無視協助他們致富的工人之受苦受難；在《神聖家族》中，指陳無產階級的非人化，其生活情況爲「人性」的否定；在《德意志意識形態》中，談及「無產階級必須負起社會的重擔，而享受到不它的好處」；在《資本論》第三卷中，論述「社會發展（包括物質和精神的好處）之強迫和壟斷是使一部分人得利，另一部分人受害」等等，這些引言和說法，充分顯露馬克思對資本主義分配之不公的感慨和批判（Husami 1980: 44[2]）。

席斯蒙地爲瑞士經濟學者與史學家，反對經濟上的平衡有助於充分就業；經濟學應當促成社會財富增加，而在提高人群的歡樂

　　從上面這些譴責資本主義不公的字眼裡，我們雖然無法整理出一套馬克思完整的正義觀，但至少使我們難以苟同塔克爾與伍德視資本主義的運作是公平底說法。像前面所提馬克思有關勞力交易壓榨的那段話，馬克思所說資本家買取勞力是好運、工人出賣勞力是壞運，兩者的交易不涉及公平與否，這種說法細加比較其上下文，只有顯示馬克思的俏皮和諷刺的本意，而不可以用來說明馬克思肯定資本主義交易的公道。

　　胡薩米接著指出在《綱要》（Grundrisse）中，馬克思言及分配牽涉到財富的分配和收入的分配，這兩者之間互爲因果、具有辯證性交互作用（Wechselwirkung），益增貧富的懸殊。馬克思又在〈《哥達綱領》批判〉中指出分配的兩大原則：按勞計酬和按需分配。這也是他分配的正義的兩大原則。

　　這兩大原則雖是未來社會主義和共產主義實現以後，社會分配賴以遵循的標準，但以這兩個原則來衡量目前資本主義也無不當。換言之，胡薩米不認爲馬克思的道德理論禁止以未來社會的分配原則作爲當今社會分配公平與否的衡量標準。就是同一社會（同一生產方式）之內，所謂的正義觀也不等同於統治

階級的正義觀，而忽略了被統治階級對現行正義觀的批評和攻擊。換言之，以無產階級的正義觀來衡量資產階級的正義觀，從而指出資本主義社會的不公，特別是分配的不公，應是馬克思所持的立場。

胡薩米認為塔克爾和伍德把馬克思的道德理論轉化為道德社會學理論，誤以為馬克思是道德實證主義者。所謂的道德實證主義者是指每個社會只有一個單一的、盛行的、大家公認和遵守的道德標準——這一標準是統治階級設定、不容置疑、不容挑戰的唯一標準，而且也認為凡是與某一社會的生產方式符合一致的標準，便可以用來衡量該社會是公平的、公道的。

依胡薩米的敘述，馬克思心目中分配的正義共有兩個原則：其一為按勞計酬；其二為按需分配。前者係在共產主義實行前的過渡時期，亦即社會主義初級階段，所採用實施的分配原則。後者則俟社會主義施行成功，物質條件充足，社會已達富裕之境時，階級完全泯滅之後，才能採用的分配原則。

在過渡時期中，只有按照每一個生產者勞動貢獻的大小，獲取適當的報酬。全社會的生產者不當把生產成果悉數瓜分用盡。這是由於其中部分費用要加以剔除的緣故。這包括：（1）無法取代而業已耗盡的生產資料；（2）未來由於人口膨脹，需要逐告增加，而必須擴大生產之儲備金；即防禦天災地變發生時必要的開銷。扣除了這些開銷之外剩下的社會生產總值分成兩個部分：社會消費部分和個人消費部分。前者包括社會基金（教育、衛生等）和福利基金（失業救濟、養老育幼、撫恤金等）。後者是按照每人勞動的成就，分配給個人使用的。

因此，過渡時期的分配的正義牽涉兩個原則：（1）同等權利和平等對待的形式原則；（2）勞動貢獻比例的報酬之實質原則。社會主義的分配原則比資本主義的分配原則較為進步。這種進步表現在兩個方面：（1）取消生產資料的私人占有；（2）消除階級剝削。

但社會主義的正義原則也有其缺陷。它是片面地把個人處理為工人，而忽視了個性。這使得馬克思說：「人除了被視為工人之外，什麼都不是。除此之外，其他的一切也被忽視掉」（*SW* 3: 18）。

由過渡時期的社會主義邁入共產主義之後，馬克思認為社會有採取新的指導原則之必要。這一新的分配公平之原則為按照每人需要的不同，而獲取不同的報酬，也就是「各盡所能、各取所需」，目的在使個性得以充分發展，使每個人變成完人（*totaler Mensch*）（SW 3: 19）。

馬克思不贊成在共產主義的社會中採取毫無差別完全一致的平等原則，這

是由於他理解在那個富裕的社會裡每個人的需要不同，每個人發展其個性的途徑也不同，是以認為無差異的平等不啻齊頭式的平等。當然要實現共產主義必俟生產力突飛猛進，整個社會脫離匱乏不足，而邁入富裕之域。屆時社會分配要配合新的生產方式來進行。

顯然，社會主義的正義所牽連的德目是平等，而共產主義的正義則涉及自我生成、自我實現。這兩條正義原則是通過消滅私產來排除剝削，並強調以理性和集體來控制社會生存的條件之重要性。這一控制並非自由的限制，而是另一種自由的體現（Husami 1980: 61）。

如果用共產主義或社會主義公平的尺度來衡量資本主義，那麼我們立刻會發現資本主義的社會是不公平的。首先，資本家對工人的壓榨、剝削就是奪取工人勞力創造超額的價值──剩餘價值──而不曾對這部分的勞力付出代價，使它成為「未償付的勞動」（unpaid labour）。這是資本主義不公的所在。其次，資本家在與工人簽約之時，所購買的是勞力，而非勞動。但資本家常常連當作商品的勞力都未付出等值的價格（工資），而是付出低於勞力應有的價格，這是資本家除了剩餘價值的榨取之外，對工人的另一層之剝削，其為不公不平是有目共睹的。

資產階級的經濟學者常為資本家辯護，或謂資本家親自管理事業有其一定貢獻、或謂資本家不馬上消耗生產的成果，才會累積利潤成為資本、或謂資本家賺取暴利乃是基於投資的風險等等因由。這些辯護的理由都經馬克思一一駁斥，而堅持資本家的致富來自剩餘價值的剝削。因此，資本主義違犯了按勞報酬的原則，其為不公平的制度十分明顯（Husami 1980: 61-71）。

資本主義不僅違反按勞計酬的原則，更破壞「各取所需」的理想。亦即在既有的生產能力的範圍內，資本主義無法滿足人們的需要。這點顯示馬克思批評了資本主義生產的社會關係，特別是抨擊每年生產總額的占有和分配之方式。顯然地在資本主義的社會中我們發現一個莫大的矛盾：個別生產單位的理性規劃和社會全面生產的無政府狀態之間的矛盾。換言之，個別企業是極富理性和計畫，但社會總生產卻各自為政、不相為謀，於是個體企業的合理對上總體經營的不合理，造成矛盾困窘。另一方面產品的品質翻新、大量推出，相對於社會消費能力的重重限制。只有身懷財富金錢者才能從心所欲購物、消費、享用，一般貧苦大眾望物興嘆、需要不得滿足（Husami 1980: 72-75）。

曾任教田納西大學的哲學教授布連克特（George G. Brenkert）同意伍德所稱：馬克思有關資本主義的正義觀，只是建立在法制之上。他也同意這種正

義觀只能應用於資本主義的生產方式下所出現的現象。但他卻爭辯：對正義的這種看法不能引伸到對自由的看法之上。因為自由和生產方式的關連有異於正義和生產方式的關連。因此，馬克思對私產的痛斥攻擊是從道德的立場出發的，其基礎為自由的原則。對私產的譴責是由於私產阻礙自由，也抑制個性和人格的發展。不像正義受時空文化的限制，自由是超越時空和超文化的標準，而且自具本體論的（ontological）的尺度，為正義之所不及。評價各種社會的自由之基本設準乃是人與社會發展程度的大小，這是隨生產力不斷的改善而產生變化的。易言之，布連克特認為馬克思之批評資本主義，乃是批評其私產制度，而私產制度的存在基礎則為人之不自由。因此，馬克思對資本主義中私產的譴責，固然含有道德的意味，但這項道德的譴責卻不植根於正義原則的批評之上，而是建立在自由的缺乏，以及個性和人格的發展之限制等現象之上（Brenkert 1980: 80-105）。

伍德對布連克特這一說法也提出同意和反駁。首先他同意後者所說馬克思痛斥資本主義是由於限制人的自由、破壞人的安全、威脅人的舒適之緣故。其次伍德反駁後者：自由和安全並非道德之善（moral goods），不似正義可以用生產方式來評判。更何況這類非道德之善的價值太寬泛、太平常，要用自由與安全作為推翻資本主義體制的動力，幾乎是人人可以鼓吹倡導的，何必勞駕馬克思著書批判呢（Wood 1980b: 103 ff.）？

八、總結與批評

1970年代以來美國哲學界出現了「解析的馬克思主義」，其成員包括前述柯亨、羅爾默、艾爾斯特、伍德、米勒、布連克特、胡薩米等人。他們為了馬克思是否持有正義觀展開了激辯。主張馬克思反對正義的學者有伍德、米勒和布連克特等人，與此觀點相反，亦即認為馬克思有其特定的正義觀的人則為胡薩米、柯亨和艾爾士特等人（曹玉濤2008: 40-41）。他們都各自引用馬克思的說法來支持自己的立場，這些上面都已分析過，不再複述。

從上面的解析，我們可以概要地掌握馬克思對正義的看法。首先，他從倫理道德的角度，把正義當做去惡求善的道德規範來看待。不過道德是階級的道德，反映了特定社會的經濟活動，是以沒有永恆的正義、或自然的正義可言。

其次，他把正義看成法律的概念，與特定的社會之政制和法制有關，特別是該社會法律關係的準繩，是社會生產關係之法律表述，它不是人際利益衝突的權利平衡。最後，馬克思強調用科學方法來分析個別的、具體的社會，把社會分解為下層建築的經濟基礎和上層建築的意識形態，去瞭解正義作為意識形態的一部分。正義是受生產方式，尤其是生產關係與階級結構所規定的。它不是社會實在真正的反映，而是其扭曲和錯誤的想像（*falsche Vorstellung*）。

胡薩米曾批評伍德單單以法律概念來解釋馬克思的正義觀之不當，因而主張用道德加上科學來看待正義的問題。據此影響道德觀（moral outlooks）之層次（levels）有二，其一為生產方式；其二為社會階級（Husami 1980: 47）。換句話說，他認為馬克思的正義觀是受到生產方式和階級利益兩個因素所制約的。我則認為尚應加入第三個因素、或稱第三個層次──人的本質、或人的本性，才能瞭解馬克思正義觀的全貌。

所以把人性列入討論是因為馬克思一生拳拳服膺的信條是「對人而言，人是至高無上的本質」（*die Lehre daß der Mensch das höchste Wesen für den Menschen sei*）（Marx 1981 [I]: 497; Marx-Engels 1978: 60），而且他強調對宗教的批判應終結於「範疇性的命令」（*Kategorisches Imperativ*），也就是至高無上的命令，它要求「推翻那些把人造成卑屈、奴役、被拋棄、可鄙的事物之所有關係」（*ibid.*）。

因此，公道對馬克思而言，是使人恢復人性，拋棄人性的枷鎖，使人解過著無異化、無剝削、自由自主、完滿快樂的共同體（*Gemeinschaft*）之生活，是滿足人的各種需要的自由領域，為人自我生成、自我實現境界。

許國賢說：「馬克思所期盼的正義正是類似亞理士多德對真正的友誼所抱持的見解，這種正義是希望在一個協和的社群裡做為幫助每一個人完成自我實現的底層條件，其所強調是尊重彼此之生活需要的相互性（mutuality），而不是工具式的互惠性（instrumental reciprocity）。因此，我們可以歸結地說，馬克思的正義觀是以人類需要為其內容，同時以尊重彼此的相互性為其運作形式……」（許國賢1989: 15）。

這一論斷大體上是不錯，但有關「相互性」和「互惠性」則有商榷的餘地。原來馬克思非議蒲魯東之處，除了攻擊後者濫用「正義」、「公平」和不懂辯證法，以及對政治經濟學一竅不通之外，也指責他誤用「相互性」。另一方面在一封致俄國開明地主的安念可夫（Pavel P. Annenkov 1842-1887）之信上（主要抨擊蒲魯東的謬說），馬克思首先問什麼是社會？然後他的回

答，指社會是「人群互惠性行動的結果」（*Le produit de l'action reciproque des hommes*）（Marx, *Das Elend der Philosophie*, S. 2）。由是可知馬克思重視的是「互惠性」這一字眼，而非許國賢所說的「相互性」。

要批判馬克思的正義觀，必須首先批判他的道德觀及其倫理思想，但在批判他的道德觀和倫理思想之前，卻先要批判他整個學說的體系，也就是批判所謂的馬克思主義。

近年西方學界盛傳兩種馬克思主義的看法：一是批判的馬克思主義；另一為科學的馬克思主義。批判的馬克思主義又稱「帶有人面的社會主義」、或「倫理的馬克思主義」、或「人文主義的馬克思主義」，這是集中在青年馬克思的著作，討論人存在的意義。至於「科學的馬克思主義」又名「科學的社會主義」，這成為成年後馬克思的學說，討論資本主義下生產活動和階級剝削的政治經濟學問題（Gouldner 1980: 98 *ff*; Mazlish 1984: 26；洪鎌德2012：17）。

造成馬克思主義一分為二的原因，固然是馬克思的伙伴恩格斯以及後代馬克思主義者的解釋之不同所促成，也是種因於馬克思本人思想的兩重性。他的「浪漫主義兼唯心主義」的激勵（inspiration）剛好同他革命熱情的期盼（aspiration）針鋒相對。「從他〔早期〕的詩篇……隱然可以看出馬克思的心靈夾纏著人文和科學的混淆不清（the humanistic-scientific ambiguity of Marx's mind and soul）」（Mazlish 1984: 31）。這大概是因為他想效法黑格爾把「是然」（*Sein*）與「應然」（*Sollen*）；「必然」與「自由」的對立加以化解融合之緣故吧？馬克思認為凡是實然的、或必然的發展，便是符合科學的規律；凡是應然的便屬道德的範疇。成年以後的他似乎傾向於事物必然的發展，而忽視人主觀意願對客體世界的改變，這便是看重科學、賤視道德的潛在因由。

Alvin W. Gouldner

Bruce Mazlish

John Rawls

　　所謂兩個馬克思主義，其實就是達連朵夫所稱在馬克思的著作裡頭有兩部分無法調和統一的主張：其一爲他預言式、充滿猜測和思辨的史觀；其二爲他分析犀利、觀察入微，建立在社會科學上的概念、假設、演繹、預測等之社會理論。要之，他的史觀和社會學說各有令人信服之處，但要把這兩者揉合在一起，混爲一談，則使人有顧此失彼的感受（Dahrendorf, *op.cit.*: 165-166）。

　　依據這種兩分法，我們也可以同意胡薩米分別論述馬克思道德倫理說和道德社會學理論之必要（Husami: 47-56），從而看出馬克思道德學說中一項緊張的關係（矛盾）。此即重視人格、尊重人權、視人格爲神聖不可侵犯（源自康德的學說）的主張卯上道德爲權力的護符、爲統治階級正當化、爲階級服務的另一主張。設使馬克思要效法康德推崇人的價值和尊嚴，則不能不倡說權利（自由權、平等權、信仰權、生存權等等）。但另一方面馬克思又視權利、正義隨生產方式和階級利益的不同而發生變化，因而不承認有放諸四海而皆準、俟諸百世而不惑的權利、或正義之存在。其結果也否定道德的普遍性與永恆性。忽視道德、正義對社會制度和人群共同體具有正面的、積極的作用，是馬克思階級道德觀的缺陷。

　　特別是道德和正義的要求常是促成被統治者、被壓迫者、不擁有生產資料者奮不顧身起來反抗統治者、壓迫者、擁有生產資料者的最大動機。馬克思一面強調向工人灌輸和啓發革命意識的重要；另一面卻排斥正義、道德做爲革命的鼓舞力量、或精神淵源，這正顯示其學說中的矛盾，可視爲其道德和正義觀白璧之瑕。

　　在這裡我們不妨把他的正義觀和羅爾斯（John Rawls 1921-2002）的正義觀作一簡略的對比。其最大的不同是前者視不平之感是造成對社會憤怒和仇視的主因。後者則強調「秩序良好的社會」（well-ordered society）可以引導人們產生「正義感」（sense of justice）。換言之，馬克思重視「不義之感」（sense of injustice）是被壓迫者反抗舊秩序和建立新秩序的動機；反之，羅爾斯強調合理的、有秩序的社會培養人們道德情和正義感。顯然不義之感比正義感更能激發人群反抗的意識，也比容易接近人群政治實踐的動機，但卻是一股破壞性，而非建設性的力量。

　　曾經心儀古羅馬奴隸反叛的首領史巴達枯士（Spartacus 109-71 BCE）爲英雄的馬克思，認爲古代奴隸和現代無產階級的受苦，是他們打破現狀、推向反抗的動力，也是創造新社會秩序的動機，是以不義之感對革命的催生和成長，扮演了重大的角色。遺憾的是馬克思對不義之感和正義感不加演繹闡述，

造成其理論欠缺圓融、其革命實踐減少助力（Gilbert 179）。

帶領奴隸反抗羅馬軍隊的古英雄

美國學者Alan Gilbert

　　馬克思的正義觀除了深受他唯物史觀的影響之外，也與他的國家觀緊密連繫。通常好談正義之士多少肯定國家合法的存在、或是相信人際之間的衝突（意見或利益的衝突），可以用理性、容忍、妥協的辦法來調和排解。因之，對他們而言任何衝突的合法和合理的解決、合法和合理的平衡，都是符合正義的訴求。這是出自協調、均衡、一致的期待，可是馬克思卻一直相信萬事萬物（特別是生產方式內在的矛盾和對抗所引發）的不斷衝突。國家對他而言，是階級鬥爭暫時譜上休止符，而成爲階級統治的機器，它不是黑格爾所強調的倫理生活之實現，而是資產階級壓榨和剝削無產階級的工具。既然馬克思斥責國家是社會力量的異化，也是市民社會的扭曲，則由立法機關訂定，行政和司法機關執行的法律和命令，自然是偏袒資產階級，成爲統治階級權利和利益的護符（洪鎌德 2008: 322-325, 333-336）。是以法律無從實現正義和公平。總之，馬克思的國家觀連帶使他懷疑司法是爲階級服務，正義、公平、權利等概念成爲保護強權者、統治者、剝削者的擋箭牌、或遮羞布，這是他對正義缺乏好感的原因。隨著他對國家消亡（*Absterben des Staates*）的期待（*ibid.,* 339-340），階級的正義也不需存在。馬克思正義觀的缺陷正反映在他國家觀的缺陷之中，在本書結尾的第十六章中，我們會析論他與恩格斯的國家觀，從而把他從個人到社群的看法作個綜合性的評述。

　　最後，我們要指出：馬克思只重視階級衝突、階級鬥爭、以爲正義只是統治者消除階級鬥爭、維持表面團結和諧的工具。殊不知人類鬥爭的形式，不只出現在階級之間，更出現在人與人之間、男與女兩性之間、種族與種族之間、

國家與國家之間。在這種情形下，正義的要求與作用，當不限於階級社會的存在，更應包括國與國之間、族群與族群之間、人與人之間關係底調整，及其衍生的問題之解決。

　　雖然有上述的缺點，馬克思的正義觀仍有助於激發吾人面對擾攘不安的世界，提出有關國際、群際、人際的衝突的問題，並尋求其合理公平的解決之道。誠如現執教於杜克大學的國際法與政治哲學教授卜坎南（Allen E. Buchanan）所言：馬克思的正義觀提供給傳統和現代政治哲學兩個教條以系統的與頭痛的挑戰。其一是認為正義是社會制度最首要的德目；其二是尊重人為權利的持有者（right-holders）是個人最高的德性。這兩項教條都因為馬克思正義觀的出現，強迫我們重加思考和反省（Buchanan, xiv：16 *ff.*）。

卜坎南為美國政治哲學教授於2013年出版《人權的核心》
（*The Heart of Human Rights, Oxford University*）一新書

科學實證與反思批判的馬克思之身軀分裂
馬克思雖出身資產階級律師之家，卻奉獻其生命和健康於打倒資本主義，完成普勞革命大業，俾人類最終得到解放。他標榜以科學方法考察當代社會和探討歷史發展。但對未來卻懷抱烏托邦和迷思的態度。加上他對世局主觀的批判與改變之企圖，不容於客觀世事的科學的分析，顯示其學說內在的緊張與矛盾。有人甚至說：不只存在一個馬克思主義，而至少還出現了 Two Marxisms.

第十一章

馬克思與恩格斯平等觀的析評

第十一章　馬克思與恩格斯平等觀的析評

一、前言

　　自從西洋文明史上一神教取代多神教而成爲主宰人們的思想、言行、生死的主要信仰體系以來，「所有的人被創造爲平等的」（All men are created equal）觀念深植人心。這種人人都是平等的觀念，逐成爲基本的、或稱「基礎的」（foundational）平等觀之核心。與基礎的平等觀同樣重要的是「分配的」（distributional）平等觀。

　　不過哲學上所指的凡人均平等，並非指人的身高、體重、容貌等外觀上，可以測量的相等，也不是指人內心的需要、才能、稟賦上不可測知，但可意會的特質之均等，而是指人一旦成爲人，則在神的前面，在法律的跟前應該平等。既然是人，而非其他動植物，則只要具有人性便該平等。天賦民權論者強調只要是人，便因天生具有瞭解其權利與義務的理性，所以凡人皆平等。功利主義者則認爲只要是人，都會感受快樂與痛苦，都會趨吉避凶，所以應該平等（洪鎌德 2004a：84-89）。因此每個人只能算他是一個人，沒有任何人可以在計算上多於一個人。康德認爲每個人都享有尊嚴，這是由於人人擁有理性，懂得遵循道德律則去行事的緣故，也是應當把別人當成目的，而不是看成手段的緣故（李明輝 1994: 58 ff.）。

　　因之，凡人都有理性、熱情、尊嚴，藉著這些「人」的特質的存在，在社會上、經濟上、政治上強調人相似之處，而排除其歧異的所在，便可由人人皆平等的事實邁向人人須平等的理想，亦即由事實性走向規範性（normative），把平等觀當成人生追求的價值與目標高懸出來。是故妥尼（R. H. Twaney 1880-1962）遂稱：「因爲所有的人都是人，所以社會制度……應當妥善計畫，儘可能地強調與加強使大家合作的共同之人性，而減少使大家分裂的差異之人性」（Twaney 1967: 49）。從妥尼的話不難理解平等並非經驗事實的描述，而是理想狀態的期許。

　　與基礎的平等觀比較接近的看法，是認爲既然人人該平等、必須平等，但現實世界卻不公不平，缺少平等的事實，因之，人們必須改變世界，改良社會，創造一個既合理而又平等的新社會秩序，這便是把平等當做一個社會改革、或革命的目標來看待。要之，平等觀遂成爲政治的目標、社會的理想、經濟的歸宿。至於平等第二個意思爲分配的公平一節，則自古希臘哲學家蘇格拉

底倡說正義、柏拉圖指明公平、亞理士多德分辨公平的分配以來，便充斥整個西洋哲學史的內涵。不僅要求社會上經濟財貨、勞務的公平分配、連同政治權力、地位、聲名，乃至參與社會之均享。在東方孔夫子所言「不患寡、而患不均」，尤富分配正義的色彩。可見中外古今的聖哲對平等之重視。

主張把人當成目的而非手段的德國大哲學家康德

促進人人平等社會和諧的英國史學家與倫理學者妥尼

　　談到分配的落實，則不能不靠社會的法律制度來推行，於是平等就要藉「平等權利」（equal rights）的機制來促其實現。問題是平等權利，或簡稱平等權，是近世西洋法政劇變下的產物，是人權與民權高漲的結果。這一天賦民權的產生不過是西方兩百餘年的短暫現象，比起人類歷史長河來還是小巫見大巫。當然我們也熟知平等權就像自由權、參政權、生存權、發展權、社會權等一樣，逐漸由歐、美而推擴至世界各地，但它作為一個法權的觀念，仍在不斷變動生成的過程中，其內涵也正在逐漸擴大與豐富中（洪鎌德2013: 491-495）。

　　法國大革命的三個口號「自由、平等、博愛」，分別由三種思潮、三種主義、三種社會勢力與社會運動所代表：亦即自由主義、社會主義和保守（社群）主義（洪鎌德2004a，第三章、第四章和第二章）。馬克思的學說號稱科學的社會主義，又努力要化除階級的對立與不平等（前揭書第五章）。因之，一般人都會把馬克思及其終身戰友恩格斯的想法，當作是全力擁抱平等的理念，甚至認為他們一生的努力在追求平等社會的建立。這種粗淺的印象，在細

讀馬恩的著作之後，便遭受到挑戰，而有修改的必要。基本上，馬克思在其一生的浩瀚著作中，很少提起平等的理念。恩格斯偶然會提起，但他的詮釋，依舊離不開馬克思的本意，雖然有時爲了贏取工人階級的支持，不免有平民化與庸俗化的解說，但大體上都視平等的概念是政治的、因時制宜的，甚至是布爾喬亞的觀念與詞彙[1]。

這種說法，並沒有把馬克思推向反對平等的陣營，只是在指出他不認爲有把平等當作無產階級團結奮鬥、對抗資產階級的鬥爭武器之必要。因之，馬克思既不認同基礎性的平等觀，也不會接受分配性的平等觀。馬克思理想的人，亦即他強調的眞人、完人、或社會人，乃爲一個致力生產的人，而非涉及消費的人，更非講求分配的人（Tucker 1969: 49-50；洪鎌德 1997a: 284; 1997b: 146）。

二、青年馬克思談平等的理念

在批評黑格爾法哲學與國家觀的青年馬克思，認爲民主是政治的本質，君主則爲政治的變相。他又認爲一般人，也就是普遍百姓，都在民間（市民）社會積極參與公私的生活，以求民生問題的解決。是故在政治國家中，代議或直接民主孰優孰劣的問題，並非首要。重要的是全民投票與選舉權之普遍化（洪鎌德 1995：101-104）。馬克思駁斥黑格爾視公民爲國家的成員，因之便擁有代議權、代表權。同樣馬克思也駁斥黑格爾以公民權（國家一份子的地位）來證成（justifies）人人享有經濟的平等權、或財產的均分。把歧異的、不平等的個人，一概看成爲同樣的、平等的公民，是黑格爾錯誤的抽象化之結果（前揭書，頁97-100）。事實上，社會乃是由高度分歧的、差異的、具有各種各樣功能的個人所組成（Springborg 1984: 545-546）。

---

[1]　雖然正統與官方馬克思主義強調馬克思與恩格斯兩人觀點的一致，但批判的與西方的馬克思主義卻努力分辨兩人學說與主張的歧異。作者基本上同意兩人看法的接近，但仍予以分別析述。

在新婚期間所撰黑格爾法哲學批判的青年馬克思，不認為現世有真正的平等可言，平等只是法律上的虛構

　　談到政治生活為民間社會的幻象時，馬克思指出人們的平等，只有出現在政治世界的子虛烏有之天堂中，就像基督徒只有在人死後的天堂上才談平等一樣。換言之，活在社會中的個人、活在現實社會中的個人，沒有平等可言，其平等只是政治上的界說，或稱是法律上的虛構（「在法律之前人人平等」）而已（*CW* 3: 79；洪鎌德2010b :213-217）。

　　在〈論猶太人的問題〉一文中，馬克思質問：人對私有財產的權利是指什麼而言？根據法國《人權宣言》第16條的解說，是指人有權使用與處理其私產、收入與勞動的成果。對此，馬克思頗不以為然，因為這種使用權與支配權是在沒有顧慮社會與別人的情形下享有的。其結果造成人們自由的實現，是以犧牲他人的情況下來達成，於是人把別人視為其自由實現的絆腳石來看待。除了財產權之外，尚有平等權與安全權。馬克思認為法文*égalité*（平等），撇開其政治意涵來談，不過是自由權的行使，也就是每個人一律看成自足的「單子」（monads），去自由活動，亦即1795年法國憲法第3條的規定：認定平等是把法律應用於所有的人，一視同仁地加以保護或加以懲罰（*CW* 3: 163）。

　　在《經濟學哲學手稿》中，馬克思對法文*égalité*的解釋，則顯得有點詭異。他說：「〔法文〕平等不過是德文我就是我的政治形式之法文翻譯。把平等當成共產主義的基礎只是它政治的證成而已。這就類似日耳曼人把人看成為普遍的自我意識，一樣具有正當化的作用。當然要超越異化一定要從異化的形式，亦即主宰的權力開始：在日耳曼這種主宰的權力為自我意識，在法國為平等，這些都是政治的〔說法〕」（*CW* 3: 312-313）。從這段話看出青年馬克思把平等看作是政治的概念，看作是異化的形式，也是人們要加以超越揚棄的對象。為了解說法國人使用平等與日耳曼人使用自我意識的雷同，馬克思和恩格斯在1845年出版的《神聖家族》一書中有這樣描述：

自我意識是人在其純粹思想中與自己平等〔之說詞〕。平等是人在實踐的成分中對他自己的意識，亦即人意識到自己與他人平等，也是意識到他對待別人的態度之平等。平等為法國人對人本質的一致性之表述，也是對人的種類的意識之表述，也是對待其同類，以及人與人在實踐上的同一之表述。換言之，人與人社會關係之表述。（*CW* 4：39）

由此可知早期的馬克思對法蘭西大革命三大口號之一的平等，並沒有視為激發人心振奮士氣，促成人群拋頭顱灑熱血的動力；反之卻是看做人與人社會關係、人對待其種類（族類）認同的表述，只相當於日耳曼人的自我意識而已。

三、恩格斯對平等的看法

青年恩格斯在1843年11月刊載於《新道德世界》的一篇題為〈〔歐洲〕大陸社會改革的進步〉之文章中，指出法國首先在政治上要求人民享有政治自由與政治平等，但發現只有這種的自由與平等是不夠的，必須在政治要求之外，加上社會的自由與社會的平等（*CW* 3: 392-393）。這表示他強調自由與平等不只是政治領域的，更要落實在社會層面。他這種分辨政治與社會的平等，還出現在其後的作品之上。例如1845年年底發表於《萊茵社會改革年鑑》上的一篇慶祝法國1792年共和締造的文章，便強調法國共和的民主制度與共產主義是同一意義。共產黨人必將憲改運動的原則加以發揮，要求落實政治與社會的平等（*CW* 6: 7）。

在1850年夏秋之交所撰述長篇《德國的農民戰爭》一書中，恩格斯指出中古時期法國南方，英國、波希米亞等地，如同德國一樣，當時波蘭的貴族與市鎮居民聯手，倡說「異端邪說」來對抗地主與僧侶階級。德國農民與賤民更要求恢復古老基督教會對教友平等的承認，如同市民所享有的權利一樣。他們倡說「上帝子民的平等」一概念，要求對財產分享的平等權利等等（*CW* 10: 414）。

另一方面，恩格斯卻攻擊在選舉中，把財產當成選舉權與被選舉權的條

件、或資格之不當。1845年10月下旬在《北方之星》的商業報刊發表的〈日耳曼現狀〉一文中，他指出日耳曼中產階級儘管有錢卻無勢，只好累積財富作為進軍等級代表機構（議會）的準備，「是故〔日耳曼的〕選舉是以財產資格爭取選舉權與被選舉權，這些權力向來只保留給其他〔地主、僧侶的〕的階級。由是平等只擱置一邊，也就是限制它在單純的『法律之前的平等』底範圍內，這意謂貧富的不平等所造成的平等──在現存主要不平等的限制下之平等。簡言之，這不過是把不平等冠以平等的美名而已」（CW 6: 28-29）。

早期的恩格斯強調法國大革命只爭取到公民的政治自由，還應當爭取社會自由才合理

　　表面上，我們看出恩格斯贊成採用這種布爾喬亞對平等的主張，但如果細讀他《反杜林論》（1878）這一重要的著作，卻會發現他視普勞階級談平等是一種過時、失效的說法，恩格斯這樣寫著：

　　普勞階級嘴裡所講的平等之要求，可以說有雙重的意義。它或是──以農民戰爭為例，在開始的時候──對赤裸裸的社會不平自動自發的反彈，亦即對貧富懸殊的反彈，對封建地主與農奴，飽食者與餓殍之間的對照之反彈，可以說是革命的本性本能之表述，而在這種表述中來證成其〔改革〕之要求。或是，另一方面而言，則為對布爾喬亞要求平等的反應，從布爾喬亞這些要求中找出或多或少正確的、或更為深遠的要求，目的在利用資本家的說詞，〔把平等的要求〕轉化為鼓動風潮，提供激發人們反對資本家的手段。如果情況是後者的話，那麼工人要求平等一事將隨布爾喬亞的衰亡而消失。上面兩種情況一言以蔽之，也就是普勞對平等的要求之真正內容，不過是階級取消的要求而已。超過此一〔取消階級〕之外的平等要求必然會是荒誕不經的。（CW 25: 99）

　　恩格斯在指出普勞階級對平等的要求之前，已用了相當多的篇幅分析自古至今，人類如何發展平等的理念[2]。他首先指出人類的共同特性，但平等權卻侷限於原始社群的成員，而把女人、奴隸、外人排除在平等權之外。古羅馬帝國除了自由人與奴隸的分別之外，其餘人種、地位的分別逐漸泯沒。基督教強調人人帶著原罪出生，因之人人平等。中古封建社會隨著新大陸、新航線的發現，使懷有一技之長的工匠，藉商業交易而逐漸形成布爾喬亞，不過工業社會的出現只見經濟生活的制度的改變，並沒有馬上使政治結構更迭。只有當工商業蓬勃發展，資產階級跟著要求甩掉其身上的封建桎梏，而爭取其平等的權利之後，情況才有急劇的變化（洪鎌德2009: 39-71）。

　　布爾喬亞從封建社會的等級（*Stände*; estate）轉化為近代的新興階級之後，普勞階級在其餘陰影子下苦壯。如同布爾喬亞追求平等，普勞階級也有樣學樣，不但要求取消階級特權，更企圖取消階級本身（*CW* 25: 95-98）。接著恩格斯便提到普勞平等要求的雙重意義，一如前述。

　　從上面複述他在《反杜林論》中對平等的看法，可知後期的恩格斯，已拋棄早期對平等權頌揚的態度，而視平等不過是普勞階級對赤裸裸的社會不公不平的抗議，或是學習布爾喬亞要求平等權。不管是基於什麼動機把平等權當成革命的運動之動力是過時的、少有效果的。一旦普勞掌握政權，資產階級社會秩序解體，則平等權的觀念也成為明日黃花。很明顯的事實，布爾喬亞的平等權，不過是法律跟前的平等，或是國家範圍內市場機制上的平等，是過去被頌揚之人權與民權的一環，可是今天再談平等權，甚至企圖使用平等權來激發工人的起義，則屬逾時失效的主張。

　　正如同馬克思對法權觀念的輕視，晚年的恩格斯不再擁抱布爾喬亞的價值。更何況布爾喬亞的平等權乃是由「布爾喬亞的經濟條件所衍生」出來（*CW* 25: 97），是布爾喬亞的意識形態之一部分，自無加以重視的必要。

　　在致貝倍爾（August Bebel 1840-1913）評論〈哥達綱領〉有關「社會與政治平等」的要求時（恩格斯1875年3月下旬致貝倍爾的信），恩格斯這樣寫著：

---

[2] 對恩格斯而言，「平等的觀念不論是布爾喬亞，還是普勞階級，本身就是歷史的產物」（*CW* 25: 99）。造成平等的是歷史的條件，因之，討論平等離不開歷史，參考黃楠森等第39頁。

以「社會與政治不平等的取消」來取代「所有社會分別的取消」是一個令人起疑的提法……社會主義的社會當作是平等的領域這一理念是偏頗的。法國〔大革命〕的理念是繫於古老「自由、平等、博愛」之上，這是受到發展過程的時空所影響、所證成的。可是這些一偏之見，正如同早期社會主義學派的觀念，如今都應該被克服。原因是它造成人們思想的混亂。反之，至今爲止又對這類事情更爲精確的描述早已出現，容易找到。（*SC* 276）

恩格斯對貝氏的釋疑，就說明後期的他不再認爲平等或不平等的概念，可以權充鼓舞無產階級革命的動力，反而是使人們腦筋迷糊的口號。

貝倍爾係工人出身，是馬派政治家、作家，參與德國社會民主工黨之創立，一生謀求工人的福利，反對德國稱霸的帝國主義，擔任國會議員職

四、中年馬克思談平等

中年的馬克思也是撰述《政治經濟學批判綱要》（1857-1858），簡稱《綱要》（*Grundrisse*）與《資本論》首卷（1867）的馬克思。在這兩部極爲重要的著作（前者以「粗稿」〔*Rohentwurf*〕名目至1950年代才出現；後者則於1867年出卷一，馬克思逝世後，由恩格斯整理而出卷二〔1893〕與卷三〔1894〕）中，馬克思偶而談到平等，但這裡的平等卻是政治經濟學的交易平等，而非政治上、法律上、或社會上的平等。

中年馬克思精神煥發、文思泉湧，在撰寫《綱要》之後出版《資本論》第一卷，為後世留下一部不朽的鉅作

　　在《綱要》中有關資本的那一章，一開頭馬克思便指出商品和勞動被視為擁有交換價值，進行交換價值的人為交易者。交易者的經濟性格為交易關係中平等的兩造，彼此只具社會功能與社會關係，其社會關係是「平等」的。不只交易者的交易關係是平等的，就是其等價的交易品之價值也是平等的。由是馬克思認為交易者、交易品、和交易價值這三者都是相等的（*Grundrisse* 241; *G* 152-153）。

　　存在於經濟性格之外的交易內容，並不妨害個人的社會平等，反而是人類社會平等的基礎，原因是每個個人都有其需要，甲需要麵包、乙需要衣服，這是兩位個人不同的自然（生理）需要。甲縫製衣服、乙烘製麵包，便是導致甲乙進行交易的緣由，也是造成等值交易的理由。因之，甲製造的衣服，對乙具有使用價值，同樣乙烘製的麵包對甲也具有使用價值。甲乙彼此視對方能提供給自己使用價值，故樂意進行交易。是故自然的差異（對衣服與麵包不同的需要）是把甲乙兩人置入於相互的，平等的交易關係之動機。在此情形下，甲與乙彼此不是相互陌生無關，而是藉著需要的不同把兩人結合在一起，是故甲客體化（勞力化做衣服）與乙客體化（勞力化作麵包）的結果——其勞動成果，亦即其商品不但成為彼此交易的對象，同時把兩人置入於相互、對等的社會關係當中（*Grundrisse* 242-243; *G* 153）。

　　馬克思進一步指出，每個人的需要必須藉他人的產品來獲取滿足，因此每個人成為他人需要的對象之擁有者，這說明每個人在其個人的特殊需要之外，還有對他人的需要，這構成了人為「種類之物」（*Gattungswesen*）。個人以及其產品（商品）之不同形成了人人必須合作，必須進行交易的動機，也形成了把個別人置入於交易的社會互動關係中之動機。在這種情況下，不但證明交易者的平等，甚至在平等的上面增加另一性質，此即自由的性質（*Grundrisse*

243; *G* 154）。當某甲想要某乙的貨物來滿足其需要時，他對某乙的產品並不是藉暴力來加以奪取，而是彼此承認對方其產品擁有財產權，這便是法律觀念「人身」（*die Person*）的出現，也是自由觀念的湧現。是故沒有任何人可用暴力來奪取別人的產品，而是基於自由的交易，而使別人與其產品分手。於是兩位進行交易的個人便意識到：（1）每個人只有當成手段來滿足別人需求的目的；（2）每個人為他（*Sein für andere*）的手段，才能成就為己（*Sein für sich*）的目的；（3）在交互對等的情形下，每個人既是目的、也是手段，為己同時也為人（他）。只要能滿足彼此的需要，不必計較交易者其他的特質（長得高或矮、美或醜、富有抑貧窮等等人的種種屬性）。要之，交易的雙方都承認，只有藉共同利益的存在，個別追求的利益才能落實（*Grundrisse* 244; *G* 155）。

馬克思進一步指出：共同的、普遍的利益就是個別人所追求的利益之共同性、普遍性。因之，當交易的經濟形式設定所有的交易事物都是平等時，那麼交易的內容、交易的個人、促成交易的物質之動力等都是自由的。在交易價值的基礎上，平等與自由獲得尊重，就是平等和自由也成為交易價值進行交易的基礎（*Grundrisse* 245; *G* 156）。

在《資本論》第一卷中，馬克思對功利主義者的人權觀念，也就是對布爾喬亞的人權看法有所批評。他所批評的對象正是人勞動力的買賣。在勞動力當成商品的交易圈中，由於買主與賣主的勞動契約是自由簽訂的，所以看起來，這種勞力當作商品的交易是自由的。特別是在法律之前，各憑自由意志而締約，當然是自由的。至於勞動當商品進行交易被視為是平等的原因，乃是交易的雙造都是商品的擁有者：一方是勞力的擁有者之工人，另一方為出錢的、購買勞力的資本家，他們彼此以等價之物（勞力）交換等價之物（薪資）。其實造成買賣雙方進入交易的關係則為人的自私、獲利的企圖，和每個人私利的追求。事實上，每個人只顧自己的好處，哪裡會關懷別人的死活（Penguin版 *Capital* 1: 280; *C* I: 172）。

在控訴資本主義無意使生產過程為勞動者而存在，反而貶抑勞動者為生產過程而存在時，馬克思指出工業革命帶來的社會大變化，工藝轉變為手工業，手工業再轉化為工廠制度，大資本家剝削勞工規模也愈來愈大，資本家居然向國家要求平等，甚麼平等呢？就是資本家相互惡性競爭的條件之平等，以及所有資本家對勞工剝削的平等（Penguin 版 *Capital* 1: 621; *C* I: 460）。

五、晚年馬克思對平等觀的批判

　　後期馬克思重要的著作之一為〈《哥達綱領》批判〉（1875），這是馬克思政治遺囑中最有系統、最為重要的文獻。它不僅影響第二國際工人運動裡頭的共黨積極份子，也對德國社會民主黨其後的崛起與壯大起著指導性的作用，更是俄國布爾雪維克奪權與建國的理論及其實踐，頗值得人們細讀深思。

撰寫《哥達綱領批判》的馬克思已屆58歲，雖享譽歐陸、俄國和英美，但一身病痛，家境不佳，革命事業不順，可以說晚境堪憐

　　《哥達綱領》第一條便提到「社會全體成員勞動成果的分配是按平等權來處理」。馬克思並沒有一開始就針對這種分配方式發難，而是等到第三條涉及「公平」與「公正」的分配字眼時，他方才予以猛批。他之所以攻擊這種分配的平等，乃是他對《哥達綱領》主張工人應獲得分配的公正之詰難。

　　馬克思一向認為分配的體系是否公正，完全繫於該體系與生產職能上的關係而定。換言之，有怎樣的生產方式，就會產生怎樣（與之搭配、符合有關的）分配方式。分配方式嚴格地說，是一種生產資料控制的社會關係之函數，馬氏在評論《哥達綱領》第三條的結尾指出：

> 對於任何消費資料的任何分配都是生產條件本身分配的結果，後者的分配，無論如何都是生產方式本身的一個特質。例如資本主義的生產

方式乃是建立在這一事實之上：生產的物質條件是以資本或土地擁有
權的形式存在於非工人〔資本家、地主〕的手中，而廣大的勞動大眾
只擁有人身的生產條件，也就是勞動力。假使生產的因素〔在資本主
義生產方式下〕如此分配，那麼今日的消費資料的分配乃是自動湧現
的結果。假使生產的物質條件，是工人他自己的財產，那麼消費資料
的分配一定與現在〔資本主義生產方式下〕的分配大爲不同。庸俗的
社會主義者（從他們那裡變成部分的民主人士）從布爾喬亞經濟學家
中襲取了分配的想法與作法，把分配當作是獨立於生產方式之外的
〔安排〕，因之，把社會主義描繪爲基本上在注重分配。（*CW* 24:
87-88）

顯然，馬克思在這裡是認爲在資本主義生產方式下，其分配爲公平的。此
種的說法與他在《資本論》第三卷中所稱：生產的行動者之間的買賣關係是公
平的，一旦這種關係（轉讓）符合當前盛行的生產方式之轉讓條件的話。交易
的形式決定交易的內容。一旦內容與生產方式符合，它便是公正的交易，交易
內容一旦與生產方式牴觸，便是不公平的交易。「在資本主義生產的基礎上進
行奴隸〔的交易〕，便是不公平的。同樣以欺騙手法使商品的品質降低〔也是
不公平的交易〕」（*C* III: 339-340）。

一開始對《哥達綱領》要求「公平」與「公正」的分配所做的評論時，馬
克思是認爲當前資本主義體系下的交易與分配都已符合公平的原則，他說：

布爾喬亞不是堅稱目前的分配「公平」嗎？在當前的生產方式之基
礎上，它難道不是唯一的「公平」分配嗎？經濟關係不是靠法權觀
念（*Rechtsbegriffe*）來規範嗎？而法權關係不是由經濟關係衍生的
嗎？社會主義的流派對「公平的」分配不是持有各種各樣的看法嗎？
（*CW* 24: 84）

在做了以上的批評與質疑之後，馬克思針對《哥達綱領》提及的名詞，
像「勞動成果」，「不再減小的勞動成果」作出抨擊。這些字彙都是拉沙勒
（Ferdinand Lassalle 1825-1864）慣用的詞句。即便是共產主義實現的社會中，
未來的新新人類也不能、更不該把全部的勞動成果分配給所有的個人。一定要
保留一些基金或物力作爲擴大生產之用，更應當保留一些對抗天災與不測的保

險基金以應付萬一。這些基金或預備金的大小要看未來可供使用的款項之大小來決定，而不是以公平原則就可以輕易估計或量算出來的（*ibid.*）。再說，這些基金或預備金，有一部分是提供行政的開銷，另一部分供給教育、衛生的支出，俾滿足大家共同的需要；更有一部分在從事救災賑濟，協助無工作能力者維生之用。在全民生產成果中扣除這些開銷「乃爲經濟上的必須……而扣除的程度大小……不能以公平〔原則〕來衡量」（*ibid.*）。於是無從縮小的勞動成果終究要轉變爲「縮小的」成果。

拉沙勒爲19世紀德國社會主義藝術家，主張德國社會主義國際化。因愛情糾紛與人決鬥斃命，英年早逝

　　在對《哥達綱領》第三條的評論中，馬克思攻擊的矛頭指向「庸俗化的社會主義者」，亦即拉沙勒及其黨徒。在受到拉氏影響下，其黨徒起草了此一綱領，且著眼於分配，而非馬克思之強調生產。在批判以分配爲導向的庸俗社會主義者之主張底同時，馬克思談到未來社會主義社會中對生產成果、亦即消費品如何加以分配的問題。未來共產主義社會的分配問題，並不像胡薩米（Ziyad I. Husami）所稱呼的無產階級之分配原則，用以對抗資本主義社會的分配原則（Husami 1980: 56-61）。原因是細讀馬克思著作的文本，便知道他在這裡談共產主義的分配不是討論其原則，而是指陳它的缺陷。顯然，他指出隨著生產方式的改變，在未來的社會主義體制下，分配體系將會改變，也必然改變，則工人運動如果把某種分配計畫當作運動的長期目標來看待，將會誤導整個工人運動，對共產主義體制下的分配之描述，其目的在排斥以分配爲導向的說詞、或主張。

　　觀乎馬克思在對《哥達綱領》第三條的批判之結論，便可以印證馬克思對分配的觀念不是那麼十分的在意，也就是說，他對平等的看法並不是很注重。

他說：

> 我已經花費了很多的篇幅談論「勞動不可縮小的成果」之問題，這是
> 一方面；另一方面也討論了所謂的「平等權」和「公平的分配」，目
> 的在顯示把某一時刻的教條、理念，但如今已變成過時的廢物，強加
> 在吾黨之上的嚴重罪過。另一方面也在顯示花費多大心力才開始在吾
> 黨生根與擴大的務實看法，這些種務實看法之擴散是以克服〔日耳
> 曼〕民主人士與法國社會主義者意識形態、法律的和其他無用的垃圾
> 而達成的。（*CW* 24: 87）

在瞭解馬克思不把平等的分配當成爲工人運動最終目標時，我們回過頭
來檢討他對「共產主義社會第一階段」的分配主張。他說：「我們在此必須做
的是〔此一時期的〕共產主義，並非在其基礎上業已發展；反之，則是剛從資
本主義社會湧出的〔事物〕。它在每一方面，經濟的、道德的、知識的方面，
仍保留舊社會子宮的胎記」（*ibid.*, 84）。從這段話可知馬克思並不是認眞討
論分配的計畫，更非重視工人要爲共產主義社會硬性規定之「配當性的正義」
（distributive justice）。

既然共產主義社會的第一個階段爲一個「建立在生產資料共同擁有之基礎
上的合作社會」，那麼在此一社會中，消費資料的分配就要按工人勞動貢獻的
大小，來加以比例分配：

> 個別生產者從社會獲得的償還——扣掉必要的總體開銷——精確地如
> 同他對社會的付出。他對它〔社會〕的付出，也就是他個人的勞動數
> 量……他從社會得到一紙〔勞動〕券，誌明他勞動的數量（也就是
> 扣掉爲共同基金付出的部分之外）。藉著這份證件他〔勞動者〕從
> 社會倉庫取得與其勞動量相同價值的消費資料。他付給社會勞動量多
> 少便是一種形式，他由社會取回同樣數量的報償，這是另一種形式。
> （*ibid.*, 86）

馬克思似乎同意《哥達綱領》對共產主義社會第一階段的分配，是「平
等權」的應用。因爲這種分配的體系是根據每人平等的貢獻，給予每人對消

費品的平等權。是故此時的分配原理乃是對平等的勞動給予平等的權利。如同〈《哥達綱領》批判〉一樣，此時馬克思不把財產當做共產主義第一階段分配的指針，原因是這個財產的概念太模糊不清、不易界定的緣故。爲此原因他才會以「勞動數量」（labor quantum或譯爲勞動分配量）作爲分配的依據。但他並沒有指出勞動數量怎樣計算？怎樣衡量？大概是以勞動的「密集程度」（intensity）與「歷時長短」（duration）來測度吧？！

顯然，初階的共產主義之分配計畫，或分配體系是過渡時期新制度草創的臨時安排，最終必爲其後高階的共產主義之分配所取代。由於初階的分配是延續資產階級社會按勞分配，也就是按平等權來進行分配，因之，必然會導致平等權產生不平等分配的問題。換言之，馬克思對共產主義初階的分配是站在指陳其缺陷的立場，指摘其續用資產階級平等權與分配正義的原理之不當（Wood 1981: 205）。

由於考量到未來社會每個工人需要的不同，家庭負擔大小有異，因之，採用同工同酬反而造成不平等的現象，造成人們的需要無法滿足，福祉無從實現的問題。事實上，馬克思是認爲權利的本身包含了平等標準的應用，但個人卻是不平等的，因之，以平等的標準來衡量不平等個人時，得出不平等的結果。易言之，任何平等權的主張與落實，會產生不平等的結果。馬克思遂斷言「平等的權利乃是對不平等的勞動之不平等的權利」（*CW* 24: 86）。

在資本主義社會的市場上平等權的瀰漫反而造成社會的不平等。因之，在未來共產主義社會中，再主張平等權也會造成人們所不樂見的不平等底現象。這種共產主義初階中的缺陷，正如馬克思所言是無可避免的。因爲此一初階乃是資本主義社會長久陣痛下的產兒。有鑒於此，他對法權的看法有了明確的表示，他說：

> 權利不會比社會的經濟結構更高〔更爲重要〕，也不會比它〔社會的經濟結構〕的文化更高，蓋文化係受經濟結構所制約。（*ibid.*, 87）

馬克思強調平等權在其內容與實質方面永遠是不平等的，這意謂在基礎上平等權乃是不平等的享受，不平等的需要滿足和不平等的福利享有。原因是人一旦對某項消費品擁有權利，則在不顧及別人的情況下，堅持這項權利的落實。權利的體系本身沒有保證享有權利的人們可以獲取相等的滿足，或相等的福利。當然權利本身也非絕對，使用權利而傷及他人的權利與利益時，則權利

的行使必遭阻止或限制。這種利己損人的權利在長期中必遭社會的唾棄。

假使馬克思在共產主義初階時尚會討論勞動成果的分配時，那麼他在涉及共產主義高階時，則絕口不談平等，亦即不談平等分配的問題。他說：

> 在共產主義社會較高的階段裡，也就是當個人受分工的指使……消失之後；也就是勞動不只是變成生活的手段，甚至也變成生活主要的欲求（prime want）之後，而合作的富裕之泉源豐饒地四處滿溢之時──只有在這個時候布爾喬亞法權的狹隘界限才會徹底遭受跨越〔廢棄〕，而社會的旗幟上乃可以大書特書：「各盡所能，各取所需」。（SW 24: 87）

「各盡所能，各取所需」是19世紀上半葉法國信仰社會主義的報人與史學者布龍克（Louis Blanc 1811-1882）所喊出的口號。馬克思把布氏的口號當做高階的共產主義之理想，正顯示他選擇了一位並非主張平等的人士（egalitarian）之說詞，來說明未來理想社會的分配原則應當符合人人不同的需要與人人不同的能力。

布龍克為法國19世紀史學家與社會主義者，推動合作社運動，協助貧窮市民就業

伍德（Allen Wood）斷言馬克思不把平等本身當作可欲之物來看待。從馬克思對平等權之批判，顯示他不把平等權看作內涵「正義」、或良好的價值。在共產主義初階上，他如果贊成對相等的勞動給予相等的報酬（分配），那是因為在初期生產資料的共同擁有，產生了這種等同其勞動的分配。共產主義的社會仍為無階級的社會，也是豐饒的社會，此時把「平等」作為取消階級的最終目標之手段來看待，反而會造成混亂或逾時的感受。更何況馬克思主張階級的取消，並非為獲致人人的平等，而是因為階級的取消，使人們得到其他可欲

之物，這些可欲的價值包括自由、福利、社群和個人的發展、個人的自我實現（Wood 1980b: 211-212）。

　　在反對馬恩認同平等的說法中，米勒與伍德的觀點是一致的，但米勒主要是從政治的角度來論述平等。米勒認爲馬克思對日常生活中的道德，如平等、友愛、互助和奉獻是以道德的和反道德的看法來評析。米勒把平等的基本要求分爲四種類型：第一，分配方面：要求所有的人擁有同樣數量的物品、資源或機遇；第二，以權利爲基礎方面：要求與所有的人平等擁有的某種權利一致的標準；第三，情感或態度方面：要求對所有人平等關心或看重；第四，沒有偏向的標準：要求促進普遍福利而不偏向某些「善」。米勒說，按照馬克思的理論，在階級分化的社會裡，由於不可避免的階級衝突，所有這四個方面作爲選擇政治制度的根本基礎都是不可能的。因此，平等不是社會主義所追求的目標（Miller 1984: 28；曹玉濤2008: 44）。

　　不只晚期的馬克思不把平等當成人類奮鬥的目標，就是他早期對「粗糙的共產主義」之批評，看出他對平等興趣的淡薄。他早期認爲粗糙的、或「忌妒的」共產主義把單一的生活標準硬性套在人們的身上，「把事物化約爲相似的共同的程度……把事先想到的最低限度來造成〔事物〕的低俗卑劣（levelling down拉低程度）」（CW 3: 295）。這種的共產主義連私產都趕不上，怎麼會超越私產而把私產廢除呢？的確，這種事先設想出來的最低生活條件，或最低生活標準是阻止人類進步的絆腳石。

　　不過伍德極力撇清馬克思同平等理想的追求之說法，也不免陷於偏頗。馬克思可能在其終身著作中不言明平等爲人類追求的最終理想，但他對不公不義，也就是對現世的不平卻是萬分嫉恨、痛加抨擊，勢要全力消除而後快。觀乎他對資本主義體制下，普勞階級受到資產階級剝削的憤懣，因而提出私產的取消，就顯示他消滅不公，追求公平的社會秩序之決心與堅持。事實上，「剝削」一詞，不僅蘊涵有權有勢的人，利用其優越的地位與權力，來迫使無權無勢的人聽從其指揮，從中獲取利益、擺佈、宰制的好處，也是顯示雙方截然有別的社會關係——不平等人際和階級關係。不平等的社會關係最明顯出現的所在爲人類的生產活動，在生產過程中控握生產資料的資產階級搾取普勞階級的剩餘勞力，而占有其多餘的產品。這種兩個階級之間不平等討價還價（工資商定）的權力，以及「不平等的主權」（unequal sovereignty），正是馬克思痛斥剝削的原因。

　　由於社會的生產資源分配極度不均，其握有（所有權）也隨著階級的形成

與制度的規定，而趨於兩極化。其中勞力的僱佣與解除，不只反映了剝削的嚴重，更標明人類的異化。是故馬克思在早期言明資本主義的財產制度是造成勞動異化的手段，而勞動成果又是異化勞動的結果（*CW* 3: 279-280）。在《資本論》第一卷中，他又指出：「資本主義的體制是設定工人從所有可以完成其勞動的財產中徹底分離出來。一旦資本家的生產活動開始運作，這種分離不但維持不變，而且在更大的規模下繼續分離」（*C* I: 72）。是故資本主義在生產與分配產品的過程中，不斷延伸下去、繁衍下去。這種生產循環，使得勞動者產生了資本，也產生了宰制與壓榨他們的陌生、怪異的力量──資本。要之，剝削與異化正標誌資本主義制度下，人與人之間的不平等（Elliott 1996: 59-60）。

　　資本主義的剝削不只表現在生產過程，更表現在「納稅而沒有合適的代議或代表」（taxation without representation）之上（Makhijiani 1992）。也就是說，在宏觀的層次上，資產階級握有優勢（supremacy），藉著法政制度強迫工人交稅；在微觀層次上，資本壓制勞力。這些都是由於工人有意的臣服，也是制度性的營作，迫使工人就範的緣故（Devine 1996: 67）。

　　本書作者認為，馬克思雖然不口口聲聲主張工人或普勞階級追求平等，但他抨擊資本主義的用意，都是要打倒這一體制的不平等，只有把不平等的桎梏打破，人類才能獲得解放。

六、結論與評估

　　一反常人的揣測，作為科學社會主義締造者的馬克思，並不像其他派別的社會主義者熱衷鼓吹平等。他反對齊頭式的平等，其原因除了擔心人類的需要與能力，包括生活條件與生活水準有可能被拉低、拉下來之外，就是由於平等的觀念是布爾喬亞的法權觀念內涵之一。換言之，資產階級鬥垮封建地主、打倒封建體制靠的就是鼓吹平等的理念。反之，資產階級在奪取政權與社會的控制之後，用來壓迫普勞階級的手段也是藉口法律之前的平等，國家範圍內的地位平等。

　　在平等是否是社會主義追求正義目標的問題上，就如同馬克思看待正義和道德問題一樣，馬克思同樣地採用歷史的、辯證的態度來看待這一事情（曹玉

濤 2008: 45）。

　　工人階級在資本主義社會中地位不如資本家，不如受過教育的中產階級，固然是工人階級經濟地位的不高導致其身心之憔悴與生活方式之貧困。但表面上的法律之前人人平等，國家範圍內公民身分平等、或市場上勞動買賣的平等這些具文，都無法改善工人階級受壓迫的厄運。唯一可以改善的手段或是藉暴力革命推翻資產階級的體制；或是藉工會運動之壯大，增強工會與資方談判的籌碼；或是藉國家公權力的介入，訂立有利於勞工的各種法規，而改善其生活。要之，空喊平等的口號，對爭取勞工的權益幫助不大，這是馬克思在革命與工運策略上，不看好平等理念之原因。

　　根本上，馬克思不鼓吹平等觀，是基於他的人性論，把人當做「勞動的動物」（*animal laborans*），當做自由創造的生產者看待。只有自由與直接的生產才是他主要的興趣，至於公平與均等的分配，或盡情與享樂的消費，都不是他所關懷的所在。

　　馬克思這種輕視平等的看法，是值得檢討的。首先，平等觀固然是布爾喬亞對抗封建主義的手段，也是成功地推翻了封建體制的利器，為其後平民化、大眾化、民主化的新社會帶來契機。換言之，平等正像自由與博愛是動員群眾對抗舊政權、舊秩序，振奮人心的口號，也是促使社會變革的有效動力，這是馬克思熟知能詳的事物。如果他將之視為資產階級奪取政權的工具，固然正確，把它當成資產階級壓迫普勞階級的藉口，則為引人爭議的說法。

　　其次，姑且不論平等、或平等權是否資產階級壓迫普勞階級的飾詞。平等的觀念或者不是階級鬥爭之最終目標，卻是種族衝突，兩性爭執引發的導火線，也是這些族群或性別群體追求之目的。換言之，當今社會的擾攘不安，未始不是由於族群的差別待遇與男女性別的歧視所引發，而這類爭執或衝突的解決，恐怕比階級鬥爭更為緊迫，更為重要。這就說明平等觀在資本主義時代、或後資本主義時代仍舊有其發揮作用的角色扮演，這是馬克思所忽視，而未曾預想得到的。

　　第三，馬克思忽視平等觀的原因，就是他太專注於工人階級之受到迫害，而誤認階級迫害導致階級鬥爭，階級鬥爭會改變社會，創造歷史，他把布爾喬亞與普勞階級之間的階級鬥爭看成為現代社會革命最大的槓桿（*MEW* 34: 407），就足以證明他的歷史觀或社會觀（不只是人性論）對衝突的重視，而平等的觀念無助於衝突的激化。反之，自由的理念拋棄鎖鏈桎梏的理念，亦即解放的觀念，有助於激發被壓迫者的反抗心態，鼓舞人群造反有理，馬克思這

種歷史的看法是否正確，有待商榷。與此牽連的問題為馬克思及其跟隨者，常把國族間的戰爭、或種族衝突，甚至兩性爭執歸因於階級鬥爭，這似乎有模糊問題焦點之嫌。

　　第四，儘管萊布尼茲（Gottfried Wilhelm Leibniz 1646-1716）認為每個不同的個人在任何的方面都與人不同，吾人不該像馬克思那樣斷言平等權必然會產生不平等的結果來。原因是平等權可能是建立在每個人不是不平等的基礎上，但實施平等的政策，目的在減少或縮小不平等的差距。換言之，人們能否設計一種不產生不平等的結果底平等權體系是屬於事實的問題，而不是像馬克思所引論的、想像的、抽象的理論問題（Wood 1981: 207）。是故馬克思斷言平等權一定會產生不平等的結果，這是指資產階級的平等權，但難道無產階級不能設計出一套更合理的平等權體系嗎？

萊布尼茲為16與17世紀之交德國的數學家與哲學家，倡說「單子論」，強調上帝創造的世界之完美

　　伍德認為馬克思與恩格斯的平等觀無法修訂更正，但卻可以加以補充，也就是把平等的觀念放置在馬克思主義的體系中，不以人人在法律前的平等，在國家眼中擁有平等的地位，或是在市場上受到平等的對待為滿足，更不能把這些涉及平等的事項當成本身內涵價值或具有道德意涵來追求，因為這樣做是違反馬恩排斥道德、正義之立場。只是把對上述平等事項之追求看成為歷史關鍵時刻協助受壓迫者追求解放，增強其利益的手段。要之，不把平等當成目標來追求，不把平等當成正義的原則來信守，只把平等當成促成社會改變與進步革命性策略之一部分來看待（Wood 1981: 214-215），這樣做應該不會與馬恩革命企圖的初衷相違吧？

　　另一方面馬克思痛恨社會的壓迫，他對社會的不公不平並非以道德的義憤填膺來加以抨擊，加以譴責，而是認為社會的壓迫之存在浪費了社會有限的資源，而阻止人類潛能的發揮。換言之，他之咒詛社會的壓迫是因為社會的壓

迫阻礙人的自我發展，人的自我實現。假使馬克思偶然會同意古代奴隸制度的存在，或是英國對印度的殖民，那是由於他相信犧牲部分的人（古代的奴隸、殖地的人民），俾生產的社會力量得以擴大，終於造成改變不合理社會關係的契機，而使其餘的人獲益是歷史必然的歸趨。換言之，人類過去曾經存在過的壓迫的事實，這當然是人的異化，但異化的發生，卻能增益人類之所不能。易言之，異化有正面的歷史意義，其歷史意義正為犧牲這一代人以成全未來下一代的新人類，也是當今人類為未來的社會人類之實現所付出的必要代價，是人類發展史上的陣痛。為著將來共產主義社會的降臨，馬克思所以會支持那些反對社會壓迫的群眾運動——工人運動——其原因不是基於自由、正義、平等諸原則之考量，而是為了最終的解放，人最終的自我實現與自我完成（洪鎌德 1998a: 96-99; 1998b: 12 *ff*.; 2010b : 335-336）。

　　馬克思反對黑格爾把官僚組織視為普遍的階級（universal class）。對他而言，真正的普遍的階級只限於無產階級、普勞階級。這是由於無產階級、普勞階級在：

1. 認識論方面，提供一個湧現的社會總體觀；
2. 政治方面，無產階級擁有大量數目的選民，符合民主時代多數決的原則；
3. 在社會上，無產階級的功能在資本主義的生產方式中，起著結構性的作用；
4. 在歷史上，無產階級扮演改變現行體制、埋葬資本主義的角色（Meister 1990: 24）。

　　要之，馬克思支持普勞階級對抗資產階級，不只著眼普勞人數眾多，受害最深，要求變天的熱望最為殷切，也是基於普勞代表人類歷史上經濟最進步的階級，在利用資產階級的科技成就、經濟發達、以及能力達致高峰之餘，普勞會為人類未來的自由、人的自我實現、真正人性的回歸，乃至合理的社群的締造，提供無私的貢獻。易言之，未來的共產社會是建立在自由、人性與社群之上，而其中平等將不扮演重要的角色。這是馬克思宏偉的願景與偉景（robust vision），也可以說是他的烏托邦理想所透露的訊息。

極富俠義精神的恩格斯

恩格斯對馬家的經援和照顧

在學問的切磋和革命的推動方面，恩格斯不但是馬克思的好助手，他比馬氏更早理解政治經濟學對掌握世局的重要性，因此變成引導馬氏精讀政經作爲了解資本主義的鑰匙。更傾囊協助陷入貧困疾病的馬家大小。

沒有恩氏的資援，1850至1860之間陷身倫敦貧民窟的馬家根本無法存活。1861至1883之間，恩氏承繼父親遺產與事業，遂提供馬家每年定額的生活基金，使後者終於擺脫貧窮的厄運。

馬克思與長女小燕妮（嫁法國革命家Charles Longuet爲妻，比馬氏早一年去世）

第十二章

馬克思論民主

第十二章　馬克思論民主

一、馬克思與西洋傳統的民主思潮

　　馬克思對民主的看法、民主的期盼、民主的體檢、民主的批判，來自於兩個方面。其一為他閱讀與思考其前代與同代政治思想家的著作，有所增益、批判、與發揮；其二為他親身經歷1830年代至1880年代上半歐陸、英倫、北美等幾個民主國家憲政的演展，以及他與恩格斯和社會主義者參與多次革命運動，所要追求的民主、或社會主義、乃至共產主義的目標，從而探索他民主的理論與實踐之關連。

　　本章考察的對象雖主要的為馬克思本人對民主的理念及其相關問題的研討，但基於恩格斯觀點與馬克思想法的接近，有時不免也要論述恩格斯的民主觀，以突顯兩人的觀點，俾為馬克思主義原創者的民主理論提供討論的出發點。

　　引發馬克思對民主產生濃厚的興趣，而促使他變成一位「民主鬥士」的思想前輩，無疑地是古希臘的哲學家亞理士多德，和近代思想家斯賓諾莎、盧梭、和黑格爾等人。至於同代激進理論家與革命者如布隆基（Louis-Auguste Blangui 1805-1881）、布龍克（Jean Joscph C. Louis Blanc 1811-1882）、魏特鈴（Wilhelm Weitling 1808-1871），以及賀斯（Moses Hess 1812-1875）等，也多少影響了馬克思對民主的看法。

布隆基　　　　　布龍克　　　　　魏特鈴　　　　　賀斯

（一）亞里士多德（公元前384-322）

　　先提古希臘政治學鼻祖與第一位百科全書式的學者亞理士多德及其影響。亞氏認爲古希臘的城邦是人群追求與實現美好生活的場域。人群的城邦生活在於實現共同的福祉（common good），這也是潛在於理想的民主制度（polity）中「內在之善」（intrinsic good）。所謂的「內在之善」包括人群能夠愼思明辨（deliberation），能夠運用理性（phronesis），俾生活趨向健康、美滿。這也包括人能夠追求知識、公義、富有藝術欣賞和創造的本領，也懂得悠遊戲樂，享受人生。在城邦中，公民互相尊重、彼此敬愛、發展友誼，而形成道德的人格，且能發揮個體性（individuality）（Reding 1957: 282-286）。

　　馬克思的民主觀念也是建立在古希臘這種道德的要求之上。這點與西洋傳統的自由主義者之民主觀有其共同之處。在《德意志意識形態》（1845/46）一長稿中，馬克思強調亞理士多德對愛情與友誼的理念，認爲愛情與友誼是出於人們相互的關懷，而不是像功利主義者那樣把愛情與友誼建立在相互利用，亦即「相互剝削」（mutual exploration）之基礎上（CW 5 : 408-414）。

　　事實上，亞氏認爲人懂得自愛才會去愛別人：自愛與關懷別人的結果，就產生了「友誼」（philia）。民主制度是人群發揮愛情與友誼的適當政體。馬克思後來視爲民主典型的巴黎公社，就是由一群關懷別人，甚至不惜犧牲自己的工人所組成的政治組織，是人的個性的高度表現。這些組成巴黎公社的參與者，其社會活動與政治介入並不像資產階級的社會那種受到金錢、地位、名聲等的激發，而是純然爲著參與來體現亞理士多德所強調的公民之個性。馬克思指出：

> 國家的神祕和國家的虛矯都與巴黎公社無緣。參與公社活動的都是單純的工人，他們自行組織起來捍衛巴黎……在最艱難的情形下公開地操作，正像米爾頓只收象徵性的幾個英磅，便撰寫那部不朽的《失樂園》一般。（CW 22 : 490）

　　談政治、論民主，就離不開討論人性。亞氏宣稱：「人是政治的動物」（zoon politikon），這點也深深影響了馬克思。後者逐強調，人性是不完全利他、也不完全利己，而是能夠思考怎樣與別人和諧合作，俾自己的表現（self-expression）和自己的實現（self-realization）有朝一日能夠完成。

此外，馬克思也如同亞理士多德一樣，主張積極參與政治，好讓參與者的人格能夠發展，這便符合了亞氏自我完整（integrity of the self）與個性展現的兩項要求。這兩項要求雖不曾爲馬克思直接襲取，卻是他主張人人應當發展其社會的個體性（soclal individuality）來作爲民主政治的基礎之因由（Gilbert 1986: 32 *ff.*）。

（二）斯賓諾莎（**1632-1677**）

至於斯賓諾莎對馬克思民主觀的影響，也是相當深刻的。關於哲學上自由與必然的衝突之化解，馬克思從黑格爾那兒得來的教訓雖多，但眞正的啓迪卻來自於斯賓諾莎。更何況在馬克思1841-1842年求學於柏林大學期間，曾經大量抄錄斯氏《神學與政治學論述》（*Tractatus Theologico-Politicus*）。其抄錄的章節多達一百六十餘處。此外，馬克思所崇拜的歌德，自稱爲斯賓諾莎理念的追隨者，這也導致斯氏的學說對馬克思觀念的塑造之影響（Rubel 1962：3l8）。

斯賓諾莎對民主共和國的理念，和對人類自由的看法構成了他的理性倫理學之一環。它使個人因知識、才能、博愛而獲取自由的機會。就藉著斯氏對民主的嚮往，馬克思得以在1843年批判了黑格爾神化普魯士政權的企圖，揭發了後者爲君主立憲制辯解的謬誤。

馬克思在斯賓話莎的民主觀裡頭發現了人可以妥善地解決其社會生存與自然生活之對立。這種解決之道既非盧梭，也非黑格爾所能提供，而必須求助於斯賓諾莎。在斯氏的《神學與政治學論述》中，民主是一個可以使全體百姓發揮其力量的政體。斯氏指出：「民主是所有政府形式中最自然，也是與個人的自由相搭配的政體」。「在它〔民主〕裡頭，沒有任何一個人在徹底交出自然權利之後，不對公務表示意見的。每個人只把自然權利交給社會的多數，而他也成爲多數的一份子。在社會裡頭，正如同在早期的自然狀態之下一般，人人地位都是平等的」（以上斯氏之言引自Rubel 1962：318）。

馬克思在受到斯氏的民主概念衝擊下，這樣地寫著：

在民主制中，憲法本身只當做一種的規定出現，這就是指人民的自決。在君主制中，人民是受憲法規定的；在民主制中，我們找到屬於人民的憲法。民主是所有的憲法之謎底解答。在這兒不僅暗示的，也

是本質上存在於現實裡頭，憲法經常回歸爲它眞實的基礎之上。這些
眞實的基礎就是現實的人類、現實的人群，而由人民自己的勞作建立
起來的。憲法便是如實地出現，當做人自由的產品。（*MEGA*I/1: 434;
CW 3: 29）

（三）盧梭（1712-1778）

盧梭倡說的自然（天賦）民權說，不僅激發了自由主義陣營追求民主制
度，也促成社會主義陣營藉革命手段來營建共產主義。

有關盧梭對馬克思民主觀的影響，首先爲主權在民，或稱人民主權
（popular sovereignty）的概念。因爲馬克思及同時代激進的社會主義者，就是
應用主權在民的概念去衡量與抨擊他們的國家，認爲不僅人民沒有當家作主、
緊握主權，而且連起碼的人生而平等與自由的天賦權利，也受到有錢、有權、
有勢的資產階級及其統治代理人的踐踏。爲此他們要求平均分配財產，乃至乾
脆廢除私產（Colletti 1968: 8; Cornu 1957: 8-9）。

盧梭是一位自由派的思想家。他從極端的個人主義轉向民主的集體主義、
從平等的天賦人權轉向人民的主權。他認爲人在自然狀態之下保有較高的道
德水準，但隨著文明的進展，人在道德上的平等被腐蝕一空。腐化的產生來
自於外在的經濟發展（由農業，而工業、而商業）；也受到人內在品德敗壞
的影響。換言之，人由自尊轉變爲自愛，再轉變爲自私自利，從而造成對別
人的凌虐、壓榨。要之，在文明社會中個人意識的失眞（inauthenticity）與受
外力的牽制，是文明人類墮落的主因。這種失眞就是馬克思揭示的「異化」
（alienation; estrangement）一概念的源泉（Berki 1988 : 51-54）。

盧梭不僅在文化與文明的批評等方面影響著馬克思的世界觀和歷史觀，其
有關當代社會之不平等與異化的解決之道，也深深地衝擊著馬克思的民主觀。
貝爾基（R. N. Berki）說：「我們可以這麼論證，這一解決的方法，事實上比
盧梭所從事的批判更爲重要。他的批判是企圖建立起極端的民主制，此一民
主制後來導向革命性的共產主義，也就促成馬克思主義的誕生」（Berki 1988 :
55）。

主張主權在民的盧梭

Berki的著作*The Genesis of Marxism :* London: Everyman's University Library, 1988. *Four Lectures.*

在《社會契約論》一書中，盧梭要建立主權在民的國家，俾實行公意（general will）。原因是人民的公意被視為國家權力與權威的合法性底來源。只有籍個人的自治，共同體的原始自由，人的尊嚴與社會合群性才能重現。

只是盧梭這種激烈的、簡化的、素朴的民主觀，包括強迫個人去屈從公意、強迫個人去獲取自由，會造成貶抑個人的利益去屈就公家的利益之危險。是故現代的批評家指摘盧梭為後世「極權式的民主」（totalitarian democracy）之理論導師（Berki 1988: 55-56; Talmon1960; Hunt 1974: 3-5）。在很大的意義上，馬克思所要實現的民主，便是受到盧梭薰陶的極權式的民主。

（四）黑格爾（1770-1831）

我們與其認為黑格爾的政治學說啟發了馬克思，倒不如說馬克思的民主觀是對抗黑格爾君主觀的結果。首先，馬克思反對黑格爾把普魯士的君主視為國家的化身、視為人格的主權，蓋此與人民主權說完全相反。此時的馬克思是把民主與君主看作徹底對立，而又不相容的概念。

黑格爾在表面上似乎在調和君主主權與人民主權的對立，而實際上卻以此論證君主主權的合理性。馬克思指責這是黑格爾思想混亂與觀念荒謬的所在。「因為主權觀念本身不可能有雙重的存在，更不可能有與它自身對立的存在」，如果主權已存在於君主手中，那麼人民的手中便沒有主權可言。結論很清楚「不是君主的主權，就是人民的主權」，兩者必居某一。其次，君主主權與人民主權是「完全對立的」，「一個是能在君主身上實現的主權，另一個是

只能在人民身上實現的主權」。馬克思認為「人民的主權不是從國王的主權
中派生出來的；相反的，國王的主權卻是立基於人民的主權之上」（*MEGA* I/i
[1]: 433; *CW* 3: 28）。

馬克思在批判黑格爾法哲學中對君主制之辯解時，繼續指稱：

> 在民主制中，沒有任何一項因素不適當地表現其自身之意義。每一因
> 素建築實際都涉及全民，而體現全民的特質。可是在君主制中，只有
> 部分便要決定整體的性格。整部憲法便要為特定的觀點服務。民主是
> 一部原型的憲法。可是君主制卻是一部修飾過的憲法，其修飾且為拙
> 劣。民主包括內容與形式，君主只徒具形式，它的內容業已虛偽化。
> （*MEGA* I/i [1]: 3; *CW* 3: 29）。

君主視人民為憲政的附屬，民主則為人民的自我表現。在談及民主與過去
憲法不同形式的關係時，馬克思說：

> 正像宗教並不創造人，而是人創造宗教，憲法不創造人民，而是人民
> 創造憲法。在某些方面，民主與國家其他政體之關係，無異於基督教
> 與其他宗教的關係。基督教是所有宗教的典型，是宗教的本質，當作
> 特別的宗教把人神化。同樣，民主乃是各種憲法與政體的本質，當作
> 特別的憲法，俾把人社會化。（*MEGA*, I/i [1]: 434; *CW* 3: 29-30）

黑格爾企圖把他這套國家理論和政治學說來調和普遍與特殊的歧異。馬克
思則利用民主來把形式的原則（政治上的憲法條文）與實質的原則（人過著普
通的、平實的、慣常的生活）合而為一。在民主之外的政治形式中，人們活在
兩個截然有別的生活世界裡，其一為政治的，另一為非政治的。因此，他說：
「任何不實施民主的國境裡，國家、法律、憲法等，雖然未必處處展示其統治
稱霸的形式，但在實質中卻滲透侵入到所有非政治的領域。在民主制中，憲
法、法律、國家只要是從政治層面上形成，都是人民自決的結果，也是人民某
一特別的內容之顯露」（*MEGA* I/i [1]: 435 *ff*.; *CW* 3: 30-31）。

這裡馬克思仿效黑格爾，對人類過去的政治活動，作一個歷史的回顧與概
述。在古希臘羅馬時代，人們的生活完全是政治的生活。原因是當時並沒有分
別政治的與私人的活動範圍，所有的活動完全為政治所滲透。但在中世紀情形

發生變化，人們的生活主要是受到社會的與經濟的關係所左右，而政治卻是外加的，由外面加進來的。這時「每一私人的範圍都具有政治的色彩，人們的生活與國家的生活合而爲一」。商業、私產與社會都直接籠罩在政治之下。儘管此時人民號稱國家有其存在的理由，卻不曾享受眞正的自由。因之，中古時代可以用「不自由的民主」（democracy of unfreedom）來加以描述（*MEGA* I /i [1]: 436; *CW* 3: 32）。

創建眞實的國家乃爲現代人重大的新猷。「把國家化爲抽象只發生在現代。其原因爲私人生活也只有在現代才化爲抽象之緣故。因之，把國家化爲抽象是現代的產品」（*MEGA*, I /i [1]: 436; *CW* 3: 32）。

作爲抽象的現代之政治性國家，由於內容與形式分離，所以它對其國民的生活不會產生太大的作用。這可由普魯士與美國看出，儘管兩國的政制完全不同，但有關人民財產與法律之規定卻是大同小異。現代人的當務之急，就是如何把私人範圍與政治國家之間的鴻溝塡平。馬克思這樣爲著：

> 至今爲止，政治上的憲法一直是屬於宗教的範圍，變成人民生活中的宗教，是他們普遍性的天堂，以對照人民活動中特殊的、現世的存在。政治的部門成爲國家中的國家。本來過去的國家就是把內容與形式一起化爲種類的內容與眞正的普遍。但今天國中有國，每一部門與另一部門對立，以致國家的內容變成了特殊的形式。現代意義下的政治生活可以解釋爲人民生活的煩瑣註解，有如士林哲學（scholasticism）一般。君主制正是這種異化的完全表述，共和國則是異化中異化的否定（*MEGA*, I / i [1]: 436; *CW* 3: 31）。

要解決當今政治國家形同宗教一般的飄渺虛幻，以及君主制之異化現象，馬克思提出「眞正的民主」（true democracy）一對策。雖然他對眞正的民主沒有清楚交代，但我們擬在下一節中，詳加研究。這裡只指出一點，即馬克思的國家觀、政治觀、和民主觀是受到黑格爾法哲學的影響，亦即把黑格爾理念轉化爲現實，企圖爲普魯士君主憲政加以辯護，從而造成馬克思對資產階級的民主之虛僞性痛加撻伐。換言之，透過對黑格爾國家學說之批判，馬克思一面抨擊資產階級的虛僞民主，一面籌思無產階級眞正的民主（洪鎌德1986: 105-189）。

（五）19世紀溫和與激進的社會主義者

在很大的程度上，馬克思的民主觀也反映在他對同一代法國與德國，甚至英國的空想的社會主義（聖西門、傅立葉、歐文、賀斯、魏特鈴等），以及搞陰謀、反叛、起義的激進革命者（布隆基、布龍克、蒲魯東等）之言行批判上。這些同代的理論家、行動者，或採取激烈的抗爭手段，或說話溫和的社會改革，企圖消除現存社會的階級差別、貧富懸殊、不公不義。這些想法與做法在在都影響了馬克思企圖建構眞正的民主之主張。

二、眞正的民主

根據馬克思的看法，現代的市民社會建立在個人的基礎之上。每個人以發展自我作爲目標：個人的活動、工作都成爲表達個人存在的手段。從而使人忘記他曾經是社會動物之一，是一個關懷群體、在群體中成就「社會化的人」（der sozialisierende Mensch）。在此情形下，視社會爲外在於他本人的存在，對他的利害得失毫無關聯，甚至還阻礙其發展，成爲束縛個人的枷鎖。殊不知人與社會應爲互生共榮融化爲一體之物。社會是人的活動所構成的關係網絡，而人性乃爲社會關係之總和。人的解放不當自外於社會的解放，而社會的解放之目的在於人的最終獲得解放。

馬克思認爲人本身擁有與群體和諧共處、與社會共存共榮的「共產本質」（das kommunistitsche Wesen des Menschen）。人這項「共產本質」的特性，是他用以衡量當前業已存在的政治制度之憑據，也是作爲重建未來社會的範式。可惜當前講求自私自利的市民社會把這項人的本質破壞無遺，造成人人的原子化（atomization）、人人的雞零狗碎化（fragmentation）。

要克服人「原子化」和「雞零狗碎化」的未來社會形態，就要靠馬克思早期所強調的「民主」，亦即上一節屢次提及的「眞正的民主」。馬克思首次使用這個詞彙，是在1843年7月，當他與其燕爾新婚的妻子在克羅茲拿赫（Kreuznach）後者的娘家渡假時，所撰寫批判黑格爾法哲學之草稿裡。

　　當時的馬克思一度被目為激進的雅各賓[1]式的民主份子（Lichtheim 1961;
Lewis 1965: 31 ff.）。這意指青年馬克思為了解決當時政治的腐敗，而倡說民
主、或「真正的民主」，但後來發現民主行不通，才改用共產主義來號召群
眾。

　　可是這種說法不為曾任耶露撒冷大學教授阿威內里（Shlomo Avineri）所
贊同。他說通觀馬克思對黑格爾國家學說之批判，他所用的民主概念，與他
倡說的共產主義本質上並無不同，而最重要的是他此時所言及的「民主」是
建構在人的「共產本質」之上。再說，就馬克思心智的發展來觀察，他並非
由偏激的民主主義者轉變為共產主義的信徒，正如同他並非由唯心主義者轉
向到唯物主義是一樣的道理。顯然，馬克思是藉著費爾巴哈「轉型批判法」
（transformative critical method）來批判黑格爾，俾把黑格爾學說中，主詞和
述語翻轉過來，好讓人的雙腳立地、頭顱頂天。更何況1843年青年馬克思所
追求的理想社會是私產取消、乃至國家消亡、直接生產者之自由組合（a free
association of direct producers）。這點顯示他後來在《共產黨宣言》中揭發的
目標，早已存在於法哲學的批判裡頭（Avineri 1968: 33-34）。

以色列政治學教授，曾任職該國外交部，所著《馬克思
社會與政治想》（1968）斐聲學界

　　對馬克思而言，「真正的民主」乃是一種未來社會的狀態，其中個人與社
會不致互相對立、不致不相關連。未來的社會應是克服政治的與非政治的（經
濟的、社會的、文化的）領域之間的分離，乃至對立的新社會。人之所以和社
會對立，乃是肇因於人的原子化、個體化、雞零狗碎化。至於原子化與雞零狗
碎化所以會出現在現代社會中，係由於在現代市民社會裡人的「共產本質」、
人的「共同體本質」（Gemeinschaftswesen）消失的緣故。換言之，就是由於

個人賴以生存的市民社會與政治國家徹底分開的緣故。

　　所謂人的共同體本質，是人普遍的本性、本能（universalistic nature），它含蘊人生活在「共和」（*res publica*；公開的事務〔物〕當中）的意思，也涵蓋人類共通的、萬有的、普遍的、廣泛的本質，亦即人生活於「公社」（*commune*）的特性（Avineri 1968: 34-35）。共同體的本質不僅可以應用到人群組成的團體之描述上，更可以用來作爲個人性格的描繪，亦即是一個可以克服個人的公共與私自兩分化（dichotomy）的用語。馬克思有關「眞正的民主」之哲學觀點，顯示他在強調人與社會、人與國家不再乖離、不再異化。因之，他才會把民主當作諸種政體的典範（paradigm）來看待。

　　在民主制中，人民擁有全民投票權（universal suffrage），使公民無分階級，不受身分和財富的限制，都可以參與公眾的事務，從而使政治不致成爲少數擁有財力權勢的社會菁英之特權。因爲投票行爲使市民社會與政治國家緊密連繫，亦即市民社會直接介入與參加到政治國家裡頭，因此是市民社會對其政治利益的表達，也展示市民社會對公共的、整體的事務之關懷。在參與過程中，市民社會也會逐漸化解它作爲特殊的、自私的、部分的利益之追求。這就是說唯有民主制才會使普遍與特殊的利益之衝突獲得化解、獲得調和。總之，對投票權之改革，也就是對政治國家，以及市民社會解散的要求」（*MEGA* I / i [1]: 521; *CW* 3: l21）透過全民投票權的徹底施行，有朝一日不僅政治國家消亡了，連所謂的民間社會也終於會消失無縱。

　　馬克思反對黑格爾把官僚組織視爲普遍的階級（universal class）。對他而言，眞正的普遍的階級只限於無產階級、普勞階級。這是由於無產階級、普勞階級在

1. 認識論方面，提供一個湧現的社會總體觀；
2. 政治方面，無產階級擁有大量數目的選民，符合民主時代多數決的原則；
3. 在社會上，無產階級的功能在資本主義的生產方式中，起著結構性的作用；
4. 在歷史上，無產階級扮演改變現行體制、埋葬資本主義的角色（Meister 1990: 24）。

　　因之，眞正的民主應該在無產階級推翻了資產階級的社會、廢除了私產、化解了階級的對抗之後，才有實現的可能。英國肯特大學政治思想史教授麥克列蘭（David McLellan 1940-）試圖解析馬克思所謂的「眞正的民主」，而得

出下面四個論點（McLellan 1970: 114-115），本書作者對此四點非常贊成，故予以列述：

1. **眞正的民主是人本的**：人是政治過程中唯一的主體。馬克思說：「在民主制中，憲法是建立在眞實的基礎上，亦即眞實的個人和眞實的人群之上，不僅形式上和實質上，就是它的存在與實際，也是以人爲重心」（*MEGA* I /i [1]: 434; *CW* 3: 29）。換言之，在民主制中，人展現了存在的殊相，但在其他形式政制中，人只展現特殊的法律存在。由是可知主權在民的民主制充滿了人本的精神。

2. **民主制包含人類的自由**：這點是黑格爾政治哲學未曾敘及的。黑格爾把原來是主詞的人類貶抑爲述語。馬克思卻認爲，人的自由只有當他由客體、受詞、述語轉變爲主詞、主體之時，才可望獲致。這也是當國家、社會轉化爲人所經營、所創造之物時才有可能。馬克思指出在民主制當中「憲法成爲人的與人群本身勞動的成果，憲法恢復它應有本質、樣貌，成爲人自由的產品」（*MEGA* I /i [1]: 434; *CW* 3: 29）。

3. 在深一層分析下，此時馬克思倡說的**眞正的民主含有社會主義的意味**：馬克思與黑格爾相似之處，在於主張政治的目標爲實現一個本質之物。可是黑格爾所謂的本質卻是理念、是精神（世界精神、國族精神、時代精神）、是心靈。馬克思卻要實現人的「種屬（或稱種類）本質」（*Gattungswesen*）。所謂的族類本質，就是社會化的人，「當成特殊憲法的社會化的人」（*MEGA* I /i [1]: 434; *CW* 3: 30）。

4. 爲了實現眞正的民主是否須藉共和、或共和主義（republicanism）呢？關於此馬克思的回答是否定的，他不認爲共和的政體適合未來社會的新形態——民主。原因是社會的新形態，亦即眞正的民主，最終要發展到國家的消亡。這點自然與雅各賓式的激進民主人士之看法相左。馬克思曾經提及法國社會主義者之著作。他說：「最近法國人曾經想要把政治國家消亡後轉化爲眞正的民主。這點可以說有一部分的正確，那是當作政治國家與當做憲法的國家不再應用其權力於整體之時」（*MEGA* I /i [1]: 434; *CW* 3: 30）。

麥克列蘭為英國政治學者以撰述馬克思傳記、學說、思想
著名

三、19世紀歐美各國民主發展的解析和批評

（一）從政治的民主化到社會的民主化

　　假使把社會主義和共產主義界定為政治計畫的話，那麼馬克思是把社會
主義和共產主義視同為「社會的徹底民主化」（the complete democratization of
society），這是德拉柏（Hal Draper 1914-1990）的說法（Draper 1970: 101）。
這種說法與林賽（A.D. Lindsay）視馬克思心目中的社會主義為「集體的勞動
者之民主化」（democratization of the collective laborer）是完全相同的（Lindsay
1925: 105）。

林賽（A. D. Lindsay）曾任教於Keele大學的美國政治哲
學家對民主的理論研討精湛

　　換句話說，馬克思不認為民主只是涉及政治、或政府的形式，只是由老百
姓的同意、或代表老百姓的意志、利益，只由人民當家作主的統治形態而已。
民主更涉及社會的徹底平等、經濟地位的相同、人人在社會中享受共同的利

益，也就是包括政治的、經濟的、社會的、文化的徹底民主化。

　　值得注意的是馬克思這種要求經濟管理的民主化，經濟決策的民主化，與20與21世紀的民主的維持發展是一致的，是圓融的。他認爲經濟事務應受民主監督，因之，不管是政治上要實行全國性的憲政主義、代議式的民主政府，在貨物與勞務的生產與分配方面，亦即經濟的運作方面，更力求人人平等，讓每個人都可以平等地進入市場，不管這個市場的特徵是壓榨或剝削（勞動市場），還是顯示收入與財富極端的不平等（商品市場）。在很大的意義下，馬克思這種從資本主義，進入社會主義，而終於共產主義的人類社會進化階段說，正說明他不愧爲當代甚囂塵上的「市場社會主義」理論之先驅（Carver 1998: 133）。

Terrell Carver爲英國Bristol大學政治理論教授

　　這樣說來，馬克思視民主和社會主義，以及共產主義爲人類發展過程中不同的階段：民主是手段，社會主義是過渡，共產主義才是目的。民主與社會主義、以及共產主義對馬克思而言，不是截然不同的事物，而是人類群體發展過程上不同的階段所呈現的不同之生活方式。整部社會主義運動史在於證成爲民主鬥爭與爲社會主義鬥爭這兩者之間的關係。

　　不同的社會主義流派也在試行解答民主與社會主義之間的關係如何定位、如何定性的問題。一種極端的說法是把民主列入優先首要的地位，而把社會主義視爲附屬的和次要的東西。這便是馬克思主義者所批評的資產階級自由民主的左派之看法。另一極端則認爲人們應追求社會主義的實現，而把民主加以擱置，亦即不必對民主太過在意，這是極端的或偏激的社會主義者之主張。其他的派別的社會主義者則介於上述兩端，持中庸混合的觀點。

　　馬克思的看法則有異於上述折衷、或混合的觀點。他主張理論的職責在於客觀地把民主與社會主義統合起來、融化起來。這點由他對黑格爾法哲學的批判可知。所謂的「眞正的民主」，不只是求取政治形式上的民主，而是要求政

治形式之外,還加上社會的內容之民主。這個社會的內容無他,乃是社會主義之謂。這種眞正的民主可由他後來對巴黎公社的分析,得到具體的實例。馬克思以社會主義的詞彙來界定連貫的民主,也以民主的詞彙來界定連貫的社會主義(Draper 1970: 102)。馬克思認爲理論的職責,不在調和民主的考量與社會主義的考量之間的矛盾,而是理解這兩者表面上的矛盾何以解開的情境,特別是當這類的情境造成社會的活力、社會的飛躍之時。

馬克思並不是一下子從他的腦袋裡找到民主與社會主義衝突解決之道,而是經由親身經歷的19世紀歐美民主發展的歷史過程,來尋求解決的辦法。問題的出發點爲1848與1849年的革命,該項震撼歐陸歷史的革命,表現了民主的要求與社會主義的湧現正處在西洋的關鍵年代。

(二)資產階級的民主

原來在19世紀上葉,不僅歐洲未曾出現過任何一個像樣的民主政府,連美國的民主還在學步階段。比起當時進步的英、法政治而言,普魯士統治下的德國還停留在權力集中的君主憲政階段上,而實施家長式的民主。當時有識之士所追求的民主,不過是一個由人民能夠控制的政府而已。至於偏激的民主人士則要求人民完全能夠控制政府,也能廢除法律的、制度的、經濟的、社會的種種束縛限制,讓人民徹底享受到自由。這種由下而上無羈束的人民主權之主張,是導致馬克思由民主的要求擴大至社會主義的實現之原因。

《新萊茵報》爲1848年6月10日馬克思與恩格斯在科隆(Köln)續辦鼓吹民主的機關誌,發行至1849年5月19日始被封閉,爲時不到一年。馬克思被迫離開鄉土,重過海外流亡的生活

可是像當年德國民主這樣不夠發達的國家,要實行民主首先必須經過資產階級統治的階段,然後才把國家的權力逐步下放到社會的中下階層的勞苦大眾。爲達此目的馬克思一度主張以「永續的革命」(permanent revolution)來通過資產階級民主這一過渡時期。

1848與1849年發生在西歐的革命,終於把

法國與英國推向民主發展之途。這時德、法建立的政府都是資產階級的政府，比起以前的舊政權來顯得較爲民主。馬克思與恩格斯發表在《新萊茵報》的文章，便在探討參加運動的中下階層怎樣來影響上層的政治勢力。構成當時上層的政治勢力計有兩股：其一爲君主及行政機構；其二爲在革命精神昂揚下，組成國民議會的民意代表。

當時恩格斯卻指摘經由公民選出的制憲會議，不曾伸張主權在民的理念，及由此一理念所衍生的對當時弊政的排除。當時政府的官署不僅不能尊重人民的意願，甚至還侵犯到人民的權利（*MEW* 5: 14-17; *CW* 7: 16）。

此段時期的《新萊茵報》刊載了馬克思和恩格斯鼓吹對抗政府壓力和伸張民權的文章，特別呼籲官方要保障人民的基本權利。其間，馬克思曾經爲了新聞自由，而抗議政府爲刑法的頒布，企圖阻卻百姓的「誹謗」，來箝制言論自由（*MEW* 5: 200; *CW* 7: 208-211）。

馬克思視政府對言論與新聞自由容忍的尺度爲政府是否濫權的溫度計。當普魯士政府決定向國會提出「臨時法款」，來阻止民間的批評時，馬克思斥之爲「箝制新聞的拿破崙式的暴政」之復活。他也抨擊它是政府吞食人民所發動革命的果實之不當行爲。

在《新萊茵報》上，馬克思與恩格斯討論革命所帶來的民主成果：言論、出版、發表、集會等之自由。但不幸這些得來不易的言論自由卻遭到反革命的普魯士政府的壓制，不但民主的成果被戕害殆盡，連新通過的民法也剝奪了人民剩下的權利。「把憲法的條文轉變成普魯士的現實」（*MEW* 5：244-245; *CW* 7: 256-259）。

總之，自1842年以後，馬克思對普魯士現實的政治問題，提出分析與批判。他主要的關懷有下列三大問題，其一爲如何促進普國實行代議體制，而建立反映民意的政府；其次政府如何消滅或減少人民貧困，亦即改善社會的問題；其三，解除報禁，取消報紙審查制度，而使民意能夠自由與公開的表述之新自由的問題（Lubasz 1976: 24-25）。

1848/49年的歐洲革命主要是崇尚民主──代議國會與負責的政府體制──的自由主義者與民族主義者聯合工人群眾對抗君主、貴族、地主等封建殘餘勢力的鬥爭。初時馬、恩對自由主義者、或稱民主派人士的作爲是持肯定讚賞的態度，只有到1849年3月發現民主派（與自由派）人士對革命運動無效率的領導，而使君主制復辟之後，他們才與自由主義劃清界線，而大力搞共產主義，大力搞民主勢力中的激進派系（sectarian）之動作，企圖在反封建、反

君主的群眾運動中，另起爐灶、重新出發（Carver 1998：121-131）。

（三）民主控制的加強

　　馬克思與恩格斯認為人民如果因為權利的伸張，而致使威脅到政府的安全或存在時，其咎不在人民，而在政府。他們揶揄政府只會關心如何保持其「憲法上的自由」，亦即保護政治人物，如同市長、警政首長的「憲法自由」，而讓全國其餘的公民之「憲法自由」消失殆盡（*MEW* 5：406-407; *CW* 7：256-258）。

　　在評估1848年的革命時，恩格斯認為革命一方面帶來主權在民的觀念，另一方面在於保持君主政體，這表示革命所造成的結果是分歧的。一方面人民固然是贏家，而獲取民主本質上的自由，但另一方面統治權卻沒有交到人民的手中，反而交到資產階級的手裡，由是證明革命尚未完成（*MEW* 5：64-65; *CW* 7：73-75）。

　　馬克思和恩格斯都強烈地主張所有的政治權力應該交給國民議會，俾能彰顯人民主權。他們也反對國民議會的主要目的僅在與君主打交道。馬克思尤其主張立法與行政的大權應集中在人民所選出的代表手中。議會中激進的一群要求由國民議會選出政府首長，政府之施政向國會負責。他認為這點還不夠，應該像國會左派激進份子之主張，要求行政首長由議員互選產生。由於國會是制憲機關，而當時的憲法尚未制定，因此，除了國會之外一概無任何合法的政府機關之存在。馬克思遂指出：

> 一個全國性的制憲大會必須是一個行動的、帶有革命性行動的集會。法蘭克福的集會應為全國性國會之師，俾讓各邦的政府效法。假使這個飽學的理事會在經過深思熟慮之後，成功地推出最好的議程，也制定最好的憲法，那麼這些好的議程、好的憲法一旦遭受各邦政府的杯葛破壞，那還成何體統？（*MEW* 5: 40; *CW* 7: 49）

　　總之，馬克思對民主化的基本動機是設法縮減行政權力、縮減官僚的權力、擴大議會的代表權力。這種議會權力的擴充不限於革命的非常時期，也包括承平時期在內。在1848與49年革命失敗後之十年間，馬克思廣泛地論述有關民主憲政的種種問題。這些論點可以歸結為一個原則：真正民主的憲法之特徵

爲行政權受到節制、受到限定。1851年馬克思評論1848年11月4日法國國會所頒布的憲法，認爲該憲法最大的毛病爲：對人民提供的民主保證居然給後來政府頒發的法律所取消、所推翻。亦即憲法條文所附的但書，包括「透過法律所訂定的例外狀態」，使得憲法條文逐一喪失效力。

在1852年所撰述的《路易·波拿帕霧月十八日》一書中，馬克思繼續他對法國憲法之批判。認爲整部憲法都是欺騙，只在保障資產階級的權利，而非保障全民的自由。當時的憲法所使用的「有機的法律」（*organic law*），固然是決定人民的自由之所本，卻也是毀滅人民自由的計策（Marx 1851: 129）。馬克思認爲有機的法律規定了公民所應享的自由居然達到這般程度，以致資產階級藉著與其他階級平等的說法，享受到無限制的自由，這對無產階級是不公平的。

（四）行政權的儘量縮小

在1853年馬克思分析了 Schleswig-Holstein 的憲法草案，而指出它具有民主的風格。但他念念不忘的是這兩邦的憲法草案居然把古代傳下來的良法美意加以推翻，令他無法釋懷。這項古代的優良傳統是涉及法庭可以取消行政命令（*CW* 12 : 421）。

馬克思之所以強調這兩邦的憲草違反古代的傳統，主要的動機在於認爲有必要把官僚體系的權力予以縮減。他這種主張與1858年所撰寫的有關普魯士憲法（1850年制定的）之分析是前後一致的。他再度指出，憲法賦予人民行動的自由終被行政權力所取消。他指出普魯士政府中部長之責任，必因官僚體系之機能，而造成其地位之突出。因爲部長爲各部會官僚機構之首長，加上各部會官僚階層的命令之合法性不容置疑，遂導致行政與官僚之權力保持強大，相對的一般公民之權利遂被削減（*CW* 16 : 78-81）。

普魯士的現實顯示著憲法理論與實際施行之間的落差。造成這種理論與現實差距的主因，乃爲所有的自由都是在「法律局限」之下所賦予的，這意味著絕對王權的法律先於憲法而存在，以致造成「憲法的法律與法律的憲法之間的敵對」。在此，馬克思再度強調法庭獨立於行政權力之外，單獨履行其職權，俾克制行政權的膨脹（*ibid.*）。

1859年馬克思分析1831年黑森（Hessen）邦的憲法，該憲法除了採取不民主的議會代表選舉法之外，一度被譽爲當時歐洲「最自由的基本法」。馬克思說：

> 沒有任何一部其他的憲法像這部憲法那樣，把行政權力縮小到讓行政
> 依賴立法的地步，這部憲法還賦予司法機關以最高的控制權力。……
> 法庭有權決定行政的所有作為，法庭成為權力的最高峰。……法庭對
> 官僚的紀律有決定權。（*CW* 16: 541）

　　由於國會選出的委員會可以控制政府、彈劾違法失職的官吏，因此官僚與軍人不再受制於王室。

　　其後，在1848-1849革命之後，黑森邦的議員選舉法經過民主改革，而顯示更大的改善。這包括最高法院法官的提名權操在立法機關的手中，以及統帥權由國王移到國防部長，可說是兩大進步。在同一篇文章中，馬克思又指出，黑森邦憲法的民主性格反映在地方官員不僅管理地方的行政事務，尚且掌握警察的管轄權。這點與十年後馬克思頌揚巴黎公社由當地的行政委員會管轄警察，都視為馬克思心目中理想的民主政體應有的作為（*MEW* I/22: 202-203; *CW* 22: 332-333）。

（五）公民權利遭受到限制

　　除了政府的形式之外，馬克思與恩格斯也對資產階級的民主制度下公民擁有的權利及其限制進行分析。這些分析散見於他們的著作中，今舉其犖犖大者加以簡述：

1. **意見的自由**：法國在波拿帕主義（路易波拿帕復辟帝制）籠罩下，1850年的法律恢復了審查制，此舉導致政府剝奪了公民言論的自由與表達的自由。
2. **公民選舉權的限制**：1850年5月31日頒布的法律，剝奪了三分之二法國公民的選舉權。同樣的情形發生在 Schleswig-Holstein 邦的憲法和1850年普魯士的憲法，蓋憲法條文中規定只有擁有土地者，始有投票權。
3. **選區的隨意劃分**：馬克思稱此舉「束縛選舉活動，造成城市之外的選舉區無法突破政府的羈絆」。
4. **一院制**：馬克思主張一院制，不贊成兩院制，原因是他擔心民意機關分成兩個單位會妨礙主權在民這項民主的基本訴求。他說：「一院制的代議政體有權阻止政府濫抽稅賦、亂徵徭役、濫抽兵員與壯丁」（*CW* 16: 541）。

5. **示威的權利**：恩格斯曾經對1872年第一國際愛爾蘭成員要求在倫敦海德公園集會示威，而遭受英國政府阻卻情事發表評論，他鼓勵示威者不必顧慮警方的可能制裁，而展示民主制下公民示威的基本權利。

6. **抓耙子（臥底）的制度**：在馬克思的時代，歐洲各國政府號稱實施民主，可是它們卻依靠密探、內奸、抓耙子混在激進和革命團體裡，俾進行監視和通風報信的工作。對此馬克思曾嚴詞抨擊（Karl Marx, "The Attack on Francis Joseph", *New York Tribune*, 8.3.1853）。

7. **戰時的自由**：在普法戰爭爆發後，貝倍爾和李卜克內希被俾斯麥政府所逮捕，並控告為叛國[2]。馬克思對於兩位反戰議員遭到政府逮捕極為憤懣，遂大力撻伐普魯士官方之不當行為。

總之，馬克思認為所謂的資產階級之民主，不僅是國會，就是社會的結構（包括民主的權利和制度）都變成了政府的護身符與安全瓣，目的在向民眾施壓，而保持政權的穩固。這種資產階級的虛偽民主，自然成為馬克思與恩格斯大力抨擊的對象。

（六）民主的騙局

馬克思曾經描寫資產階級這種企圖穩定其政治統治、保持其社會與經濟秩序中的優勢、安享在文化與意識上的霸權為「民主的騙局」（democratic swindle）。所謂的民主的騙局是利用民主作幌子，來麻醉人民、迷惑群眾、欺騙百姓，使公民由下而上的權力運作與當家作主的願望完全落空。這個概念是馬克思在批評當時最自由、最進步的國家——美國——而浮現的念頭。

當時美國已發展到擁有憲政結構的共和國，它的資產階級深諳民意表達的藝術，足以充分地維護它的階級利益。若就成本與利益來計算，那麼民主的操作，實較維持暴政的體制來得省錢省力。這不僅是由於民主制讓政府不用花大

2　貝倍爾（中共譯為倍倍爾August Bebel, 1840-1913）德國社會民主黨（SPD）領袖，受李卜克內西（Wilhelm Liebknecht 1826-1900）之影響而皈依社會主義。兩人於1867年當選國會議員。前者還擔任德國工會的領袖，與拉沙勒（Ferdinand Lassalle 1825-1864）派對抗。李卜克內希受著法國空想社會主義的影響，在德國致力社會主義運動，為社會民主黨領袖。貝倍爾與李卜克內希在1870年擔任國會議員因反對普法戰爭，而遭普魯士政府逮捕，在萊比錫審判（1872）後，以叛國罪入獄服刑兩年。

錢來豢養大批的警察、情治與保安人員，還讓老百姓甘心情願接受資產階級的壓搾剝削。馬克思指出：「毫無疑問君主制耗費龐大，但看一下北美政府的開銷，就不難理解我們〔德國〕三十八邦如何花錢去管理和維持治安」（MEW 1956: 348）。

馬克思和恩格斯認為資產階級的民主政治，都是資產階級的統治者企圖說服大多數的人民，讓後者相信他們參與和分享國家的大權。實際上人民所得到的民主權利卻少得可憐。所謂的公民投票，也是受到統治者的操縱，這始自北美的憲法規定，可是究其實際，真正享有公民投票權的人群畢竟有限（例如南方的黑人在黑奴未被解放之前，便未享有民權、參政權）。

要之，要衡量一個國家是否推行民主，必須端視政治權力究竟操在誰的手裡？那一個階級的手裡？任何一個致力把政權交給下層工人階級的運動，最終必然會追求全社會的民主化。

四、結論與評估

從上面的敘述與分析，我們可知馬克思的民主觀一方面來自於西洋主流派的政治學，特別是亞理士多德、斯賓諾莎、盧梭的影響，以及馬克思對黑格爾君主制的批判；他方面由馬克思對他所目擊體驗的幾個國家（德、法、英、美）的政治現實之分析批評中得出結論來（Maguire 1978 : 197 ff）。

馬克思的民主概念是與他的國家觀（洪鎌德1983: 118; 1988: 185; Hung 1985: 189-205）關連密切。早期馬克思的國家觀則無異是他對國家的革命性與民主化的觀點（revolutionär-democratische Ansicht）之核心。這種觀點落實在批判黑格爾法哲學裡頭。瞭解1840年代馬克思的民主概念，有助於吾人對當代局勢，尤其是20世紀中葉冷戰時代東西方對抗的認識（Bauermann 1976 : 47）。

馬克思早期有關民主的概念，其產生的背景為比較中世紀封建社會中政治與民事的不分，以及現代資產階級社會中政治脫離民事。顯然這兩樁迥異的事體之比較中反映了馬克思與黑格爾主張的不同，也是促成前者民主觀的誕生。當黑格爾企圖把政治與民事對立的矛盾調解為把市民社會融化於政治國家時，馬克思卻堅持兩者的矛盾底延續。特別是在現代社會中，人過著雙重的生活：

在國家的政治生活上揚言人人平等，但在現實的社會裡人人卻非平等。這正是政治國家中人的「社群（共同體）本質」（*Gemeinschaftswesen*），與市民社會中人人爭權奪利的自私本質之衝突。這種衝突反映在個人作為公民與作為私人的不同之上。

　　因此，對馬克思而言，能夠把政治的事物吸收到民事裡頭、把國家吸收到社會裡頭、把個別的事物融化在普遍的事物裡頭、把形式與內容合而為一，便是他心目中的民主。

　　向來的資產階級之民主，只強調人單純的政治解放（purely political emancipation），而忘卻了「真正人的解放」（truly human emancipation）。馬克思在〈論猶太人的問題〉一文中聲稱：「只有當個人認識他本來的勢力是一種社會的勢力，也組織了這種社會的勢力，並視這種的社會的勢力，不是以政治的勢力底樣式從他那裡分開出來之時，只有這樣做時，人的解放才能完成」（*MEGA* I /2: 648; *CW* 3 : 168）。要達到人的解放就必須超越資產階級的民主，而實施無產階級的民主。所謂的無產階級的民主，就是首先推翻資本主義而實施社會主義，然後從社會主義發展到更高階層的共產主義。

　　由是可知民主對馬克思與恩格斯而言，是有階級性的形式與意義。最初他們似乎都認為民主只是資產階級所追求的政治形式，只是求取主權在民的部分落實，只要求議會或立法機關控制行政機關，包括減縮國家元首的君主權力，以及減少以行政為名目的官僚體系之權力。當然這種資產階級的民主並非全民的民主，它只是部分人（資產階級）的民主，是政治形式的民主，而非社會形式的民主。因之，此種政制的施行，還談不上是整個社會的改變。為了整個社會有所改變，為了使資產階級的民主通向無產階級的民主，馬克思與恩格斯遂提出社會主義與共產主義的主張，認為共產主義代表了全社會的民主化。

　　恩格斯在1844年的文章中就表示過，他認為法蘭西大革命的敵人是君主制度和封建制度；而英國所推動的民主政治之敵人則為中產階級與私產。原因是當時英國的情勢是這樣的：「中產階級與私產者正在掌握大權，而窮人的權利被剝奪。因之，在英國民主對抗王權無異是窮人對抗富人的鬥爭」，「英國的民主朝向社會民主邁進。但單單依靠民主，並無法掃除社會的積弊。民主的平等觀是一個千面怪獸，窮人與富人的鬥爭無法展示在民主或一般政治之上。因此，目前這一階段仍為過渡時期的性質，也是最後必須嘗試加以利用的純粹政治方式。〔人們〕一定要從這一階段發展到一個可以把政治揚棄的原則。這一原則乃是社會主義的原則」（*MEW* 1: 592）。

　　恩格斯這裡指出的「表面上單一的民主」（the mere democracy）是一項政治的民主，它只是政府的形式符合民主，但民主並沒有伸展到社會問題之上，亦即尚非社會生活與經濟生活的民主化。

　　總之，馬克思和恩格斯看到資產階級民主所衍生的制度與權利之雙面特質。這雙面特質正反映了資產階級社會中兩個階級的抗爭。一方面資產階級利用民主統治的形式，作為維持資產階級的優勢、廉價而又變化多端的手段。在此一情況下，無產階級誤以為他們被允許參與公共事務，事實上為經濟的利益仍為資產階級所併吞、所獨享，這就是「民主的騙局」。另一方面，則是站在無產階級的立場，企圖給予民主的形式以社會的實質，亦即設法使由下而上的群眾控制政局的願望得以實現。換言之，把民主由政治形式推擴到整個社會組織之上。

　　要之，依據盧貝爾（Maximilien Rubel 1905-1996）的分析（Rubel 1962：327-329），本書作者同意他把馬克思的民主學說歸納為以下幾點：

（一）馬克思的民主概念與他的**歷史觀、社會發展觀**，亦即他的唯物史觀，有密切不可分的關係。當然也與他所處的時代歐美各國政治發展的情況有關。作為一位理論家兼革命策略家，馬克思曾參與工人階級、以及資產階級爭取民族解放、爭取民主權利、爭取個人自由的革命運動。因此，**民主和民族解放**成為革命鬥爭首先要實現的目標。等到這一目標實現之後，才能談到未來無階級、無剝削、無異化的社會如何建立的問題。因之，第一個目標就是讓追求民主成為工人階級社會運動的起點，其工具為藉普遍的與全民的投票權來贏取政權，一俟民主制度建立之後，才考慮如何實現社會的解放。

（二）馬克思在尚未皈依共產主義之前，便已擁有民主的觀念，他後來談**社會主義與共產主義，也是從民主這個觀念**衍生出來的。但社會主義與共產主義並不遠離他的民主觀，而勿寧視為他民主觀進一步的發展與引伸。馬克思最先的民主概念是從對黑格爾法哲學與政治理論的批判上逐漸形成的。亦即馬克思拒斥了黑格爾有關官僚作為普遍階級的說法，抨擊了他有關君主主權的說法，也否決了他君主立憲的主張。馬克思後來皈依共產主義，並不是他早期民主觀的背離、或分道揚鑣，而是這一政治觀點的激發（stimulation）。易言之，**他視共產主義為民主的發揚、為民主的昇華**。

（三）馬克思早期的民主觀念中含有濃厚的**人本思想與人文精神**。這是由

於他精讀古典的與現代的哲學和歷史之結果，亦即肯定了人本倫理與人道主義的重要。他後來試圖把這種人本倫理放置在科學的基礎上。由於採取了人本主義，馬克思被迫放棄了思辨的哲學與康德以來的日耳曼唯心主義。他也被迫由玄思改變去研究社會學理論、以及採取政治行動。在馬克思準備研讀政治經濟學之前，這包括他對資產階級生產方式有所認識之前，他便已皈依共產主義。在他發表了對共產主義的信仰之後，馬克思才傾盡全力去研究當代著名經濟學家的著作。他對這些經濟學巨匠的批判，是應用他早已擁有的價值觀與其特定的標準，來抨擊當時政治經濟學替資產階級效勞的「醜態」（infamy）（洪鎌德1999b: 51-75, 79-85）。要之，馬克思在抵達「科學的社會主義」之前，早已是一名不折不扣的社會主義者。難怪其民主觀也反映了資產階級邁向無產階級的民主理論與實踐之不同階段。

（四）對馬克思與其戰友恩格斯，以及其同代革命激進人士而言，**民主意謂為人民的自我管理、自我統治**。作為人群追求的目標，民主只有在資產階級與無產階級（普勞階級）聯合奮鬥、共同對抗舊王朝和封建專制下，才可望獲致。一旦這個初步的目標成功取得之後，則無產階級將依賴其自身特定的方法去贏取解放。這一解放不僅涉及無產階級，也曾廣被整個人類。**民主的概念便意涵為促成社會邁向更高階段所進行的政治鬥爭**。民主成為政治的自我教育之法律基礎。亦即無產階級走上自治之途的法律指引。在此一鬥爭中主要的生力軍無疑地是無產階級。這是由於無產階級所受的苦難已達極致，也是它歷史使命的展現。階級鬥爭遂由歷史事實辯證地變成了道德要求。因之，現代的無產階級必須自行組織，從自在階級（class-in-itself）轉變為自為階級（class-for-itself）。要達此目的有賴民主成為社會生活永續的成分，也要靠不斷的思想教育來提升階級意識。

（五）馬克思所謂的「民主底征服」，**就是指無產階級奪取了政治權力**，這是無產階級在不需動用暴力之下，藉全民投票與民主功能的發揮便可以實現的。暴力並非人類歷史的「自然法則」，而是階級鬥爭的自然結果，而階級鬥爭也可以理解為社會中的生產力變成了社會異化的力量。形式的民主隱藏著剝削階級與被剝削階級之間獨裁的

關係，隱藏著基本權利與實質壓迫之間真實的差距，亦即大多數人受到少數統治階級的壓搾、剝削。過去與現代歷史所呈現的現象，就是少數人對多數人的統治。要扭轉這種不合理的現象，唯有依賴全民投票，讓它發展爲多數人解放的工具。民主提供給直接生產者組織工會與政黨的合法利器，藉群眾的組織力量來逐步改善整個社會，俾形成直接生產者的自由組合，「使其個別成員的自由發展，成爲全體成員自由發展的條件」（*FS* II: 843; *CW* 6: 506）。

比起馬克思經濟思想與理論的系統嚴整、組織縝密、立論精闢來，他的政治著作既散漫蕪雜、而又體系欠缺，甚至有前後不相連貫、或相互矛盾的瑕疵（Pierson1986: 7）[3]。因此，我們不難想像他有關民主的觀念，也像他有關國家的學說、有關由資本主義演進到社會主義的轉變一般，都充滿亟待澄清的大堆疑問（參考本書第十六章國家觀）。

最近有人還批評早期的馬克思有關「群眾的民主」（popular democracy）之解析，在理論的建構上未能超越盧梭的說法。特別是成熟後的馬克思迄未提供吾人一項可資與其他學說相比較的民主理論（Hindess 1983: 44; Pierson 1986: 8），這是對他民主觀的批評。

Maximilien Rubel為法國反教條馬列主義的先驅，以客觀、中立、科學的方式來研究馬克思的平生、思想和學說，自創無神秘色彩的「馬克思學」（*Marxologie*）

3　此處Pierson所言馬克思經濟思想的嚴謹，相對於政治著作之蕪雜，缺乏體系，相互矛盾，這點Pierson並未加以申述。依本書作者觀點，在於馬克思既有真正民主之主張，又期待民主的昇華消亡，這無異為一種矛盾。

Ch.Pierson現執教於英國
諾丁翰大學2013開授「民
主及其批判」新課

Barry Hindess退休政治
哲學家，對澳洲政府與政
治研究頗為精闢

　　另一項批評指出：馬克思由於受到他倡說的唯物史觀的影響，使其學說不免沾上經濟決定論（economic determinism）與科學實證主義（scientific positivism）的色彩，從而對政治的輕視、忽視。政治中的意志論、能動性和社會鬥爭被他解釋為跡近機械的、命定的、唯物的的看法，這都引起西方馬克思主義者的抗辯。他對無產階級終必奪權、終必「升高到統治階級的地位，贏取民主之仗」（FS II: 841; CW 6: 504），不但深信不疑，連其後對英國勞工憲章推動者（Chartists）之努力讚美有加，還宣稱：全民投票會造成工人「政治上的優勢」（political supremacy）。這些說詞顯示他對政治的錯綜複雜、變化多端，缺乏靈敏的、機動的掌握，而有一點流於宿命與機械性的看法，這點大大地影響其追隨者對政治的分析與判斷（Pierson 1986: 16-19, 29; Miliband 1977: 6-7）。

　　最後，也是最重要的一點則為馬克思的民主觀，一如盧梭的全民意志論，成為極權式人民民主的藍本。其後師法馬克思民主觀的列寧、史達林、毛澤東、金日成等，無不假藉無產階級專政之名，實施以共黨、或領袖獨裁的人民民主，而究其實則為反民主的極權統治，這也是馬克思民主觀極為嚴重和負面的影響（Hunt 1980: 7 ff.）。

Ralph Miliband波蘭裔英國
學者,公認為當代西方對馬
克思學說與倫理(道德規
範)家最有創意的理論家之
一

Alan Hunt英國法律
社會學者,

馬克思和恩格斯論民主

By providing supporting textual evidence in order to generate a precise understanding of the value-laden meaning of Marx's and Engels's use of the term 'democracy', it links democracy with the materialist character of their philosophy. In their thinking, autonomy obtains a materialistic character, meaning it is strongly connected to the conditions of society's reproduction and thus to the question of property. Democracy for Marx and Engels was a moment of social practice, the social form taken by the most important social relationship, capital, and is therefore, like other social forms, a process.

青年與壯年馬克思論社群

第十三章　青年與壯年馬克思論社群

一、觸及未來社會的早期作品

二、早期民主的概念

三、異化與異化的克服 —— 共產主義初探

四、共同體的建立和自由的獲致

五、分殊的個人與種類的集體

六、從倚賴到獨立到自主 —— 人類異化史的三部曲

一、觸及未來社會的早期作品

馬克思早期著作的次第刊行，使我們知道青年時代的他，在對現實社會的批評之餘，也提出他對未來社會的看法。這種看法，也就是艾略特（John E. Elliott）所稱謂「未來共產主義社會粗放的偉景（遠見）」（the robust vision of the future communist society）（Elliott 1991: 3-26）。

馬克思早期論社群與未來社會的著作主要分散於下列四項作品裡：1.《黑格爾法哲學批判》；2.兩篇〈論猶太人的問題〉；3.〈關於詹姆士‧穆勒的註釋〉和；4.《1844年經濟哲學手稿》（《巴黎手稿》）。

《黑格爾法哲學批判》是一篇長稿，在馬克思與恩格斯在生之日沒有機會出版。這是在1843年夏秋之際，馬克思與燕妮剛剛結婚不久，在燕妮的娘家克羅茲納赫（Kreuznach）渡蜜月時，馬克思寫下的筆記。此係針對黑格爾的《法哲學大綱》，事實上是針對黑格爾的國家學說與政治理論，逐節引述而加以批評的長稿。此時的馬克思剛經歷了反動的普魯士政府關閉了他所主編的《萊茵報》，心身受創之餘，被迫在家待業。因之，利用休閒時間飽讀馬奇亞維利、孟德斯鳩、盧梭和黑格爾的政治著作，冀求對當代國家、憲政、法律各種政治制度有所理解。其讀後感不僅是這篇《批判》的長稿，也間接促成有關〈論猶太人的問題〉兩篇文章之撰寫。

提倡三權分立的法國思想家孟德斯鳩

馬克思夫人燕妮（1804-1881）

青年黑格爾門徒布魯諾‧鮑爾

　　〈論猶太人問題〉是在批駁布魯諾‧鮑爾所主張猶太人要求與信奉基督教的日耳曼人平等待遇，只有在雙方擁有同等的政治權利情況下，才能享受政治的解放。此兩篇文章刊載在由馬克思與路格合編，於巴黎出版的《德法年鑑》雜誌上。該刊只出此第一與第二期合訂本，之後由於普魯士政權的壓制與財政的困難而告停刊。

　　1844年與妻子燕妮居停於巴黎的馬克思，在閱讀了恩格斯發表於《德法年鑑》的文章〈政治經濟學批判大綱〉之後，極為振奮，深知他自己至今為止只寫些政論文章，對政治經濟學一竅不通。於是他發奮忘食，在短期間細讀英、法、瑞士經濟學家之著作，寫下這份首尾均佚失的《經濟哲學手稿》，一名《巴黎手稿》（簡稱《手稿》）。此一手稿遲到1930年代才重新被發現出版，譽為青年馬克思早期哲學思想一個極為豐富，頗具創意的作品（洪鎌德 1986: 18-21）。

　　至於有關閱讀詹姆士‧穆勒《政治經濟學要義》的筆記與評論，是1843年年底至1845年年初馬克思在巴黎停留期間所寫九本筆記中的第四本與第五本。這些筆記顯示馬克思大力研讀政治經濟學的苦心。其中對於勞動異化之克服，也表示了他心目中勞動的解放之狀貌，文中也多處提及社群的問題。

　　在上述四份馬克思早期的著作中，幾乎都涉及他討論社群、共同體、國家的觀念。其中又以《黑格爾法哲學批判》（以下簡稱《批判》）最早涉及他這方面的想法。

　　在《批判》中，馬克思對民主的建立和國家的消亡有了初步的探討。根據黑格爾的政治哲學，人的意識表現在客觀的外在就成為法律、社會和政治制度。倚靠這些制度人可以獲取完整的自由。只有社會組織的最高層次──國家──才可以把特殊的權利與普遍的理性結合在一起。黑格爾遂認為人非天生便獲得自由；反之，只有國家才有可能使人得到真正的自由。黑格爾當然知道在民間（市民）社會中，人人為了私利進行激烈的競爭──經濟的鬥爭；不過他卻認為這些衝突和競爭可以藉國家來達致「更高的」統一。

　　馬克思對黑格爾這種說詞基本上的批評是模仿費爾巴哈對宗教的批評──人創造上帝，並非上帝造人。黑格爾政治制度的起始就是國家的理念，而將家庭和社會群體當成此一理念的衍生物。馬克思遂指出：「就像宗教並不創造人，而是人創造宗教，同樣地憲法並不創造人民，而由人民來創造憲法」（CW 3: 29）。馬克思還反駁黑格爾企圖以官僚體系當作「普遍的階級」來調解各群體的衝突，包括私人利益和國家的集體利益之衝突。在長稿的結論上馬

克思主張全民擁有投票權（公民投票）來推動民間社會的改革。一旦民間社會也變成關懷總體利益的政治社會，那麼立法機關做為代議制度便告消失。因為代議制度的存在是建立在政治國家與民間社會分開的基礎上。詳細地說，《黑格爾法哲學批判》標誌馬克思對民主和國家的看法，也是對社會和社群的看法。

二、早期民主的概念

在批評黑格爾法哲學時，青年馬克思的民主觀可以由下列三點看出：其一，學習費爾巴哈的批評方式，否定黑格爾國家學說的幾項制度（君主、議會、官僚）。其二，馬克思要求民間社會的成員，不僅在政治領域、也在社會與經濟方面參與公共事務，是故主張參與的民主。其三，現代的國家與社會之分裂，政治與經濟的分開，這點應該化除，而重歸早前的統一，這才是民主的體現。

這三點中的每一點都是片段的論證，且彼此有互相矛盾之處，幾乎無法為馬克思完整的民主觀提供系統的佐證。不過由於馬克思嚮往的社群是一個民主形式的共同體，所以有必要對他早期的觀點進行鋪述與分析。

首先，在批評黑格爾時，馬克思似乎採取了盧梭的民主觀。盧梭的民主觀是建立在多數統治和社群擁有共同的原則之上。對盧梭而言，社群成員的共同原則為人人平等。可是在19世紀，受黑格爾與費爾巴哈影響下，德國學界卻認為社會成員之共同原則是「共同體」。問題是黑格爾理想的共同體是國家、是宗教，這點與費爾巴哈的人群、特別是人類整體的看法相異。受著費氏的影響，馬克思也主張人應該直接體驗著本身的、人類的力量，而不需靠著社會的制度間接去體會共同的原則。這點就是他反對代議制的民主之原因。其次，馬克思認為人要直接經驗本身的力量只有當這些力量置於同他人（同其他所有的人）的力量之關係下才有意義。換言之，個人的活動必須與其他人類的活動相輔相成，才能顯示人的種類本質。馬克思這種否定依靠社會制度而使人直接參與社群，也獲得社會的解放的主張，本身便含有虛無主義的色彩（Keat 1981: 60-61）。

其次，黑格爾認為傳統、憲法、法制都是表現社會制度符合理性的因

由。他一方面師法盧梭贊成國家應有其公共的原則（社群觀念、整體或寰宇觀念）；他方面也接受權力分立的說法。每個機關有其特殊的原則，國家則把各種不同的原則牽連起來、統合起來。黑格爾使用的就是經常出現之「中介」（*Vermittlung*; mediation）一概念。強調中介的必要性，這點也使黑格爾有異於盧梭，但卻把洛克與孟德斯鳩的自由派政治理論結合起來。

　　可是，馬克思反對黑格爾的中介之說法，主張每個公民都能靠其選票參與國事，從而反對黑格爾帶有精英主義和封建主義色彩的代議民主。馬克思說：「不是所有的個人都應該在涉及全民的政事上考慮與決定，而是以市民社會一份子的身分，亦即在社會中考慮與決定全部人普遍關懷之事。換言之，並不是當成個人的全體，而是當成全體的個人參與公事」（*EW* 168; *CW*3: 116）。這種說法，顯示馬克思站在盧梭與黑格爾的整體立場，來反對洛克與霍布斯個體自由的說法。

撰寫《巨靈》的霍布斯

主張統治建立在民意共識的洛克

　　當成全體的個人對馬克思而言隱含三層意思：其一，凡有參與公事的眾多的個人才算數；其二，這些眾多的個人必須擁有共同的原則（懷抱集體的、社群的觀念）；其三，他們都擁有共同的原則，而非黑格爾利用國家的共同原則來「中介」個人不同的原則。在這裡可知馬克思效法費爾巴哈，主張個人與人類之間迅速而直接的統一（*EW* 61-64; *CW* 3: 7-9）。

　　再其次，馬克思指責黑格爾認為現代國家的公共領域應該與人民的經濟活動分開。這是馬氏對黑格爾的誤解。因為黑格爾正是企圖結合社會各種分殊的力量與利益而統轄在國家公益之下，他不可能不注意到民間社會的經濟利益對公共政務的影響。不過馬克思在這裡要鼓吹的倫理要求是人生活的各種面向

必須和諧地結合在一起。可是和諧的人際關係只存在前資本主義的社會裡，亦即早期與中古的社群裡。當代社會政治與經濟的分離表現在統治與行動之不協調。原因是在國家（一個照顧所有公民的政治社群）中，人人各自為政，而統治關係也促成這種分崩離析的情況。要之，他心目中的民主應該是國家的社會統合性與經濟的個別性能夠再度結合在一起，一如前資本主義的社會所表現者。

　　從上面三個層次（人的本質的、政治的、經濟的）的看法中我們不難獲得馬克思的民主觀，這由他自己的話可以看出：

（1）民主是形式與內涵……黑格爾從國家出發而把個人當成主體化的國家，民主是從人出發的，而視國家為人的客體化……

（2）正如同宗教並不創造人，反之，人創造了宗教，同樣，憲法並不創造人民，而是人民創造憲法……

（3）至今為止政治的憲法老是採取著宗教的作風，也就是人民生活的宗教，當成是普遍性、寰宇性的天堂，用來對抗實際狀況的現世之存在。〔政治憲法視〕政治的範圍是國家中真實的範圍，當成人類的形式與內涵，亦即當成人真實的宇宙……〔可是〕明顯的是政治憲法的出現乃是由於私人活動範圍獨立出來的結果。凡是商業與土地財產不自由之處，在那地方它們就無法自稱獨立，因之在那地方政治憲法也無從出現。這種地方就是中古時代，中古時代乃為不自由之民主。（*EW* 87-90; *CW* 3: 29-32）

　　馬克思認為全民投票一旦實現，政治國家將被揚棄。換言之，一旦全民投票實施，那麼政治國家與民間社會之分離與對立便告消除。兩者的揚棄意味著社會與國家的消亡，這就是說他早期的政治思想有很大程度是無政府主義和虛無主義的想法。

　　綜合這時期馬克思的民主觀大概可以得到下列幾項特徵：（一）強調共同體；（二）成員的共同原則（人的種類本質）；（三）人在從事殊異的活動時和睦相處的重要性；（四）人應該直接統治其本身；（五）對社會與政治制度不信任（Keat 1981:68）。

　　要之，在《批判》中，馬克思主張在當代的民間社會裡成立一個聯邦或國

協（*Gemeinwesen*; commonwealth），俾落實人「共產的本質」。原來在當代的市民社會裡人們只顧勞動和生產，大搞經濟活動，導致民間社會與政治國家脫節。換言之，人只有個人爭權奪利的私自生活，而沒有禍福與共、水乳交融的公共生活。其結果，個人與社會分裂成兩截：一方面是孤立的、零星的、原子化的個人；他方面則為以君主制和官僚體制所代表的公權力底國家，它高高在上傲然對待百姓，甚至採取陌生、藐視、壓制的態度。為了克服個人與國家的對立，私自範圍與公共領域的對峙，青年馬克思主張落實「眞正的民主」，也就是一種參與的民主（participatory democracy），由公民直接參與公共事務，並共同制訂公共政策，藉普遍選舉權（公民投票）來使「社會化的個人」與「政治憲制的理想形態」得以合而為一，亦即消除民間社會與政治國家之分歧和兩分化（*CW* 3: 152-153）。

在〈論猶太人的問題〉的兩篇文章中，馬克思繼續他對黑格爾法哲學及其政治學說的批判。在此馬克思分辨政治的解放與人的解放之不同。前者相對於專制政權不自由的統治來可算是市民階級的一大勝利與進步，但仍未把做為市民的私人與做為公民的社會人之分裂彌補縫合。是故只有藉社會與經濟生活根本的重建，以及把自私自利的個人加以揚棄，才能獲致人的解放。政治的解放不過是把封建主義的制度掃除，使少數人（資產階級、統治者）獲得財產權、自由權與平等權而已，它固然標誌著人類大大地向前躍進一步，但得利者還是限於少數。不過政治的解放倒是邁向人的解放的初步，它不但把向來加諸人身上的枷鎖去掉，另一方面卻把處於民間社會裡自私的精神加以抑制的力量也一併掃除，從而導致「人的化約」（reduction of man）：把人化約為追求私利的「個人」和代表法權與道德的人身，亦即「公民」這兩重角色。

馬克思認為眞正人的解放，只有當「眞實的、個別人重新把抽象的公民內化吸收於自身之時」，也就是變成「種類的本質」之時才有可能。換言之，當眞實的個人在他「日常的生活」上，或「特別的工作」中，表現為眞實的個人時，才稱人的解放之完成。要達此目的，人必須把他自己的力量承認為「社會的勢力」，亦即組織成為「社會的勢力」，而不再把人的「社會的勢力從他自身中分開，而化作政治權力的形式」（*CW* 3: 166-168）。在這裡可以看出青年馬克思反政府、反政治、反國家的虛無觀念，是他要再造社會，使社會成為

共同體的緣由[1]。

三、異化與異化的克服——共產主義初探

　　青年馬克思在1844年所撰寫的《巴黎手稿》（以下簡稱《手稿》）不但大談人性的問題，更深刻地描述人性的扭曲，也就是異化的問題。在馬氏早期的著作中一再強調民間社會與政治國家的分歧，也談及雞零狗碎化（原子化）的個人怎樣在市場的交易關係中喪失自身，同社會疏離。在此手稿中，馬克思分析四種的自我異化，特別是異化勞動的諸種形式。他生動地描述異化勞動同資本主義私產制之間的因果性辯證關係。他更把異化勞動怎樣牽涉到人的異化，特別是人類本質的異化，加以剖析（CW 3:270-282；洪鎌德1986: 18-26; 2010b: 224-229）。

　　馬克思最早異化的概念，開始於布爾喬亞的民間社會之批評，他批評在這種的社會中，經濟活動裡交易使勞動異化，也使貨物的生產異化，其後（在撰寫《資本論》第一卷時）他才把異化的概念擴大到商品拜物教和機器勞動的人受物役之上。換言之，從此少談異化，多談剝削（Wendling 2009: 18）。

　　馬克思對現存資本主義的社會，特別是資產階級的社會，造成非人性的異化之抨擊，使得他對未來共產主義社會的輪廓有更清楚的描繪。他分辨了「粗糙的共產主義」與「真正的共產主義」，前者只是對資本主義的否定，特別是私產制度的摒除，還談不上是一個理想的未來社會。反之，後者才是人的徹底解放。

　　由於共產主義脫胎於資本主義，是資本主義的否定，而資本主義又是對封建主義的否定。因之，馬克思在《手稿》中指出：

　　〔粗糙的〕共產主義的定點乃是否定的否定。因之，是人類解放和復
　　原過程中，歷史發展下一階段必須經歷的現實片斷。共產主義乃為不

---

[1] 這種虛無主義的傾向使James Lawler稱之為馬克思早期虛無的社會主義之傾向（Lawler 1994: 182-186）。

久將來的必要形式和活力原則。不過這種形式〔粗糙〕的共產主義不
能視為人類發展的終極目標，它只是〔過渡時期〕人的社會之形式而
已。（*CW* 3: 306）

由粗糙的共產主義轉入真正的共產主義，使得馬克思理想的社會終於浮
現，他說：

共產主義是把代表人類自我異化的私產加以正面的取消，俾讓人性得
以復歸。因之，共產主義乃是人完全復歸為社會動物（亦即人類）。
這是有意識的復歸，也是人類向來的發展所累積的財富之重新掌握。
這個充分發展的自然主義之共產主義無異為人本主義，當作充分發展
的人本主義也無異為自然主義。它是人與天爭、人與人爭的真正解
決，也是存在與本質的爭執、客體化與自我證實之間的爭執、自由與
必須之間的爭執、個人與種類之間的爭執之真正的解決。共產主義乃
為歷史之謎的破解，而它也自知這一破解。（*CW* 3: 297）

在這樣理解下的共產主義，馬克思認為社會已不是人人相對敵的「抽象
物」。他說：「正如同社會產生了個人，個人也產生社會」，過去社會中充
滿財富，也充滿貧窮，未來的社會卻擁有「富裕的人群，以及豐富的人之需
求」。換言之，未來的人類將擁有能力與需求去實現「生命充滿人的表述之總
體」。另一方面每個懷有特別個性的個體都成為社會動物，能夠透過共同體的
組合與科學的活動表現社會的生活，和種類的生活。一個先決條件是認為個人
與社會一旦能夠統合，那麼人類的創造力將會刺激更高的生產力，從而創造巨
大的財富，也帶來高度的富裕。這種構想自然與向來建立在私產之上的資本主
義社會體制完全迥異。原因是，在未來的共產社會，人的生產勞動不再是為謀
生或賺取利潤的工具，不再是個人增加其身外之「有」（having）的活動。反
之，未來社會的勞動是激發人的「內在需要」，增長其「內在財富」，提升其
生活品質、深化其生存意義的「本質」（being）。馬克思認為只有社會人才
能擁有人的本質，這種人的本質也是造成人人相親、互相愛護的韌帶。在此意
義下「社會是人與天性（自然）完整的合一」（*CW* 3: 298-306）。

1844年春天，就在《手稿》撰寫的同時，也是馬克思在勤讀英、法、瑞士
政治經濟學著作的同時，他對詹姆士‧穆勒的作品有所評論與註解。其中他除

了批評信貸制度把人當成資本與利息看待，把人當作「交易的中介者」看待，
還提及當代社會人一心一意在生產交換的目的物（商品），造成「你當成一個
人對我的目的物不發生關係，原因是我本身對我生產的目的物沒有人身的關係
之緣故……我們彼此的價值僅止於目的物對你我的價值而已」。為克服人類這
種異化的勞動，馬克思在評論與註解的尾端這樣寫著：

> 假定我們是以人的方式來進行生產的話，那麼每個人會在他的生產
> 中雙重地證實他自己，也證實其夥伴人群。我將會（1）在我的生產
> 中把我的個性（individuality）和其特殊性（peculiarity）加以客體化
> 〔化成外在的產品〕。因之，在我的生產活動中享受我生命的個別表
> 現，同時在看見我的目的物〔產品〕之時，產生一種快樂。這種快樂
> 來自於我的人格得以變成客觀的、可以被感官所感知的，也就是不容
> 置疑的〔我之〕能力之出現。（2）在你享受或使用我的產品時，我
> 將會有直接的快樂去認識我的勞作既能滿足他人的需要，而又能把
> 人的本質加以客體化〔化成客觀的事物〕。因之，能夠為別人的需
> 要製成目的物。（3）我將會成為你與人的種類〔人類〕之間的仲介
> 者，並且由你獲得承認與感受，我使你作為人的本質得以完成，從而
> 我認識到在你的思想與關愛中我得到證實。（4）在我表現我的生命
> 之時，我也導致你去表現你的生命，因之，在我本身的活動中我得
> 以實現我本身的性質，亦即我的人性、我社群的本質。（*CW* 3: 224-
> 228）

　　換言之，馬克思注意到當代社會中人的自我異化與相互異化。這兩種異
化係根源於私產制度，也肇因於勞動與資本之分開，更可以溯源於市場的交易
關係。在這些條件與制度下勞動與生產的目的並不在使人的權力與才能得以培
養、人的創造力得以發揮。反之，這種資本主義的體制在鼓勵與促成人的占有
慾與自私自利，激發人的貪婪。由於每個人都以他人為競爭的對象，也是以他
人為個人升遷的踏腳石，遂視別人為達成本身目的之手段，這樣的個人所造成
的社會怎樣會成為一個共同體？一個社群？它不過是建立在「相互剝掠」基礎
上的「虛幻不實之假象」而已（洪鎌德2010b：181-184）。

　　與此虛幻不實的假象相反的是馬克思未來社會的期盼：生活在未來社會的
人群可以真正以人的身分來從事生產。人未來的操作勞動都是「生活的自由表

現」，也是個體性的表述。人所生產的東西是每個人能力的對象化與客體化。在滿足別人的需要時，每位個人都能直接意識到自己助人的快樂。每個人都成為人人之間、個人與種類之間的「中介」，也是人為他人的「人性本質」提供服務，從而在思想與博愛的聯繫中插上一腳。要之，由於個人對他人的生命表述有所貢獻，「真正的人性」、人作為「共同體的本性」乃得以證明、得以落實（*CW* 3: 224-228）。

　　從馬克思早期的著作中，吾人可以得到他有關未來社會豪放（堅決）的偉見（robust vision）。這個見解充滿高度的理想成分，尤其是對人類尚未發揮的潛能顯示了馬克思高度的信心。這個見解不僅透露馬克思視共產主義為人類未來理想的社會形態，它更顯示在一個未來真正的共同體中人類潛能的主要成分，以及作為真實的人類（真人），所可能擁有的生活素質。易言之，馬克思使用「共產主義」這個詞彙去表述一方面真正的社群，以及另一方面真人的生活情景。前者指未來社會組織的形式，社會結構的情況，亦即馬克思心目中理想、完善的共同體（community）；後者則指生活在未來社會中的人之表現，人與人之間的關係，是馬克思心目中人性復歸的人類（humanity）（Elliott 1991: 6）。

四、共同體的建立和自由的獲致

　　成年或中年時代的馬克思所談的共同體、或未來的理想社會多少已放棄早年過度理想化的色彩，而強調由資本主義蛻化為共產主義之可能。換言之，他粗放的共產主義底社會觀已逐步讓渡給對資本主義的猛批，以及由資本主義轉化為共產主義的辯證過程。在此一意義下，他與恩格斯合著的《神聖家族》（1844/45）、《德意志意識形態》（1845-46）、《哲學的貧困》（1847）、《共產黨宣言》（1848），都是這段時期重要的作品。特別是《政治經濟學批判綱要》，簡稱《綱要》（*Grundrisse*）（1857）更標誌著壯年時代的他對未來理想社會的看法。

　　首先，我們檢討他與恩格斯合著專門對付左翼黑格爾門徒，特別是施悌涅（Max Stirner 1806-1856）個人主義的長稿──《德意志意識形態》（以下簡稱《意識形態》）。此一長稿在馬、恩在世之日不克付梓，但卻標誌著他們突

顯唯物史觀的重要轉折。原來恩格斯便認爲像費爾巴哈那樣把抽象的人加以頂禮膜拜，取代基督教對上帝的禮讚，基本上仍舊是以新宗教取代舊宗教。他與馬克思卻主張「以眞實人群的科學，以及人群的歷史發展」來取代費爾巴哈的哲學人類學（*SW* 3: 360; *CW* 26: 381）。

顯然，在此馬克思和恩格斯不認爲人類的解放只靠知識的解放，或各種各類意識形態的解放便能完成。反之，人的解放建立在人從不合理、不公平的社會與經濟結構中解放出來。「解放是歷史的，而非心靈的動作，是從歷史條件，工、商、農與交易的程度中產生出來的」（*CW* 5: 38）。依照阿圖舍（Louis Althusser 1918-1990）的說法，此一長稿標明了馬克思認識論的斷裂，是他揚棄哲學進入科學的門檻。塔克爾（Robert C. Tucker）則指出這是從哲學的共產主義轉變爲科學的社會主義之伊始（Tucker 1972；洪鎌德2010b: 297-299）。

在《意識形態》中，馬、恩不僅詳述人類社會生活有賴共同體的建立，還提及實現理想的共同體之前，人類社會爲階級社會的事實。由於階級的對立與壓榨，國家成爲統治階級的工具。只有當階級與國家消亡之後，直接生產者的組合才能使人群發揮其自由自主和睦相處的作用。

馬、恩說：分開的個人所以形成階級，目的在與其他階級相抗爭，儘管同一階級的成員之間彼此也因爲處於競爭狀態而相互敵對。在此情形下階級居然成爲一個獨立於個人之上，而約束個人發展的力量。不僅階級，就是分工也同樣成爲左右個人命運高高在上的勢力。要使分工不致左右個人的命運，只有取消私產和揚棄分工一途。「透過分工把屬人的權力（關係）轉化成爲物質的權力之這種改變是無法取消的，也就是無法從人們的心靈中之一般理念的廢除而告取消。反之，也把這種人際關係改變爲物質關係的轉型加以取消，只有靠個人把物質力量加以控制和廢除分工制度一途而已，但要達成此一目的非靠社群不可」（*CW* 5: 77-78）。在這裡馬克思與恩格斯認爲社群的重要性會自動浮現，他們說：

> 只有在社群中，每一個人才有辦法將他的才華作多方面的發揮；因之，只有在社群中，個人的自由才變成可能。在以往社群的替代物，諸如國家之類當中，只有在統治階級有利的條件下，而又屬於統治階級的成員，某些個人方才有發揮其自由的機會。直至今天爲止，虛幻不實的社群，對生活於其中之諸多個人，儼然以一個獨立體的姿態出

現。由個人們聯合而形成階級,一階級又與他階級相對立,在此情形下虛幻的社群對被壓迫的階級不啻是一個虛幻不實的共同體,更是一套新的枷鎖。〔反之〕在真實的社群中個人們不但透過〔各種的〕組合,也在組合裡獲致他們的自由。(*ibid.*, 78)

在《意識形態》中,馬、恩所理解的自由是指個人有理性、有意識、自決的行為,更是一種「有意識規定」(consciously regulated)的動作,以別於「自然的」、「外在的」、「必然的」行動。自由與理性牽連,而非受制於形勢、意外(chance)、或個人的偏好、任性(caprice)。自由必須是自動自發(spontaneous)而不是受制於別人或團體的指令、決定。此時馬、恩雖然強調自由是人類作為一個創造力的主體,但有異於黑格爾對(絕對)主體的張揚、炫赫、輝煌(aggrandizement),認為是作為主體的人類能夠控制外頭異化的勢力,使充分發展的人類,再度把共產主義的本質內化於其本身之中(人性復歸)(Walicki 1995: 57)。

執教於美國諾特丹大學的史學家兼馬克思學說的詮釋者 Andrzej Walicki出身於華沙歷史理念學派

此處馬、恩視共產主義為人類自由的自我創造、自由之勝利,是社會異化和經濟異化的最終征服(洪鎌德 2010b:226-230)。馬氏指出:

共產主義首次有意識地對待所有自然地演變的基礎,當作現存人類的創新,亦即解除它們受自然〔束縛〕的特性,把它們放置在聯合的個人操控之下⋯⋯共產主義所造成的現實提供真正的基礎,使個人之外不再存在任何〔異化、外在〕的事物〔來宰制眾多的個人〕。蓋現實是由諸個人以前的交往所產生的。(*CW* 5: 81)

這裡所提的異化與外在的事物,顯然是指資本主義體制下市場「盲目

的」、「非理性的」勢力而言。共產主義正是未來人類由盲目與非理性的市場
勢力解放出來，也是個人自由的獲致。

五、分殊的個人與種類的集體

　　在《意識形態》一長稿中，馬克思與恩格斯喜談「個人」（individual）、
「諸個人」（individuals）。這些個人究竟與自由主義者所談的個人是否同一
意涵？瓦立基（Andrzej Walicki 1930-）認為兩者有顯著的不同，不能一概而
論。換言之，馬克思主張的是種類的集體主義（species collectivism），而自由
主義者則力求個體性的多樣化，強調人人的不平等與殊異性，是一種自由的
個人主義（liberal individualism）。印證美國開國元勳麥迪遜（James Madison
1751-1836）的說法，社會的分工出於「每個人求取財產不同的和不等的能
力」，也就是立基於每人「原始的和不可化約的差異性之上」。反之，馬克思
不認為人的歧異性是社會分工的原因，事實剛好相反，人的不同都是社會分工
的結果，亦即人從其種類的本質中異化出來，是要藉社群的建立而加以克服的
（Walicki 1995: 58）。

美國開國第四任總統麥迪遜被稱為「美國憲法之父」

　　因之，馬克思認為共產主義的建立是首先要取消社會分工（*CW* 5: 78）。
在未來共產社會中自由的個人乃為人類的一個標本，而不是社會分工所產生的
特殊的、懷有不同的個性的人群。他們都是「共同體的成員，只有在共同體當

中每位個人才能在各方面發展其才能」。換言之，在未來理想的共同體中，每位個人不容許隨便發展與他人截然不同特殊的個性。他們只被允許發展共同的（common）人性──一個各方面發展均勻圓通，能夠滿足個人需求，而不必倚賴他人的個人。其活動不限於某一排他性的領域。馬克思說在共產主義的社會中每一個人「能夠在今天做某事，明天做另一件事，上午打獵、下午釣魚、傍晚餵牲口、晚餐後進行批判工作，而不必把自己定位為獵人、漁夫、牧人或批評家」（*CW* 5: 47, 78）。

　　上述這段幾近幻想的人性描述，使人們想起馬克思的浪漫情懷與田園眷戀。的確，馬克思除了是近世啟蒙運動的子嗣，也是浪漫主義的產兒。他要返璞歸真，遠離市塵的心態暴露無遺（洪鎌德1997d: 2-9）。只是人類要回復工業化、城市化、現代化、寰球化之前的原始社會是非常困難，人要回歸社會分工之前的自然經濟更是絕無可能。馬克思的唯物史觀明顯地阻擋他回到雞犬相聞的太古桃花源。馬克思的烏托邦不是回顧前塵，而是展望未來。儘管他要建立和迎接未來理想的社會，但他的思想中仍充滿原始社群、特別是太初公社的念頭（洪鎌德2010b: 333-334）。就像俄國評論家米海洛夫斯基（Никола́й Константи́нович Миха́йловский; Nikolay Mikhaylovsky 1842-1904）所說，古代自然的經濟（原始公社）與未來的社會主義（或共產主義）在社經的組織上是同型的，只是其發展分屬不同的層次（引自Walicki 1979: 256-257）。馬克思應該會同意米氏這一說法才對。

米海洛夫斯基是沙皇時代文學批評家與社會學者，大力推動1870與1880年代俄國經濟與社會改革

　　儘管馬克思對社會分工向來抱持敵對的態度，但這種分工的負面性、消極性，卻也是使人類通過苦難試煉，而提升人的本事的必經之途。正如同自我異化也有把個人錘鍊成才的作用，是一種個人進德修業、增益其所不能（enriching）的歷程。詳言之，通過社會分工使人類走過原始公社、古代奴隸

制度和近代封建制度的階段，而進入工商發達的當代資本主義階段。其後的社會主義與更上一層樓的共產主義則是在資本主義生產力發展到高峰之上才有可能建立的新社會。由是可知馬克思的唯物史觀雖抨擊資本主義，卻強調社會主義與共產主義只有在資本主義的子宮中才有孕育成功的可能。

透過分工而產生的工業發展無異為人的種類能力之異化，它也產生分工與私產。作為資本主義核心的分工和私產、以及世界性的市場卻早晚要讓位給社會主義與共產主義。在後者的社會中人的種類能力從異化中去除，從分工中獲得解放。於是自由聯合的個人、發展均勻圓熟的個人將取代向來被壓榨、被剝削的勞動者，成為卓越的新人類，也成為和睦、繁榮、快樂的新社會之主人。

馬克思相信生產資料的私產之充公，將使未來的新人類再度擁有生產力的總體，此舉必使「個人能力的發展會符合生產的物質工具之進展。生產工具總體的擁有，也就意味著所有個人能力的總體底發展」（*CW* 5: 87）。

那麼這種烏托邦除了充滿才能均勻與圓熟的個人之外，再也沒有政府的組織、沒有國家的壓制、沒有各行各業的分別、沒有法制、也不需要道德規範和倫理教誨。只有個人們當成直接生產者所構成的自由組合。這豈非達致馬克思在《巴黎手稿》中所預言的人類「存在與本質衝突的真正解決」？

未來的共同體既是人類種類本性的復歸，那麼它是一個怎樣的組織？怎樣的集體？也成為我們關懷的重點。對此馬克思的說明並非十分清楚。他只提到未來的人類當作直接生產者，不再接受中間商的剝削，而自行組織自由的團體──自由組合。在《意識形態》中馬克思指出「（當然，在假定現代生產力已邁向更高的階段時）諸個人所形成的組合會在其控制之下創造〔有利於〕個人自由發揮與運動的條件」（*CW* 5: 80）。這意味著過去受到外力外物控制的人類，如今為了發展與運動卻要受到組合的控制。也就是過去非人與人之間的倚賴轉變為人必須倚賴一個集體（組合）。既然個人仍需倚賴集體，則其自由也必然受到限制。那麼馬克思的共同體豈不是使個人的自由無法實現嗎？這是值得吾人深思與檢討的所在（Walicki 1995: 60）。

馬克思在1847年出版的《哲學的貧困》一書，是反駁蒲魯東錯誤的論調。在這本書中，他再次使用「組合」這一字眼，他說「工人階級在其發展的途徑上將以組合取代舊的市民社會，目的在排除階級與階級間的敵對」（*CW*6: 212）。既然工人會以組合取代社會，表示馬克思不僅要負面推翻資本主義和消除階級，更表現了積極營構新的共同體，這可能是他粗放的共產主義觀之揚棄。

　　馬克思與恩格斯更在1848年的《共產黨宣言》第二節之結尾強調未來取代資產階級社會之自由組合，在該組合中「每位個人自由的發展成爲全體成員自由發展的條件」（*CW* 6: 506）。此一說法其實就是馬、恩兩人在《德意志意識形態》所言的翻版。他們說人們「自由的活動乃是生命創造的表現，這是從『整個同僚』所有能力的自由發展中引伸而來的」（*CW* 5: 225）。這些都說明了1840年代末由青年邁向中年的馬克思把自由、組合、共同體三者加以結合的企圖。

　　顯然，一方面當成自我決定的自由是一個組合主要的構成要素；另一方面當成自我實現（self-realization, self-actualization）的自由也只有在組合這個團體裡才能落實的。由上面的兩點可知未來共產主義的社會要實現的理想與價值──自覺、自由、自決、自我實現──多少蘊涵了道德的性質。換言之，最終眞實的共產主義之人的解放是從粗糙的共產主義之制度──組合──中產生的。後者提供前者以道德基礎。

　　作爲個人們團聚之組合，不僅是一個共同體，足以使個人的自由得到保障，個人的才能得以培養發揮，也是使分工得以消除，原因是「社會可以規定一般的生產，不致使個人只沉浸某一行業，反而成全每個人的願望，隨其意願去成就任何的行業」（*CW* 5: 47, 78, 81）。

六、從倚賴到獨立到自主──人類異化史的三部曲

　　馬克思在1857至1858年的冬天寫了七本筆記，在其生前並未出版，而遲到1953年才付梓，這份文字與觀念艱深而未完成的遺稿，就是被目爲《資本論》的暖身之作，定名爲《政治經濟學批判綱要》，簡稱《綱要》（*Grundrisse*）。它標誌馬克思學說的新方向，其重要性不下於《剩餘價值理論》（1862-63）和《1844年經濟哲學手稿》。在某些意義上，此一遺稿顯示作爲哲學家的馬克思轉變成政治經濟學家的馬克思之心路歷程。

　　在《綱要》的引言中馬克思曾經指出：

我們追溯歷史愈長，愈感覺個人，也就是從事生產的個人，幾乎是不
獨立的，愈是需要倚靠。他總是隸屬一個較大的整體：首先以比較
接近天然〔血緣〕的方式，他隸屬家庭。然後把家庭擴大為氏族，
之後人隸屬於諸多氏族的對峙與合併所形成的群落社會（communal
society）。只有在18世紀出現的民間〔市民〕社會中，社會結合的諸
種形式以外在的必要性（external necessity）底姿態迎擊個人，並成
為個人追求私自目的之單純手段。可是產生這種情景的時代，也就是
產生孤獨、零碎的個人的時代，（就一般的觀點而言）卻是至今為止
〔人類〕發展最高的社會關係。嚴格言之，人類乃是「政治動物」
（zoon politikon），不僅是合群的動物，更是在社會中能夠把自己個
人化（individuate）的動物。（Grundrisse 84; G 6）

　　這段引言給人的初步印象是認為馬克思就像自由派經濟學者一樣，認
為資本主義為人類帶來財富和個人化，也使人們從過去血緣的、地緣的社群
中解放出來。事實上，他在這本遺稿中強調資本主義的社會也就是市民階級
的社會，而「市民階級的社會是發展最高，也是歷史上生產組織最複雜的社
會」（Grundrisse 105）。市民階級的社會是凝聚力最高的社會。其凝聚的
方式是靠高度的分工和一套分化的需要體系。換言之，藉人們生產和消費相
互倚靠無從分開的經濟關係，而造成全社會成員的凝聚。在這種社會中其成
員就像原子一般彼此相似而分立。也就是說，馬克思頌揚資產階級的社會可
以「藉寰宇性的交易，而把個人的需要、能力、快樂、生產力等變成寰宇化
（universality）」。
　　可是在民間（市民）社會中「社會結合的諸種形式以外在的必要底姿勢來
迎擊個人，並成為個人追求私自目的之單純手段」。這又為馬克思對資本主義
的批判預留伏筆。毫無疑問地，他所描述的民間（市民）社會，正是後來杜尼
斯（Ferdinand Tönnies 1855-1936）用以與「社群」（Gemeinschaft）相對照的
「社會」（Gesellschaft）。只是把馬克思的社群觀與杜尼斯的社會與社群對照
觀相提並論，卻有誤導的作用。原因是杜尼斯是由古代血源、氏族、地緣等特
質所形成的有機結合，轉化為當代講求利害得失分工繁細的互補作用之機械性
結合。馬克思則藉人類異化的歷史生成，指出早期個人依賴社群變為當代個人
的孤立零落，然後轉化為未來回歸社群但卻又保留個性之辯證發展（Walicki
1995: 65）。

杜尼斯為德國社會學家，他分辨「社會」與「社群」之不同，曾
撰著《馬克思的生平與學說》（1921）一書

　　顯然馬克思一方面讚美當代資本主義發掘人類的潛能創造了財富而供部
分的人類享用，但他卻抨擊資本主義爲了製造財富而讓絕大部分的人類付出
慘痛的代價。不但發掘人的潛能，卻把這種能力「徹底挖盡淘空」（a total
empting-out），這種寰宇的客體化就是世界市場，也就是徹底的異化，「同時
把所有〔個人〕有限的、片面的目的當成犧牲品加以撕掉，化約〔個人〕的目
的爲〔社會〕完全外在的目的」（G 488）。

　　在《綱要》中馬克思認爲對個人自由最大的威脅來自於資本主義社會的
經濟自由，亦即自由競爭和交易所形成的世界性市場。由於貨幣成爲交易的媒
介，人對於貨幣的需求造成貨幣對人的宰制，於是個人成爲非人化、物化（貨
幣）的倚賴物──心爲形役、人爲物役。這套交易媒介不發生作用的時代（太
初、古代、中古封建時代），社群或社會對個人的羈絆吸引更大。反之，今日
社會對個人約束力減少之際，人對別人的宰制力量反而大增（Grundrisse 157-
158; G 75）。

　　顯然，在市民社會中，市民的自由存在於人人彼此相互倚賴之上，也是存
在於孤立的、私自的個人彼此冷漠、毫不關心之上。這種個人表面上的獨立，
但事實上的倚賴，乃爲私人交易的必然結果。這種個人的獨立「完全建立在對
世界性市場的倚賴之上」。而世界性市場也就是寰球人人交易的場所，是金錢
貨幣活動頻繁的地方。人如果是必須倚賴金錢、倚賴市場，就說明人的物化與
異化。因此，在貨幣流通的經濟體制下，異化是無法避免的。

　　儘管世界性市場的出現，代表人人交易的寰宇化、普遍化，也代表人類至
今爲止生產力的最高發展、科技的進步、物質的成就；但它也代表人的寰宇性
異化。原因很簡單，這種寰宇性的社會關聯對人類而言，仍舊是客體的、外在
的、疏離的、異化的。蓋外在自我生成的資本主義發展階段，作爲人類外化的
與異化的能力之資本主義生產力仍舊有繼續發展的空間。這就是異化與剝削的

階段尚在進行中，它有朝一日要把異化與剝削徹底剷除，這一天的降臨就是資本主義的崩潰，也就是共產主義的初階——社會主義——誕生之日。因此，人類自我意識的自由早晚必會降臨人間。

顯然，馬克思對人類由原始的團結一致，過和睦的社群生活，墮落為階級社會的敵對分裂、鬥爭，到最後復歸團結、諧和，有其歷史哲學（historiosophy）的三部曲。這三部曲都涉及人類異化的過程。有異於《意識形態》視社會分工與私產為人類異化的源泉，在《綱要》中，他認為造成人類坎坷的整部異化史導源於人的倚賴（dependency）、人的不獨立。這種倚賴可分為人身的倚賴，以及物（客體）的倚賴。他說：

> 人身的倚賴之關係（最早完全是自動自發）是第一種的社會形式，在此人的生產能力只有在很有限的範圍與孤獨的地點上展開。第二種的社會形式則為建立在物（客體）的倚賴基礎之上〔表面上〕人的獨立，在此一般的社會新陳代謝之體系、寰宇關係的體系、各方面的需要與寰宇性能力的體系，首次〔在歷史上〕出現。在第三階段上，則為〔真正的獨立自主〕，建立在個人寰宇發展的基礎上，也建立在從屬於他們社群的、社會的生產力，亦即他們的財富之上的自由之個性終告出現，第二階段是為第三階段的出現創造了〔有利的〕條件。
> （*Grundrisse* 158）

從上面的引文可知，中年的馬克思視人類原初的生活為個人的倚賴（倚賴家庭、宗族、氏族、社區、社會、社群、國家等等），其後資本主義興起，人由倚賴變成獨立，不過這種的獨立是建立在貨幣、市場、異化、剝削之上的獨立，是建立在客體（物）的倚賴之上的獨立。只有在未來共產主義實現的社會中，人才能夠享受社區的共同財富，接受社群的監督，在共同體當中落實自由的個性，達到人身的徹底獨立、自主、與自由。

那麼在第三階段的社群中，自由的個人結合而成新的共同體，大家對社群的財富均為共同的擁有者，而且對生產資料（工具）也會共同控制（*Grundrisse* 159）。由是可見未來共產主義社會是脫胎於現代的資本主義社會。（「第二階段是為第三階段的出現創造了〔有利的〕條件」），而與後者的市場經濟相反，不再靠市場來交易勞動的產品，更不需要藉貨幣來作交易的媒介。要之，馬克思認為共產主義的經濟乃是沒有市場，沒有階級的經濟，原

因是沒有階級、但有市場的經濟（由資本主義轉向社會主義的過渡時期之經濟），比起共產主義的經濟仍屬略遜一籌（Moore 1993: vii）。

　　只是在第三階段中，自主與自由的個人尚需受到「社群的控制」，這點使吾人想到年屆中年的馬克思仍未忘情他早期對參與的民主（participatory democracy）的夢想。換言之，為了使社會凝聚力大於個人追求自利的分散力，社群對其成員仍應當擁有監控的權力。

青年馬克思及其著作
受到黑格爾觀念論影響的早年馬克思，大談個人、人性、異化、自由和哲學的共產主義；與此不同的中壯年馬克思注重階級、鬥爭、剝削、解放的科學的社會主義。前者張揚人的批判反省、充滿哲思；後者強調實證、經驗、科學的革命實踐，為政經批判的延長與行動的落實。

青年Mzrx臨窗展讀繪像

晚年馬克思論公社與共產社會

第十四章　晚年馬克思論公社與共產社會

一、前言

　　無論是青年馬克思（特別是1843-1844），還是中年馬克思（1845-1858），還是進入壯年（1858-1870）與晚年（1871-1883）的馬克思都喜歡談論人類的共同體本質，或稱社群本質（*Gemeinwesen*）。原因是他心目中理想與憧憬的社會乃是依人類的社群本質而建立起來的共同體。

　　在青年馬克思的早期著作中，由於深受費爾巴哈的影響，將人性不僅視為種類本質（*Gattungswesen*），也是社群本質（*Gemeinwesen*）。社群本質便成為他哲學論著、時局評論、宗教批判，乃至經濟引述經常使用的字眼。與*Gemeinwesen*相近的*Gemeinschaft*也是他偶而引用的詞彙，但不若*Gemeinwesen*使用的次數多。這是美國教會工作者梅基爾（Kenneth A. Megill）研究之發現（Megill 1969-1970: 382-383）[1]。

1　巴本漢（Fritz Pappenheim）把英文community當成德文的*Gemeinschaft*來使用，顯然是受到杜尼斯的影響，其實查核馬克思原著德文版則知後者多使用*Gemeinwesen*，而少用*Gemeinschaft*，參考Pappenheim 1959年之著作，並參考Megill 1966; 1969-1970: 383，註3。

顯然，馬克思不僅使用「社會」（*Gesellschaft; society*）這個字眼，他更樂用「社群」、「共同體」（*Gemeinwesen, Gemeinschaft*: community）、「組合」（*Assoziation*; association）、「公社」（*Kommune*; Commune）、「共產主義」、「社會主義」等詞彙，來代表他心目中理想的社會。在《資本論》中馬克思把英譯本涉及community之處，一概寫成德文*Gemeinwesen*，就不難理解他對「社群本質」（*Gemeinwesen*）這一名詞的偏好（Megill 1969-1970: 382-383）。

其實，英文community一字，依據傅利希（Carl J. Friedrich）的說法，乃是取材自物理學或生物學，指涉在物理學中時空連續體所占有的定點，或是在生物學中生命所占據的定點而言。把它引申到政治哲學則為「政治事件發生的場域，亦即政治情況賴以產生的事物」。（Friedrich 1959: 3）。中研院在1994年所舉辦的研討會就把英文community譯為「社群」（參考陳秀容，江宜樺主編：《政治社群》，台北南港：中研院人文社會科學所，1995年〈序言〉）。該研究會固然採用「社群」這一稱謂，有時也兼用「共同體」這一通俗的稱呼。參考蕭高彥1996: 258 *ff.*

美國教會工作者，致力於知識工作時代科技之應用於業務推動與資訊的保存與管理。博士論文涉及馬克思的社群觀

　　為了討論理想的社群，亦即未來健全的社會組織，馬克思在早期先行批評他所處的社會，特別是構成社會的重心之國家。由於受到黑格爾法哲學的影響，馬克思一度把國家視為人群自由的體現，也是美好生活落實的場域。但當他真正理解黑格爾的國家學說不過是由理念所引申，而非現實制度的考察與反映時，他覺悟到現實國家的虛幻不實──國家只是一個異化的社會力量，是人類普遍和一般之利益的幻象。人在現實國家中已把本身分化為公民與私人兩種身分。前者號稱在法律之前人人平等，享有參與公共事務、決定公共利益之權利；後者卻是在民間社會進行你爭我奪、爾虞吾詐，只顧私利而忘記公益的自私自利之個人。人的分裂正反映社會分裂為政治國家與民間社會兩大截。

　　中年與壯年時期的馬克思揚棄哲學的思辨，轉入科學的剖析，體認人類生活的物質基礎，也就是勞動生產才是促成社會進步、歷史遞嬗的動力，從而發現人類及社會生成變化的唯物史觀。除了原始公社之外，古代的奴隸社會、中古的封建主義社會、乃至當今的資本主義社會都是階級社會。是故，整部人類的歷史，乃為階級社會演展史，也是階級鬥爭的歷史。在當代資本主義社會中國家的興起固然是在瓦解封建主義，但國家在完成將國界之內分崩離析的種族、階級、族群、文化加以統一之後，卻成為資產階級壓榨與剝削無產階級──亦即所謂的普勞階級──的工具。由於資本主義內在的重重矛盾和普勞階級的覺悟與反抗，最終，普勞階級爆發了革命而推翻資產階級的統治。於是過去遭受重重桎梏的勞動，終於戰勝資本、打倒資本而獲得解放。在短暫的過渡時期，普勞階級以專政方式廢除市場與貨幣（Moore 1993），從而使役於物、跡近物化的直接生產者──勞工──獲得自主與自由，這便是傳統上國家的消亡，也是馬克思企圖以客觀的歷史發展之鐵律來證明共產主義的社會是由資本主義的社會脫胎而出。

　　鑒於後期的馬克思對共同體的看法，不僅揉合早期的哲學思辨（Robert C.

Tucker 所稱呼的「哲學共產主義」，見Tucker 1962、1972）與中期的政治經濟學析評，更有活生生的歷史實例，像巴黎公社與俄羅斯農村公社（*Мия, mir; Община, obschina*）可供參考，故本章致力於他晚年的社群觀之鋪陳、分析和評論。

　　為了瞭解1871年以後晚期馬克思的著作與思想，我們有必要也把他壯年（1858-1870）時期重要的著作及其內涵先加以判讀與剖析。

二、資本、分工與勞動

　　壯年與晚年時期馬克思有關社群或共同體的作品，主要是《政治經濟學批判綱要》（簡稱《綱要》1858-1859）、《政治經濟學批判獻言》（1859）、《資本論》第一卷（1867）、《法蘭西內戰》（1871）、《哥達綱領批判》（1875）、《資本論》第二卷（1885）與第三卷（1894）。上述兩卷《資本論》的續集是由恩格斯於1883年馬克思逝世後從遺稿中加以整理而得。此外由考茨基（Karl Kautsy 1854-1938）所編馬克思遺著《剩餘價值的理論》（1905-1910）共三本（被認為是《資本論》第四卷），也涉及到對人性與未來共產主義社會的論述。

　　在《政治經濟學批判獻言》的〈序文〉中，馬克思有系統地、但又扼要地把他的唯物史觀作一簡述。於是馬克思對向來社會的兩層樓結構——意識形態的上層建築與經濟基礎的下層建築——就有明白的交代。換言之，每一社會都是由其底層的經濟基礎之變化，而帶動上層意識形態和典章制度的變化。在這裡馬克思強調不是人的意識決定人的存有；反之是人的社會存有決定其意識。自古以來的階級社會係出現在太初原始公社之後，而經歷了古希臘羅馬時代的奴隸社會、中古時代的封建社會、而延續至今的資本主義社會。最後資本主義社會將被無階級、私產、無剝削的共產主義社會所揚棄、所取代（*SW* 1: 503-504）。

馬克思的社會觀1
· 社會是一個受經濟的因素所制約的組織

意識形態的上層建築
（ideologischer Überbau）

典章制度（宗教、倫理、
藝術、哲學、文化、法政
經社等制度）

經濟基礎
（ökonomische Basis）

生產關係

生產力

生產方式
（勞動與科技創力的水平）

社會是一個兩層樓的結構體

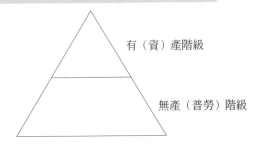

馬克思的社會觀2
· 社會是一個上下有別、尊卑統屬的階級社會形構
（a hierarchical class social formation）

有（資）產階級

無產（普勞）階級

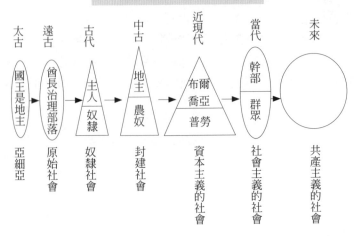

馬克思的社會觀3
· 社會是歷史辯證發展的產物

太古	遠古	古代	中古	近現代	當代	未來
國王是地主	酋長治理部落	主人／奴隸	地主／農奴	布爾喬亞／普勞	幹部／群眾	
亞細亞	原始社會	奴隸社會	封建社會	資本主義的社會	社會主義的社會	共產主義的社會

被第一國際尊為「工人的聖經」的《資本論》第一卷出版於1867年。1873年再版發行。這部馬克思晚期的著作含有較少的哲學意味，而被其追隨者看作是政治經濟學的典範之作，是一部科學的作品。

可是，塔克爾卻將《資本論》解釋為黑格爾《精神現象學》的現代再版、是主僕之爭，更是人類在歷史長河上善（以勞動為代表）與惡（以資本為代表）的生死搏鬥（Tucker 1962、1969；洪鎌德 2010b：293-302）。瓦利基（Andrzej Walicki）說比較起馬克思早期的著作，《資本論》已揚棄青年馬克思的樂觀情懷，但對於異化，特別是使人類困心衡慮增益其所不能的異化（enriching alienation），還是有所鋪陳、有所闡釋（Walicki 1995: 71 *ff*）。

在此作品中馬克思禮讚資本家將人的生產力搞到巔峰，而作出促使人類進步的貢獻。不過此種貢獻卻要全人類中占有絕大多數的工人們付出慘痛的代價。原因很簡單，從自然經濟邁進商品與市場經濟，便要牽涉到直接生產者飽受壓迫與剝削的厄運，「大群民眾脫離土地、放棄生存資料、放棄勞動工具而遭受剝削，乃為資本進入歷史的前導」（*C* 1: 713-714）。在資本登上歷史舞台之後，貨幣經濟與分工雖增大生產力，卻也造成勞動的異化、社會關係的物化（「商品拜物教」之出現）和人格的解體。人的生產品脫離生產者，變成與生產者的人身無關，而在市場上擁有獨立的生命，反過頭來成為征服生產者的怪物。

隨著資本的集中、科技的應用、世界性市場的出現，工人們的「苦難、壓迫、奴役、污蔑、剝削」不斷擴大，這也助長工人階級的反叛。「生產資料的集中和勞動的社會化最終達到一個頂點，亦即〔普勞階級〕無法再忍受資本主義的虛有其表。於是這個虛有其表的外觀終於徹底被揭破，資本家的私產之喪鐘敲響，剝削者終於被剝削了」（*C* 1: 714-715）。

在《資本論》中馬克思提供了資本主義必然崩潰的「科學上可茲證明的確定性」（scientifically proved certainty）。這也就是俗稱的「崩潰論」（*Zusammenbruchstheorie*）。此一鐵律成為其追隨者拋頭顱、灑熱血，獻身革命事業，為一個崇高理想犧牲奮鬥的鼓舞來源。此外，馬克思也在這部鉅著中，提出工人愈來愈悽慘的「貧窮論」（*Verelendungstheorie*）（Walicki 1995: 73）。這兩種理論正是人類末世說、終結論、最後審判、千年祈福、拯救說、解放說的核心：人經歷重重災難，置於死地而後生，物極必反，人的重生之綜合、之總結。這也符合馬克思人類解放三部曲的說詞，也就是在大解放之前所經歷的悲慘情境——資本主義體制下的異化與剝削。他說：

資本主義的占有方式，乃為資本主義生產方式之結果，此種占有方式
產生了資本主義的私產。這是個人私產的第一次否定。蓋個人的私產
是建立在私產擁有者本身的勞動之基礎上。可是依據自然法則的無可
違逆性，資本家的生產也造成他本身的否定，這便是否定的否定。這
種否定的否定並沒有替〔直接〕生產者恢復其私產，而是給他個人的
財產，這一個人財產是立基於資本主義時期的奪取之上。換言之，
〔在後資本主義時期中，生產者〕所得到個人的財產是建立在土地與
生產資料共同合作與共同擁有的基礎之上。（*C* i: 929; *C* I:715）

　　上述這段話看出馬克思仍喜歡應用黑格爾的辯證法，來指出財產所有權的
否定，以及否定的否定所經歷的過程。資本家不僅因為私產的建立而使資本進
入「原始的累積」，更因為採取大規模生產的方式，而使「勞動社會化」。這
是物質生產進步的過程，但也是工人「非人化」的人性墮落的過程。
　　要之，在《資本論》中，馬克思對生活在資本主義體制下工人的異化與物
化有深刻的描寫與剖析。他也宣稱物化與異化最終將被克服，那是當「立基於
物質生產過程之上的社會的生活過程拋棄了拜物教的帷幕，而改變成自由組合
的人之生產時，而且也是生產係按照既定藍圖，而由自由組合的人有意識地規
劃之時」（*C* 1: 84）。顯然，馬克思理想的社會或共同體乃是生產力豐富，但
受到生產者的組合所規定、控制的生產單位。而這個理想社會在進行生產時，
必須根據既定的藍圖，有意識、有理性制定的計畫去執行。這也是後來號稱遵
照馬克思遺志付諸實行的前蘇聯、東歐、中共等計畫經濟、統制經濟、中央監
控經濟的理論之本源。
　　在《德意志意識形態》中，馬克思與恩格斯將分工批評得體無完膚，隨
著年歲的增長，後期的馬克思則對分工採取了比較寬容的態度。在《資本論》
中，馬克思將分工與商品生產視為人類走向自由領域途中的必然之惡。在該書
第一卷第14章，他使用了「製造業的分工與社會的分工」這一標題。製造業的
分工也就是工廠的分工，是由一位資本家總攬發號施令的大權，分工是依既定
的計畫去進行，儘管工廠中的工人要受制於「工作坊的暴政」（despotism in
the workshop）。相對於工廠的分工，社會的分工完全由各行各業自由競爭、
任意參與，造成一種「市場的無政府狀態」（anarchy of the market）。馬克思
顯然比較偏好工廠的分工，而不滿意社會的不分工，蓋前者井然有序，且有組
織、有紀律而符合理性、自覺的原則。反之，後者成為人人相爭、無法律、無

秩序的安那其神那其（anarchy 無政府）狀態。

那麼未來的社會主義社會是否應該師法工廠的組織，而成為「一個龐大的工廠」（one immense factory）（C 1: 337）呢？如果印證馬克思在《哲學的貧困》（1848）所說的話：「當作整體的社會與工廠內部的組織有其相通之處，也就是兩者皆有其分工。假使吾人以現代工作坊為例來應用到社會的話，那麼生產財富的社會其最佳的組織方式，就是需要一個單純的雇主，依據事先決定的規則，把共同體的任務分配給其成員」（CW 6: 184）。

馬克思對分工看法的分歧與改變，也可由恩格斯在《社會主義：空想的和科學的》（或譯為《從空想到科學的社會主義》）（1880）一書中分辨舊的分工與新的分工而看出端倪。所謂新的分工乃是「工廠中有組織、有一個確定的計畫」之分工。由是可知馬、恩兩人都主張社會需要有計畫、有統制（command），也就是對未來人類的命運不能掉以輕心、不能委諸「時機」（chance）、或「任意」（caprice）。既有計畫與統制，那麼未來社會的人如何能享有自由？蓋自由對馬克思與恩格斯而言，不僅是自決、自主、自我實現，也是對未來集體命運有意識（自覺）的控制（control）與掌握（mastery）。

要之，後期的馬克思對自由的看法是對「集體命運的掌握」（mastery over collective fate），也就是有意識、有理性的控制，俾人群不再依賴盲目的、必須的勢力，而忍氣受辱。在這種未來的社會中勞動將是自由的自我表達，也是自我享樂，更是沒有拘束的自我實現。人的活動將分屬於生產與非生產兩個領域，他說：

> 只有勞動不再受到必要性、或世俗的考慮所驅迫，自由的領域才會真實地開始。因之，在事情本質裡，勞動必須存在於實際的物質生產的場合之外……在生產的場合中，自由只能存在社會化的人之身上，也就是聯合的生產者身上。他們能夠理性地與自然交往，把自然置於他們共同的控制之下，而不再受自然的盲目勢力所統治。聯合的生產者花費最小的精力，在有利的條件下，以及符合他們人性的情形下，從事勞動，而達成與自然的交往。不過這些仍表示人處在必須的領域之中。在這個領域之外，人開始發展其能力，這種發展構成人的目的，亦即自由的領域之獲致，自由的領域是以必須的領域作為其基礎。把勞動的日子加以縮短是其基本的先決條件。（C III: 820）

　　由是可知把生產力作最大的發展，並把生產力置於有計畫的控制之下是走向真正自由的第一步。這是不可或缺的第一步，只有走上這一步人類才能獲取物質資料和餘暇來滿足多樣廣泛的人類需求。至此，馬克思已放棄他早年烏托邦式的共產夢想──取消或揚棄勞動。換言之，勞動仍舊是必須的，它成為未來人類創造性的活動，也是個人為了生存活命不可缺少的手段。

三、巴黎公社的啓示

　　馬克思一生中並沒有經歷過一場成功的無產階級奪權革命，這是有異於其後繼者列寧、毛澤東、胡志明、卡斯特羅等推翻舊政權建立新社會的實踐。不僅奪權的革命與他無緣，連他向來醉心的共產主義社會之藍圖，也沒有落實的跡象。不過唯一的例外可能是1871年春（3月至5月）在巴黎爆發的工人革命，及其短暫建立的巴黎公社。為了剖析巴黎公社的突起與遽歿，馬克思所撰寫的《法蘭西內戰》（1871）成為一部他政治思想和社會觀點的經驗性著作。

　　巴黎公社的遽起與暴落，固然是一件夭折的革命事件，但對馬克思而言卻是「十九世紀社會革命的肇始」（PC 152; CW 22: 486）。造成他對巴黎公社印象深刻的並不是公社的措施，因為這些措施並沒有絲毫社會主義的成分，而是公社的「政治形態」（political form）。原來公社的政治形態會造成「勞動的經濟性解放」（the economic emancipation of labor）（PC 76）。假使公社無法達致勞動的解放，則其出現為「無可能，也是虛幻的」。

巴黎公社雖經歷兩個多月（1871年3至5月）的苦撐，便被法國政府軍隊消滅，但在馬恩心目中卻是工人起義自行組織社群，發揮共產精神的典範

馬克思讚美公社「提供理性的手段，通過這一手段，階級鬥爭在最理性與最人道的方式下進行」（*PC* 156; *CW* 22 :491）。換言之，要達致「勞動的經濟性解放」就需要政治形態，而政治形態本身要先能夠解放，然後勞動者的經濟解放才有可能。在結論中馬克思指出：

> 工人階級不當只控制業已建立的國家機器，而以此為工人階級之目的加以操作。〔過去〕奴役他們〔工人們〕的政治工具〔國家〕不可能再被使用為他們解放的工具。（*PC* 202; *CW* 22: 533）

由這點不難看出馬克思為何主張在未來共產主義社會中國家必須消亡的原因，這也說明他何以在1872年為《共產黨宣言》重寫〈序言〉時，改正早年主張把權力集中在國家之錯誤。

恩格斯對1871年短命的巴黎公社（Paris Commune）之讚美，不下於馬克思，在1875年致貝倍爾（August Bebel 1840-1913）的信上，恩格斯曾經指出共同體這一概念作為描述民主方式的組合是再恰當不過，他說：

> 大家一再談到的「國家」這一個字眼應當（從《哥達綱領》中）刪除，特別是自從（巴黎）公社出現之後，人們已不認為公社是一個國家……只要人們可以（在公社中）大談自由的話，國家便不再存在。於是我們打算在（綱領中）凡是出現「國家」字眼之處，換上了「社群」（*Gemeinwesen*），後者是一個好的古舊的德文字彙，這可以充分代表法文"*Commune*"的字義。（*SC*: 175）

很明顯地，對馬克思而言，巴黎公社是勞動解放的理性形態，它已不再是一個「國家」。他指出公社成員「對抗國家的革命，這是一個對抗超自然的社會流產之革命，也是靠人民的力量，達成人民之需求、恢復人民的社會生活之革命……這不是把權力從統治階級轉移到另一統治階級的革命，而是把可怕的階級宰制之機器加以打破的革命……〔1848年路易·波拿帕·拿破崙所建立的〕第二帝國是對國家奪權〔竊國〕的最後一次的形式。公社則是對第二帝國的明確否定，因之為19世紀社會革命的肇始」（*PC* 152; *CW* 22: 486）。

公社為第二帝國的對立面，也是第二帝國的否定，這種說法隱含了馬克思對現代國家的理論。這一理論一方面是由他對法蘭西國家的析述（《法蘭西階

級鬥爭》、《霧月十八》、《法蘭西內戰》）中得來，另一方面也是公社所提供的訊息，使他演繹出一套現代國家的理論來。

簡言之，現代國家「係爲中產階級所創造，最先乃是作爲粉碎封建主義的手段；其後變成了壓制〔直接〕生產者，亦即壓制工人追求解放熱望的工具」（*PC* 151; *CW* 22: 485）。

在初期國家藉君主專政而掃除國境內各種分崩離析的、獨立的勢力，使政治歸於統一，也使國家官僚軍警等組織像寄生蟲般地吸取社會的資源，但後期國家變成統治階級和資產階級聯合壓制與剝削工人階級的工具。「現代的階級鬥爭，亦即勞動與資本鬥爭成形之後，國家的性格逐漸發展爲階級暴政（class despotism）之工具，同時政治的引擎〔政府〕強力地而持續地使財富的享用者奴役財富的生產者。也就是使資本對勞動的經濟統治永續化」（*PC* 204; *CW* 22：535）。

在《法蘭西內戰》一書中，馬克思對國家的看法不僅是看作對人民的統治，或階級的壓制，並且是一種組織的形態（a form of organization），是布爾喬亞階級之權力的組織形態，爲對抗封建主義而產生，但其最終目的則在對付工人階級。

既然現代國家是一種階級權力的組織形態，則它與資本主義的生產方式應是緊密勾結才對。但此時的馬克思所分析的國家卻是爆發了公社革命的法蘭西，因之，其國家意涵脫不掉「歷史的特性」（historical specificity）（Sayer and Corrigan 1983: 85-86），那就是國家與民間（市民）社會的分開。原來資產階級爲組織其集體的階級權力，並加以有效運用，乃建構一個與民間社會有別的政治範圍（polity），也就是號稱照顧「一般公眾利益」的活動空間，亦即國家。由是國家遂與非政治性、只關照私人的、個別的利益之民間社會相對立、也相分開。

國家與社會的分開成爲理解晚期馬克思國家觀一個重要的環節，也是使我們瞭解他何以在晚年仍舊主張要打破國家機器的原因。不僅因爲國家成爲資產階級的工具所以必須要打倒，更因爲「透過分工國家變成了脫離社會的特別生物體（a special organism）」（*SW* 3：27; *CW* 24：96；洪鎌德2007a: 285-323）。

在《法蘭西內戰》一書中，馬克思也視公社代表著一種極度的民主精神，他歡迎公社所主張的民主代表制，也讚揚政治領域中服務公職的人真正地負起公共的責任。也就是公社會議紀錄的公開化、議事規則與紀錄的出版、不適任代表之罷黜、代表支領普通工人的工資等等。對公社幹部之選舉罷免代表著社

會控制的必要。總之，公社對社會生活的理性管理，就是要避免公社變成大權在握的國家，或任何集權的官署，也就是以最小的代價，發揮有限的、少數的全國官署之功能（*PC* 155; *SW* 22 : 488-490）。

雖然在《法蘭西內戰》中，馬克思批評了巴黎公社成員欠缺革命的堅持，不過卻高度讚揚他們所建立的公社是一種直接與參與式民主的形態，可成為走向共產主義過渡的楷模。原因是公社中行政與立法的功能緊密聯繫，並拋棄資產階級虛矯的議會代表制和「僞裝獨立」的司法。公社取消常備軍，代之以民兵，這點也受到他的稱許（*SW* 2 : 220-221; *CW* 22 : 331-332）。

馬克思指出人民的直接統治與以往資產階級的代議民主截然有別，原因是前者把國家的功能「去專業化」（deprofessionalization），從而把社會的寄生蟲——官僚一掃而光。他甚至用古老的字眼「形式上的指令」（*mandat impératif*）來描述等級代表及其組織的運作。他說：「縣級的地方公社是靠各鎮選出的代表所組成的議會來處理全縣政務，縣議會選出的代表則參與以巴黎爲中心的全國代表大會〔處理全國事務〕。每一代表隨時都有被免職的可能，他是受到其選區形式上的指令的拘束（*SW* 2 : 221; *CW* 22 : 332）。

馬克思對公社取消私產與轉變私人的生產資料（更改所有制）爲「自由與聯合的勞工之單純工具」一事特感興奮。他認爲公社這些努力都是走上共產主義之正途，因爲只有共產主義才能爲合作的生產提供堅實的基礎。他說：

> 假使合作的生產不是口號與粉飾；假使它是用來超越資本主義體制的生產方式；假使聯合的合作社在依照一個共同計畫規範全國的生產，因之把生產置於他們〔社會成員〕的控制之下，而結束向來資本主義生產所顯現的經常混亂（無政府狀態）與不時反覆〔經濟興衰的惡性循環〕，那麼請問各位這不是共產主義嗎？這不是「可能性」的共產主義，是什麼？（*SW*: 545）

問題是直接的和參與式的民主，也就是最分歧、最分散的決策，怎樣能夠與生產活動中理性的計畫和有效的控制相提並論？相互結合？從上面的引言我們不難理解馬克思的理想就是民主的計畫和集權的執行。換言之，計畫的經濟雖是民主的、理性的決策，但當其落實到物質生產時，則爲了講究成效、注重實績，有可能走向權威性、獨裁性的不歸路之危險。這點與先前所提及的馬克思視社會爲一個「龐大的工廠」之看法是相牟合的。

　　在這裡可以看出晚期的馬克思業已放棄了早年要把勞動取消，或是把勞動化作每個人創造性的活動之夢想。取而代之的是他發現人的需求愈來愈高，因之，對人的生產力造成愈來愈大的壓力，他說：

> 正像野蠻人必須同自然搏鬥，滿足其慾望需求而保持與繁衍其生命一樣，文明人也必須這樣做，不管他身處在何種社會中，在何種生產方式之下。隨著文明人的發展，他需要的增加也導致其物質上必要性的範圍之擴大。不過在人需要擴大之際，滿足他需要的生產力也水漲船高地一起增長。（*C* III: 820）。

　　馬克思將人的需要與其生產力相互增長擴大的辯證關係視為人的宿命，蓋人類無法從生產的勞動中解脫出來。既然如此，那麼他所高唱的共產主義初階，以及無國家與無階級的社群中，個人的自由並不包括不從事生產的自由；反之，人的自由只存在於工具化的理性之中，這種自由使人類能夠擴大其生產勞動的效率，並把生產勞動置於人群有意識的控制之下，如此而已。顯然，這是馬克思所承認的「在必須範圍中的自由」，而非「真正的自由」，後者是以「發揮個人的精力為其目的」（*C* 3: 820）。

　　因之，在資本主義社會被推翻之後所建立的共產主義初階（也就是列寧所指稱的社會主義）當中，馬克思對人的自由觀仍持「在必須範圍中的自由」。這時有意識地控制經濟活動乃為必要，而其先決條件為縮短每個人勞動的時日，這是人從「盲目的勢力」（市場、貨幣）中解放出來的初步，也是通往真正的自由的起點。

四、初階與高階的共產主義

　　馬克思晚年另一項極為重要的著作為〈《哥達綱領》批判〉（1875），這是馬克思政治遺產中最有系統、最重要的文獻，它不僅影響第二國際之內的共產積極份子，對德國社會民主黨具有綱領性的指導作用，更是俄國共產主義運動的理論與實踐的基礎，是故吾人有必要對此一重要作品有關的章節加以簡介。

在談到工人黨綱領涉及分配的問題時，馬克思把未來共產主義社會分成兩個不同的發展階段：（1）初步的、也是過渡的階段，此時的共產主義仍「帶有資產階級舊社會的印記，蓋新社會是由舊社會的子宮中孕育而成的」；（2）除此之外，還有進一步高階的、完成的共產主義，這是將共產主義的理想具體化的較高階段（*SW* 3: 19; *CW* 24: 87）。列寧稱前者爲社會主義的階段，後者爲共產主義的階段，這種提法被後人所廣泛地接受。

在新社會的初步階段，馬克思認爲社會仍舊呈現資本主義階級不平等的現象，原因是它雖號稱運用資產階級平等原則，亦即採用「平等權」，因而取消貨幣的交易，將勞動的價格與商品的價格化爲同等，但事實上卻造成另一種不平等。換言之，此時社會雖不存在交易，特別是不存在金錢的交易，取代金錢的則是勞動者擁有勞動券，目的在消除工人之遭受剝削：「社會的勞動日包括個人勞動時數的總和；個別生產者的勞動時間乃是他對社會的勞動日貢獻之部分，也是他可以分享的部分。他從社會得到一份勞動券，其上面載明工人完成了多少的勞動（在扣除爲社區基金而勞動的部分之外）。有了這份勞動券他可以從消費資料的社會累積倉庫中獲得相當於其勞動量的消費品。他貢獻給社會多少勞動量，便可由社會取回多少〔等值〕的消費品」（*SW* 3:18; *CW* 24: 86）。

由於每個工人生產能力不同，家庭負擔大小有異，個人與家人需求分殊，因之，在初步階段中社群中的成員仍舊處於不平等的地位，這不是由階級的不同所產生的不等，而是完全由於個人的特質所引起的不等。不過此時社會所採用的原則仍舊是「平等的權利」，也就是以平等的標準來應用到每個人身上，其結果反而造成更明顯的不平等。於是馬克思說：

> 平等的權利乃是對不平等的勞動所擁有的不平等之權利。它不承認階級的不同，因爲每個人都是同其他人一般只是工人而已。但它在隱藏的涵義裡頭卻承認個人本事的不同與不等以及從天生而來、不同與不等的生產力。因之，它就像所有權利一樣，在其內容上，屬於不平等的權利。權利在其本質上包含了使用同一標準，不同等的個人們（假使他們不是不平等，就不可能是不同的個人）可以藉同等的標準來加以衡量，只要他們可用同一觀點來衡量的話。以當前的情況爲例，姑且不論他們個別人如何的不同，只要用勞動者的同一身分，便可予以界定他們的身分……蓋權利不可能超過該社會經濟結構之上，也不

會超越受到經濟結構制約的文化發展之上。（*SW* 3：18; *CW* 24：86-87）

不僅是以工人身分來說明同一權利引申爲不平等之個人，就是個人擁有家庭成員的多寡，以及家庭消費需求的大小，都說明每人儘管可以用其勞動力換取相等的消費品，但如果分享給其家人，必造成個人與個人之間、家庭與家庭之間不平等的現象。

因之，在馬克思的心目中，共產主義的初階，人們仍應受到一般的、抽象的、形式的規則之調控。換言之，這種社會仍舊是規劃統治的（nomocratic）社會，是海耶克（Friedrich Hayek 1899-1992）所言規則約束（rule-bound）的社會，而非一個目的關連（end-connected）的社會（Hayek 1982：36-39）。

一生反共的自由主義者之海耶克曾撰著《走向奴役之道》（1944）。他不僅是一位經濟學者，也是政治與社會哲學家、法律與科學的哲學家（philosopher of science）

不過在高階的共產主義社會中，人們所享有的權利，卻不是「平等的權利」，亦即不是「應用同一標準的權利」，也不是受到社會結構與文化發展所制約的權利。由是吾人不禁要問，馬克思心目中的權利究竟是隨著共產主義是處於初階還是處於高階之不同而有異。對此疑問，穆爾（Stanley Moore）的解釋是認爲在〈《哥達綱領》批判〉中，馬克思使用兩個不同的權利、或法權（*Recht*）的觀念。其一爲傳統的用法，亦即民法中一般的、形式的權利，是傳統上受到「社會典範」所影響的法權觀；其二爲黑格爾式的「高等的權利」。後者不僅包括一般的法權，而且也包括家庭、或國家中團結協和的形態，這是一種受到「社群觀念」影響的法權觀（Moore 1980: 66-67）。

換言之，馬克思在〈《哥達綱領》批判〉上所提及高階的共產主義社會之「高等的權利」（higher right），是主張在國家與階級消亡之後，取代民間社

會中你爭我奪、弱肉強食所代表的正義之新的觀念，也就是一個充滿和諧、團結、博愛的社群之人際關係。這裡所談的「高等的權利」不是法律或法權概念下的權利，而是高度發展的社群之關係原則，此種社群原則係建立在法律的揚棄之上。

充分發展的共產主義在本質上有異於過渡時期的、初階的共產社會。馬克思指稱：「在共產主義社會更高的階段上，也就是在個人受分工勞役取消之後；亦即勞心與勞力的區別消失之後；亦即勞動不再成爲生活的單純手段，而成爲生活主要的需求之後；亦即生產力隨著個人完善的發展劇增之後；這時合作的財富之源泉充沛洋溢——只有在這些現象都告產生之際，那麼資產階級法權狹隘的範圍才完全被衝破，於是社會的旗幟上可以大寫特寫：『各盡所能、各取所需』」（*SW* 3: 17）[2]。

從上面的敘述可知，共產主義兩個階段的共同特徵爲生產資料的公共擁有，以及市場的取消。這兩個特徵便是自由的先決條件，其目的在於對經濟的控制，以及個人從其產品之奴役下解放出來。不過真正的自由，也就是去除異化和個人充分發展人的本性，卻只有在高階，也就是在第二階段上才可能出現。此時之共產主義乃是不帶早前舊社會印記的新社會，亦即由其「本身的基礎之上發展出來」的新社會（*ibid., 17*）。

值得留意的是，即便是在初階，也就是社會主義階段，馬克思所想像的社會仍舊是一個沒有市場的社會。它雖保存了交易的經濟之某些特質，但貨幣卻被取消，勞動券不得取代資本，它們不能當投資之用，也不能因借貸而取得利息，更不容許中間盤商的剝削。因之，列寧正確地指出市場的取消是建構共產社會的第一步，而非其完成。

關於第一階段，馬克思是否主張徹底消除市場，西方學者以及部分馬克思主義者迭有爭論。像穆爾便說在《共產黨宣言》（1848）中，馬克思與恩格

2　關於「各盡所能，各取所需」顯然不是馬克思獨創的口號，而是模仿聖西門（Saint Simon）的說法。聖西門在臨終前回顧其生平，自認對人類的貢獻為強調每個人天生才能的自由發展。其黨徒在1830年七月革命之後，便大力宣傳廢除遺產的運動，然後提出他們對社會的指導原則「每一個人依其能力安排於社會上下位階上，也根據他的勞動給予〔不同的〕報酬」、「每人依其能力，以其能力分配工作」。這些都是馬克思耳熟能詳的口號，所以才會有「各盡所能、各取所需」的字眼出現在〈《哥達綱領》批判〉之上，以上參考Maunel 1995: 162-164.

斯所想像的是另一種的社會主義,亦即混合經濟的社會主義,容許不同形態的私產與市場同計畫的連繫底並存(Moore 1980: 66-67)。這顯然是錯誤的解釋。這種私產、計畫與市場的混合經濟只存在於資本主義消亡,而共產主義初階出現之間的過渡時期。原來馬克思在〈《哥達綱領》批判〉中便指出:「在資本主義社會和〔初階的〕共產主義社會之間存著由前一社會轉變成另一社會革命改變的時期。與此〔經濟上〕的轉型相配當、相適應的為政治的轉型期,在這時期裡國家云云無非是無產階級的革命性專政而已」(*SW* 3:26; *CW* 24:95)。

由上面馬克思自己的話,可知要實現共產主義最後的理想,事實上要經過兩個過渡期:一個短暫的無產階級專政階段和一個長期共產主義發展的初階(亦即俗稱的社會主義階段)。在此馬克思顯然假定無產階級的專政與社會主義並非同一時期。另一方面他的社會主義是無法容忍任何形式的貨幣經濟和私有財產的,更不容許市場之存在,這點與今日中國大陸大搞商品經濟、市場經濟,而又冠以社會主義的稱謂大相逕庭。

其次,我們從〈《哥達綱領》批判〉看出馬克思對資本主義社會改革可能性的絕望,以及擁抱共產主義的熱望,這使得過度的悲觀與過度的樂觀成為絕大的對比。他曾經告誡德國工人對和平改革莫存絲毫的希望,另一方面他又視發展成熟的共產主義是「個人受分工奴役的結束」,是「勞動異化的消除」,甚至是社會匱乏的徹底克服。這種說法有違他早前認為在共產主義社會中生產勞動仍屬必要,以及由「必要的領域」邁向「自由的領域」那種更為務實的態度。換言之,晚年馬克思對於共產主義的看法,與中年時期冷靜的分析與期許有所出入,反而又回歸到早年時的憧憬,接近他在早期作品中把共產主義當成「歷史之謎的解開」,所有異化的克服和人類自由的完全實現。

要解釋馬克思中期與晚期對共產主義觀點之歧異,根據瓦立基的提法是由於在《資本論》中,馬氏企圖應用唯物史觀之批判方法於資本主義體系的解析上,因之多少要顧及科學解說的一貫性、完整性。反之,在撰述〈《哥達綱領》批判〉之晚年馬克思,為了鼓舞德國工人政黨爭取工人運動最終目標的實現,他乃訴諸烏托邦式的描繪,也回歸少年時代對共產主義理想的狂熱(Walicki 1995: 97)。這也說明號稱科學學說的唯物史觀無法應用到他後期共產主義的原因。穆爾遂指出「哲學的共產主義和歷史唯物主義之間存在著無從解開的緊張關係」(Moore 1980:19, 90)。

瓦立基雖同意穆爾這種說法,但不認為馬克思放棄共產主義以遷就社會主

義的說詞，目的在使馬克思的主張能夠前後融貫。因爲接受馬克思混合經濟的社會主義而放棄其最終的共產主義理想，並沒有眞正解決問題[3]。原因是爲了達到最終的目標，他主張在過渡時期對人類自動自發的經濟生活採取理性的、整體的控制，或至少嚴格管制人類的交易（取消市場與貨幣），蓋這種控制或管制是邁向共產主義初階與高階必要之先決條件。這個觀念並非導引自歷史唯物論。歷史唯物論處理的是人類經歷的歷史過程，而非人類設計的歷史過程。換言之，歷史唯物論所研討的是人類非按照其意願所造成的歷史，也是人類在異化中產生的歷史，而不是按照人類的理想，以理性的方法來設計、或創造的歷史，因之至今爲止的人類歷史仍舊停留在「前史」的階段。

反之，馬克思的共產主義理論，則爲人有意識、自覺地駕馭歷史，指引歷史，是在理性知識的基礎上，依據人所選擇的目標，也是在充分發揮共同人性的基礎上對歷史的創造。這個理論假定人類的意識不必再受到生活（存有、經濟基礎）的決定，反而是由意識去決定生活，使人作爲歷史的主人與創造者，由是他的唯物史觀無法再用來解釋他共產主義的理論。

五、晚年馬克思和俄國的農村公社

在馬克思臨終之前的十一、二年間（1872-1883），他的思想有了相當的變化。假使《資本論》第一卷（1867）標誌著馬克思對英國工業革命發生後所代表的資本主義之分析與批判，那麼《資本論》第三卷（1894）之原稿，則爲對作爲資本主義邊陲地區的俄國（「落後地區的資本主義」）之理解嘗試。換言之，自1872年至1882年之十年間，馬克思思想中的主題是圍繞著俄國的實狀、俄國的革命運動（此時之革命運動爲1917年列寧布爾塞維克奪權之共產主義運動開路），以及他對俄國情勢發展底分析之上。

我們知道馬克思《資本論》的中心理念爲應用進化論的原理來解釋人類社會至今爲止發展之步驟與過程。進化論是一種單線過程的解釋，雖有助於理解

3　穆爾在1990年代出版的《馬克思對抗市場》（*Marx versus Markets*）一書已修正他在1980年代初期的觀點，認爲沒有市場的共產主義比有市場或混合的社會主義之經濟，對馬克思而言更爲良好，參考Moore 1993.

發展中的社會未來的發展模式（以先進資本主義社會爲範例），但無法滿足馬克思好思多疑的求知態度，他早在1853年便引進亞細亞生產方式作爲人類社會單線進化理論之外的補充或修正。

在馬克思中年與壯年時期的世界觀中，有不斷進步的西方社會，也有變化極少，發展停滯的東方社會，於是東方的專制（Oriental Despotism）之新觀念終於登場。東方專制的政權在馬克思心目中乃爲黑格爾所說的「植物性存在之永續」。儘管他對殖民母國壓榨與迫害殖民地人民義憤塡膺，但對進步的殖民母國爲落後殖民地帶來的衝擊（例如英國之殖民印度）[4]，而刺激與改變落後國度走上人類進化的演展史，似乎又予以讚賞。因爲進化的鐵律會消除人類演變發展途徑上的阻礙，而使世界邁向大同。以上是1853年至1872年中年馬克思對人類演化的看法。

可是在進入他生命最後十年間，馬克思對全球社會型態之多姿多彩、變化之活力充沛與各種社會彼此依存度之增強有了更爲廣泛、更爲現實的看法。此爲馬克思對《資本論》第一卷出版後的反思，也是對1870年代圍繞在歐洲與俄國情勢變化所作的反省。

導致馬克思觀念改變的四件重大事故爲：（1）巴黎公社的遽起與暴落；（2）古代史的發現與社會科學之猛進；（3）對鄉村社會知識之擴大；（4）俄國社會所提供的發展途徑，特別是農村公社的演變與民粹主義的革命運動（Shanin 1983: 6）。

馬克思在臨終前的好幾年已能體會俄國官方的反動（他斥之爲「歐洲反動派的憲兵」），和知識份子與農民的活躍激進之絕大對比。後者之活動幾乎是他革命理論的實踐。《資本論》的第一種外文翻譯居然是俄文，比之英文版提早十年（洪鎌德1997c: 168-169）。俄國革命的消息不斷衝擊年老多病的馬克思。相反地自從巴黎公社事件平息後，西歐已嗅不到一絲革命的氣息。

---

4 對於英國殖民印度之前，印度到處充滿的小社群一直受著迷信、傳統、奴隸、卡斯特教階等等的宰制，而成爲「東方的專制」底模板之憾事，顯示馬克思對現代之前的共同體（pre-modern community）一點都不很欣賞。這點剛好與Edmund Burke, Thomas Carlyle, Joseph de Maistre等保守份子對法國大革命與工業革命之前中世紀的生命共同體的禮讚完全相反。後者對群體與個體的看法是回顧早前的時代，是向後看；前者（馬克思及其黨徒）則採取前瞻的看法，雖也批評資本主義社會盛行的個人主義，但對傳統個人主義之優點有所保留。參考Keat 1981: 132-135; 也參考洪鎌德2010a: 28-39.

　　在1870年至1871年間馬克思自修俄文，俾能直接閱讀俄國作家的作品，其學習認眞的程度，由其妻子致恩格斯信上所提的話得到證實：「他開始學習俄文，把這種學習當成生死大事來看待」（Rubel and Manale 1975: 252）。

Nikolay Chernyshevsky
19世紀俄國革命家與社
會主義思想家

Vera Zasulich
沙俄時代馬克思著作翻
譯者、女革命家

　　馬克思對幾位俄國思想家極爲讚賞，例如曾分析俄國勞動階級的傅列羅夫斯基（N. Flerosky，原名爲貝威Vasily V. Bervi 1829-1918）和哲學家車尼雪夫斯基（Никола́й Гаври́лович Черныше́вский; Nikolay Chernyshevsky 1828-1889）。1877年馬克思在反駁一位讀者時，不承認他的作品是以進化論的觀點來討論俄國的發展。而1881年馬克思有關俄國農村公社的思考與討論便是由於同俄國女革命家查蘇莉琪（Bépa Ивáновна Засýлич; Vera Zusulich 1849-1919）通訊所引起的。

　　爲了回答俄國這位傑出的女志士之信函，馬克思足足花費三週的時間，四次更易稿件，才完成答覆。查蘇莉琪屬於俄國激進的*Чёрный передел*; Black Repartitaion（黑色的遣返難民組織——社會主義民眾黨）的革命團體，同馬克思所佩服的人民意志黨不和，她在來信中請教馬克思對俄國農村公社有何看法？革命者是否應該繼續支持俄國這個古老傳統遺留下來的農村組織，還是提早結束公社的生命？這些複雜的問題讓馬克思傷透腦筋。尤其查女士言明要把馬克思的答覆刊布於革命團體的通訊裡，使得後者屢易其稿，審愼地來回答這個棘手的問題。

　　綜合馬克思回函的三件草稿與一封信函，我們可以知道他對西方資本主義社會以外的前資本主義或非資本主義之社會形構瞭然於胸，原因是他很早便已

著手研究，也有很深的心得。有關俄國農村公社的訊息則多半來自與他熟悉的俄國革命思想家，像N. Morozov, M. M. Kovalevsky, N. F. Danielson等人。

M.M.Kovalevsky (1851-1916)俄國社會學者，以歷史方式研究帝俄時代的社會

N.F.Danielson (1844-1918)俄國經濟學家，將《資本論》第一卷翻譯為俄文（1872）

在回答俄國女革命家的信函與草稿中，馬克思延續他在《法蘭西內戰》一書的觀點，提示資本主義發展過程中，國家所扮演的重大角色，另一方面他則關心勞動是否獲得解放，特別是在俄國以*Община(Obschina)*的形式所組織的農村公社*Мия*（*mir*）中勞動者怎樣擺脫來自國家的層層束縛。這四封草稿與覆函又成為公社對抗國家的意見表述。馬克思也指出俄國農村公社矛盾的雙重性，一方面是集體的、團隊的精神；另一方面也受到時代潮流特別是西方資本主義的影響，有走上個體化、私有化的趨勢。因之，俄國公社存廢的問題完全要根據歷史環境的變化，其中存有邁向社會主義之可能。他這麼寫著：

> 俄國「鄉村公社」所處的歷史情境是獨一無二……它一方面共同擁有土地，而為集體的享用提供〔自然的〕基礎；另一方面由於歷史環境的緣故——與〔西方〕資本主義的生產處於同一時期——擁有大規模共同勞動的物質條件〔科技及其應用〕。因之，它能夠把資本主義體制正面的成就加以吸收而不須付出資本主義體制慘痛的代價……於是它可以變成現代社會邁向的經濟體系之起點。（*MEW* 1: 323-326; *CW* 24: 346-371）

此一發展的起點就是使俄國農村公社恢復其正常的狀態，亦即當前公社中的社會關係有助於公社轉型為社會主義。其原因為「農民熟悉組合（*артель*；*artel*[5]）與耕作的集體形式，這是他們向來為照顧其一般的利益而在草原上耕作實踐的」（*ibid.*）。要之，他回函的要點如下：

(1) 農村公社在俄羅斯幾乎是到處可見，是一種全國性延續下來的制度；

(2) 俄國農村公社的特徵為（i）對土地的公共擁有為俄國的公社提供自然的基礎，俾能集體耕作與集體收成；（ii）俄國農民對 *artel* 之熟悉，農業上便利了個人耕作轉換為集體耕作。

(3) 「歷史環境」：（i）在農業上個人的經營到集體的勞動之轉變是拯救俄國農業危機的捷徑，造成轉變的另一因素為資本主義所倡導的科技，以及其引入使用；（ii）「俄國的公共領域」是指俄國社會中受過良好的教育、擁有特殊權益的一小撮人而言，他們長期以來倚靠廣大農民的犧牲奮鬥而生活。這些代表俄國公共領域的少數特權者引進西方的科技，特別是有關農作機械化、電氣化；（iii）農村公社發展的途徑正符合時代的潮流，這也印證歐美資本主義體制的生產碰上了「致命的危機」（*MEW* 1: 323-326; *CW* 24: 346-371; *Wada* 1983: 65-66）。

在回函中馬克思不再提起西歐無產階級的革命，以及它對俄國社會轉型的可能影響。他也不再把歐洲資本主義的進步當成俄國未來學習模仿的對象。換言之，歐洲的先進是俄羅斯革命的條件，這種早期的提法，在馬克思臨終前已經消失得無影無蹤。取代西方的革命之衝擊，是資本主義國家科技的引入和西方生產危機（「致命的危機」）的爆發及其影響。

在回函的草稿中，馬克思指出俄國農村公社的缺點為地方化和格局的狹小，他稱之為「地方化的小世界」（"localized microcosmos"）。要消除公社此一弱點只有把官署設置的行政區制度（*волость*；*volost*）取消，代之以由公社農民推選組織而成的「農民代表大會」（*une assemblée de paysans*）。蓋農民

5　*Артель*, Artel 是普遍流行俄國農民耕作組合的方式，例如共同圍獵，此字原詞並非斯拉夫語，而為韃靼族用語，參考恩格斯談〈俄國社會關係〉一文，*CW* 24: 3.

代表大會能更有效地照顧公社成員的利益，而成爲一個經濟兼行政的組織。

　　馬克思在回函草稿的結論上，表示反對消滅公社來解決當時的危機；反之；只有革命的適時爆發，才能使公社轉型爲社會主義。他這樣寫著：

> 假使革命適時發生，假使革命能集中力量……來保證農村公社自由的成長，那麼後者（公社）在不久之後便會發展爲俄國社會更生的元素，這比起受資本主義奴役的其他民族而言，是一大優點。（*MEW* 1: 329; *CW* 24: 359-360）

　　從馬克思的覆函看出他在逝世之前對世局的演變仍寄予深切的關懷。他晚年的作品證明他重視經驗事實、歷史實狀，而反對天馬行空的玄想。這種務實、客觀與科學的精神同《意識形態》、《資本論》是一脈相承的。假使夏年（Teodor Shanin）太強調《資本論》所受進化觀的影響，則馬克思晚年似乎又修正這一觀點，而有反對進化論的觀點之出現（Shanin 1930）。沙耶（Derek Sayer）與柯立根（Philip Corrigan）反對有些人持中年與老年馬克思觀念所有斷裂之說法，他們認爲夏年的解釋似嫌太偏激，正確的說法是馬克思中期與晚期的思想是一貫的，都是關心社會實狀。他一生的中心理念始終是對國家與分工造成的異化之克服，以及勞動的解放。他不是安那其（無政府）主義者，也非烏托邦者，更非庸俗的「現實政客」（*Realpolitiker*），他既批判了拉沙勒的「國家社會主義」，也批評了巴枯寧和蒲魯東的無政府主義。他認爲這是「政治冷漠主義」（political indifferentism），無助於工人階級的解放──勞動的解放（Sayer and Corrigan 1983: 91-92）。

出生於波蘭執教於英國的社會學者
Shanin

英國文化歷史學者
D.Sayer

六、結論

　　本章旨在解析壯年（1858-1870）與晚年（1870-1883）的馬克思對社群觀的說法。這期間馬克思在其主要的著作中，展示他對資本主義體制作為一個廣大的、驚人的生產力（stupendous productivity）（G 415），做為一個集中的權力體系之驚訝讚賞，不過他也把資本與勞動的對抗看成是資本主義社會關係的尖銳矛盾。在資本主義盛行的社會中，科技的應用、分工的苛細，造成工人階級更為悲慘的境遇，是以無產階級的反抗配合資本主義內在的矛盾，都會促成資本主義的崩潰和剝削者最終之被剝削（洪鎌德2010b: 313-316）。

　　馬克思預言在資本主義解體後生產者應該有聯合的、自由的組織來取代向來的國家、社會等人群組織形式。俾生產力可以繼續並作最大的發展，特別是把生產力置於有理性、有計畫、有意識的集體控制之下，而使人的自由與自我實現之美夢得以完成。這便是他理想的未來社群。

　　但終馬克思一生並未有機會看到他理想美夢的真正落實。他唯一經歷的是短命的巴黎公社之暴起暴落。由巴黎公社的政治形態使得勞力得到不僅是政治的解放，也兼經濟的解放（PC 76）。巴黎公社的組織形態是人民直接統治，而非階級的統治，也就是說公社已非國家，而為一個共同體。在此共同體裡擴大生產的效益、提高勞動的效率，是馬克思所強調的「在必須〔然〕範圍中的自由」，這也是共產主義的初階。在初階中人們仍應受到抽象的規則之調控，亦即「各盡所能、按值分配」。但在共產主義的高階上，由於生產力劇增，社會進入富裕之境，所以規範人們的社會行為之原則變成「各盡所能、各取所需」。要之，晚年的馬克思所主張的共產主義是立基於人類的自我意識，自覺地駕馭歷史、導引歷史，在充分發揮人性的基礎上對歷史的全新創造。

　　在1872至1882馬克思最後10年間，由於同俄國革命家討論俄國農村公社之性質，而更改了馬克思社會單線演化觀。俄羅斯、中國、印度等所謂東方專制的國家吸引了晚年馬克思底研究興趣，於是在研討這些資本主義邊陲社會時，他認為在西方資本主義衝擊下，傳統的俄國農村公社，有可能吸收西方資本主義的正面成就，提高生產力，而不必付出資本主義剝削勞工的負面效果。他曾經樂觀地期待村社成為俄國社會「更生的元素」（CW 24: 360）。要之，俄國農村公社（也就是馬克思企圖理解的、非資本主義的、或稱是資本主義邊陲）

之社會組織方式，構成馬克思社群觀的一環。

　　總之，後期的馬克思除了沉浸於科學的探討和理論的型塑，更不忘就其身邊經歷的經驗事實和歷史情境作出析評，這些都構成他對現存與未來的社群學說之一部分。

風流倜儻的恩格斯

恩格斯才華洋溢長袖善舞

恩格斯不似馬克思對哲學，尤其是德國康德以來經典的觀念論（唯心主義）精深研究，但他卻能化艱深爲平易，把馬克思辯證唯物主義和歷史唯物主義用淺白文字表述出來，讓普勞群眾能夠瞭解。他也深悉軍事和革命策略，在幾次工人起義中他指揮妥善，有大將之風，被譽爲「將軍」（der General）。他長袖善舞，把父親留下企業大肆擴張，改變經營方式，又買賣股票、投資公共產業而積聚大量財富，才有餘力經援開銷浩大的馬家大小。

馬克思社群觀的分析和批評

第十五章　馬克思社群觀的分析和批評

一、前言

在敘述馬克思對社群[1]有什麼特殊的看法之前，我們不妨先檢討他在青年時代（主要爲1843至1844年之間）、中年時代（1845-1858）和壯年以及老年時代（1859-1883）這人生三個階段中，對社會、國家、共同體、社群持有怎樣的觀點（參考洪鎌德，1996c，第二至四章；2000，第十三與十四章）。

從青年馬克思對黑格爾法哲學的批判，便不難理解早期的他多麼嚮往國家作爲個人自由的體現，但同時也看出他多麼不滿意黑格爾以理念來演繹國家，沒有觸摸到現實國家的實質基礎——生活在政治社群中的個人。原因是個人生活主要的範圍是家庭與民間社會而非國家。國家只是異化的社會力量，是人類公共利益與普遍化的幻象而已。在現實的社會中，人過著雙重的生活。一方面是號稱在法律之前人人平等、人人擁有憲法中規定的權利，也享有參政與參與公共事務的權利，是一位公民；但更多的時候人們卻展開謀生的經濟活動，特別是進行勞動與生產，而受制於社會的分工與私產制度，也成爲社會階級中的一員，不時與他人競爭，完全是一個只顧私利，而很少關懷公益的私人。

易言之，生活在物質利益爭執激烈的市民社會，而又嚮往公共利益得到照顧的政治國家，使得現代人分裂成私人與公民雙重的身分。於是現代人過著雙重的社會生活，這是造成人自我分裂、自我異化，而又不能回歸人性——社群的本質（*Gemeinwesen*, communal nature）——之原因。爲此青年馬克思主張改造現存的國家，使它變成一個能發揮個人潛能、講究眞正民主、廢除異化與剝削、落實社會公平的團體。這便是他初步的、帶有高度理想色彩的社群觀——一個哲學的共產主義之社會——底浮現（McLellan, 1981: 106-120；洪鎌德2007a : 285-323）。

這個未來世界的社群觀反映馬克思早期的抽象式之政治看法。當時他認

---

[1] 顯然，馬克思不僅使用「社會」（*Gesellschaft*; society）這個字眼，他更樂用「社群」、「共同體」（*Gemeinwesen*, *Gemeinschaft*; community）、「組合」（*Assoziation*; association）、「公社」（*Kommune*; Commune）、「共產主義」、「社會主義」等詞彙，來代表他心目中理想的社會。在《資本論》中馬克思把英譯本涉及community之處，概寫成德文*Gemeinwesen*，就不難理解他對「社群本質」（*Gemeinwesen*）這一名詞的偏好（Megill 1969-1970: 382-383）。

為哲學並不需經驗的指引；反而靠思辨的、理念的、甚至先驗的抽象來作為
理解（知識）與建立（實政）新世界的基礎（Paolucci 2011: 180）。這種抽象
化的政治（politics of abstraction）可由馬氏下列說話加以印證。他說：「我們
無法教條式地預想〔未來的〕世界，卻透過對舊世界的批評來尋找新的世界」
（CW 3: 142）。

David McLellan對馬克思的生平、著作和思想有
平實、客觀與犀利析評，與本書作者相識與交往

　　中年與壯年時期的馬克思揚棄哲學的思辨，強調以生產方式為根基的社會
演變，從而發現人類及其社會生成變化的唯物史觀。除了原始公社之外，古代
的奴隸社會、中古的封建主義社會、乃至當今的資本主義社會都是階級社會。
是故，整部人類的歷史，為階級社會演展史，也是階級鬥爭的歷史。在當代資
本主義社會裡，國家的興起固然是在瓦解封建主義，但國家完成將國界之內分
崩離析的種族、階級、族群、文化加以統一之後，卻成為資產階級壓榨與剝削
無產階級——亦即所謂的普勞階級——的生產工具。由於資本主義內在的重重
矛盾和普勞階級的覺悟與反抗，最終，普勞階級爆發了革命而推翻資產階級的
統治。於是過去遭受重重桎梏的勞動，終於戰勝資本、打倒資本而獲得解放。
在短暫的過渡時期，普勞階級以專政方式廢除市場與貨幣（Moore, 1993），從
而使役於物、幾近物化的直接生產者——勞工——獲得自主與自由，這便是傳
統上國家的消亡，也是馬克思企圖以客觀的歷史發展之鐵律來證明共產主義的
社會是由資本主義的社會脫胎而出。
　　晚年的馬克思一方面印證巴黎公社的組織形態與操作方式；另一方面取材
俄羅斯的農村公社（Мир, mir; Община, obschina）對公有土地的集體經營和共
同享用，愈益相信他理想中的人類共同體，不只是烏托邦，而是可以付諸實現
的夢想。因之，他分辨了初階與高階的共產主義社會，前者仍為「必須（然）
的領域」，後者則為「自由的領域」之達致。至此，理想的社群不僅是無階

級、無剝削、無異化平等的社會，更是國家徹底消亡、法律不再發揮作用、道德與倫理不須存在的社會。這一部分馬克思的社群觀雖仍不免沾染青年時期理想的、乃至烏托邦的色彩，但已具有歷史佐證的現實意義。

綜觀馬克思一生爲了追求一個理想的社群之出現，曾經在參加革命運動、組織群眾等實踐之外，潛心研究前人與同代思想家的作品。在經過深思熟慮之後，營構出他心目中適合人類生存與發展的共同體。這種共同體的浮現，一定要在生產力發展過了頭的資本主義崩潰後才有可能。要之，整個馬克思的學說是建立在勞動的解放，亦即人的解放之上。爲了使人類獲得眞正的解放，只有政治的解放和國家的消亡是不夠的。基本上馬克思認爲經濟上的解放，亦即人類由分工、私產、資本等桎梏中把其勞動解放出來才是正途。而政治與經濟的徹底解放乃意味著眞正民主的落實，是故未來理想的社會不只是平等與自由的社會，更是一個徹頭徹尾的民主社會。

二、社群、國家、人性

顯然，貫穿馬克思青、壯與老年各期的中心思想乃是資本主義怎樣利用國家來宰制直接生產者，俾滿足資產階級貪多無饜的需求。過去把國家當成人類自由的體現與理想的生活場域，是資產階級哲學家像黑格爾等人的妄想。是故馬克思認爲共產主義社會的降臨之時，也就是國家消亡之日。

然則把共產主義的出現與國家的消亡相提並論是不是匪夷所思？是不是更突顯馬克思學說的空想性與烏托邦傾向？的確，近年來很多西方馬克思學（Marxology）的學者，就強調把馬克思的理論實證化與科學化（所謂的「科學的社會主義」）是錯誤的，也是教條的正統馬克思主義（所謂的「馬列主義」）對馬克思原創性思想的扭曲。只有把馬克思主義由科學回歸空想，由經驗復返玄思，由歷史走向哲學，才能發揮他的人本精神，完成他的解放初衷（洪鎌德 2010b: 350-353, 359-361, 373-375）。

不過我們要進一步追問什麼是人群結社與經營公共生活，亦即建立理想社群的基礎呢？關於這點馬克思一開始便注意到構成社會的個人以及個人與個人之間的關係，因此他特別探究人性。他把人性當成人類組織社會的自然基礎。

什麼是他心目中的人性呢？馬克思認爲人不只是有理性、有意識、自我

創造、追求自由的動物,更是社會動物,亦即經營社會、或社群共同生活的動物。他說:

> 個人乃是社會動物……人的個體生活與種類〔人種集體的〕生活並無分別……人儘管是特殊的個人(正由於每個人的特殊性,人才會成為個體,也就是真實的個人的社會動物),卻也構成〔社會〕總體的一部分。(*CW* 3: 299)

換言之,「每個人特殊的社會活動乃是人類(人的種類)活動整全的部分,都是代表全人類的部分」,也是「反映了其他個人本身的特性」(*ibid.*,119)。

馬克思這種的人性論,未免把人與人之間的關係看得太親密,這與資本主義社會中你爭我奪、爾虞我詐大相逕庭。這種親密的人際關係所呈現的人性,只可能出現在太初原始公社中,或是未來理想的共同體中。蓋真正的共同體是不會削減個體性、特殊性和個人的自由,這種說法與一般人誤會共產主義社會是集體化、而非個人化的社會大異其趣。其實馬克思早就認為整部人類的發展史是人個體化的歷史。例如他認為,在共產主義降臨後,個人透過直接參與,而決定社會的規則與政策。在此情形下,人們都是直接生產者。這些直接生產者自由組織社團(協會、俱樂部、同志會,一言以蔽之「組合」),利用縮短的勞動時日與延長的休暇,培養個人的情趣,而發揮個人之所長。

所謂發揮個人之所長,也就是人的自我實現(self-realization)。人要自我實現就必須存有各種各樣的替代方案(alternatives),而為了擴大諸種替代方案,則必須首先享有自由與自主,這是人正面的自由(positive liberty)。除了正面的自由之外,真正的共同體還要排除各種困擾個人發展與自我實現的阻礙與限制,這就是負面的自由(negative liberty),亦即擺脫國家的暴政或揚棄專制之自由(Crocker 1981: 35-38; Van der Veen 1991: 16)。取代國家的統治機器者是以民主的方式協調政治與經濟的活動,使社會衝突減少至最低程度,乃至消弭於無形。至此公民的權利、法權(*Recht*)幾乎無用武之地。權利、法律、正義也失去了作用(Buchanan 1982 : 78-81)。

現執教於杜克大學政治哲學家Allen E. Buchanan曾撰寫《馬克思與正義》（1982）一書

Mikhail Bakunin（1814-1876）為流亡西歐的俄國無政府主義者，與馬克思意見不合，分裂第一國際

　　的確，在批評巴枯寧時馬克思就說過：「當階級統治消失之後，狹隘的政治性定義之國家這一字眼也跟著失蹤」（*CW* 24: 519）。可是社會與經濟的協調和集體的決策，不能只靠共產社會新人類的本性與本能就能進行得順利。反之，它需要一套新的典章制度來保證其推行成功，這就是馬克思一再強調要生產者形成自由的組合，以合作的方式來管理公共的事務。這些都是馬克思在評論巴黎公社時所主張的自治與自我管理。在馬克思的心目中自治的機構會因為通過對人的承認與尊重而豐富民主的內涵，使每個人成為他人的目的，而非手段。這些措施或新的典章制度也是保障個人自由的良好基礎（Elliott 1991: 22-24）。

　　以上的說明在指出馬克思理想的社群絕非將個體屈從於集體的社會；反之，卻是讓個人的自由得到最大保障與發揮的場域。

　　那麼馬克思這種社群觀有無實現的可能性呢？在他看來支撐這種社群觀的潛在勢力一直存在於人類的歷史中。不說別人，一位博學多識，而為現實主義之父的亞里士多德，都能一語道破人類是政治社群的動物，具有關懷公共事務的本性。馬克思肯定亞氏所言在城邦（*polis*）中個人才能找到美好的生活，也才能發揮人的本領、本事。古希臘的城邦在很大的意義上印證了亞氏的學說。即便是中古時代歐洲封建社會雖然受到落後和奴役（*Knechtschaft*; servitude）的限制，但仍把社群中的要素——和睦、親密、合作、利害與共、團結協和——加以落實。這些社群的美德卻被資本主義所摧毀。要之，古希臘與中古

社會揭示給人類重享社群生活的可能性。

三、馬克思社群觀的三個面向

前面我們提到馬克思理想的社群是一個共產主義的社會，它是直接生產者自由的組合，具有徹頭徹尾的民主形式。在社群中個人的政治生活與社會生活可以適度的展開。在階級的對峙、鬥爭、剝削之後，社群取代了國家，它不是靜態的狀況，而是動態的運動，它不是什麼人類最終的理想目標，而是不斷生成發展的生活方式。社群在不斷的發展中，生活在社群的個人也同樣在持續發展。要之，取代國家的組合之民主形式，對馬克思而言，就是一個社群。

梅基爾（Kenneth A. Megill）根據馬克思的著作，把當成組合的民主形式之社群底觀念，以及這些觀念的發展，以三種不同的方式鋪陳出來（Megill 1969-70: 384）：

1. **社群成為組合原始的方式**：資本主義之前的社群是一個有限的、孤立的、受地區所限制的社會；
2. **社群成為沒有國家在發號施令的社會**：普遍的社群乃是具體的民主之社群，也是未來的「必要的形式與活力的原則」；
3. **社群乃為事物表現的方式**：當作社群成員的個人，只有通過社群才能達致其完整的存在。

只有把上述三種方式詳加研討，我們才會理解馬克思和恩格斯何以主張以社群的概念取代傳統上社會和國家的稱謂之因由。

（一）當作組合的原始形式之社群

對馬克思而言，整部人類的歷史乃是人個體化（individualization）的歷史。個人化的過程是由於工業化社會的發展而接近完成，原因是工業化社會創造普遍性民主的社群，馬克思說：

我們愈是返回歷史的早期，愈會發現個人，也就是進行生產的個人更
為倚賴團體、構造團體……只有到了18世紀，在「民間社會」中，社

會結社的不同形式變成個人私自目的之手段，也變成私人外在的必要
性……人在最恰當的意義上變做政治動物（*zoon politikon*），不只是
一個社會動物，而且是只有在社會中懂得和能夠發展他個人的動物。
（*G* 84）

所謂原始的社群乃是前資本主義的社會與經濟形構（socio-economic
formation），也是孕育與生產資本主義的子宮。馬克思在世之日，世上尚存有
不少原始的社群，這包括印度、俄羅斯在內，這些都曾引起馬克思研究的興
趣。在馬克思臨終之前所寫《共產黨宣言》的俄文第二版序言上，馬克思與恩
格斯居然說：「現代俄國〔農村公社〕對土地的公共擁有〔公有制〕是共產主
義發展的起點」（*CW* 24: 426）。由於原始社會中無階級的剝削、無國家的壓
迫、無私產、無分工、也無異化，使得人們會誤認馬克思要現代人復古懷舊、
返璞歸真，重過純樸簡單的自然生活。這種解釋引起馬克思的反駁，因爲很多
烏托邦理論家的理想正是懷戀著這種重返自然、雞犬相聞的田園生活。可是馬
克思認爲資本主義出現之後，重返原始社會是無可能的，也不切實際。原因是
原始的社群既不穩定，而又與世隔絕，並非理想的人群組合，爲此他這麼寫
著：

我們不要忘記這些詩情畫意的農村社群，表面上不具攻擊性，卻一直
是東方專制的堅固基石，以致在各種可能的範圍內束縛人心，使個人
成爲迷信的工具，也成爲傳統的奴隸，剝奪人心所有的絢爛和歷史的
精華。（*SW* 1: 492; *CW* 12: 132）

不過歷史的起頭卻是個人從原始的社群中開始發展。有異於自由主義理論
者視個人爲歷史的起點，馬克思卻認爲當成個人組合的原始形式之社群才是歷
史的起點。個人與個體化都是從社群中發展出來的。典型的原始社群乃是自我
封閉、自給自足、穩定的，靠成員的生殖繁衍而存在的群落。

（二）取代國家消亡的社會組織形式之社群

馬克思期待國家消亡固然是部分受到安那其（無政府）主義的影響，但
主要的則是對黑格爾國家學說的批判中得來的結論。當他企圖以組合的民主

方式來取代國家時，這個國家乃是黑格爾心目中的倫理國家（ethical state），也是一般資產階級所建立和把持的國家。原來在批判黑格爾的法哲學時，馬克思以「法國人」的觀點來指稱「真正的民主落實之日，也就是政治國家消失之時……〔原因是〕國家，一旦是政治國家，是憲法時，並無法掌握〔社會的〕全體」（*CW* 3: 30）。

　　黑格爾把政治國家從民間社會拆開，使兩者分離而對立。他又認為等級議會代表人們的意志去監督政府，可以使分開的國家與社會重歸統一，但馬克思卻認為只有代表貴族、地主、僧侶利益的等級議會，基本上也是國家組織的一部分，無法代表全民。在馬克思看來，黑格爾的國家學說主要的矛盾為政治體系（國家、政府）企圖維持公共倫理的生活之統一，但同時又保持了公共生活（政治）與私人生活（經濟）的對立。黑格爾的成就在於發現當代資產階級的國家中政治領域（政府）與民間社會的分開，但其錯誤是以等級議會來謀求這兩者的復歸統一。馬克思則認為只有改變實在（實相、實狀）才會使國家與社會的矛盾化除。等級議會表面上要統合私人利益與公共利益，使私人生活與公共生活的分裂化為統一。但除非重新設立一個社群，否則人的分裂是無法克服的（Megill, *ibid.*, 386-387；洪鎌德 2007b：223-251）。

　　要改造社會、重建社群，便需由改變民間（市民）社會著手。造成民間社會你爭我奪、人人孤立、零碎化、原子化的原因，固然是社會的分工，更多是由於私產制度的出現。是故取消分工與私產成為馬克思改革社會的呼號。此外，向來的國家所有的行政大權都操在少數統治階級的手中，為改變政治體系，首先要改變「權力結構」，讓廣大受壓迫、受剝削的人民藉暴力革命來奪取權力，這便是「摧毀」國家、重建國家的意思。只要新的國家不再代表部分的民間社會，那麼國家與社會的分離與對立會消弭於無形。如何在民間社會中發現與鼓吹革命性的奪取勢力呢？結果是在全世界中受創最深、受辱最大、熱切期望變天的普勞階級成為馬克思改變現狀、投身革命行列的火車頭。

　　要創造一個沒有國家，或取代國家，而又能把私利與公益加以結合的民主形式之社群，那就只有讓政治的與社會的活動放在一個普泛的、一般的規模之上。對馬克思而言，民主不只是管理的形式，更是生活之道，更是人群組合的本質。因之，只有把政治國家和民間社會的分裂與對立消除之後，亦即國家消亡之後，重新創立的民主的、自由的人群組合才是一個符合人的社群本質的新共同體（Megill, *ibid.*, 386-388）。

（三）當成事物的本質與人的生活之道底社群

正如前面的敘述，馬克思認為人類所以要成群結黨、經營集體的生活是源之於人性。在對詹姆士‧穆勒（James Mill 1773-1836）的政治經濟學說所作的評論中，馬克思曾經再度談及人性。

詹姆士‧穆勒為John Stuart Mill之父，是繼邊沁之後主張功利學說者，人對別人的善意來自功利的考量多，來自規範約束少（右邊為小穆勒）

馬克思說：

> 人的真正的社群是由人性創造出來，通過對社群的創造，人產生了人類的社群，這種團體的出現可以說是他人性的落實。人的本性是一種社會的性質，這不是一種反對個人的一般的、抽象的權力，而是每一個人所擁有的本性，個人本身的活動，他自己的心思和他自己的財富……不是抽象的，而是真實的、活生生的獨一無二的個人乃是這種（社群）的本質之人。（CW 3: 217）

換言之，資產階級社會中的政治生活是與其社會和經濟生活分離的。要克服這種分離、異化的話，只有發展真正的社群，因為真正的社群中包含有社群的本質之成員。

馬克思在《經濟哲學手稿》中，對異化勞動的討論，不啻是對人的社群本性之分析。作為社會與經濟事實的異化是建立在私產（生產資料的私人擁有）和薪資勞動的基礎之上。馬克思並不認為整部人類的歷史是異化的歷史，而是

隨著16世紀資本主義的興起，異化才出現人間。他預言一旦社會主義，特別是共產主義崛起之後，異化便可消除。因之，馬克思早期的著作可以看成為對異化問題的考察，以及怎樣恢復個人的社群本性，俾建立真正的、民主的社群，最終就是要把異化克服（參考本書第一至第四章）。

中年馬克思的著作，像《資本論》，便是由討論人的異化而轉變到階級的剝削與商品拜物教中人的物化之問題。這說明了在資本主義社會中人的抽象化、物化。馬克思就是要指出現代資本主義社會中重大的矛盾，一方面社會進步了（生產力發展到巔峰、個人流動性高、昇遷的機會大），但另一方面大部分的社會成員——眾多的工人們——卻飽受剝削、欺侮、折磨、貧困，而喪失了人的本質與尊嚴。不錯，生產力的抬高，有助於普世的、寰宇的民主社群之出現，但是社會的發展卻要個人付出慘重的代價。社會與個人發展之無法同步進行，就是馬克思所言：人從其社群中異化出來，這也不啻是人從其人性中異化出來。因之，凡是社會勢力的發展凌越於個人的發展之處，異化就會浮現。

馬克思認為只有在建立新的社會與政治秩序——一個新的社群時，人分裂為私人與公民兩重身分的異化才能克服。他說：

> 當真實的個人，只有把抽象的公民吸納於其本身中，當個人在其日常生活，在其勞動操作，在其與別人的關係中，他變成了人類的本質（*Gattungswesen*）；只有當他把他本身的力量（*forces propres*）加以承認，並組織成為社會力量，而不是把他的社會力量分解為政治力量之時，人類的解放才終告完成。（*EW* 31; *CW* 3: 168）

有異於自由主義學者視個人為出現於時空交叉點上，彼此互不干涉的個體，馬克思強調人是活在社群中的動物。只有在異化完全被克服，剝削被徹底消除，桎梏悉數被解開的社群中，個人的自由、自主、自決與自我實現才能落實，這就是個體化（individuality）出現之時：

> 只有在社群中，每一個人才有辦法將他的才華做多方面的發揮；因之，只有在社群中個人的自由才變成可能。在以往社群的替代物，諸如國家之類當中，只有在統治階級有利的條件下，而又屬於統治階級的成員，某些個人方才有發揮其自由的機會。直至今天為止，虛幻不實的社群，對生活於其中之諸多個人，儼然以一個獨立體的姿態出

現。由於人們聯合而形成階級，一階級又與他階級相對立，在此情形下虛幻的社群對被壓迫的階級，不啻是一個虛幻不實的共同體，更是一套新的枷鎖。〔反之〕在眞實的社群中個人們不但透過〔各種的〕組合，也在組合裡獲取他們的自由。（*CW* 5: 78）

根據梅基爾的說法，馬克思的政治理論是由政治移向社會（Megill, *ibid.*, 391）。其實馬克思的思想完全是由雲霄降落到人間，由最先的宗教、哲學、政治、社會、經濟一層層地由意識形態的上層建築而降至經濟基礎。換言之，他研究的興趣是以哲學解釋來批判宗教，以政治解釋來批判哲學，以社會解釋來批判政治，最後以經濟解釋來批判社會。在這一理解下，我們才能了解他何以視政治與社會的解放並不展示人的解放，而必須是勞動與經濟的解放，才是人最終的解放。這種說法符合他的民主觀，蓋眞正的民主不只是政治上，或社會上的民主，更是經濟上消除私產、去掉分工、解放勞動的民主（洪鎌德 1995a: 114）。

梅基爾所闡述的馬克思之社群觀只見到後者要把政治力量轉化爲社會力量，要使國家消弭於無形（因爲國家成爲資產階級與財產私有制的保護機關），而見不到消除階級、改變生產方式，把勞動轉變爲「人主要的需求」，這方面經濟的解放。

在此有限的論點下，梅基爾認爲馬克思的社群觀有以下四種特徵（Megill, *ibid.*, 392）：

1. **民主化的社群是普遍的、寰宇的**，與原始的社群不同，未來的社群將是開放的與溝通的，它不是封閉的，不是隔絕的。

2. **民主化的社群是無階級的**。有異於民間社會之充滿階級，保障私產，未來眞實的社群不須有階級的分化與對立，導致階級的分工與私產取消，人人成爲直接生產者，而非靠薪資度日和謀生的勞工。

3. **民主化的社群是歷史的**。它是由過去的人類歷史發展出來的，而非幻想、空想的產品。因爲在民主化的社群中，政治的革命會變作社會的進化，這是符合馬克思唯物史觀的演變規律。

4. **民主化的社群是符合科學的**。馬克思認爲任何一個主張不斷革命或改革的社會，其成員必須理解與意識社群的特質，社群發展的條件與趨向，就是社會變遷的規律。了解這一規律就符合科學，更何況在民主化的社群中，成員可以藉科學與技術之力來規劃前途，建立符合人群

　　希望的新秩序。

　　對於梅基爾把馬克思的社群觀作上面四種的說明，本書作者不完全贊同，特別是第3與第4點完全落入教條馬列主義的框框之中，強調馬克思的學說反映歷史唯物論和代表「科學的社會主義」。若說，社群也罷，共產主義也罷，其最終的出現完全是符合歷史發展的鐵律，這是歷史（唯史）主義（historicism）在作祟，也是盲目讚揚科學主義的弊端。要之，梅基爾對馬克思社群觀有闡述之功，但缺乏批判的精神，這是本書作者難以完全贊同其綜合結論之因由。

四、對馬克思社群觀的質疑和批評

（一）政治的民主化與經濟的集權之矛盾

　　馬克思在《資本論》第一卷第14章中曾討論手工業工廠的分工與社會的分工之不同，前者為了提高生產力，遂在廠主（資本家）指揮監督下，要求工人按生產程序分屬不同部門去進行有效率的生產工作。可是後者在沒有通盤的計畫下，也沒有一個官署統籌監督下，人人各自為政，自行分工，生產者除受市場價格的左右之外，可以隨意生產，這是幾近無政府的狀態。馬克思因此指摘資本主義的擁護者，何以在工廠中講究分工，注重計畫，要求監督，但在社會領域卻採取放任無為的態度，讓社會的生產陷入混亂無序中。他不認為把全社會轉變為一個「龐大的工廠」對這些資本主義的擁護者而言有何不可？有何不對（C I: 356）？

　　馬克思這段話給人們兩項的解釋：其一，他分辨了工廠的分工與社會的分工，他似乎支持工廠的分工而比較不贊同社會的不分工；其二，社會有個共同的生產計畫，比生產的無政府狀態是更為可取的。因之，他不反對把社會當成一個「龐大的工廠」來看待。

　　馬克思對社會當成巨大的工廠來看待，也涉及他的社群觀。原因是他企圖在社群中重行分工，注重生產的計畫，贊成必要的監控。換句話說，他心目中的社群一方面是有理性的經濟計畫，讓生產發揮最大的效益，這便是一種計

畫經濟與統制經濟的推行。另一方面，他又要組織社群為一個徹頭徹尾的民主形式，讓所有社群中的成員有討論參與和決策的可能。這種經濟的集權和政治的民主之社群組織原則，最終要發生矛盾和衝突，這就是謝魯基（Radislav Selucky）所指出的馬克思社群觀的兩難困局。謝魯基說：

> 於是，馬克思社群概念所造成的政治領域必然會與他把社會當成龐大的工廠一觀念所引申的經濟領域發生衝突。由於經濟的基礎同上層建築應該一致，於是我們便要面對一個兩難之困局：或是接受與引進馬克思中央集權的社會概念，採用有組織的經濟，俾修改他政治分權式的社群觀；或是接受與引進馬克思分權的社群觀所主張的政治體（polity），而修改他集權的社會所衍生的有組織之經濟（economy）。無論選擇是前者抑是後者，馬克思主義的修正成為無可避免，假使他的理論還要能夠應用到資本主義社會的話。（Selucky 1979: 87）

對於謝魯基這種批評，馬克思似乎可以提出兩種的反駁。第一，馬克思仍主張徹頭徹尾的民主。因之，未來的社群是超越以經濟為中心的「龐大的工廠」之社會，亦即社群與社會可以融為一體，政治與經濟都會消融於社群中。第二，經濟基礎與上層建築相符合相對應是歷史唯物論的核心。可是歷史唯物論只應用到有史以來人類的階級社會。至於未來共產主義的社會（一個無階級的社會）是人類第一次按照其理性與理想所設計的社會，而非遵循外頭必要性（external necessity）才出現的社會方式。在這種情形下，未來的社群不必有經濟基礎（或生產活動）和上層建築（政治活動）之分，也就是不受唯物史觀的發展律所規範。

涉及到謝魯基的評論，陸克士（Steven Lukes 1941-），也提出對馬克思未來社群觀的質疑，他問：

> 難道存在於〔馬克思〕社群形象或甚至諸社群的一方，以及把社會當成龐大的工廠的另一方，這兩者之間沒有矛盾嗎？考茨基和列寧都接受馬克思這種觀念，認為社會的整體可以在分工的基礎上加以組織，也可以社會地〔全面地〕加以控制與規定，而使社會的全體不必受制於處在競爭中……〔個人〕相互利益之壓力所形成的壓迫。（Lukes

1985: 91-92）

在這裡陸克士也質疑馬克思理想的社群與講究社會分工的社會（「龐大的工廠」）之間存在的矛盾。

謝克特（Darrow Schecter）認為馬克思在1871年觀察巴黎公社所引申的民主與他共產主義核心信念的計畫經濟是相互衝突的。同時依據馬克思政治遺囑而建立的布爾塞維克政權更是走火入魔。以集中的經濟管理來壓倒草根地方的蘇維埃之民主討論，導致蘇聯共產政權最終的崩潰。顯然社會主義的中心計畫意味著少數人掌控經濟權力，也意味著必須先行建立管理的菁英體系。這樣的作法必然把法國公社與俄國蘇維埃代議制的草根體系徹底推翻。因之，謝克特說馬克思主義的煩惱不在不夠充分的強調民主，而是在於堅持中央計畫，認為計畫是對抗資本主義「生產的無政府狀態」唯一的利器，這點是馬克思所犯的錯誤（Schecter 1991: 17-18）。

陸克士執教於紐約大學，著有*Moral Relativism*, Picardo/Macmillian（2008）

謝克特執教蘇塞克斯大學，近作為*Critical Theory in the 21st Century*, London: Bloombury（2013）

以上是當代學者所指陳的馬克思社群觀中極權的經濟對抗民主的政治之矛盾。

（二）個體實現與集體公益的衝突

假使馬克思所想像的社群，也就是他心目中的共產主義得以實現的話，那麼這將是人類歷史上最理想的一種團體，因為住在這個社群中的人們不但可以最大量地開發人力資源和自然資源，而且大家都能自由地、均等地享受這些資源的好處。換言之，每個人都可充分、盡情地發展他潛在的能力，而達到自我的實現。

可是近年內西方研究馬克思學說的學者紛紛質疑這種「創造性的自我實現」是否與「社群〔集體〕的價值」發生衝突（Elster 1985; 1986）；也有人懷疑「馬克思思想中個人主義的與社群主義的衝勁（impulses），是否存有矛盾，乃至緊張」的關係（Lukes 1985: 96）。

一般認為集體所追求的目標是共同的，也是一致的；反之，個體所追求的目標卻是多元的，歧異的，於是兩者便有所衝突。不過現代學者，像艾爾士特（Jon Elster），卻不是以同形（uniformity）與分歧（difference）來論述馬克思的社群及個人之間的衝突。他是認為在理想的共同體中就算最好的安排，仍會造成社群與個人之間、或是個人與個人之間，為追求實現，而進行討價還價、截長補短的交易（trade-off）。例如一個社群要達成最大的實現，就要在藝術、科學、文化方面做最大的提升。那麼這些領域上的大幅提升就需要該社群中相當數目的個人在科學、藝術、文化方面均有重大的成就才會達到。由於不是每個人都會有相同的能力來提升，結果會造成少數的個人領先有所突破，另外不少的個人雖然努力嘗試而終歸失敗。換言之，不是人人可以成為藝術家的拉斐爾。既然在社群中「沒有任何一位具有拉斐爾潛力的人可以淹沒不彰，那麼很多誤認自己可以成為拉斐爾的人〔在嘗試失敗後〕便要感受挫折」（Elster 1985: 89）。

換言之，艾爾士特是認為在成就個人與成就社會之間存在著個體與集體截長補短的互為競爭之關係。對此阿查特（David Archard）提出不同的看法，他認為這不是兩個目標——個體與集體實現的兩個目標——之間的爭執，而是一方談實現，另一方談滿足的的無法同時並存的問題。詳言之，多數人雖然嘗試要變成拉斐爾卻告挫敗，這固然是無法人人實現做拉斐爾的美夢。可是，他有嘗試比沒嘗試給予他個人的滿足程度不一樣。就算個人嘗試做拉斐爾失敗，無法實現美夢，但曾經嘗試總比不曾嘗試提供給個人更大的滿足感（Archard 1987: 22-23）。

文藝復興時代三大藝術家之一的拉斐爾（繪畫家與建築師）

阿查德執教於北愛爾蘭，為社會學兼兩性問題和兒童權利專家

　　撇開社群與個體追求實現的目標有所衝突，在理想的社群中，個人與個人之間也會因為追求實現每個人的本身，而與他人之間處於緊張的狀態。原因是在理想的社會中，每個人要發展自己、成就自己，便要動用社會的資源，並預設人人擁有選擇哪行哪業的自由，以及不虞匱乏的資源，可供人人發展之用，也要設定相同的、盡量的（maximal最大量的）自我實現。馬克思似乎主張人人要盡量來完成自我，而比較不贊成使用均等的資源。因此，除非馬克思所指的未來社群是一個財貨與資源充沛、不虞匱乏的社會，否則為了成就人人，社會資源能否做公平合理的分配或使用，便大成問題。

　　鑒於每人要成就自己所動用的社會資源多寡不等，要達成人人都能實現自己的目標，截長補短的挹注與安排似乎不可少，此種作法使個體的原則與集體的原則扞格難容。這就涉及阿查德所言如何把願望和利益與其所處的境況──匱乏的環境──互相調和的問題。馬克思解決這種難題的方式有二，第一是假定未來共產社會是非常富裕的社會，沒有匱乏的問題；第二，未來的人類德性抬高，博愛精神瀰漫，個人間的願望與利益不致陷入衝突之中。這兩項假定顯然是太烏托邦，而遠離實際了。

　　阿查德不認為馬克思是強調未來社群生活中個人與個人利益之間完全沒有衝突，而導致人人的和睦。反之，後者強調個體與社群的綜合所構成的社會性（sociality），自動會化解人與他人的爭執，而達致協和的境界。所謂的社會性是在每個人的生產創作之產品落實生產者的個性，而此一產品也滿足別人的需求，「滿足人的需求，此一產品是人性的客體化，也創造一個客體物來滿足

其他的人類」，「在我個人的活動中，我會直接創造你的生活，在我個人的活動中，我要直接證實和實現我真正的人性、社會性，我們的生產就像多面鏡子反映了我們的人性」（*CW* 3: 227-228）。

阿查德強調：不只是透過創造性的勞動來達成自我實現是馬克思唯一的人性論。他的另一個對人性的定義就是社群的本質（*Gemeinwesen*）。換言之，人成就自己不只靠創造性的勞動，而是在一個社群中，也為了一個社群而不斷創造勞作，在社群中視他人為目的，而非手段（Archard 1987: 33-34）。

要之，如以自我實踐以及人的社會性來做解釋，那麼馬克思個人與社群之矛盾或衝突，可望解決。

（三）科學的社會主義與空想的烏托邦之對抗

作為黑格爾信徒的青年馬克思，堅持哲學或思想是對該時代理智上的掌握，亦即對實在（實相reality）的反思。為此他反對為未來作出預測、作出投射，他拒絕為「未來的廚房開出菜單」（*C* I: 17），這也是他激烈批評空想的、烏托邦的社會主義之原因。的確，馬克思對未來共產社會的結構，以及未來社群成員的生活方式都欠缺仔細的描繪，這固然是預防重蹈空想家的覆轍，避免落入別人批評的口實，但主要的是黑格爾歷史主義（historicism 唯史主義）在影響他的思維之緣故。

可是，馬克思所宣揚的社會主義與共產主義，除了原始公社與巴黎公社和俄國的農村公社之外，基本上都不是他經歷或反思的人類歷史性的集體組織，而毋寧視為他的理想、他的憧憬、他的期待，其沾染烏托邦的色彩自不待言。尤其是未來社群是無國家、無階級、無市場與商品生產、無分工、無剝削、無異化、無匱乏，也不用法律與道德的規範、不需公道與正義的發揮，而未來的人類居然是人性落實達到無懈可擊（perfection）的地步，或是人有完美的可能性（perfectibility），這不是烏托邦是什麼呢？

儘管他思想中含有濃厚的烏托邦色彩，弔詭的是，馬克思批評空想的社會主義者不知引用歷史，不懂辯證、不理解與遵循社會演變的規律，不知客觀地、科學地來證明理想社會的必然降臨。換言之，馬克思認為通往共產主義之途，是由前資本主義社會經過資本主義的階段而進入初階的共產主義（社會主義）階段，最後才進入高階的共產主義。儘管晚年的馬克思曾以俄國農村公社的例子，說明一個前資本主義的社會可以規避資本主義的階段，而直接躍入共

產主義。但他的唯物史觀,號稱科學的歷史觀,卻有不同的闡釋。要之,在達成完整的高階的共產主義之前,唯物史觀還是要發揮其作用,那麼唯物史觀究竟是科學的,還是歷史哲學(historiosophy)(洪鎌德 2010b: 357-359)呢?

因之,圍繞在馬克思社群觀與人性論(未來人類為社會化的人,在人性復歸之後,成為人格圓滿的真人 *eigentlicher Mensch*; authentic man)之爭論的第三點便是:他的學說究竟是科學的、歷史的,抑是思辨的(speculative)、玄想的,迷思(myth)的,甚至是烏托邦式的空想?

最足以標明馬克思的共產主義是一個烏托邦的社會,莫過於該社會將會克服匱乏(scarcity),而進入富裕(abundance)之境。但嚴格而言,一部人類的歷史就是人怎樣以改善生產力來克服匱乏的歷史。依據柯亨(G. A. Cohen)的解釋,馬克思的歷史理論就是他的唯物史觀,而唯物史觀中所討論的生產方式之起落,由原始、而古代、而中古、而現代,每一個取代前一階段的生產方式都代表了人類生產力的節節高升。透過生產力的提升來對付匱乏,才是人類自我實現之途。但匱乏的存在卻挫敗了人類自我實現之努力,歷史進展的動力乃是克服挫敗的志趣,也就是尋找有利於人自我實現的更佳環境、更好世界。在一個充滿匱乏的世界中,人只要對自我實現尚存關心,那麼就會發展改善生產力的興趣。當有朝一日富裕取代了匱乏,那麼人類向來的普遍興趣——提高生產力的興趣——便會轉變為個人發展自己、清除其自我實現途上的障礙之特殊興趣。由是可知後期資本主義之不穩定,並非它阻擋了日益擴大的生產力,而是它發展生產力的方式(少數個人的、公司的、階級的利益之擴展)違逆基本的人性關懷(發展個人的自我實現之關心)之緣故(Cohen 1978: 302-307)[2]。

在科技與管理方法大躍進的今日,人類普遍性的匱乏仍無法徹底消除。更何況由匱乏轉向富裕,人類必須繼續征服自然、利用自然、甚至破壞自然。換言之,人將付出毀滅生態的慘重代價,來獲取一時的富裕。更何況匱乏不只是客觀的貧窮,也是與主觀的慾望相對照的感受。儘管人的生產力怎樣提升,總有需要無法滿足之時,亦即匱乏冒出之時。

---

[2] 柯亨解釋資本主義的崩潰,是基於匱乏的消滅,富裕的增大,使人類不滿資本家一味盲目擴大生產力的企圖。反之,教條馬列主義的歷史唯物論,卻強調由於資本主義內在利潤率的銳減,使得再投資減少,最後導致經濟停滯,也就是資本主義的生產力變成其發展的「枷鎖」,而造成資本主義的解體。柯亨不贊成這種說法,而提出前面所指出「資本主義的獨特矛盾說」。

在這種情形下，就是馬克思理想的社群眞正出現，恐怕匱乏仍舊是人生的一個事實。那麼只要相對的匱乏仍舊存在，公道與正義仍是人群必須重視的社會規範。把共產主義的社會視爲不須談公道、不需要正義的社會，亦即超越正義的社會，就變成了一種烏托邦，而不切實際了（Levine 1993: 171-173）。

除了共產社會是一個超越正義與公道的社會之外，馬克思也視未來理想的社群中的人，爲揚棄私人利益，而讓別人分享個人勞動成果的社會人。這種新人類的產生是否因爲新的社群之建立才變成可能，實在值得商榷。其含有濃厚的烏托邦與玄想的色彩也不難理解。

可是，馬克思和恩格斯卻認爲他們兩人的社會主義是一套有系統的學說（歷史唯物論），是科學理論，同時也是指導普勞階級發動革命的策略或方法，也就是理論與實踐，同時也是科學學說與歷史演變融爲一爐的事物，當然要超越烏托邦的社會主義了。更何況標榜科學的馬克思主義不僅由烏托邦社會主義產生，也加以超越，還要實現歷史的目的（telos of history）來建立完美的未來社會。顯然，馬克思與烏托邦社會主義者的爭執是牽涉到方法學的問題。「烏托邦社會主義者的觀點充其量是主觀的、想像的，從階級社會中抽離出來的東西，反之，〔馬克思〕共產主義的觀點卻是資本主義爲了否定其本身創造出來的、客觀的目的（telos）」（Geoghegan 1987: 29）。

Geoghegan執教北愛昆士大學，研究烏托邦思想與馬克思主義

Kumar為社會學家，任教印第安大學，著有烏托邦思想之評析

張隆溪教授，現任香港城市科大講座，主研東西文化比較與交流

關於此庫瑪（Krishan Kumar 1942-）就指出，被恩格斯保證爲科學的馬克思主義，是涉及「歷史的機制和動力之解釋」，但這種解釋的有效性如今「令

人頗爲懷疑」。只是「它比其他的理論，不管是烏托邦或是其他的理論，更要緊抱著將來。此種說詞稱資本主義會必然讓渡給社會主義，也就變成了一廂情願而已，絕非科學」（Kumar 1987: 53）。

　　無論如何，不管是東方或西方的馬克思主義者，在檢討了「蘇東波變天」以及中、韓、越共黨的改革開放、重新擁抱資本主義、搞出社會主義的商品經濟與市場經濟之後，假使要重估馬克思主義對未來的人類有所貢獻的話，那就要面對現實，認眞檢討這套科學的社會主義失敗的原因，更要思考這個失敗及其意涵對馬克思主義全體有多大的衝擊與意義（Zhang 1995: 72-73）。

　　假使東方的社會主義，特別前蘇聯與東歐的「眞實地存在的」（actually existing）社會主義，業已死亡的話。那麼作爲一種世界觀的馬克思主義卻繼續存活在西方，尤其是西方的學界當中。西方馬克思主義自有其激進的社會與政治的思想傳統，儘管它不是一股政治的勢力，卻是哲學思維與批判的源泉之一。從法蘭克福學派，至批判理論（包括文藝、文化的批判），都在思想界與文化界有堅實的存在與強烈的影響。正因爲它不是官方的意識形態，也非社會中的主要教條，所以能夠產生激濁揚清、震聾啓瞶的作用。這就是說西方馬克思主義的力量來自於其反對派的言說（discourse）與意理（ideology意識形態）。它在學界獲得尊重與西方大學長期以來扮演反對的角色有關（洪鎌德 2010b: 7-16）。

　　自從1960年代初馬克思早期的著作，特別是《經濟哲學手稿》在西方大量刊行之後，馬克思所嚮往的共產主義，就與當年蘇聯、中國、東歐等所推行「眞實地存在的」社會主義大異其趣。塔克爾說，對馬克思而言，「共產主義不再是一個新的經濟體系。它正意謂著社會中經濟的結束，在該社會中人從勞動中獲得解放，人將會在其閒暇的生活中落實他創造的本性」（Tucker 1968: 167）。這就是說，馬克思認爲共產主義是人類在歷史尾端上出現完美的社會，或稱社群，是後歷史時期人類最大膽、最富創意的烏托邦。

　　在面對整個東方共產主義失敗，而人類業已跨入新世紀的門檻之時，馬克思所說的許多話可能對現代人毫無意義。唯一的例外，或許將是他對人類歷史結束後出現的未來之烏托邦底展望。這個展望使人類值得再去犧牲奮鬥，而追求其實現。誠如塔克爾所言，「對我們現世而言，最大而持久的重要意義，以及極具關鍵的意味，是馬克思這部分的看法，亦即他烏托邦的看法。這部分我們不妨稱之爲他的『未來學』（futurology）」（Tucker, *ibid.*）。

　　在很大的程度裡，不僅馬克思，就是他的後繼者像盧卡奇、卜洛赫、馬

孤哲[3]、詹明信都模仿馬克思企圖恢復烏托邦的想法。要之，追求一個更爲眞實、更富人道的社群，而非科學的、受外頭規律決定制約的社會，是馬克思烏托邦思想鼓舞跨世紀人類的動力之源（Zhang *ibid.*, 74-75）。

五、結論

　　馬克思心目中理想的社群，不只是一個經營社會生活的集體而已，還包括在社群中的成員及其社會生活。因此，他的社群（community）觀包括人性（humanity）觀在內。可是社群與人性不僅代表集體與個體，兩者能否相容、甚至相得益彰，實不無疑問。由於*Gattungswesen*不夠明確，可否作爲社群人與人之間連帶關係的基礎也成爲問題，這是中研院社科所錢永祥教授對馬克思的社群觀建立在人性論的質疑，值得吾人思考[4]。不過依本書作者看法，這也是何以成年以後的馬克思放棄人性本質論，而指出人性乃爲社會關係的總和之原因。

1960年代煽動美歐學潮的哲理大師，也是把馬克思學說普遍化於北美與西歐的馬孤哲

把馬克思批判精神應用於當代資本主義社會之文化與文學以及藝術之評析的詹明信（Fredric Jameson）

3　對於Ernst Bloch所著*Das Prinzip Hoffnung*（《希望的原則》，1954）和Herbert Marcuse在*Reason and Revolution*（《理性與革命》，1941）以及*The Eros and Civilization*（《情慾與文明》，1955）兩書中，所透露恢復烏托邦的嚮往，有所析評者為Aronson的著作（Aronson 1995: 260-275）。

4　在1996年12月1日論文發表會上之發言。

　　由於這種理想的社群，與資本主義的社會截然有別，因此它的存在，或是早於資本主義（所謂前資本主義的社會），或是處於資本主義的邊陲（「落後的資本主義的社會」如俄羅斯的農村公社）。但其完整的、持久的形式則出現在後資本主義的未來。是故如以時間的先後來加以安排次序的話，那麼我們可以獲得「（原始）社群－社會－（完善）社群」這三種不同演變階段的歷史辯證過程，這就符合馬克思「無階級社會（原始公社）－階級社會（奴隸、封建與資本主義社會）－無階級社會（社會主義和共產主義社會）」這三個發展的階段及其辯證過程。

　　在組成社群或社會的成員方面，人也在歷史辯證的過程中不斷發展：早期是倚賴群落，過著不獨立的生活，只有到了現代市民社會形成以後，人成為追求私利的單個體，同時也發展「最高的社會關係」（G 84），人表面上是去除倚賴而走上獨立，但這時人的關係變成物的關係，也就是在物的倚賴關係上所建立的表面上之獨立。人要真正獨立，只有在未來共產主義社群出現之後。屆時，人不但獲得解放與自由，更是享有自我實現與自主的社會人。要之，馬克思有關個人在歷史上的演變也採取類同他對社會的演變的三階段說詞：「無異化－異化－異化的克服」、「無剝削－剝削－剝削的揚棄」、「倚賴－獨立－自主」。由是可知馬克思的社群觀與人性論脫離不了歷史的辯證發展，其與唯物史觀關係密切，就不難想知[5]。

　　撇開早期的原始公社不談，也撇開前資本主義、或資本主義邊陲的社會不論，馬克思的社群觀與人性論集中在未來才能出現的共產主義社會之上。其出現的先決條件為發展圓熟、生產力提升到巔峰狀態的資本主義社會。未來的新社會必然是在資本主義社會子宮裡孕育成熟的產兒。只有當生產力達到高峰的發展，而新社會和新人類的管理方式卓越，才能克服人類有史以來的匱乏，而進入富裕的境界。

　　由於未來共產主義的社會是一個真實的社群，不再有階級的存在與分別。因之，剝削和壓榨也跟著消失。作為階級剝削工具的國家也消亡，取代國家組織的將是生產者──人人都成為沒有中間盤剝削的直接生產者──的自由組合。這個代表公共和整體利益的組織，在市場與貨幣消失之後，所進行的是消

5　這裡的唯物史觀是指馬克思本人的歷史看法，這點與其信徒所鼓吹的「科學的」教條的歷史唯物主義不同，也就是本章第三大點第三小點的第三種看法，批評梅基爾誤入教條馬派歷史唯物論有所不同。

費品的生產，而非商品的生產，是消費品的分配，而非商品的交易。一個沒有商品的生產與交易的社群自然不需市場、不需貨幣、不需社會分工、不再產生剩餘價值、不發生剝削現象，自然無私產（財產所有權）制度可言。這就是青年馬克思所言的「私產的正面揚棄」。

總之，這個社群最大的特色在透過直接的參與，讓人人過問公共事務，共同進行公共決策，形成一個有理性的、有意識的公共計畫。社會按著這個理性的公共計畫，推動公共事務、落實公共政策，使過去人統治人變成人管理物。亦即達到直接的民主、參與的民主、真實的民主。是故未來的社群是一個民主的社會，一個具有完整民主形式的政治社群。

那麼處在理想的社群中的新人類，怎樣復歸其人性、恢復其社群的本質（*Gattungswesen*）呢？怎樣把分裂的個人（公民與私人）還原為完整的個人？怎樣把本身的力量與政治的力量轉化為社會的力量，而汲取於人的本身呢？換言之，怎樣實現人作為「政治（或社會）動物」（*zoon politikon*）？也使個體化、個人化（individuate）呢（*G* 84）？這也就是未來的人類怎樣來自我實現的問題。

為解決這個未來人類——社會化的人類——的問題，馬克思提出「勞動的解放」的說法，不再把勞動當成是艱險困挫勞瘁身心的操作，不再當作人養家活口唯一的生存工具，而是當作「人的基本需要」，人成就自己，滿足他人、並進行科學、藝術、美感的、文化創造性的活動。這不僅是擺脫異化與剝削的活動，更成為彰顯社群的本性，娛人自娛的活動，也是他在批評詹姆士·穆勒的政治經濟學之註腳上所提及：「我的產品滿足你，你的產品滿足我，你我藉產品的創作成就人的本性，也落實人的社群本質」的那種解放的勞動觀（*CW* 3: 228）。

耶路撒冷大學政治理論教授，也是著名的馬克思學與黑格爾哲學的專家亞威內里（Shlomo Avineri 1933- ）指出：馬克思認為只有在社會主義或共產主義的社群中，人與他人才能建立有意義的社會關係，因為這是被定義為唯一符合人類本性（*Gattungswesen*）的社會。

在這樣的社會中，人對別人的需要（一種根深蒂固深藏於人之生存的需要）就在人的意識裡頭產生出來。根據馬克思的說法，只有在這種社會中，人才能發現他這種需要不能簡單化約為人軀體的存在之手段。這樣的社會必須承認人對其同類的需要乃是其人性不可或缺的一

部分。人這種看法的有效性可由現代社會的經濟結構來提供，蓋現代
社會的經濟結構證明人人相互倚賴的事實。這種倚賴可由人性內在的
展示中獲得。馬克思走向社會主義之路並非把個人屈從於整體的集體
主義，它剛好相反，有意把個人與社會的阻隔剷除，而企圖尋找把個
人與社會這兩個人類存在的面向重加統合的鑰匙。（Avineri 1968: 88-
89）

　　要之，馬克思的社群觀和人性論是一種理想的美夢，是對現存資本主義社
會不公不平的抗議，也是取代資本主義生活方式旗幟鮮明的替代方案，其為一
種的烏托邦乃可斷言。鑒於「蘇東波」實驗的失敗，中、韓、越共黨政權之倡
導社會主義的商品經濟和市場經濟，顯然離開馬克思消除商品、廢除市場的初
衷甚遠，最多表示他所言由資本主義逐漸走入社會主義（「有中國特色的社會
主義」）之過渡。由是可知馬克思期待人類最終進入共產社群這一美夢，要
落實、要成真，恐非短期間可以完成。

共產主義和社群

馬恩常把未來的共產主義社會看成下「公社」Commune，更把法文*commune*譯為德文*Gemeinwesen*或是*Gemeinschaft*相當於英文Community（社群）。下圖為革命者張開紅色大旗，上面黃色字為「公社〔社群〕萬歲」。

在推行共產主義運動的這兩百年間除了馬恩列史毛之外，最了不起的女性革命家為盧森堡女士（Rosa Luxemburg 1871-1919）。她是德國社會民主理論家，主張草根性的民主，強調群眾的自動自發和共黨的組織活動應辯證的結合，反對列寧式的菁英領導，影響了「左翼共產主義」（Left Communism）

馬克思國家學說的析評

第十六章　馬克思國家學說的析評

一、前言：國家有機說與國家工具說

二、嚮往黑格爾的理性國家觀

三、黑格爾國家學說的批判

四、國家有機說與人性復歸

五、國家形同宗教虛幻的共同體

六、人的解放和普勞階級的歷史角色

七、現代國家、普勞階級和社會革命

八、人的異化和資產階級的國家

九、唯物史觀與資本主義的國家

十、國家爲階級統治的剝削工具

十一、國家爲社會寄生蟲說

十二、國家的消亡論

十三、結論與批評

一、前言：國家有機說與國家工具說

在西洋兩千多年悠久長遠的政治思想史與國家學說中，粗略歸類，可得兩派截然不同的國家哲學。其一主張國家為一生物體，類似生物的器官，為一種大型的有機組織（organism）、官能組織，國家自具生成與發展的生命，追尋其本身最終目標（telos）、或目的（goal; objective）。首創此種國家官能（organicism）說的哲學大師，便是亞里士多德。他把國家的生成演變看作是滿足國民需要的極致。原來人類有生理上食色的需要，必須組織家庭來求取滿足。但除了生理需要，人還有獲得社會承認與交友結伴、互換有無的社會需要，這便靠村落或城鎮等社會組織來求取滿足。人群的組織由家庭而村落，最後擴大發展為城邦（polis）。在城邦中的住民成為公民，也成為一個完整和個性發揮的人，亦即其倫理與政治的需要獲得滿足，人成為住在城邦的政治人（zoon politikon，城邦動物）兼社會人。是故城邦，亦即國家，變成人類追求至善、落實完人的場域。

西洋政治思想史上另一派國家學說，則稱為工具論（instrumentalism）、或機械論（mechanistic view of the state）。那是把國家當成機器、器具、工具來看待，不認為國家本身有任何的目的可言，國家只是人群追求某些需要之手段，只擁有功能、職責、作用（function），本身不具任何最終的目標。換言之，國家或是在彰顯開國者的功勳、治績之輝煌、統治者功業的不朽，或是提供被統治者安全的保障、治安的維持、公道的落實等等職能。提倡國家工具說的近世大思想家，就是馬基亞維利。受他觀念影響的後人，則為主張社會契約論的幾位大家，如霍布士、洛克、盧梭等。在主張全民意志和主權在民時，盧梭的學說不但有工具說的成分，也沾染濃厚有機說的色彩。

在很大的程度上，德國的浪漫主義強調返璞歸真的社群生活，也是傾向於國家有機說。黑格爾的國家學說雖由理念與世界精神轉化、演繹而成，卻是國家有機說淋漓盡致的發揮。青年時代馬克思的國家觀就建立在對黑格爾政治理念的推崇及其法律哲學的批判之上（Tucker 1972：39-56；洪鎌德 1995：138-189; 1997a：27ff.; 2007a: 286-289）。

Aristotle（384-322 BCE）為古希臘大哲學家和政治理論家。
著《政治學》（*Πολιτικά*）

N. Machiavelli（1469-1527）為中古義大利外交家、劇作家和政治哲學家。
著《君王論》（*il principe*）

　　黑格爾視國家為理性的落實和自由的極致。因之，把國家特別是立憲君主的國家看作是「理性的國家」。這點一度為青年馬克思所贊成，這應該是他尚未完全擺脫黑格爾觀念論和青年黑格爾門徒影響之前的主張。稍後馬克思在辦報而受到普魯士政權壓制之時，才發現黑格爾的法律哲學同普魯士政治現實有極大的差距。在不滿於普魯士政制，也批判了黑格爾的政治理念之後，馬克思方才發展出他自己的國家理論。

　　事實上，青年馬克思在1844年11月便懷有把現代國家作一番徹底考察和分析的雄心壯志。這個「現代國家研討計畫」只留下大綱（*CW* 4: 666），但如能實現將是一個龐大的學術工作。可惜流浪與放逐的生活，以及對政治經濟的批判轉移了馬克思這個研究的焦點。在1858年，他再度表示有意致力國家的大型研究，其中《資本論》只是這個研究的初步，依次他還要研讀土地產權、工資勞動、國家、對外貿易和世界市場（見1858年4月2日他致拉沙勒的信件*SC*: 96-97；也參考*SW* 1: 502）。

　　要之，馬克思並沒有按照其心志，完成一本有關國家學說有系統的專著。反之，他有關國家學說的片言段語，分散在浩繁的著作、評論和書簡裡頭。我們粗略概括，他是由傳統的有機說轉向工具說。

　　與西洋傳統上頌揚國家，把國家視為人類求取安全、寄託生命財產、實現自主與自由的社會制度相異，馬克思基本上是排斥與批判國家的存在。他視國

家為鎮壓性的權力，其作用在捍衛私產的利益。他一反其他西洋哲人的看法，從不研究國家的合法性與正當性，反而挑戰其存在的理由（raison d'être）。但另一方面，馬克思似乎又沒有完全違逆西洋政治思想的傳統，就像亞里士多德、馬基亞維利、洛克、麥迪遜（James Madison 1751-1836）等人一樣，他企圖以經濟因素來解釋政治，並把國家利益與階級利益、或私產制度聯繫起來討論。在這方面馬克思是集西洋經濟學說之大成，以批判國家、批判政治的重要理論家，儘管他是政治思想史上一個「大異類」（great dissenter）（Tucker 1969: 54-55）。另一方面，他的國家學說卻是建立在他的政治經濟批判與唯物史觀之上，這也是與傳統西洋國家觀不同之處（Chiang 1995: 303）。

二、嚮往黑格爾的理性國家觀

馬克思早期的國家觀得自於青年黑格爾門徒對黑格爾哲學的批判，這也包括他把黑格爾理念的哲學拿來與國家的實狀相比照，而看出其中的偏差與矛盾（Barion 1970: 110），其中費爾巴哈的影響也不可小覷（Hung 1985；洪鎌德 2010a: 145-148）。當然，馬克思對普魯士政權的政策與施政諸多不滿，也促成他尋找合理的政治制度與國家組織。

1842年7月在《萊茵報》179號社論中，馬克思首次使用了「現代國家」一詞，認為現代國家的出現乃是政治擺脫宗教、政治考察與神學教條分離後世俗化的結果。現代國家的崛起有如哥白尼的天體革命，因為它植根於人類的理性與經驗，而非立基於怪力亂神之上。他說：

> 就在哥白尼對太陽系偉大發現的前後，國家重力律也被發現。國家重力在其本身，之前馬基亞維利和坎帕內拉、之後霍布士、斯賓諾莎、格老秀斯，乃至其後的盧梭、費希特和黑格爾，開始以人的眼光去看待國家，從理性與經驗裡頭，而非從神學中去抽繹國家的自然法則。……最近的哲學可以說是繼承了賀拉克里圖和亞里士多德〔未完成的工作〕。（CW 1: 201）

哥白尼

馬基亞維利

格老秀斯

費希特

所謂「最近的哲學」乃是指黑格爾的哲學,它不僅恢復古希臘對理性的推崇,還增加一個總體的、普遍的、泛宇的觀點,俾與個人的、特殊的、偶然的事項相對照。於是馬克思續說:

> 過去憲法學者認為國家的形成得自於人的本性,或人的意志、合群性,或是基於人的理性(非社會理性,而為個別人的理性)。但最近哲學更為理想的和更為深刻的看法,卻是從整體或總體的觀點而來。它視國家為一個龐大的有機體,在其中法律的、道德的和政治的自由必須實現,在其中個別的公民在服從國家的法律之時,可以説完全服從他本身的理性,服從人的理性之自然律。(*ibid.*, 202)

從上面兩段引用的文字,不難理解青年馬克思一度採納黑格爾的國家有機說,將國家視為理性的自由和全體國民和諧的落實(洪鎌德 1997c: 146-148)。但不久他便對黑格爾這種理想化的國家說法表示失望。因為黑格爾這套說詞為普魯士政權掩護、裝飾、美化,但卻遭現實政治所擊碎。1842年秋至1843年春,在《萊茵報》上,馬克思以新聞工作者的身分撰寫了二十多篇評時論政的文章,這些文章涉及在普魯士高壓統治下政治與社會的實狀。當時馬克思還擁抱黑格爾理性國家的理念,以國家是自由的體現,是理性國家,來對照與抨擊基督國家(亦即以基督教作為國教的普魯士君主國)及其非理性之專政(姜新立1991)。

三、黑格爾國家學說的批判

　　1843年春夏之交，馬克思剛燕爾新婚，閒居於其妻燕妮的娘家之際，他開始把黑格爾的《法律哲學大綱》做仔細閱讀，然後逐條對照和批評，這便是他《黑格爾法律哲學批判》的草稿。草稿並不完整，直到1927年才重現而得以出版。

黑格爾的《法哲學大綱》（1821）

黑格爾位於柏林的墓碑

　　對黑格爾國家哲學的批判，標誌著馬克思政治思想的一大轉變，這個轉變的關鍵為「政治國家」一概念的引入。儘管在批判的草稿中馬克思偶然也使用「真正的國家」或「理性的國家」，但政治國家卻特別指涉政府官署，或社會中涉及公共事務的那個階層而言。在這裡馬克思有意區別國家與政治國家的不同。前者涉及統一的、有機的、融合的政治社群，後者則為黑格爾權力三分化（君主、官僚、國會）加上國家其餘的統治機器構成的（洪鎌德1997c：153-163）。

　　基本上馬克思對黑格爾國家學說的抨擊，認為黑格爾把實在（*Realität, Wirklichkeit*）與理念的位置、關係顛倒了。並非國家的理念衍生國家的實在；反之，是國家的實在產生了國家的理念。這種頭尾易處，需要加以扶正

的作法，正顯示馬克思受到費爾巴哈的影響。費氏指出不是神創造人，而是人創造神。這種把主詞與謂詞對調的批評法便是費氏獨創的「轉型批判法」（transformative criticism）（Hung 1985: 190-192；洪鎌德2010a: 131-132, 148-148, 155-156）。

應用費爾巴哈的轉型批判法於黑格爾國家學說的分析之上，馬克思指稱黑格爾把國家中眞實的成分，亦即家庭和社會，轉化爲「理念非實在的客觀因素」。因之，他說：

> 〔黑格爾把〕理念化作主體，把家庭與市民社會對待國家的眞正關係視爲國家內部的、想像的活動。〔其實〕家庭和民間社會乃是國家的基礎；它們是眞實能動的因素，可是在〔黑格爾的〕思辨哲學裡事物總是次序顛倒。當理念變作主詞，那麼眞正的主詞像民間社會、家庭、「情況、隨意」等等便化作意義走失的理念之非眞實的、客體的因素〔賓詞〕了。（CW 3: 8）

此時馬克思已體認民間（市民、公民）社會的重要。對他而言包括家庭在內的民間社會才是生機活潑，呈現個人創造力，表述人群實質生活之所在。反之，政治國家只是一種在法律之前人人平等（實質上卻非平等），表面上顧念全民的福利（實質上只在保護少數統治階級的利益），一個幻想的共同體而已。他認爲「家庭和民間社會才是國家眞實的成分，是〔全民〕意志的眞實精神之存在，亦即是國家存在的方式」（CW 3: 8-9）。

其次，馬克思揭穿黑格爾把現存國家和社會當作符合眞實與理性的制度之錯誤。黑格爾曾嘗試把國家與社會、公民與私人、政治生活與市民生活之矛盾化解與調和。要化解這兩者之對立和矛盾，便要靠世襲君主制度、象徵全民利益的官僚體系和代表各方勢力的議會，這三項政制的運作，才可望完成。要之，君主、官僚和議會構成了組合國家（corporate state）的官方成分，也是「政治國家」三個主要的權力機構。對此馬克思批評：「此處黑格爾把老百姓存在的全體之國家同政治國家混爲一談」（ibid., 78）。這就蘊涵黑格爾把部分混淆爲全體。

對馬克思而言，黑格爾把國家構造成一個抽象的單元，同社會的和歷史的勢力脫節。須知創造政治與社會的現實正是這些勢力。一開始馬克思還同意黑格爾把民間社會同國家分開，儘管他不贊成黑格爾解決社會與國家矛盾的說

法。他說：

> 民間社會與國家是分開的，因之，作爲國家的公民與作爲民間成員的
> 市民也告分開。他明顯地必須在其本身基本上分裂爲兩種不同的身
> 分。以眞實成員的身分他發現生活於兩種組織裡頭：其一爲官僚組
> 織，一種外在的、遙遠而又形式的，很少碰觸到他眞實生活的行政組
> 織；其二爲社會組織，也就是民間社會的組織。可是他在社會組織中
> 卻是站在國家管轄範圍之外的私人，社會組織很少碰觸政治國家。
> （CW 3: 77-78）

　　這段話在說明個人與官廳或與政府打交道的時間相當有限：或是每四、五
年投一次票，或是爲繳稅、申請官方文書才與官廳往來；相反地，一個民間社
會的成員，每日每時都要爲營生而奔波，不管是爲糊口還是爲養家，都得在民
間社會中打拼。在這種情形下，老百姓興起天高皇帝遠的念頭也就無足詫異。
　　既然國家與民間社會分成兩截，要使個人在國家裡頭實現自由便是一種奢
望。馬克思遂指出，黑格爾心目中的政治國家無法調解人人爲謀生而在民間社
會中展開的競爭與衝突，也無法提供給個人自我實現的自由。很明顯地，黑格
爾在討論國家時，並未一併分析組成國家的個人，從而他的哲學中存在著國家
與個人的空隙，亦即存在著政治社群與個人的落差。爲了彌補這一偏差，也爲
了調和個人與國家的對立，黑格爾企圖藉民間社會與家庭當成中介，但這種中
介的方式是錯誤的、累贅的（Avineri 1968: 17）。儘管對黑格爾的國家觀持批
判的立場，青年馬克思的第一個國家想法仍舊沒有跳脫有機說的框架。

四、國家有機說與人性復歸

　　對於沉湎於古希臘安樂逍遙的政治理想之青年馬克思而言，現代政治追
求自私自利所遵循的邏輯演展是何等的可憎可怖。原因是現代資產階級的社會
以及其政治，構成人類的大退步、大墮落。早期人類民胞物與、大同博愛的精
神已蕩然無存。原屬普遍性、寰宇性的「種類之物」（Gattungswesen）的人
類，退化爲當今勾心鬥角、追求一己一族之利、一集團一階級之利的褊狹畜

牲。這種片面性、偏頗性的動物存在,使人為私利所宰割、為物慾所矇蔽,也就是喪失人做為人的本質,殊屬遺憾。

要拯救人類免於沉淪墮落,似乎有賴一種學說的指點與提攜,這便是「國家有機說」(或稱國家官能說)——將國家比擬為人的整體、有機體、或動物的器官,把國家的成員看作人體的器官、部分之整合。

國家有機說是建立在國家真正替其成員服務,國家有效控制社會的各種勢力底假設之上。然而,這種假設在當今的時代實為一種虛幻不實的比喻,是故國家有機說最終要大打折扣、窒礙難行了。

馬克思後來由政治的解放轉而主張經濟的解放與社會的解放、乃至全體人類的解放,以及由一位熱衷民主主義的信徒轉變為共產主義的支持者,都反映了他對國家有機說、官能說的不滿。至於為何轉向共產主義來尋求人類整體的解放呢?那是由於他認為公共的自由(自由只有在公共的場合,而非私人獨處時表現始有意義),只有當全體人類的自由獲致時才能實現。也只有當社會人(而非政治人)獲得完整的解放時,古希臘式的自由才能重新降臨人間。屆時人類不僅重溫古希臘的舊夢,享受逍遙自由,甚而超邁這種早期的自由。

古希臘的個人與社會

· 把人看做社群的動物之哲人亞理士多德,其觀點來自天下萬事萬物(包括人),都內涵潛能,朝其目標(*Telos*)發展成現能。人的潛能為過群居的生活,其最終目標在生活於「城邦」(*polis*; *Πόλις*)當中。

雅典的城邦成為古希臘人群和樂生活的理想場域

這種全人類自由的獲致,有賴社會中內在力量之運作。換言之,亦即社會本身中的「自然力量」,在各種敵對衝突的勢力中,經由辯證的相激相盪、相輔相成而湧現。那麼什麼才是現代社會中的自然力量呢?馬克思認為是無產階級。無產階級的革命在造成共產主義,而共產主義乃是「人重新整合、人回歸其本質、人性復歸」,也是「人的自我異化」(*Selbstentfremdung*; self-alienation）之超越，「人回復其為社會的、合乎人性的本質」（*FS* I: 593; *CW* 3: 296）。

現代社會一方面徹底摧毀古代的自由，他方面又要創造有利的條件，俾恢復古代的自由，甚至超邁古人所不敢想像的自由。是故共產主義對馬克思而言，乃是古希臘政治生活與政治哲學之間矛盾的解決。原來古希臘的哲學展現了完滿無缺的人性論。這種完滿無缺的人性遠比任何城邦公共生活的普遍性、一般性、全民性（*Allgemeinheit*; universality）更為優越。

希臘政治哲學藉追求探索有關公共政治生活的知識，來提升理論活動的層次，從而認定學術、或思想研討活動遠勝於公共的政治活動，蓋後者不啻為有閒階級集體自私的表現，公民的安逸自由是建立在奴隸的操勞辛苦之上。易言之，古希臘政治哲學鼓吹人性追求自由安樂，但古希臘的政治生活卻建立在剝削部分人的自由與平等之上，這豈非政治理論與政治實踐的矛盾？這種矛盾、乃至衝突導致希臘文化、勢力的沒落，也造成古典自由的消失（洪鎌德 1985: 109-113; Paolucci 2011: 148）。

要解開古希臘理論與實踐的矛盾，要恢復政治自由，依馬克思的看法，只有建立具有人類普遍性、一般性、全民性的共產主義，亦即由人的完全解放著手。要達致人的完全解放又必須由個人私自的範圍做起，認清現代社會條件下，「真實的人乃是一個自私的人」，「當真實的個人變成了抽象的公民時，亦即在他的個別生活中，他已變成人的種類時」（*FS* I: 479; *CW* 3: 168），自由才會降臨。這無異說，當個人化成大同或寰宇的一份子，他才會重獲自由。除非有這種完全徹底的人類解放，否則希臘人一度享有的真正自由，不可能重新返回現世。除非私人藉社會經驗普遍化、寰宇化、大同化，而個人以民胞物與的面目出現，也就是說古典哲學所揭示的人性論復現，否則政治的利益、全民的利益始終要被私人的利益、部分的利益所控制、所壓抑（洪鎌德 1997b：183; 2000：319）。

五、國家形同宗教虛幻的共同體

1843年底馬克思撰寫兩篇〈論猶太人問題〉，一起刊載在次年於巴黎發行的《德法年鑑》。在這兩篇表面上討論猶太人的宗教權利維護的文章中，馬克

思實質上提出人的解放，俾對照鮑爾的政治解放。要達致人的解放不但金錢崇拜要消除，也就是要把貨幣制度廢止，還要讓國家消亡。

　　延續著他對黑格爾法哲學的批判，馬克思把批判的焦點擺在政治國家抽象的本質和超驗的結構上，從而也分析人過著雙重（公民與私人）生活的後果。就算是北美「自由的國家」，其人民仍然過著市民社會中真實的生活和政治國家中虛幻比擬的生活。

《德法年鑑》係在1844年由路格（Arnold Ruge 1802-1880）與在巴黎渡蜜月的馬克思合編之期刊，只出1和2期合訂本，便被普魯士政權封殺

　　於是馬克思這麼寫著：

凡是政治國家達到真正發展之處，個人不只在思想裡和意識裡，也在實際生活裡過著雙重的生活，一個天堂的生活和一個地土的生活。〔在天堂的生活裡〕凡生活於政治社群中的人都把自己看作是一個社群的種類。〔可是在〕民間社會的生活中，人把自己看作自私的個人，把別人當成工具，也把自己踐踏為工具，而成為外在勢力的玩物。（*CW* 3: 154）

　　正如霍布士把民間社會中眾人為汲汲營利，而彼此勾心鬥角，相互展開殺戮式的競爭，描寫為「每一人對抗他人之鬥爭」（*bellum omnium contra omnes*），馬克思就視這種相互殘殺拼鬥的個人為自私自利、孤絕異化的個人。他們只懂追求私利，很少顧慮公益，只在乎保護私產，漠視公產。這種為

己而不爲人的個體，馬克思說是「退縮到本身私人利益、私人喜怒的界限內，而脫離社群」的人（*ibid.*, 164）。

與社會中私人角色完全相反的，是政治思想家所鼓吹的公民角色。「在政治國家中，人被當成種類〔靈長類〕看待，他是一個幻想的主權〔管轄下〕想像的成員。他已被剝除他眞實個人的生活，取而代之的是一個非眞實、而具有普遍一般的抽象物〔公民〕」（*ibid.*）。於是國家承認「一個眞實的人應當看作是一個抽象形式的公民」（*ibid.*, 167）。

在政治國家中，以公民身分出現的虛擬生活，在理論上是與社群的生活相契合，也是與理想的普遍性、寰宇性相契合。這種寄身於虛無飄渺的想法與宗教遠離現實、寄望來世的心態相當神似。

宗教是孤獨、異化、無助的個人發自內心的哀鳴，企圖在幻想裡克服其現實中無從解決的災難困苦。宗教的存在正是人間缺陷的存在。國家就像宗教中的天堂一樣，反映了人間、地土、特別是民間社會之缺陷，於是馬克思這般寫著：

> 我們不再把宗教當成是俗世褊狹侷限的原因，而是把它視爲褊狹的表現。因之我們要用俗世的侷限來解釋自由公民宗教的侷限。我們不主張人們爲了放棄俗世的限制而必須克服宗教的褊狹。〔相反地〕我們主張他們一旦去掉俗世的限制，就會克服宗教的褊狹。（*ibid.*, 151）

這表示馬克思的批判不僅限於宗教，而是要抨擊導致宗教枝葉繁茂的根本——現世的不公不義、人群的分裂、災難貧窮滿布的人生。

國家成員的政治生活在很大的程度上與宗教生活無異。政治生活看作宗教生活，是「因爲個人生活與種類生活的雙重性，也是由於民間社會中的生活和政治生活的雙重性」。政治生活是宗教生活，是「因爲人們對待國家中的政治生活，竟是一個超過眞實個體性之外，自存獨立而又眞實的生活之緣故」，況且宗教也成爲市民社會的精神，「表達了人與人之間的分開和隔閡」（*ibid.*）。

馬克思把國家視同宗教，都是屬於虛無飄渺的抽象事物，因之，政治國家與民間社會的關係，也就類似天堂與地土的關係，神聖與俗世的關係。他寫著：

> 政治國家與民間社會的關係是精神的關係，這就如同天堂與地土的是
> 精神的關係。政治國家與市民社會是針鋒相對，它〔政治國家〕籠罩
> 著俗世的褊狹，也就是藉著對它〔政治國家〕的承認、復舊，和受到
> 它支配宰制之承認，而克服民間社會的褊狹。（*ibid.*, 154）

　　如吾人所知，馬克思是從批判宗教開始，及於社會批評，然後轉向政治批判，這是由於人的政治生活在相當程度內為宗教生活的延續。為了有效批判政治國家，馬克思又轉而批判民間社會，蓋後者為前者之基礎。因之，他又再度考察政治國家和民間社會的關係。

　　當黑格爾把國家視為家庭和社會的組織的延續發展，也是這一發展的最高階段，馬克思卻視家庭與社會為國家成立的要素。國家並沒有廢除個人的出身、社會背景、教育、職業、私產等等的不同，這些都是構成民間社會的要素。反之，國家之存在是「靠著它們〔上述出身、背景、教育……之不同〕的存在作為先決條件。國家感覺它本身是一個政治國家，而主張它擁有普遍性、寰宇性，目的在反對這些歧異不同因素的存在」（*ibid.*, 153）。換言之，國家就是假藉反對社會存有各種各樣的區別、歧異，而謀求統一協和，代表全體普遍的利益，而取得其存在的理由和正當性。因之，「完善的政治國家就是在其本質上落實人的種類生活，而反對物質生活〔之歧異〕的國家」（*ibid.*, 154, 155）。

　　馬克思認為國家的先決條件包含個人以及其物質要素（私產）和精神要素（文化與宗教）。這些要素是人民生活的內涵，也是個人在社會中地位的總和。可是人不但是私人也是公民，隨著這兩重角色的出現有不同的要求，前者在爭權奪利，拼搏競鬥，後者在協調和諧，團結統一。於是個人特殊的利益遂不免與國家全體普遍的利益相衝突：「這種衝突最後化約為政治國家同市民社會之分裂」（*ibid.*, 153）。

　　既然人經營雙重的生活，既然政治國家和民間社會分裂為二，那麼想藉國家來揚棄社會，或藉社會來中介個人與國家，都是錯誤的嘗試。

　　在馬克思的觀念中，要把國家與社會的差距縮短，並將其分裂、雙重性加以克服，必須著手改革和轉型市民社會，亦即把市民社會主要的要素痛加批判、改善、革除，才會奏效。由於「政治革命只把民間社會融化為其構成的要素，而不是把其要素加以革命，或將這些要素置於批判之下」（*ibid.*, 167）。因之，只有政治的解放是不夠的，必須要進行更大規模和最終關懷人的解放。

他說：

> 所有的解放是將人的世界和人的關係化約到人本身，一方面是民間社
> 會中當作成員的自私、獨立的個人，另一方面則為化約為公民、為法
> 律上之人格。（*ibid.*, 168）

顯然，市民為活生生、有血有肉的真實個人。反之，公民則為抽象的、人造的、具有法律上責任和義務虛擬或比喻的人。

既然馬克思肯定民間社會中個人為真實的人，以對照政治國家中虛擬的公民，那麼做為民間社會成員的個人要怎樣才不致成為外頭勢力（貪婪、專橫、宰制）的玩物呢？亦即人怎樣達成其完全的解放呢？馬克思的答案是：

> 〔只有〕當真實、個體的人在他本身中重新融入抽象公民〔的美
> 德〕，同時個別的人在其日常生活中，在其特殊的操作中，在其獨特
> 的情境下，變成一個種類之物〔真正的靈長類〕。只有當人承認與組
> 織他「特殊的力量」（*forces propres*）為一種社會力量之時，而不再
> 從其本身中把社會勢力分開出來，不再將這種社會勢力當成政治權力
> 的形式顯現出來之時，只有這樣人的解放才稱完成。（*CW* 3: 168）

從上面的分析可知，此時的馬克思是把國家看成外在於人身，卻又是支配人的行為之異化底社會力量，它與社會迥異與分離，它雖是人群的創造物、人造品，卻自具生命、自求發展，置創造者的人類不顧，有時甚至反噬一口，轉過頭來凌虐創造者的人類。只有把異化的社會力量重加規整和約束，融入人的自身，人的解放才有希望。這段說明馬克思把國家當作宗教虛幻的共同體，亦即異化的社會來看待。

六、人的解放和普勞階級的歷史角色

1843年底與1844年元月，甫抵巴黎辦報不久的馬克思又寫了一篇〈黑格爾法哲學批判導言〉，刊載於《德法年鑑》一、二期合訂本之上。在此文中馬克

思綜括他對黑格爾國家學說的考察，顯示他進入其知識發展的另一階段：由宗教、哲學、政治而走向革命理論。

　　在此文中馬克思首先把民間社會精神元素的宗教拿來批評，套用他的話「宗教的批判是所有批判的基礎」（CW 3：175）。接著他說「對天堂的批判轉為對地土的批判，宗教的批判轉為法律的批判，神學的批判轉為政治的批判」（ibid., 176）。

　　為了批判政治，特別是當代日耳曼的政治現實，馬克思認為德國人應該把哲學與現實作一個對照。19世紀初德國諸種思潮中以黑格爾的哲學最為卓越與深刻，因為後者有關國家的理論「最為連貫，最為豐富，也是最終的陳述建構」。因之，對黑格爾哲學的批判「既是對現代國家的批評性分析，也是對牽連到它的〔政治〕現實之評析」（ibid., 181）。

　　可是黑格爾思辨的法律哲學太過深奧，抽象地處理國家，使黑格爾忽略了真實的人之探討。黑格爾在搞哲學的抽象化與假設說詞之際，使他對德國政治現實的性格，欠缺理解，且有偏頗的析述。為了有效批判黑格爾的法哲學與國家學說，馬克思引進「實踐」（Praxis）一詞，因為實踐會導致德國走上革命之途，最終「將使〔德國〕躋入現代國家行列，並且提升至人類的巔峰，這些都是現代國家在不久之後，便要達致的狀態」（ibid., 182）。

　　馬克思認為激進的、根本的理論將與革命的實踐掛鉤（洪鎌德2013：51-56）。他說：

> 批判的武器自然不能取代武器的批判，物質的力量有待〔另外的〕物質力量來加以推翻。不過理論可以變成物質的力量，當它掌握群眾之時。理論可以掌握群眾，當它展示著人本與人性（ad hominem）之時，它能夠展示人本與人性之時，也就是它變成激進〔基進〕之際。激〔基〕進的意思就是能掌握事物的根本。對人而言，其根本就是人本身。（CW3: 182）

　　至於德國理論激進之跡象，由其「宗教的正面揚棄」一點可以看出。至此我們可以了解，馬克思何以把宗教的批判和人的普遍解放連繫在一起：

> 宗教的批判停止在這種教誨之上：對人而言再也沒有比人更高的事物的存在。因之，宗教的批評也停止在範疇性命令：把所有造成人為卑

賤、奴役、棄絕和可厭之物的〔人際〕關係徹底推翻（ibid.）。

對馬克思而言，人的普遍解放無異為人「普遍自我實現」，也就是激進的社會革命。這是人群變天的基本需要。但是這種社會革命卻無法出現在德國，因為它缺乏消極上的壓迫階級和積極上的革命階級，為此馬克思說：

> 在每一場合，重大〔革命〕的角色扮演之機會總是溜走，每一階級當它要與其上頭的階級展開鬥爭之際，又捲入與其下面階級發生衝突。於是王公們在對抗君王，官僚在對抗貴族，布爾喬亞在對抗所有的其他人，而普勞階級已開始對抗布爾喬亞。（ibid., 185-186）

假使情況確是如此，「那麼德國人解放的可能性在那裡？」於是馬克思在尋找一個受害最深、人數最多、革命意識最堅強的革命性階級，「這一階級具有普遍受害的普遍性格，它無法請求特殊的補正，因為對其造成的傷害不是特殊的錯誤，而是普遍性的錯誤」。

這一階層「如果不能同時解放社會其餘各階層，它就無法解放其本身。易言之，人必須徹底的遺失才能徹底的尋回。這個造成社會全部解體的特別階層乃是普勞階級」（ibid.）。普勞階級成為普遍性的階級（universal class）。這個普遍階級的普勞與推翻現存資產階級的國家之密切關係成為馬恩革命理論的核心（Ng 1991: 98-108）。

馬克思與恩格斯對於廣大勞動群眾的直接生產者、勞動者受到資產階級的凌虐、壓迫、剝削極為同情與憤怒、終他們的生涯不斷鼓吹普勞階級的革命

在馬克思的心目中，普勞階級將宣布廢除「至今為止現存世界的秩序」，

並要求對「私有財產的否定」。他接著說：

> 當哲學在普勞階級當中找到它物質的武器時，則不啻為普勞階級在哲
> 學中找到其精神武器。當思想的閃電剛好打中人群創意的土壤之瞬
> 間，德國人解放本身，進而解放人類的時刻便告降臨。（*ibid.*, 187）

　　馬克思終於把他對宗教的批判改變為對政治的批判，也就是從宗教的政治解放邁向人的真正解放，從理論的、批判性的活動走向實踐的、革命的活動。他在德國工人（普勞）階級中找到普遍階級。這點同黑格爾在官僚體系找到普遍階級是大異其趣。至此，馬克思已完成對黑格爾國家學說的批判。事實上，透過他的批判工作，馬克思從黑格爾哲學的陰影下擺脫出來（Miliband 1965：279；洪鎌德 2000：13-17）。

七、現代國家、普勞階級和社會革命

　　馬克思對現代國家，特別是對普魯士王國的批評反映在他對一度曾經是戰友的路格（Arnold Ruge 1802-1880）文章的批駁。1844年路格在巴黎出版的《前進！》刊物上，撰文提及西利西亞失業紡織工人的暴動，而主張在現存政制下組織政黨進行社會改革。

　　在反對路格的改良主張中，馬克思不但猛厲抨擊路格對現代國家、社會改革和德國工人階級現狀的缺乏理解，還繼續論述他本人早先有關政治國家與民間社會分裂的說法。他論證政治國家無法療治民間社會的病痛：「就算眾多政黨的存在，每個政黨都把矛頭指向執政黨，認為它是罪惡的根源，就算是激進的和革命性的政治人物，也不在國家的本質中尋覓罪惡的根本，而只斤斤計較用何種國家形式取代目前的國家形式」（*CW* 3：197）。

Ruge hoped that the desperate uprising of the textile workers would force the German middle classes and state bureaucracy to create democratic reform from above, but Marx saw in the strike itself a whole new form of social struggle from below.

　　在文尾馬克思指出，在「政治的架構」中處理社會的毛病是不妥善的，因為連最激進和富有革命精神的法國工人階級在其首次造反中，也已認清導致所有罪惡的因由為「意志和暴力手段；企圖推翻國家的特殊形式〔君主變為共和〕」（ibid., 204）。換言之，對馬克思而言，社會的毛病無法單靠政治行動一項便可療治，蓋政治行動不過是改朝換代、國家形式和政制的改變而已。

　　由是可知馬克思並不認為國家和社會組織之間有明顯的不同，原因是國家乃是社會的組織。在這裡他似乎把國家和政治國家混為一談，因為他在緊接著的論述中，把社會的組織和公共行政當作國家的政治範圍來看待，他說：

> 只要國家承認社會弊端的存在，就看出弊端的原因如果不是由於自然法，亦即人的力量無法左右的勢力，便是仰賴國家的私人生活〔造成的〕，或是不仰賴國家之行政的錯失〔所引起〕。（ibid., 197）

　　正如馬克思所指稱的，每個國家都在尋找社會弊病的原因，認為毛病出在「行政機關有意或無意的過錯，因之其補救之道便是行政〔改善〕的措施，為什麼會這樣？嚴格而言乃是因為行政乃國家組織性活動的緣故」（ibid., 198）。與此相關的，馬克思談到作為現代國家基礎的政治與經濟生活，以及這兩者之間的矛盾：

> 存在於行政的目的與善意之一端，和促成其實現的手段與可行性之另一端之間有重大的矛盾。這個矛盾的清除只有當國家本身消亡之後才能辦到，原因是國家的存在完全建立在此矛盾之上……國家是建立在公共和私自生活的矛盾，亦即在普遍利益和私人利益矛盾之上。

　　　　是故行政限制於形式的與否定的活動中，原因是民間生活與勞動開始
　　　　之處，正是行政權力告終的所在。誠然，在面對民間社會反社會性質
　　　　所滋生的結果，像私人所有權、商貿、工業和各階層市民間的相互劫
　　　　掠，亦即在面對這些〔社會營生、競爭、互爭雄長、交相爭利、攘利
　　　　恐後等〕結果之時，行政的無力、挫折成爲其自然法則。民間社會的
　　　　雞零狗碎、原子化、卑賤、奴役正是現代國家賴以建立的自然基礎，
　　　　這正如〔古時〕奴隸的民間社會成爲古代國家矗立的自然基礎一般。
　　　　（*ibid.*）

　　這段話看出，馬克思一開始便視古代或現代國家的產生是出於社會各種勢
力交互爭執衝突，特別是階級利益的較勁。在相持不下的情況下，需要國家來
調解、擺平。這無異是國家之產生是由於社會勢力的衝突引起的，這是一種國
家生成的衝突論。

　　現代國家陷入進退維谷之中，如果它要消除其行政的無能，首先就要消除
公民追求自利、競爭、衝突的私人生活，但國家如果取消了公民的私人生活，
則國家本身的存在便喪失基礎，而導致國家的消亡，因爲它的存在正是由於公
民私自利益的衝突與矛盾的結果。

　　對馬克思而言，政治國家乃是社會結構，「能動的、有意識的、以及官方
的表述」。國家愈強盛，亦即變成更具政治色彩的公家組織，它愈無法理解社
會弊病的一般緣由，而更不會把弊端的根源尋找到「立國的原則」之上。「看
不到立國原則的缺陷，法國大革命的英雄們誤把社會弊病的泉源當成政治的罪
惡」（*ibid.*, 199）。

　　認爲民間社會的轉型無法靠政治行動來獲致，馬克思又回歸到普勞階級
上，認爲它是唯一的社會勢力，「斷然地，在襲擊的、尖銳的、無拘束的和有
力的情況下，宣布它對私產〔盛行的〕社會的反對」（*ibid.*, 201）。

　　馬克思認爲1844年西里西亞紡織工人的反抗，比起英國工人的反抗，更爲
大膽、深思和審愼，因之，他讚美這批德國普勞工人是「歐洲普勞階級的理
論家，正如同英國普勞階級是其經濟學家，法國普勞階級是其政治家」一般
（*ibid.*, 202）。德國資產階級無能帶動政治革命，但德國的無產階級卻能夠帶
動社會革命。「〔像德國〕哲學的人民只能夠在社會主義當中，發現其適得其
份的實踐，因此，在無產階級當中，可以找到它〔自我〕解放的動力要素」
（*ibid.*）。

　　馬克思一再申述政治革命與社會革命的不同，他說：「凡是消融舊社會的革命，它在某種程度上就是社會的〔革命〕。凡是推翻舊政權的革命，在某種程度上就是政治的〔革命〕」（*ibid.*, 205）。在分辨政治與社會革命之不同後，馬克思下達結論：

> 一般的革命——推翻既存權力和解除舊有關係——是政治的動作，可是社會主義不靠革命是實現不了。它需要這個政治動作，其需要的程度如同它需要毀滅和解體一般。可是當作組織的活動開始之時，其適當的客體，其靈魂也一一出現——這時社會主義便可以摔掉政治的外殼。（*ibid.*, 206）

　　換言之，在運用政治暴力奪取政權之後，社會革命將致力全社會的改造，屆時私產廢除，分工取消，國家、政治、法律一併消亡。

　　在此一階段，馬克思的政治思想不再奢談「理性國家」、「真實國家」、「真正民主」等等，而是一心一意暢談無產階級革命完成後所要建立的社會主義，這將是他所期待之人的解放的起始。

八、人的異化和資產階級的國家

　　約在1844年春天，馬克思開始把他對國家的批判轉往經濟的批判。在恩格斯的影響下，馬克思狂熱地、大量地啃讀亞丹‧斯密、李嘉圖、席斯蒙第等人政治經濟學的著作，並對他所處時代的資本主義進行考察和分析。研讀的初步結果便是1844年號稱《經濟哲學手稿》或所謂《巴黎手稿》的撰作。該手稿直到1932年才正式出版（洪鎌德1997c: 6-7; 2005: 11-13, 51-99）。

　　在手稿中馬克思徹底地討論黑格爾和費爾巴哈對人性的看法（Hung 1984）。馬克思在此視人為生產的動物，不只自由地、有意識地、普遍性地進行生產，而且會根據「美的法則」去創造建構。他也討論當代資本主義社會中人的異化，認為異化的消除只有當私產制度取消之後才有可能。共產主義主張取消私產，不過要達到「私產的正面取消」必須在「充分發展的人本主義」實現之後。這裡馬克思只是偶然提及國家，例如他說：「宗教、家庭、國家、法

律、道德、科學、藝術等等，僅僅爲特殊的生產方式，也受到生產方式一般律則的調節。私產的正面廢除，就是人的生活的占有，也就是所有異化的揚棄——也就是使人從宗教、家庭、國家等等回歸到人的社會存在」（*CW* 3: 297）。

　　值得注意的是，此時的馬克思把國家看成爲特別的生產方式之一，而不把它看作意識形態的上層建築，這是由於他尚未發展其唯物史觀、或說是他的唯物史觀尚未完成之緣故。這時的馬克思顯然是視國家爲人類異化的產品。國家由社會產生，卻反過頭來牽制社會，國家也違反了人的社會性、社群的性質，或稱人的種類本性。因之，國家成爲異化的社會力量，所以主張人由國家回歸人的本身，亦即回歸人做爲社會動物的人之存在、人的社會存在。

　　這個時候馬克思國家觀所以會改變，除了主張以人的解放來取代政治解放之外，也是由於他在閱讀亞丹‧斯密的著作中，對民間社會中階級的存在、對立、抗衡開始有粗淺的印象。這裡他也透露有關國家可能成爲階級工具的一絲訊息：「人類奴役的總體是牽連到工人同生產的關係，而所有的奴役關係不過是這種關係的修改與結果而已」（*CW* 3: 280）。

鮑爾（Bruno Bauer1809-1882）為青年黑格爾門徒之一，和馬克思友好，後來意見不合而反目

　　稍後，馬克思與恩格斯合作出版的《神聖家族》（撰寫於1844年9月至11月間），也透露早期馬克思對國家的看法。他反覆抨擊鮑爾對國家和「人權」的看法。在此馬克思稱：「鮑爾把國家混淆爲人類、把人權混淆爲人，把政治解放混淆爲人的解放。這種看法使他〔鮑爾〕想到或想像某種的國家，某種國家的哲學理想」（*CW* 4: 88）。這就說明馬克思反對鮑爾（如同黑格爾一般）

空談理想的國家。於是馬克思續稱：

> 現代國家對人權的承認，其無意義就同古代國家對奴隸的承認。換言之，正如同古代國家以奴隸作爲其自然基礎，現代國家以民間社會和民間社會的個人作爲其自然基礎。民間社會的個人即是獨立的人，他與別人的聯繫是由於私利和不自覺的自然必須性，亦即是追求所得的勞動奴隸爲滿足本身與他人的需要〔而結合、而聯繫〕。現代國家承認這個是它的自然基礎，亦即在人的自然權利中發現〔人人聯繫的因由〕。這一自然基礎並非現代國家所創造的。現代國家乃是民間社會的產物，由於它本身的發展衝破了舊的政治的範圍和限制。現代國家當今在宣布民權之際，終於承認它跳脫出來的子宮〔民間社會〕及其基礎。（*ibid.*, 113）

因之，民間社會及其構成的要素，像追求私利的個人，才是現代國家自然的基礎。顯然，現代社會中自私自利的、獨立自主的個人，也就是一批新的奴隸，是工資的奴隸。他們之間會有所關連或串連，就是基於「私人的利益」和「自然的必須」。要之，現代社會是建立在一種新的奴隸、或稱解放的奴隸基礎上所建構的社會。

由於強調國家與民間社會的關係，馬克思譴責那些「絕對批判」的支持者，其中之一爲鮑爾。鮑爾誤會人類是「原子」，是「無關連的、自足的、無需求的，絕對充滿而被祝福的事物」（*ibid.*, 120）。馬克思說：

> 並非國家把民間社會中零散的原子〔人群〕結合在一起，事實上他們只有在想像裡才是一大堆的原子，在空想的天堂裡他們是一大堆的原子，但現實中卻是與原子大相逕庭。易言之，他們並非神聖的自利者，而是自私自利的人類。只有政治的迷信至今仍想像民間生活必須靠國家來組合。但在現實裡剛好相反，國家是靠民間生活整合在一起。（*ibid.*, 121）

馬克思認爲古今國家之不同爲「古代，實際上民主的國家是建立在眞實的奴隸制上，而當今精神上民主的、代議的國家卻建立在解放的奴隸，布爾喬亞的社會上」（*ibid.*, 122）。現代資產階級的社會是工業的社會，是普遍性競爭

的社會，是自由追求利益的社會，是無政府的社會，是自我異化與精神個體的社會（*ibid.*）。

　　過去馬克思只分析普魯士國家，現在則開始去瞭解當代「憲政和代議國家」的法蘭西。至此馬克思已著手進行國家經驗性的、實證的、歷史的、描述理論之形構，俾取代早先超驗的、哲學的、應然的、期盼的國家理論之建立。他描述法國大革命為政治革命，資產階級所以興起乃得力於此一革命。不過此一革命卻無助於群眾的醒覺。其後資產階級的成就卻被拿破崙和波旁王朝所奪取，最終在1830年的革命中，資產階級才取得最後的勝利。

拿破崙大帝（1769-1821）掠奪了法蘭西大革命的成果，用國家來對抗社會，被馬克思所抨擊

　　拿破崙的上台標誌著對抗布爾喬亞的革命恐怖最後之一役，因之要求布爾喬亞要犧牲其商務和享受。儘管他認識到現代國家的本質是建立在布爾喬亞不受限制的擴展基礎上，也是建立在私人利益自由發展之基礎上。「可是他〔拿破崙〕卻也視國家本身具有其目的，而民間社會只是國家的金庫，是附屬於國家而本身不容有其獨立意志的。他藉長期戰爭的取代長期革命，使其恐怖統治得以延續完善……在其內政上以展開對民間社會之戰爭，把它視為國家的對手。把自己人身當成國家絕對的目標」（*ibid.*, 123）。

　　1830年時，法國的資產階級不再把立憲代議制的國家看作追求普遍性、一般性利益的國家，或是實現福利政策的國家。反之，卻將其視為「獨占的權力及其特殊利益之政治承認的官方表達」（*ibid.*, 124）。

　　至此馬克思的國家觀已發展到一個新的階段，認為國家是某一特殊階級追

求其特殊利益而掌握到排他的、獨占的權力。國家便成為這種獨占權力的官方
表述，這種改變又顯示他放棄亞丹‧斯密的階級觀，亦即由社會異化轉向階級
統治的國家觀（Barbalet 1983: 149）。這是至今為止他的作品中把資本主義的
國家當作階級獨占權力的官方表述，也就是國家為一個唯一的階級——資產階
級——所支配、所主宰（McGovern 1970: 459）。

九、唯物史觀與資本主義的國家

　　馬克思與恩格斯在被迫離開巴黎，流亡布魯塞爾期間，兩人合作於1845
年春至1846年4月撰成《德意志意識形態》長稿，此一長稿在兩人生前迄未出
版，直到1932年方能出版面世（Hung 1986）。

　　馬克思的唯物史觀雖醞釀於1844年的《巴黎手稿》，但真正成形還得數
1845/46的《德意志意識形態》（以下簡稱《意識形態》）一長稿。對結構主
義大師阿圖舍而言，《意識形態》一書標誌著馬克思認識論上的斷裂（洪鎌德
2010b: 270-276）。也就是說，此書之前的馬克思是沉浸於哲學玄思，也是深
受黑格爾哲學影響的馬克思。此書之後的馬克思則為揚棄哲學而擁護科學，以
政治經濟學來理解社會與歷史的馬克思（Althusser 1969）。

阿圖舍為法國新馬理論家，倡說結構主義的馬克思主義

　　在這裡馬克思強調歷史乃是人類的勞動與生產的紀錄，生產與交易相互
影響，不過起決定作用的因素仍舊是生產。整個人類歷史的發展及其延續，也

就是在一層一層不同階段上生產與交易的起伏變化。是故馬克思與恩格斯說：「在歷史中發生的種種衝突之緣由，根據我們的看法，乃是由於生產力和交易形式之間的矛盾」（*CW* 5: 74）。

馬、恩兩人旋稱民間社會在經濟力發展到某一階段之際，必須把個人的物質交易加以統合與擁抱，也就是擁抱某一發展階段上所有的工商活動，「它〔民間社會〕必須保持其本身，在對外關係方面當成一個民族體（nationality），在對內方面則把本身組織為國家」（*ibid.*, 89），其結果，「民間社會成為所有歷史真正的焦點和戲台」（*ibid.*, 50）。它成為「所有歷史的基礎，在描述其行動之時，則以國家的面目出現」（*ibid.*, 53）。

那麼國家在這種歷史觀之下扮演何等的角色呢？對馬克思而言，國家並非由個別人的意志，而是由生產方式產生的，他說：

> 因之，國家的存在並非由於主導〔支配〕的意志。反之，從個人生活的物質方式所產生的國家有了主導的意志底形式。假使國家喪失其支配，這意味著不僅意志已改變，並且也意味著物質存有和個人生活的改變，也就是因為這個緣故〔物質生產方式的改變〕才會造成〔國家〕意志的改變。（*ibid.*, 330）

換言之，任何的個人或階級在行使權力時，必須要假藉國家的形式，以國家的名義來發號施令，進行統治。他們透過國家機關來表達他們主導的、支配的意志，不是隨便的、恣意的，而是在反映階級和階級之間的關係，也反映了生產方式發展的情況。

此外，在國家的結構與社會的生產之間存有密切的關連。「社會結構與國家不斷地從個人們的生活過程中演展出來……個人們物質地行動、生產，他們是在不隨意志而轉移的特定物質限制、假設和條件下進行勞作」（*ibid.*, 36）。

透過分工合作，生產力把分開的個人緊綁在一起，也造成人人相互倚賴。可是，「一國之內的分工是這樣的：首先把工商從農業操作中分開出來，因之造成城鎮和鄉村的分開，也造成他們之間的利益衝突。它的進一步發展就導致商業活動從工業操作中分開出來」（*ibid.*, 32）。在分工的不同發展階段上，財產的不同形式也逐一出現。私產和分工的結合便利了社會階級的出現，因之，階級崛起的歷史淵源同分工的發展，也同生產資料擁有的產權是分不開

的。分工把人們納入相互競爭、相互鬥爭、相互敵對的階級裡頭。它意涵「分開的個人或個別的家庭之利益同彼此交往的所有個人之共同利益之間的矛盾」（*ibid.*, 46）。

為了使階級衝突和社會矛盾得到紓緩與和解，國家便以獨立的、甚或中立的形式出現，而聲稱代表「普遍的、一般的利益」。事實上，國家不過是「虛幻的共同體」，這類共同體最先只是立基於個人與家庭、家庭與部落、部落與其他部落連結之上，後來才成為階級連繫的基礎。至於階級不過是「在每一大堆人群中分開出來〔而形成的集體〕。在諸階級中總有一個階級突出，支配其餘的階級」（*ibid.*）。

以上可說是馬克思對國家出現的歷史性說明。後來恩格斯在《家庭、私產和國家的起源》（1884）一書的敘述，則可以說把馬克思的看法作出更明確的點破。恩格斯說：

> 因之，國家並非由社會外頭用來壓迫社會的權力，它既不是黑格爾所言「倫理觀念的實在」，也非「理性的形象與實在」。反之，卻是社會發展到某一階段時的產物。它是一種的承認，亦即承認社會已捲入無法解開的矛盾中，亦即社會已分裂成無法調解的敵對中，也是社會無力把這種敵對驅散之時。不過為了不使這些敵對，也就是由於經濟利益而引發衝突的諸種階級把精力完全消耗於社會鬥爭裡，於是有一股表面上站在社會之上的勢力〔之崛起〕，它認為調解衝突，把衝突維持在「秩序」的範圍內是有必要的。這個從社會裡出現的，而又處在社會之上，並且逐漸從社會疏離、異化出來的力量，便是國家。
> （*SW* 3: 326-327）

在《意識形態》中，馬克思與恩格斯認為，現代國家與私產是搭配出現，也就是民間社會出現了資本主義，於是就有受資本家控制，甚至收購的國家產生。他們說：「國家是被財產擁有者藉徵納稅金而逐漸收買」，「國家由於國債的關係而完全陷入他們〔資產階級〕的手中。於是國家是仰賴有產者，亦即資產階級所給予的商業貸款而告存在，這種情形就反映在市場交易上政府債券的起落」（*ibid.*, 96）。

當代資產階級社會中，布爾喬亞有異於中古時代的地主、貴族、僧侶層級而形成階級，布爾喬亞不再把其本身只作地方上的團結，而是全國性地組織起

來，他們甚至奪取政權，披上國家的外觀（形式），大力推動與增進其利益。「透過從共同體〔之公產〕使私產解放出來，國家成為同民間社會分開的實體，也就是與民間社會並存，或在民間社會之外的政治實體。為了對內與對外的目的，它〔國家〕被迫為他們〔資產階級〕的財產和利益提供相互的保證」（*ibid.*）。

　　總之，在撰寫《意識形態》時，馬克思與恩格斯強調國家為資產階級所收買，由於國家支出浩繁，財源有限，故其依賴布爾喬亞的情況愈形嚴重。現代國家的典章制度雖是以國家名義制定，卻是反映民間社會，特別是布爾喬亞的現實利益。是故馬克思說：

> 由於國家是統治階級的個人們主張他們共同利益的一種形式，而他們的共同利益也是某一時期中整個民間社會的寫照。因之，其結論為所有的制度都是由國家建立，而且賦予政治的形式。（*ibid.*）

十、國家為階級統治的剝削工具

　　1847年馬克思撰寫了《哲學的貧困》，嘲笑蒲魯東對政治經濟學的無知，不瞭解「所有〔封建主義〕的經濟形式及其相適應的市民關係，以及作為舊的民間社會官方表述的政治體系都隨著布爾喬亞的興起而被砸碎」（*CW* 6: 175）。馬克思還嘲笑蒲魯東歷史知識的貧乏，不知「所有朝代的統治者都要臣屬於經濟條件，他們〔統治者〕是無從為它們〔經濟條件〕發號施令制定法律。不管是政治的，還是民事的立法無非是宣布，或是表達經濟關係的意志而已」（*ibid.*, 147）。換言之，馬克思強調統治機器（包括主政者的立法機關）不過是經濟關係，也就是民間社會利益分配的官方反映與官方表達而已。

　　馬克思對國家的這種看法最直截了當，也是最清楚明白的闡述，無過於他同恩格斯所起草的《共產黨宣言》（1848）。在這一宣言中，兩人指出：「現代國家的行政機構無非是處理全部布爾喬亞共同事務的管理委員會」（*CW* 6: 486）。政治權力也成為「僅僅是一個階級壓迫另一個階級組織性的權力」（*ibid.*, 505）。

馬克思認為，國家不僅是護衛資產階級利益、或管理資產階級共同事務的機器，還是壓迫和剝削無產階級的工具，因之，視國家具有鎮壓的基本特性。在《資本論》第一卷（1867）中，他便把國家當成「社會集中的與組織的暴力」（*C* I: 703）。

換言之，現代國家在解決存在於階級之間的爭執。它不再只是調解雙方利益衝突，而是對被統治階級的壓迫。階級衝突愈趨激烈，壓制也愈為深重，於是國家變得愈來愈強大。儘管國家是由社會誕生出來，卻與社會並列，甚至站在社會頭上來宰制社會。

依據桑德遜（John Sanderson）的分析，馬克思對國家有兩個基本的看法，第一個看法就是階級工具論；第二個看法則為社會寄生蟲論（Sanderson 1963: 947）。

所謂階級工具論在上面提到的《共產黨宣言》中，把國家的行政機關當成資產階級共同事務管理委員會看待，已有徹底的指明。恩格斯在1871年致西班牙工人總會信函（1871.2.13）上提及「有產階級——擁有土地的貴族和資產階級——奴役工人群眾不僅靠他們財大氣粗，不只靠資本對勞力的剝削，而且也靠國家的權力——靠軍隊、官僚、法庭」（*SC*: 244）。又在致居住義大利的德國社會主義者庫諾（Theodor Cuno 1847-1934）的信（1872.1.24）上，恩格斯再度強調階級的敵對不只是由於社會發展的結果，而是把國家當成主要的罪惡而有加以消滅的必要，恩格斯說：「國家無非是統治階級——地主和資本家——建立的組織，其目的在保護他們社會的特權」（*SC*: 257）。

同樣的主張出現在恩格斯《社會主義：空想的與科學的》（1892）的小冊上。現代國家不過是資本主義社會的官方代表，它不管有無資產階級的託付，都會對生產的方向有所指示，靠著交通與通訊的國家財產來進行生產與分配的工作，只要靠著公家發放的薪金便可以養活大批公僕進行龐大的社會功能，而不需資本家親自去治理國家。恩格斯遂得到結論：「現代國家只是資產階級社會的組織，目的在支撐資本主義生產方式的外在條件，而防阻工人或個別資本家的侵害」（*SW* 3: 144-145; *CW* 24: 318-319）。

恩格斯在討論日耳曼《住屋問題》（1872）時，便指出：

國家不過是有產階級、地主和資本家組織化的集體權力，用來對抗受剝削的階級、農民和工人群眾。凡是個別的資本家……所不樂為之事，他們的國家也不為。〔因之〕假使個別的資本家埋怨房屋短缺，

而表面上又無意去改善其嚴重後果，那麼集體的資本家──也就是
國家──也不會想要有所動作去改善此一狀況。（*SW* 2: 347; *CW* 23:
362）

　　馬克思充分理解，並非所有的布爾喬亞都是統治階級。布爾喬亞的一部
分，像是銀行家、股票市場的大戶、私人鐵道的所有權者、森林與礦場的主人
等等，一言以蔽之，這些大財主或稱作「金融貴族」（finance aristocracy）是
法國1830年七月革命後至1848年革命止，前後18年之間，復辟的路易‧菲力王
朝（第二帝國）的政治操盤者，於是法國這個號稱七月革命的王朝變成剝削法
國財富的股票公司，使國王路易‧菲力（1773-1850）成為公司的總經理（*SW*
1: 208）。同樣的情況也發生在英國，輝格黨成為19世紀前半英國「資產階級
的貴族代議士」，於是英國的君主立憲不過是「官方統治階級與非官方統治階
級之間的妥協」（Marx and Engels 1953: 353,409）。

　　路易‧波拿帕‧拿破崙（即拿破崙三世1808-1873）擔任第二共和總統期
間（1848-1851），法國代議士之作為並不完全按照出身的階級而替該階級服
務，馬克思看出這些代表有從其階級疏離或異化的情事發生。從而，馬克思又
演繹出一種新的國家觀，也就是把國家看成完全獨立自主有異於社會的單元，
但在金錢和人力方面卻又要靠社會來提供，是即成為社會的寄生蟲。

投機政客的路易‧波拿帕‧拿破崙是第一帝國的拿破崙大帝之侄，他居然由
法國總統（1848-1851）復辟稱帝（1852）

十一、國家爲社會寄生蟲說

　　一個社會中假使敵對階級之間維持相當的對峙和平衡，則國家有可能獲得某種程度的獨立自主性，而不必附屬於某一階級。這種說法早在《意識形態》長稿中馬克思與恩格斯便曾提及，他們指出國家可與民間社會並列，或是在民間社會之外成爲分開的單位（實體）。一般而言，國家成爲資產階級保障其財產與利益的組織形式，可是在某些國家中，有些社會層級尙未發展成爲階級，或是階級與層級混合出現，亦即「民眾中的一部分無法對其餘的部分達致支配的能力時」，國家獨立於社會就會變成可能（*CW* 5: 90）。

　　恩格斯也在《家庭、私產和國家的起源》（1884）中指出，17與18世紀的歐洲絕對君主統治時期，以及拿破崙第一統治時代和法國第二帝制時，存在於貴族階級和市民階級之間的爭執，或是存在於資產階級和無產階級的鬥爭之間，國家僞裝成調解者，一時間獲得某種程度的獨立。換言之，利用鬥爭的雙方之相持不下，國家遂收漁翁之利（*SW* 3: 328-329; *CW* 26: 271）。

　　在對路易・波拿帕・拿破崙的政權作仔細的描述和分析後，馬克思在其四篇文章合成的論文集《法蘭西的階級鬥爭》（1848-1849）一書中指出：路易・拿破崙的政府爲「資產階級已喪失，而無產階級尙未獲取國家統治能力之時，唯一可能存在的政府形式」，他這裡也提及「國家權力彷彿在社會之上高高飛翔」（*SW* 1: 211）。此時的路易・拿破崙因爲獲得小農的投票支持，表面上顯得高高在上，不受資產階級、或地主階級的掣肘。不過馬克思認爲法國好不容易擺脫一個階級的專制，卻又掉入一人的專制之中（*CW* 11: 185）。

　　在《路易・波拿帕霧月十八日》（1852）一書中，馬克思認爲法國的「階級鬥爭創造一種情勢和關係，使這個平庸無奇的〔拿破崙三世〕扮演了英雄的角色」（*CW* 11: 149）。在這裡馬克思強調拿破崙三世擁有五十萬的政府官吏與五十萬的軍隊，他們對維持國家獨立於任何階級之上的權力懷有切身的利害關係。換言之，在這部涉及拿破崙大帝姪兒的著作中，馬克思提供一個對國家新的看法之例子，亦即國家並非只依賴某一階級，也不是某一階級獨占性優勢的代言人（Duncan 1982: 139）。

　　由於法國布爾喬亞的內部分裂，才會造成有利於波拿帕主義的國家從第二共和中崛起。資產階級在剝削無產階級而擴大利潤時，有其共同的利益，但

不久卻因利益分配不均而使資產階級分裂成許多互相競爭的派別。他們的分裂一言以蔽之，就是對物質利益的歧異，也是意識形態的不同（偏見、幻想、偏執、迷信等）。法國的議會一方面代表全體法國資產階級的共同利益，另一方面又罩不住各種派系相互競求的特別利益。更嚴重的是，議會的紛爭造成立法機關屈服於行政機關之下。

　　由於統治階級內部的分裂、鬥爭，導致社會勢力相互敵對抗衡，於是政治國家與民間社會的裂痕愈來愈大，政治國家遂獲得某種程度的獨立自主，亦即國家擁有更多的自由與活動空間。馬克思說：

> 這個擁有龐大官僚和軍事組織的行政權力，也就是擁有擴大的和人造的國家機器，擁有五十萬名官僚和五十萬名軍隊之行政權力，卻是令人驚訝的寄生蟲，它寄生在法國社會的軀體上，就像網絡一樣阻塞每一毛孔的排氣，連最風光的絕對君主制〔與之相比〕……也要遜色。（*CW* 11: 185）

　　像路易・波拿帕・拿破崙由第二共和的總統轉變為第二帝國的皇帝（拿破崙三世），儘管本身自認為代表所有法國人的共同利益，究其實仍舊是分裂和奪取了布爾喬亞的政治權力。但法國資產階級仍舊被迫去支持他，把他送上總統座位，後來又擁向皇帝的寶座。馬克思諷刺他（路易・波拿帕・拿破崙），只有此君才能拯救布爾喬亞的社會。法國政府形式不論是總統制的共和，還是復辟的帝王制，國家逐漸成為權力的制度，迫使工人階級在與它爭衡時，必須面對此一勁敵。馬克思在後期遂深信國家機器不但應由無產階級所搶奪，而在過渡時期的專政之後，無產階級最終還要打破國家機器。

十二、國家的消亡論

　　馬克思首次提到國家的取消，應該是對法國新聞工作者和議員吉拉丹（Émile de Giradin 1806-1881）撰作社會主義的書評（1850），在該書評上馬克思不認為可以靠稅制改革而使國家的功能減少，乃至去掉國家鎮壓的性格。在馬克思看來，資產階級的國家是資產階級對抗其成員中的個體、對抗被剝削

的階級，相互保障的機器，但由於這種相互保障耗費愈來愈高而變得困難，因此才有像吉拉丹這樣幻想保險公司可以易名，而讓保險顧客分享紅利的天真想法。事實上作為統治機關的強制、干涉、壓迫隨時都會出現在社會中。

吉拉丹為19世紀法國時論者與政治家，曾分辨好與壞的社會主義，而遭馬、恩的駁斥

馬克思因此接著說：

> 在取消徵稅的背後隱藏著取消國家〔的理念〕。對共產黨人而言，國家的取消有其意義，蓋當階級取消之際，一個階級壓制另一階級的組織性武力便告消失。在〔當今〕資產階級國家中對國家的取消意指把國家權力減少到像北美〔合眾國〕一樣，在那邊階級矛盾還不充分發展，每次階級發生衝突而導致剩餘的人口往西部遷徙，國家的權力在東部就減至最低程度，也就在西部不發生〔階級衝突〕。在封建國家中，國家的消除意謂封建主義的消亡，與一個布爾喬亞國家的新創立。（*CW* 10: 333-334）

在與無政府主義者的論戰中，馬克思對蒲魯東等人凌厲的的抨擊，顯示他比無政府主義者更反對政府、或國家的繼續存在（Bloom 1946: 114）。其實在這之前，馬克思早在《哲學的貧困》（1847）一書中指出：工人階級必須把自己聯合起來、組織起來成為「組合」（association）才能求取工人的解放，他接著說：

> 工人階級在其發展中將會以組合取代舊的民間社會，組合將排除各類階級以及它們之間的敵對，從此再也沒有所謂的政治權力〔國家〕，因為政治權力嚴格來說就是民間社會中敵對的官方表述。（*CW* 6:

212）

對以上的話，恩格斯在致貝倍爾（August Bebel 1840-1913）的信（1875.3.18）上就指出：「無政府主義者在令我們作嘔的情形下提出什麼『人民國家』的名堂。其實馬克思早在批判蒲魯東的專書〔指《哲學的貧困》〕和其後的《共產黨宣言》中直接宣示：社會一旦引進社會主義的秩序，當作過渡時期的制度之國家本身便要解體和消失⋯⋯一旦我們可以談到自由時，國家便停止存在。我們決定在所有出現國家之處易以社群（Gemeinwesen），這是一個良好的德文詞彙，它可以表示法文commune的意涵」（SC 275-276；洪鎌德2000：354n, 387）。恩格斯還在寫給范帕田（Philip van Patten 1852-1918）的信（1883.4.18）中說得更清楚：

自1845年以後馬克思與我持一個觀點，即在未來無產階級革命〔成功〕後，其中一項結果為號稱國家的政治組織將逐漸解體與最終消失。這一組織主要的目的在藉武裝力量來使勞動的多數人在經濟上屈服於少數的富人。一旦少數富人消失，則武裝的、鎮壓的國家暴力之存在完全沒有必要。為達到此一地步，我們認為普勞階級首先要擁有國家組織性的政治勢力，並善用它去撲滅資本主義階級的反抗，也利用它去改造社會。（SC 340-341）

范帕田為活躍於1880年代美國社會主義者

恩格斯所撰述有關馬克思主義最有系統與簡明的著作《反杜林》

在恩格斯所撰寫的《反杜林》（1876-78）一鉅著中，他對國家的消亡（*absterben*）作過具體而又清楚的表述，可以用來與馬克思國家的揚棄（*aufheben*）相對照。恩格斯說：

> 國家建構其本身的第一件動作就是代表社會——以社會名義擁有生產資料——這也是國家最後一次獨立的動作。由於國家對社會關係的干涉一領域一領域地成爲多餘，而最終消亡。對人的統治將被對事物的管理，以及生產過程的規劃所取代，國家並非被「揚棄」，它是消亡了。（*CW* 25: 268）

從國家的揚棄或消亡中（楊世雄1995：169, 172, 176；Draper 1970：289-306），我們看出馬克思與恩格斯不同的觀點。另一方面，也可以說這兩位科學的社會主義的創立者懷有兩種不同的國家定義：其一爲階級社會中，國家爲階級統治與剝削的機器；另一爲階級消失的社會中，國家（或稱社群、或稱組合）成爲社會負責的代理人（Bloom 1946: 117）。

事實上，馬克思視資本主義消失後，共產主義出現前，存在著一個革命性改變的時期，這是政治轉型時期，政治轉型時期的「國家莫非普勞階級革命性的專政」（*CW* 24: 95）。因之，未來的國家之揚棄仍有其過渡時期的醞釀。

十三、結論與批評

顯然馬克思關於國家的理念，關於國家與社會關係的看法，都是在他所處的19世紀上葉發生在普魯士周遭的哲學傳統中爭論的議題，而無法以我們當代政治學、或社會學的方法來加以探究（Van den Berg 1988: 6）。

我們從青年時代馬克思最初的理性國家觀，談到他成年時代工具論的國家觀，可說是進行了對他個人生命史與學術演展史的考察。在結論上我們不禁要問：馬克思究竟有幾種的國家觀呢？答案是明顯的，至少有四種：

(1) 把國家視爲生物體、有機體，也是實現個人自由、追求公共之善（public goods）的理想共同體。這種國家觀與他的社群觀（洪鎌德2000: 327-417），特別是原始公社的社群理想相當接近，也是馬克

　　　　思企圖在階級消失、國家消亡之後，共產主義社會裡出現的社群。
　　　　這是深受亞理士多德與黑格爾學說影響之下，青年馬克思的國家
　　　　觀。

（2）**國家為異化的社會力量**。這也是青年馬克思在把黑格爾的理性國家
　　　　和普魯士政治實際相互對照之後，一方面抨擊普魯士的專制君主
　　　　制，另一方面批判黑格爾國家學說之缺陷，而認識到政治國家的基
　　　　礎為民間社會，也認識到政治生活所講究的有如宗教中天堂之虛幻
　　　　飄渺。從而斷定國家是異化的民間社會，國家為疏離的社會勢力，
　　　　是建立在人類分裂為私人與公民雙重身分與經營雙重生活之基礎上
　　　　（Tucker 1969: 56-60）。

（3）**國家為階級對立、階級統治和階級剝削的工具**。經過認知和研究對
　　　　象以及探測方法的劇變，成年的馬克思揚棄哲學的思辨而懷抱科學
　　　　的方法，以政治經濟學的反思發現唯物史觀，強調生產方式對意識
　　　　形態的上層建築之制約，從而發現階級社會變遷運動的規律。由是
　　　　視國家為資產階級對無產階級之敵對、統治和剝削的工具，也是羈
　　　　縻群眾、馴服平民、權充統治階級、駕馭庶民的意識形態的上層建
　　　　築。這也成為馬克思國家觀最持久且最重要的面向，有人視為馬克
　　　　思成熟（mature）的國家理念（Chang 1931: 58; Van den Berg 1988:
　　　　20*ff.*），甚至有人把它看成為馬克思正統（orthodox）的國家觀
　　　　（Levin 1985: 433-435）。在此情況下，很多人遂錯把階級剝削機器
　　　　當成馬克思唯一的國家觀。

（4）**國家為社會寄生蟲說**。這一理論在強調國家依賴社會提供人力（壯
　　　　丁、官吏、統治菁英）與物力（稅賦與資源）供其揮霍。沒有社會
　　　　的資援，國家的存在備受威脅，更遑論擴張與發展？國家並不代表
　　　　社會中任何一階級之利益，表面上是享有高度的獨立自主，事實上
　　　　國家的維持便靠社會階級之間的爭執、抗衡，而收漁翁之利。這種
　　　　國家觀只出現在路易・波拿帕・拿破崙（拿破崙三世）擔任總統與
　　　　稱帝期間，為時短暫，與其他的馬克思國家觀頗不一致，只能說就
　　　　像第（1）項一樣，是馬克思偶然的國家學說，而非常態的、盛行
　　　　的、主導的馬克思之國家觀。

　　正如前面所述，馬克思的國家觀有異於西洋傳統的國家學說之處，在於強
調國家負面的功能，視當代國家為支持資本對抗勞力的壓迫手段與剝削工具。

爲此緣故，馬克思藉唯物史觀來解釋人類歷史的變遷與國家形式的更迭，而預言隨著階級的廢除，國家將趨消亡或被揚棄。

以經濟事務來詮釋國家與政治現象固然不是馬克思獨創的獨得之秘，倒是符合西洋傳統政治思想，像自亞里士多德、洛克、孟德斯鳩和麥迪遜以來的主張，只是馬克思予以強化，而突顯了經濟制約政治的理論，這是馬克思唯物史觀對國家學說的重大貢獻。

不過當代國家固然是經濟利益的官方表述，多少反映階級之間的勢力，但也極力擺脫只是資產階級代言人的惡劣印象。換言之，在自由化、民主化、國際化、全球化、資訊化成爲舉世潮流的今天，國家無法自我封閉，必須與世界其他各國打交道，是故托克維爾（Alexis de Tocqueville 1805-1859）乃言民主化過程已逐漸征服全球。在此情形下，國家、或狹義國家的政府，爲維持其本身的存在和繼續發展，必須注意本國內部各階級的共同利益，各族群的和諧共存，也必須留意與他國之間的競爭，並維持國際政治與經濟秩序的穩定。是故，國家擺脫某一優勢（資產）階級的壟斷操控，而儘量達成獨立自主與不偏不倚的中立態度，也成爲寰球政治發展的趨向（洪鎌德2011：47-54）。這一發展便非馬克思計慮所及。站在馬克思的立場，可能認爲這種民主化過程只是過渡時期的現象，國家終將維護資產階級的權益，而最後被無產階級所推翻。

托克維爾爲法國政治思想家與外交家

主張三權分立的法國政治哲學家孟斯鳩

美國憲法之父第四任總統麥迪遜

馬克思經歷過其本國落後專制的普魯士王國，也短暫居住於追求自由與平等，而發生多次流血革命的法國。單單爲了法國的動亂，馬克思先後撰述三本分析獨到、見解卓越的政治著作《法蘭西的階級鬥爭》、《霧月十八日》、

《法蘭西內戰》，其後半生更生活於首倡君主憲政和社會改革的英國。可惜他對英國的民主政治不具信心，也就失掉深入研究的興趣。晚年的馬克思企圖對資本主義邊緣的前資本主義社會像中國、印度和俄國進行研究，但所得的答案卻是「東方的暴政」（oriental despotism）。因之，在經驗考察與分析方面，馬克思除了對先進資本主義國家和其社會有深入的剖析與批評之外，對其餘前資本主義的帝國或殖民地所知就比較有限。

　　當然，資本主義國家後來的轉型，包括俾斯麥的社會立法、各國選舉權的開放、社會黨人的參政、工會的壯大、帝國主義的競掠海外殖民地、民族主義的興起、殖民主義的抓狂、世界大戰的爆發、美國「新政」裡國家扮演的主導角色、第三世界國家體制之缺陷、主權觀念之推移等等，都不是馬克思所能預知，更不是他參與或經歷的史實，凡此種種終於使得他國家學說的瑕疵逐一暴露。

　　更嚴重的是假借馬克思之名，而由列寧建立的歷史上第一個社會主義國家，為掌握革命的果實，緊抓政權不放，遂使其後繼者史達林之輩，神化其本人，也強化國家的權力，甚至與新興的法西斯力量、納粹勢力、軍閥霸權形成極權國家的體制。左翼與右派極權國家的出現，使馬克思的國家觀面臨理論與現實落差之另一嚴峻的挑戰。

　　要之，只討論「一般性國家」（the state-in-general），而不對個別國家，特別是變化激烈、歧異性特大的西方與日本資本主義國家，做仔細的剖析與比較，是得不出正確的結論。這又將陷入教條的陷阱中（Frankel 1978: 3-7）。事實上，通觀馬克思的國家學說，充滿著反權威、反教條、反官僚的氣息，這不僅是在未來共產主義社會要實現的社群，就是在共產主義建立之前的「普勞階級之專政」，也表現這種反極權的精神（Miliband 1965: 293）。因之，史達林式和毛澤東式的社會主義國家離馬克思的國家消亡論太遙遠了。

　　總之，馬克思的國家觀，或可以解釋早期工業與壟斷資本主義時代資產階級與統治階級合為利益共同體，用以壓榨普勞階級，而成為名符其實的統治與剝削機器。不過在後資本主義時代，組合國家（corporate state）的角色與功能的變化，已無法再用階級統治工具論來解釋，這就有賴於新馬克思主義者、後馬克思主義者，乃至非馬克思主義著的新詮釋了（洪鎌德1995：185-200; 2004b：129-143）。

　　不僅19世紀下葉，就是在20世紀，全球政經社會劇變，知識科技猛進，新理論層出不窮，在在造成馬克思國家學說成為明日黃花（洪鎌德1996: 71-74; 2004b; 2010a：348-349: 2011: 42-47; 2013: 87-89）。

參考書目

1. 馬克思德文原作：

Marx, Karl

1971 　*Die Frühschriften*, (hrsg.) S. Landshut, Stuttgart: Kröner.

1974 　*Grundrisse der Kritik der politischen Ökonomie, (Rohentwurf)*, 1857-1858, Berlin: Dietz.

1981 　*Frühe Schriften*, 2 Bände, (hrsg.) H.-J. Lieber & P. Furth, Darmstadt: Wissenschaftliche Buchgemeinschaft.

2. 馬克思與恩格斯德文原作：

Marx, Karl & Friedrich Engels

1902 　*Aus dem literarischen Nachlass von Karl Marx, Friedrich Engels und Ferdinand Lassalle*, (hrsg.) Franz Mehring（簡稱*Nachlass*附卷頁數）。Stuttgart: Dietz.

1926 　*Marx Engels historisch-kritische Gesamtausgabe*, (hrsg.) David Rjazanov（簡稱*MEGA*）, Berlin: Marx-Engels Verlag.

1966 　*Studienausgabe*, (hrsg.) I. Fetscher, Frankfurt a. M.: Fischer.

1966 　*Texte zu Methode und Praxis*, (hrsg.) G. Hillmann, Hamburg: Rowohlt.

1970 　*Ausgewählte Werke*, 6 Bände, Wien: Globus.

1972 　*Marx- Engels Werk*（簡稱*MEW*）41 Bände, Berlin: Dietz.

1975 　*Marx- Engles Gesamtausgabe*, (hrsg.) Institut für Marxismus-Leninismus, Berlin: Dietz.

3. 馬克思原著英譯本：

Marx, Karl

1954 　*Capital*. vol.I（簡稱*C* I）, Moscow: Progress Publishers.

1956 　*Capital*, vol.II（簡稱*C* II）, Moscow: Progress Publishers.

1959 　*Capital*, vol.III（簡稱*C* III）, Moscow: Progress Publishers.

1963　*Early Writings*,（簡稱*EW*）(ed.) T. B. Bottomore, London: Penguin.

1967　*Writings of the Young Marx*, (ed.) L. D. Easton & K. H. Guddat, New York: Anchor.

1971　*The Early Texts*, (ed.) D. McLellan, Oxford: Blackwell.

1972　*Ethnological Notebooks of Karl Marx*, (ed.) L. Krader, Assen: Van Gorcum.

1973　*Grundrisse, Foundations of the Critique of Political Economy*, (Rough Draft),（簡稱*G*）(trans.) M. Nicolaus, Harmondsworth & NY: Penguin.

1975a　*Early Writings*, (introd.) L. Colletti, (trans.) R. Livingstone, Harmondsworth & NY: Penguin.

1975b　*Theories of Surplus-Value*, Moscow: Foreign Language Publishing House, 1968, 1975c *Texts on Method*, (ed.) Terry Carver, Oxford: Blackwell.

1977　*Selected Writings*, (ed.) David McLellan, Oxford University Press.

4. 馬克思與恩格斯著作英譯本：

Marx, Karl & Frederick Engels

1953　*On Britain.* London: Lawrence and Wishart.

1955　*Selected Correspondence*,（簡稱*SC*附頁數）, Moscow: Progress.

1968　*Selected Works*, in one volume （簡稱*SW*）, New York: International Publishers.

1970　*Selected Works*,（簡稱 *SW* 附卷頁數）, 3 volumes, Moscow: Progress.

1971　*On the Paris Commune*（簡稱 *PC*），Mocscow: Progress Publishers.

1974　*The Karl Marx Library*, (ed.) S. K. Padover, New York et.al.: McGraw-Hill.

1975　*Collected Works*,（簡稱 *CW* 附卷頁數）, Moscow: Progress.

1975　*The Holy Family: Critique of the Critical Criticism*, Moscow: Progress Publishers

1978　*The Marx-Engels Reader*, (ed.) R. Tucker, New York: Norton, 2nd ed.; First edition 1972.

5. 其他外文參考資料

Allen, Derek P. H.

1973　"The Utilitarianism of Marx and Engels", *American Philosophical Quarterly*, 10(3), July 1973: 189-199.

Antonio, Robert J.

1985　"Values, History, and Science: The Metatheoretical Foundations of the Weber-Marx Dialogue", in R. J. Antonio & R. M. Glassman (eds.), *A Weber-Marx Dialogue*, Lawrence, KA: The University Press of Kansas, pp.20-41.

Archard, David

1987　"The Marxist Ethic of Self-Realization: Individuality and Community", (ed.) J. D. G. Evans, *Moral Philosophy and Contemporary Problems*, Cambridge: Cambridge University Press.

Archibald, W. Peter

1989　*Marx and Missing Link ：Human Nature*, Houndsmills and London: Macmillan.

Aronson, Ronald

1995　*After Marxism*, New York: Gulford Press.

Avineri, Shlomo

1968　*The Social and Political Thought of Karl Marx*, Cambridge: Cambridge University Press.

Barbalet, J. M.

1983　*Marx's Construction of Social Theory*, London: Routledge & Kegan Paul.

Baron, Jakob

1970　*Hegel und Marxistische Staatslehre*, Bonn: H.Bouvier und Co.Verlag.

Barzun, Jacques

1958　*Darwin, Marx, Wagner*, Garden City, N. Y.: Doubleday.

Bauermann, Rolf

1976　　"Zum Inhalt des Begriffs der Demokratie bei Marx in den Vierziger Jahren des 19. Jahrhunderts", *Arbeitsblätter zur Marx-Engels-Forschung*. Halle: Martin Luthers Universität, 2: 47-59.

Berger, Peter

1986　　*The Capitalist Revolution: Fifty Propositions About Prosperity, Equality and Liberty*, New York: Basic Books.

Bergmann, Frithjof

1977　　*On Being Free*, Notre Dame, Indiana: University of Nortre Dame Press.

Berki, R.N.

1988　　*The Genesis of Marxism*, London: Everyman's University Library.

Berlin, Isaiah

1969　　*Four Essays on Liberty*, London: Oxford University Press.

1978　　*Karl Marx: His Life and Environment*, New York: Oxford University Press, 4th ed.

Bhaskar, Roy

1991　　"Science", (ed.) Tom Bottomore, *A Dictionary of Marxist Thought*, Cambridge: Blackwell, 2nd edition, pp. 491-493.

Bloch, Ernst

1954-59　*Das Prinzip Hoffnung*, Frankfurt a. m.: Suhrkamp, 1969

Bloom, Solomon F.

1946　　"'The Withering Away' of the State", *Journal of the History of Ideas*, VIII (1):113-121.

Bottigelli, Emile

1962　　"Presentation" in: *Karl Marx, Manuscripts de 1844*, (trans.) E. Mandel, *The Foundations of the Economic Thought of Karl Marx*, New York & London: Monthly Review.

Bottomore, Tom B. (ed.)

1991　*A Dictionary of Marxist Thought*, Oxford:Blackwell, 2nd ed.,1st ed.1983.

Bottomore T.B. and Maximilien Rubel (eds.)

1956　*Karl Marx Selected Writings in Sociology and Social Philosophy*, New York *et. al.*: McGraw-Hill Book Co.

Brenkert, George

1983　*Marx's Ethics of Freedom*, London *et.al.*: Routledge & Kegan Paul.

Brien, Kevin M.

1987　*Marx, Reason, and the Art of Freedom*, Philadelphia: Temple University Press.

Brudney, Daniel

1998　*Marx's Attempt to Leave Philosophy*, Cambridge, MA: Harvard University Press.

Buchanan, Allen.

1981　"The Marxian Critique of Justice and Rights", (eds.) Nielson, Kai & C. Patten, *Marx and Morality*, pp. 269-306.

1982　*Marx and Justice*, Totowa. NJ: Rowman and Allenheld.

1987　"Marx, Morality and History: An Assessment of Recent Analytical Work on Marx", *Ethics*, (Oct. 1987) 98:104-136.

Burke, John P., Lawrence Crocker and Lyman H. Legters (eds.)

1981　*Marxism and the Good Society*, Cambridge: Cambridge University Press.

Burkett, Paul

1999　*Marx and Nature: A Red and Green Perspective*, New York: St. Martin's Press.

Carver, Terrell

1998　*The Post-Modern Marx*, Manchester: Manchester University Press.

Chamberlain, Gary L.

1963　"The Man Marx Made," *Science and Society*, 27(2): 316-325.

Chang Sherman H.M.（張學勉）

1931　　*The Marxian Theory of the State* (dissertation), Philadelphia: Philadelphia University Press.

Chiang, Hsin-li（姜新立）

1995　　"The Structuralist Idea of of the State in Marx and Engels", *The Journal of Chengchih University*, 71:273-303.

Churchich, Nicholas

1994　　*Marxism and Morality: A Critical Examination of Marxist Ethics*, Cambridge: James Clarke & Co.

Cohen, G. A.

1974-75　"Karl Marx's Dialectic of Labour", *Philosophy of Public Affairs*, 3: 235-261.

1978　　*Karl Marx's Theory of History: A Defense*, Oxford: Oxford University Press.

1988　　*History, Labour and Freedom: Themes from Marx*, Oxford: Clarendon Press.

Cohen, Marshall, Th. Nagel, and Th. Scanlon (eds.)

1980　　*Marx, Justice and History*, Princeton, NJ: Princeton University Press.

Colletti, Lucio

1972　　*From Rousseau to Lenin*, 2nd. ed. London: New Left Books.

Cornell, Drucilla

1984　　"Should A Marxist Believe in Rights?" *Praxis International*, 4 (1): 45-56.

Cornu, Auguste

1957　　*The Origins of Marxian Thought*. Springfield, IL: Charles C. Thomas.

Crocker, Lawrence

1981　　"Marx, Liberty and Democracy", (eds.) J. P. Burke *et. al.*, *Marxism and the Good Society*, Cambridge: Cambridge University Press, pp. 32-58.

Dahrendorf, Ralf

1971　*Die Idee des Gerechten im Denken von Karl Marx*, Hannover: Verlag für Literatur und Geschichten.

De Baron, Bentley

1971　"Marx on Human Emancipation," *Canadian Journal of Political Science*, 4(4): 559-570.

Della Volpe, Galvano

1978　*Rousseau and Marx and Other Writings*, Harmondsworth, Middlesex: Penguin.

Devine, James

1996　"Taxation without Representation: Reconstructing Marx's Theory of Capitalist Exploitation", (ed.) William M. Dugger, *Inequality: Radical Institutional Views on Race, Gender, Class and Nation*, Westport CT: Greenwood Press, pp.65-86.

Draper, Hal

1970　"Marx on Democratic Forms of Government", *The Socialist Register*, London: Merlin Press, pp. 101-124.

Dugger, William (ed,)

1996　*Inequality: Radical International View on Race, Gender, Class and Nation*, Westport CT: Greenwood Press.

Duncan, Graeme

1982　"The Marxist Theory of the State", in (ed.) H. R. Pakinson *Marx and Marxism*, Cambridge: Cambridge University Press.

Durkheim, Emile

1960　*The Division of Labor*, Glencoe IL: The Free Press.

Eagleton, Terry

2012　*Why Marx Was Right*, New Haven: Yale University Press

Elliott, John E.

1991　　"Moral and Ethical Considerations in Karl Marx's Robust Vision of the Future Society", (ed.) Mark Blaug, *Karl Marx* (1818-1883), *Pioneers in Economics 23*, Aldershot, Hants: Edward Elgar Publishing Ltd., pp.155-178.

1996　　"Exploitation and Inequality", (ed.) Dugger, *op. cit*, pp.53-64.

Elster, Jon

1985　　*Making Sense of Marx*, Cambridge: Cambridge University Press.

1986　　"Self-Realization in Work and Politics: The Marxist Conception of Good Life", *Social Philosophy & Policy*, 3: 97-126.

Evans, Michael

1975　　*Karl Marx*, Bloomington, Indiana: Indiana University Press.

Fetscher, Iring

1967　　*Karl Marx und der Marxismus* , München : Piper-Verlag.

Feuer, Lewis,

1942　　"Ethical Theories and Historical Materialism", *Science and Society*, vol.6.

Frankel, Boris

1978　　*Marxian Theories of the State,* Melbourne: Arena Publication Association.

Frankena, William K.

1976　　"Prichard and the Ethics of Virtue", (ed.) K. E. Goodpaster, *Perspectives on Morality,* Nortre Dame, Indiana: University of Nortre Dame Press.

Friedrich, Carl J.

1959　　"The Concept of Community in the History of Political and Legal Philosophy", (ed.) Carl J. Friedrich, *Community,* New York, The Liberal Arts Press, pp. 3-24.

Geoghegan, Vincent

1987　　*Utopianism and Marxism,* London: Methuen.

Giddens, Anthony

1981　　*A Contemporary Critique of Historical Materialism*, vol I: *Power, Property and the State,* London: Macmillan, 2nd ed. 1995.

Gilbert, Alan

1981　"Historical Theory and the Structure of Moral Argument in Marx", *Political Theory*, 9(2):173-205.

1986　"Democracy and Individuality," (ed.) Ellen Frankel Paul *et.al., Marxism and Liberalism*, Oxford: Blackwell.

Gouldner, Alvin W.

1980　*The Two Marxisms: Contradictions and Anomalies in the Development of Theory*, New York: Seabury Press.

Graham, Keith

1992　*Karl Marx, Our Contemporary*, New York, *et.al.*: Harvester.

Habermas, Jürgen

1968　*Erkenntnis und Interesse*, Frankfurt a.M.:Suhrkamp.

1976　*Zur Rekonstuktion des Historischen Materiarismus*, Frankfurt a.M.: Suhrkamp.

Hayek, Friedrich

1960　*The Constitution of Liberty,* Chicago: University Chicago Press.

1982　*Law, Legislation, and Liberty,* 2nd vol., London: Routledge.

Hegel, Georg Wilhelm Friedrich

1971　*The Philosophy of Mind*, (trans.) A.V .Miller, Oxford: Clarendon.

Heller, Agnes

1976　*The Theory of Needs in Marx*, London: Allison and Busby

1991　"The Legacy of Marxian Ethics", (eds.) Heller, Agnes and Ference Fehér. *The Grandeur and Twilight of Radical Universalism*, New Brunswick & London: Transaction Publishers.

Heller, Agnes and F. Fehér

1991　*The Grandeur and Twilight of Radical Universalism*, New Brunswick and London: Transaction Publishers.

Hindess, Barry

1983　　*Parliamentary Democracy and Socialist Politics*, London: Routledge & Kegan Paul.

Hodges, Donald Clark

1962　　"Historical Materialism in Ethics", *Philosophy and Phenomenological Research*, 23:11-46.

1974　　*Socialist Humanism──The Outcome of Classical European Morality*, Saint Louis, Missouri: Warren H.Green Inc.

Hook, Sidney

1976　　*From Hegel to Marx: Studies in the Intellectual Development of Karl Marx,* Ann Arbor, MI: University of Michigan Press.

Howard, Dick

1972　　*The Development of the Marxian Dialectics*, Carbondale and Edwardsville: South Illinois University Press.

Hung, Lien-te（洪鎌德）

1984　　*The Hegelian and Feurbachian Origins of Marx's Concept of Man,* Singapore: Singapore University Press.

1985　　"Feuerbach's Influence on Marx's Early Concepts of the State", *National Taiwan University Journal of Sociology* 7: 189-205.

1986　　"Marx's Early Views of the State and Their Implications for His Materialist Conception of History", *National Taiwan University Journal of Sociology* 18:135-162.

Hunt, Alan (ed.)

1980　　*Marxism and Democracy*. London: Lawrence and Wishart.

Hunt, Richard N.

1974　　*The Political Ideas of Marx and Engels*, London: Macmillan; Pittsburgh, PA: The University of Pittsburgh Press.

Husami, Ziyad I.

1980　　"Marx on Distributive Justice", (eds.) Marshall Cohen, Thomas Nagel and

Thomas Scanlon, *Marx, Justice, and History,* Princeton, NJ: Princeton University Press.

Jameson, Fredric

1984　"Postmodernism or The Cultural Logic of Late Capitalism", *New Left Reviews*, 146: 53-92.

Kamenka, Eugene

1972　*The Ethical Foundations of Marxism*, London: Routledge & Kegan Paul, 2nd rev. ed.

Keat, Russell

1981　"Individualism and Community", (eds.) John Mepham and David-Hllel Ruben, *Issues in Marxist Philosophy,* vol. IV: *Social and Political Philosophy,* Sussex: Harvester Press, pp. 127-152.

Klein, George

1969　"Was Marx an Ethical Humanist?" *Studies in Soviet Thought,* 9: 91-103.

Kocis, Robert A.

1986　"An Unresolved Tension in Marx's Critique of Justice and Rights", *Political Studies* 34: 406-422.

Kolakowski, Lezek

1981　*Main Currents of Marxism*, 3 vols., Oxford: Clarendon Press.

Kumar, Krishan

1987　*Utopia and Anti-Utopia in Modern Time*, Oxford: Basil Blackwell.

Lavoie, Don

1985　*National Economic Planning: What Is Left?* Cambridge, MA: Berlinger Pub.& Co.

Lawler, James

1994　"Marx's Theory of Socialism, Nihilistic and Dialectical", in Louis Patsouras (ed.) *Debating Marx*, New York: The Edwin Press, pp, 171-212.

LeoGrande, William M.

1977 "An Invistigation into the 'Young Marx's Controversy'", *Science and Society*, 41(2): 129-151.

Levin, Michael

1985 "Marx and Engels on the Generalized Class State", *History of Political Thought* (3): 433-453.

Levine, Andrew

1993 *The General Will: Rousseau, Marx, Communism*, Cambridge and New York: Cambridge University Press.

Lewis, John

1965 *The Life and Teaching of Karl Marx*, New York: International Publishers.

Lichtheim, George

1961 *Marxism: An Historical and Critical Study*, London: Routledge.

Lindsay, A.D.

1925 *Karl Marx's "Capital"*, London: Oxford University Press.

Löwith, Karl

1993 *Max Weber and Karl Marx,* with a new preface by Bryan S. Turner, (trans.) Tom Bottomore and W. Outhwaite, London and New York: Routledge, first ed., 1982.

Loftus. Alex

2009 "The Theses on Feurbach as a Political Ecology of the Possible", *Area,* 41(2): 157-166.

Lovell, David W.

1988 *Marx's Proletariat: The Making of a Myth*, London & New York: Routledge.

Lubasz, Heinz

1976 "Marx's Ideal Problematic: The Problem of Poverty", *Political Studies*, 24(1).

Lukacs, George

1971   *History and Class Consciousness*, London: Merlin Press.

Lukes, Steven

1985   *Marxism and Morality*, Oxford & New York: Oxford University Press.

1991   "Emancipation," (ed.) Tom Bottomore, *A Dictionary of Marxist Thought*, 2nd ed., Oxford: Blackwell, pp.172-173.

McCarthy, George E.

1990   *Marx and the Ancients: Classical Ethics, Social Justice, and Nineteenth-Century Political Economy,* Savage, ML: Rowman & Littlefield Publishers.

McCarthy, Timothy

1978   *Marx and the Proletariat: A Study in Social Theory*, Westport, Conn: Greenwood Press.

McGovern, Arthur F.

1970   "The Young Marx on the State", *Science and Society*, XXIV (4): 430-461.

McLellan, David

1970   *Marx Before Marxism*, New York: Harper & Row, 1980再版。

1981   "Marx and Engels on the Future Communist Society", (eds.) Burke, John P., Lawrence Crocker and Lyman H. Legters, *Marxism and the Good Society,* Cambridge: Cambridge University Press, pp.106-120.

Maguire, John

1975   *Karl Marx's Theory of Politics*, Cambridge: Cambridge University Press.

Makhijiani, Ajiun

1992   *From Global Capitalism to Economic Justice*, New York: Apex Press.

Manuel, Frank E.

1995   *A Requiem for Karl Marx*, Cambridge MA: Harvard University Press.

Marcus, George, and Michel Fischer

1986   *Anthropology and Cultural Critique: An Experimental Movement in the*

Human Science, Chicago: Chicago University Press.

Marcuse, Herbert

1941　*Reason and Revolution: Hegel and the Rise of Social Theory*, New York: Oxford University Press, 1995.

1955　*Eros and Civilization*, Boston: Beacon.

1968a　*One-Dimensional Man*, Boston: Beacon.

1968b　"Reexamination of the Concept of Revolution", *Diogenes* 64: 20-28.

Markovic, Mihailo

1963　"Marxist Humanism and Ethics", *Science and Society,* 27(1):1-22.

Mazlish, Bruce

1984　*The Meaning of Marx*, New York: Oxford University Press.

Megill, Kenneth A.

1966　*The Community as a Democratic Principle in Marx's Philosophy*, (PhD dissertation), New Haven, CT: Yale University Press.

1969-70　"The Community in Marx's Philosophy", *Philosophy and Phenomenological Research,* 30(2): 382-393.

Mehring, Franz

1879　*Die deutsche Sozialdemokratie: ihre Geschichte und ihre Lehre*, Brema: Anstalt-Verlage.

1979　*Karl Marx: The Study of His Life*, (trans.) Edward Fitzgerald, Ann Arbor, Michigan: The University of Michigan Press,4th printing,1st ed.1962.

Meister, Robert

1990　*Political Identity: Thinking Through Marx*, Oxford: Blackwell.

Miliband, Ralph

1965　"Marx and the State", *The Socialist Register*, pp.278-296.

1977　*Marxism and Politics*, Oxford: Oxford University Press.

Mill, John Stuart

1966　*On Liberty*, New York: Bobbs-Merrll.

Miller, Richard

1984　*Analyzing Marx: Morality, Power and History*, Princeton, NJ: Princeton University Press.

Mills, C. Wright

1959　*The Sociological Imagination*, Oxford: Oxford University Press.

Moore, Stanley

1980　*Marx on the Choice between Socialism and Communism*, Cambridge, MA: Harvard University Press.

1993　*Marx Versus Markets*, University Park: Pennsylvania State University Press.

Ng Hong Chiok（黃鳳祝）

1991　*Staatstheorie von Marx und ihre Aktualiät in den Unterentwickelten Ländern,* München: Tuduv-Studien, Reihe Sozialwissenschaten, Bd.25.

Nielsen, Kai, and Stevemson C. Patten (eds.)

1981　*Marx and Morality*, Quelph, Ontario: Canadian Association for Publishing in Philosophy.

Ollman, Bertell

1971　*Alienation*, Cambridge: Cambridge University Press.

O'Rourke, James

1974　*The Problem of Freedom in Marxist Thought*, Dordrecht: Kluwer Academic Publishers.

Pappenheim, Fritz

1959　*The Alienation of Modern Man*, New York: The Free Press.

Paolucci, Paul

2011　*Marx and the Politics of Abstraction*, Leiden & Boston: Brill.

Petrovic, Gajo

1967　*Marx in the Mid-twentieth Century,* New York : Anchor Books.

Peffer, R.G.

1990   *Marxism, Morality, and Social Justice*, Princeton, NJ: Princeton University Press.

Pierson, Christopher

1986   *Marxist Theory and Democratic Politics*, Cambridge: Polity Press.

Popper, Karl

1966   *The Open Society and Its Enemies*, 2 vols, New York: Harper and Row.

Petrovic, Gajo

1967   *Marx in the Mid-Twentieth Century*, Garden City, N.Y.: Doubleday.

Rawls, John

1971   *A Theory of Justice*, Cambridge, MA: Harvard University Press.

Reding, Marcel

1957   *Der Politischer Atheismus*, Graz: Verlag Styria.

Roemer, John (ed.)

1986   *Analytical Marxism,* Cambridge : Cambridge University Press.

Rubel, Maximilien

1962   "Notes on Marx's Conception of Democracy," *New Politics* 2: 78-90, (eds.) Jessop, Bob & Charlie Malcolm-Brown, *Karl Marx's Social and Political Thought: Critical Assessment,* Vol. III. London: Routledge & Kegan Paul, 1990: 316-330.

Rubel, Maximlien & Magaret Manale

1975   *Marx without Myth*, Oxford: Oxford University Press.

Sanderson, John

1967   "Marx and Engels on the State", *The Western Political Quarterly*, XVI (4): 946-965.

Sayer, Derek and Philip Corrigan

1983   "Late Marx: Continuity, Contradiction and Learning", (ed.) Teodor Shanin, *Late Marx and the Russian Road: Marx and the Peripheries of Capitalism,*

London: Routledge & Kegan Paul, pp.77-94.

Schecter. Darrow

1991   *Gramsci and the Theoryof Industrial Democracy,* Brookfield, Vermont: Gower Publishing Co.

Schmied-Kowarzik, Wolfdietrich

1990   "Marx als Philosoph der menschlichen Emanzipation," *Denken aus geschichtlicher Verantwortung, Wegbahnung zur praktischen Philosophie,* Würzburg: Könighausen & Neuman, S.110-125.

Schmidt, Alfred

1971   *The Concert of Nature in Marx,* (trans.) Ben Fowkes, London: New Left.

Selucky, Radoslav

1979   *Marxism, Socialism, Freedom: Towards a General Theory of Labour-Manage System,* London: Macmillan Press Ltd.

Shain Teodor

1983   "Late Marx: Gods and Craftsmen", (ed.) T. Shanin, *Late Marx and The Russian Road,* London: Routledge & Kegan Paul, pp. 3-39.

Simmel, Georg

1978   *The Philosophy of Money,* (trans.) T. B .Bottomore and D. Frisby, Boston: Routledge.

Singer, Peter

1980   *Marx,* Oxford : Oxford University Press.

Smart, Paul

1989   "The *Grundrisse*, the Individual and Freedom", (eds.) Mark Cowling and Laurence Wilde, *Approaches to Marx,* Milton Keynes: Open University Press.

Smith, N.

1984   *Uneven Development: Nature, Capital and the Production of Space,* Oxford: Basil Blackwell.

Springborg, Patricia

1984   "Karl Marx on Democracy, Participation, Voting, and Equality", *Political Theory*, 12(4): 537-556.

Stojanovic, Svetozar

1973   *Between Ideals and Reality* , (trans.) G.S. Sher, London and New York : Oxford University Press.

Talmon, J. L.

1960   *The Origins of Totalitarian Democracy,* New York: Praeger.

Tucker, C. Robert

1968   "Marx and the End of History", *Diogenes*, 64.

1969   *The Marxian Revolutionary Idea*, New York: Norton.

1972   *Philosophy and Myth in Karl Marx*, Cambridge: Cambridge University Press, 2nd ed.; 1st ed.1961.

Twaney, R. H.

1967   *Equality*, London: Allen & Unwin, 4th ed.

Ulam, Adam B.

1977   *The Unfinished Revolution*, Boulder, Colorado: Westview Press.

Van den Berg, Axel

1988   *Immanent Utopia: From Marxism on the State to the State of Marxism*, Princeton NJ.: Princeton University Press; rep. by Transaction, 2003.

Van der Veen, Robert J.

1991   *Between Exploitation and Communism: Exploitations in the Marxian Theory of Justice and Freedom*, Groningen: Wolters-Noordhoff.

Wada, Haruki（和田春樹）

1983   "Marx and Revolutionary Russia", (ed.) T. Shanin, *Late Marx and the Russian Road*, London: Routledge & Kegan Paul, pp.40-71.

Walicki, Andrzei

1979   *A History of Russian Thought from the Enlightenment to Marxism,*

Stanford, CA: Stanford University Press.

1995   *Marxism and the Leap to the Kingdom of Freedom,* Stanford CA: Stanford University Press.

Walliman, I.

1981   *Estangement: Marx's Conception of Human Nature and Division of Labour*, Westport, CT: Greenwood Press.

Wartenburg, Thomas E.

1982   " 'Species Being' and 'Human Nature' in Marx", *Human Studies*, 5: 77-95.

Wendling, Amy E.

2009   *Karl Marx on Technology and Alienation.* Houndmills, Basingstoke: Palgrave Macmillan.

Wessell, Jr., Leonard P.

1984   *Prometheus Bound: The Mythic Structure of Karl Marx's Scientific Thinking*, Baton Rouge and London: Louisiana State University Press.

West, Cornel

1991   *The Ethical Dimension of Marxist Thought*, New York: Monthly Review Press.

Whelan, Frederick G.

1982   "Justice: Classical and Christian", *Political Theory* 10(30):435-460.

Wood, Allen

1980a   "The Marxian Critique of Justice", (eds.) Cohen, Nagel and Th. Scanlon, *op. cit.*, pp.3-41.

1980b   " Marx on Right and Justice: A Reply to Husami", (eds.) Cohen, Marshall *et.al. op.cit.*, pp.106-134..

1981   "Marx and Equality", (eds.) John Mepham & David-Hillel Ruben, *Issues in Marxist Philosophy*, vol. IV, Sussex：Harvester Press, pp.195-221.

Zhang Longxi（張隆溪）

1995   "Marxism: from Scientific to Utopian", (eds.) Magnus, Bernd and

Stephen Cullenberg, *Whither Marxism? Global Crises in International Perspectives,* New York & London: Routledge, pp. 65-77.

6. 中文參考資料

李明輝

1994　　《康德倫理學與孟子道德思考之重建》，台北：中研院文哲所。

黃楠森、夏甄陶、陳志尚（主編）

1990　　《人學辭典》，北京：中國國際廣播出版社。

姜新立

1991a　〈馬克思主義與國家問題〉（上），《共黨問題研究》，第17卷第5期，45-49頁；（下）第17卷第6期；58-65頁。

1991b　〈青年馬克思的原初國家理念〉（上），《共黨問題研究》，第17卷第8期，23-29頁；（下）第18卷第11期；66-77頁。

姜新立（編著）

1997　　《分析馬克思──馬克思主義理論典範的反思》，台北：五南出版社。

洪鎌德

1978　　《世界政治新論》，台北：牧童出版社。

1984　　《馬克思與社會學》，第二版，台北：遠景出版社。

1986　　《傳統與反叛──青年馬克思思想的探索》，台北：台灣商務印書館，1997四刷。

1988　　《新馬克思主義與現代社會科學》，初版，台北：森大圖書有限公司。

1991　　〈馬克思正義觀的析評〉，刊：戴華、戴曉時主編，《正義及其相關問題》，南港：中央研究階人文與社會科學所，147-184頁。

1993　　〈馬克思自由觀的剖析〉，《中山學術論叢》，11：75-89。

1994　　〈新馬克思主義與當代人文思潮以及社會學說的互動〉，《中山社會科學學報》，高雄：國立中山大學中山學術研究所，8（1）：17-57。

1995a　《馬克思倫理觀的析評》，國科會專題研究計畫報告（NSC 84-

2411-H-002-012）。

1995b 〈馬克思和恩格斯對民主理論與實際的析評〉，《民主理論：古典與現代》，張福建、蘇文流主編，南港：中研院人文社科所，93-121頁。

1995c 《新馬克思主義與現代社會科學》，台北：森大圖書有限公司，第二版，增訂版。

1996a 《跨世紀的馬克思主義》，台北：月旦出版社。

1996b 《馬克思社群觀的析評》，國科會專題研究計畫報告。

1997a 《社會學說與政治理論——當代尖端思想之介紹》，台北：揚智文化事業圖書公司。

1997b 《人文思想與社會學說》，台北：揚智文化事業圖書公司。

1997c 《馬克思》，台北：東大圖書公司。

1997d 《馬克思社會學說之析評》，台北：揚智文化事業圖書公司。

1997e 《馬克思「人的解放」之析評》，台北：國科會專題研究計畫成果報告（NSC 85-411-19-002-017）。

1997f 〈從巴黎公社談俄國村社——後期馬克思論社群〉，《思與言》，35（3）：1-37.

1998a 《21世紀社會學》，台北：揚智事業文化圖書公司。

1998b 〈馬克思論人的解放與自由〉，《暨大學報》，第二卷第一期，第85-102頁。

1998c 〈馬克思解放觀與自由觀的批判——兼論普勞階級的角色〉，《東吳哲學學報》，第三期，105-126頁。

1998d 〈自由的坎坷路途——青年馬克思的異化論及其詮釋〉，《中山學術論叢》，第16期，1-18頁。

1998e 〈知識社會學近期演展的動態〉，《哲學與文化》，第25卷，第10期（總293期），890-902頁。

1998f 〈馬克思社群觀的分析與批評〉，國科會82-85年度哲學學門專題計畫研究成果發表會編輯委員主編《哲學論文集》，台北：國科會人文處與南港：中研院人文社科所，229-260頁。

1999a 《從韋伯看馬克思——現代兩大思想家的對壘》，台北：揚智文化事業圖書公司。

1999b 《當代政治經濟學》，台北：揚智文化事業圖書公司。

1999c　〈馬克思晚年對自由的析評〉，《哲學與文化》，第26卷第3期（總298期），221-236頁。

1999d　〈從市場與資本的桎梏中解放出來——馬克思的自由觀及其批判〉，《輔仁大學哲學論集》，第三十二期，33-56頁。

1999e　〈從韋伯看馬克思——論現代兩大思想家對人性、歷史、資本主義和民主不同的看法〉，曾慶豹、溫明麗（主編），《現代哲學》，51-86頁。

2000　　《人的解放——21世紀馬克思學說新探》，台北：揚智。

2004a　《當代主義》，台北：揚智。

2004b　《法律社會學》，台北：揚智。第二版，第一版2001.

2006　　《當代政治社會學》，台北：五南，初版。

2007a　《從唯物到唯心——黑格爾哲學對馬克思主義的衝擊》，台北：人本自然。

2007b　《黑格爾哲學的當代詮釋》，台北：人本自然。

2008　　《馬克思》，台北：東大，初版四刷。

2009　　《人本主義與人文學科》，台北：五南。

2010a　《西方馬克思主義之興衰》，台北：揚智。

2010b　《馬克思的思想之生成與演變：略談對運動哲學的啟示》，台北：五南。

2011　　《全球化下的國際關係新論》，台北：揚智。

2012　　〈語言、語意與人本主義——亞當‧沙夫對東歐新馬克思主義的發展與貢獻〉，《哲學與文化》454：17-38。

2013　　《當代政治社會學》，二版（修訂版），台北：五南。

洪鎌德、梁文傑

1995　　〈馬克思的唯物史觀與道德立場——特別涉及資本主義僱傭勞動制度及分配正義的問題〉，《思與言》，33（3）：199-235.

高承恕

1988　　《理性化與資本主義——韋伯與韋伯之外》，台北：聯經出版公司。

曹玉濤

2008　　〈「分析馬克思主義」的正義論述評〉，《哲學動態》4：40-45.

許國賢

1989　　〈論馬克思社會批判的倫理基礎〉，南港：中研院三民所專題選刊
　　　　　（85）。

楊世雄

1995　　〈馬克思國家理論的哲學反省〉，《國立政治大學哲學學報》，2：
　　　　　163-181。

陳秀容和江宜樺（主編）

1995　　《政治社群》，南港：中研院社科所。

陳秉璋

1900　　《涂爾幹》，台北：風雲論壇出版社。

張宏輝

1989　　〈齊默爾思想中的信賴與客觀化問題〉，台大社會學研究所碩士論
　　　　　文。

張福建、蘇文流（主編）

1995　　《民主理論：古典與現代》，南港：中研院社科所。

張家銘

1987　　《社會學理論的歷史反思──韋伯、布勞岱與米德》，台北：圓神
　　　　　出版社。

蕭高彥

1996　　〈共同體的理念：一個思想史之考察〉，《台灣政治學刊》，1:2，
　　　　　257-295頁。

趙常林

1987　　《馬克思早期哲學思想研究》，北京：北京大學出版社。

潘德榮

2013　　〈哲學與現代宗教──以費爾巴哈人本學為思想進路〉，刊：《宗
　　　　　教哲學》季刊，第65-66期，2013年12月，第145-169頁。

戴華、鄭曉時（主編）

1991　　《正義及其相關問題》，南港：中研院社科所。

馬克思與恩格斯討論民族問題

人名引得

事物引得

Man and Society --- Marx's Robust Vision and

Its Evaluation

By Hung Lien-te, *Dr. rer. pol.*

(University of Vienna)

Contents

國家圖書館出版品預行編目資料

個人與社會：馬克思人性論與社群觀的析評
／洪鎌德著.--初版.—臺北市：五南,2014.08
面；　公分.
參考書目:面
含索引
ISBN　978-957-11-7622-2（平裝）
1.馬克思主義
549.3　　　　　　　　　　103007937

1PAE

個人與社會：
馬克思人性論與社群觀的析評

作　　者 ― 洪鎌德(162.4)

發 行 人 ― 楊榮川

總 編 輯 ― 王翠華

主　　編 ― 劉靜芬

責任編輯 ― 宋肇昌　廖育信

出 版 者 ― 五南圖書出版股份有限公司

地　　址：106台北市大安區和平東路二段339號4樓

電　　話：(02)2705-5066　傳　　真：(02)2706-6100

網　　址：http://www.wunan.com.tw

電子郵件：wunan@wunan.com.tw

劃撥帳號：01068953

戶　　名：五南圖書出版股份有限公司

台中市駐區辦公室/台中市中區中山路6號

電　　話：(04)2223-0891　傳　　真：(04)2223-3549

高雄市駐區辦公室/高雄市新興區中山一路290號

電　　話：(07)2358-702　傳　　真：(07)2350-236

法律顧問　林勝安律師事務所　林勝安律師

出版日期　2014年8月初版一刷
　　　　　2015年3月初版二刷

定　　價　新臺幣520元